交通版 高等学校土木工程专业规划教材
JIAOTONGBAN GAODENG XUEXIAO TUMU GONGCHENG ZHUANYE GUIHUA JIAOCAI

第2版

桥梁检测与维修加固

Qiaoliang Jiance Yu Weixiu Jiagu

张俊平 主编

内 容 提 要

本书主要介绍桥梁检测评估的内容、方法、实施要点以及相关的测试技术的应用,简要介绍了无损测试技术、桥梁施工监控、桥梁健康监测、桥梁维修加固等相关内容。为便于读者掌握,书中精选大量典型工程实例,以既利于本科教学、又适用于工程技术人员参考。

图书在版编目(CIP)数据

桥梁检测与维修加固/张俊平主编. —2版. —北京:人民交通出版社,2011.8
ISBN 978-7-114-09291-6

I. ①桥… II. ①张… III. ①桥梁结构-检测②桥-维修③桥-加固 IV. ①U446②U445.7

中国版本图书馆 CIP 数据核字(2011)第 144512 号

交通版高等学校土木工程专业规划教材

书　　名:	桥梁检测与维修加固（第2版）
著 作 者:	张俊平
责任编辑:	张征宇　赵瑞琴
出版发行:	人民交通出版社
地　　址:	(100011) 北京市朝阳区安定门外外馆斜街3号
网　　址:	http://www.ccpress.com.cn
销售电话:	(010) 59757973
总 经 销:	人民交通出版社发行部
经　　销:	各地新华书店
印　　刷:	北京鑫正大印刷有限公司
开　　本:	787×1092　1/16
印　　张:	19.75
字　　数:	484千
版　　次:	2006年4月　第1版　2011年8月　第2版
印　　次:	2021年11月　第8次印刷　累计第11次印刷
书　　号:	ISBN 978-7-114-09291-6
印　　数:	27001—28000册
定　　价:	36.00元

(有印刷、装订质量问题的图书由本社负责调换)

交通版 高等学校土木工程专业规划教材

编委会

（第二版）

主任委员：戎 贤
副主任委员：张向东　李帼昌　张新天　黄 新
　　　　　　宗 兰　马芹永　党星海　段敬民
　　　　　　黄炳生
委　　员：彭大文　张俊平　刘春原　张世海
　　　　　　郭仁东　王 京　符 怡
秘 书 长：张征宇

（第一版）

主任委员：阎兴华
副主任委员：张向东　李帼昌　魏连雨　赵 尘
　　　　　　宗 兰　马芹永　段敬民　黄炳生
委　　员：彭大文　林继德　张俊平　刘春原
　　　　　　党星海　刘正保　刘华新　丁海平
秘 书 长：张征宇

序

随着科学技术的迅猛发展、全球经济一体化趋势的进一步加强以及国力竞争的日趋激烈,作为实施"科教兴国"战略重要战线的高等学校,面临着新的机遇与挑战。高等教育战线按照"巩固、深化、提高、发展"的方针,着力提高高等教育的水平和质量,取得了举世瞩目的成就,实现了改革和发展的历史性跨越。

在这个前所未有的发展时期,高等学校的土木类教材建设也取得了很大成绩,出版了许多优秀教材,但在满足不同层次的院校和不同层次的学生需求方面,还存在较大的差距,部分教材尚未能反映最新颁布的规范内容。为了配合高等学校的教学改革和教材建设,体现高等学校在教材建设上的特色和优势,满足高校及社会对土木类专业教材的多层次要求,适应我国国民经济建设的最新形势,人民交通出版社组织了全国二十余所高等学校编写"交通版高等学校土木工程专业规划教材",并于2004年9月在重庆召开了第一次编写工作会议,确定了教材编写的总体思路。于2004年11月在北京召开了第二次编写工作会议,全面审定了各门教材的编写大纲。在编者和出版社的共同努力下,这套规划教材已陆续出版。

在教材的使用过程中,我们也发现有些教材存在诸如知识体系不够完善,适用性、准确性存在问题,相关教材在内容衔接上不够合理以及随着规范的修订及本学科领域技术的发展而出现的教材内容陈旧、亟待修订的问题。为此,新改组的编委会决定于2010年底启动了该套教材的修订工作。

这套教材包括"土木工程概论"、"建筑工程施工"等31门课程,涵盖了土木工程专业的专业基础课和专业课的主要系列课程。这套教材的编写原则是"厚基础、重能力、求创新,以培养应用型人才为主",强调结合新规范、增大例题、图解等内容的比例并适当反映本学科领域的新发展,力求通俗易懂、图文并茂;其中对专业基础课要求理论体系完整、严密、适度,兼顾各专业方向,应达到教育部和专业教学指导委员会的规定要求;对专业课要体现出"重应用"及"加强创新能力和工程素质培养"的特色,保证知识体系的完整性、准确性、正确性和适应性，专业课教材原则上按课群组划分不同专业方向分别考虑，不在一本教材中体现多专业内容。

反映土木工程领域的最新技术发展、符合我国国情、与现有教材相比具有明显特色是这套教材所力求达到的，在各相关院校及所有编审人员的共同努力下，交通版高等学校土木工程专业规划教材必将对我国高等学校土木工程专业建设起到重要的促进作用。

交通版高等学校土木工程专业规划教材编审委员会

人民交通出版社

2011年5月

前言

据统计,至2010年底,我国既有公路桥梁63万多座,每年新竣工的公路桥梁数量也以近2万座的数量在快速增加,与此同时,随着桥梁服役年限的不断增长,使用荷载的日益增大,大批既有桥梁结构也进入了老化期。为了确保桥梁结构的安全运营与交通顺畅,交通运输业对桥梁检查、检测、养护、维修、加固、改造工作提出了更高、更迫切、更全面的要求。另一方面,随着自动化技术的发展,测试手段的进步以及新材料、新工艺的推广,测试技术、分析手段、维修加固技术和工艺也取得了长足的进步,为桥梁检测与维修加固提供了强有力的技术支持。基于此,编者根据多年教学体会和工程实践经验,在本书2006版的基础上,汲取较为先进成熟的技术成果,精选对应的桥梁检测、加固实例(书中实例均选自广州广大工程检测咨询有限公司的相关项目),精简、压缩相关内容篇幅,力求既能较好地满足本科教学的要求,又能充分地适应生产实践的需要。

本书共10章,由张俊平主编,具体分工如下:第一、四、五、七章,张俊平;第二章,梅力彪;第三、六、八章,李永河;第九、十章、附录,杨勇、张俊平,全书由张俊平统稿。书中打*者,在教学时可根据学时数及教学对象的需要选讲。

限于编者水平和时间,谨请读者批评指正,以使本书在教学实践与生产实践中日臻完善。

编 者
2011年5月

目录 MULU

第一章 绪论	1
第一节 桥梁检测与维修加固的意义	1
第二节 桥梁检测的工作内容	3
第三节 桥梁养护维修加固	4
第二章 桥梁检测的量测技术	6
第一节 概述	6
第二节 应变测试仪器与技术	8
第三节 变形测试仪器与技术	23
第四节 振动测试仪器与技术	32
第五节 其他物理参数测试仪器与技术	40
第三章 桥梁检查	45
第一节 桥梁检查的分类	45
第二节 桥梁检查内容与方法	48
第三节 桥梁检查的评价方法	54
*第四节 桥梁管理系统简介	64
*第五节 桥梁检查实例	66
第四章 桥梁静载试验	71
第一节 静载试验的方法与程序	71
第二节 桥梁结构静载试验的方案设计	73
第三节 试验现场组织实施	79
第四节 静载试验数据整理分析	81
*第五节 静载试验实例	90
第五章 桥梁动载试验	105
第一节 动载试验的方法与程序	105
第二节 桥梁结构动力响应的测试	107
第三节 动测数据分析与评价	115
第六章 无损检测技术	122
第一节 概述	122
第二节 回弹法检测混凝土强度	125

第三节　超声-回弹综合法检测混凝土强度 ………………………………………… 132
　　第四节　钢筋混凝土结构缺陷检测 ……………………………………………………… 138
　*第五节　混凝土钻孔灌注桩完整性检测 ………………………………………………… 148
　*第六节　钢结构焊缝探伤 ………………………………………………………………… 158
　*第七节　局部破损检测方法简介 ………………………………………………………… 161
　*第八节　无损检测实例 …………………………………………………………………… 165
*第七章　桥梁施工控制与长期监测 ……………………………………………………… 172
　　第一节　桥梁施工控制的基本概念 ……………………………………………………… 172
　　第二节　桥梁施工控制的工作内容 ……………………………………………………… 174
　　第三节　桥梁施工控制的理论与方法简介 ……………………………………………… 177
　　第四节　桥梁结构长期监测与健康诊断技术简介 ……………………………………… 188
*第八章　误差分析与数据处理 …………………………………………………………… 193
　　第一节　测定值的误差 …………………………………………………………………… 193
　　第二节　测定结果的误差估计 …………………………………………………………… 195
　　第三节　试验曲线与经验公式 …………………………………………………………… 201
　　第四节　回归分析方法 …………………………………………………………………… 203
第九章　桥梁日常养护维修 ………………………………………………………………… 207
　　第一节　桥梁常见病害及其成因 ………………………………………………………… 207
　　第二节　桥梁日常养护维修的内容与方法 ……………………………………………… 224
　　第三节　桥梁预防性养护 ………………………………………………………………… 236
第十章　桥梁加固改造 ……………………………………………………………………… 239
　　第一节　桥梁加固改造的程序与原则 …………………………………………………… 239
　　第二节　上部结构常用加固方法 ………………………………………………………… 241
　　第三节　墩台基础常用加固方法 ………………………………………………………… 257
*附录1　桥梁检测加固综合实例 …………………………………………………………… 262
*附录2　桥梁检查相关表格 ………………………………………………………………… 284
*附录3　回弹法测区混凝土强度换算表 …………………………………………………… 287
*附录4　超声-回弹综合法测区混凝土强度换算表 ………………………………………… 294
参考文献 ……………………………………………………………………………………… 302

第一章 绪 论

第一节 桥梁检测与维修加固的意义

在科学技术发展过程中,科学试验起着非常重要的作用。对土木工程而言,建筑材料、结构体系、设计理论、施工方法是其发展进步的四个主要支柱,从土木工程设计理论的演变历史来看,每一种理论体系的建立和发展,一般都建立在大量的科学试验、生产实践基础上。试验研究对于推动和发展结构设计计算理论、解决生产实践中出现的疑难问题等方面往往起到了重要的、不可替代的作用。

在桥梁工程的发展中,桥梁试验检测也起到了同样重要的作用。大量的试验研究成为促进桥梁结构设计计算理论、设计方法不断发展的推动力之一。桥梁试验检测是对桥梁原型结构或桥梁模型结构直接进行的科学试验工作。一般说来,研究性试验多利用模型结构进行,以更全面准确地反映各种因素的影响,也便于加载测试工作的开展,目的是研究结构的受力行为,探索结构的内在规律,为设计施工服务;而针对桥梁原型结构开展的试验多属于检验性、验证性试验,其目的是通过试验,掌握桥梁结构在试验荷载作用下的实际工作状态,判定桥梁结构的承载能力和使用性能,检验设计与施工质量,桥梁原型试验也称之为桥梁检测。不论是模型试验还是原型试验,大体都包括试验准备、理论计算、加载测试、分析整理等一系列工作内容。

随着交通事业的蓬勃发展,新结构、新材料、新工艺的不断涌现,既有桥梁服役年限的增长与病害的发展,桥梁检测试验技术日益受到人们的重视,并不断得到发展和提高。桥梁试验的任务主要包括以下几个方面。

(1)确定新建桥梁的承载能力和使用性能。对于重要的桥梁结构,在建成竣工后,通过桥梁检测考察该桥的施工质量与结构性能,判定桥梁结构的实际承载能力,为竣工验收、投入运营提供科学的依据。对于新型或复杂的桥梁结构,通过系统的桥梁静动载试验可以掌握结构在荷载作用下的实际受力状态,探索结构受力行为的一般规律,为充实和发展桥梁结构的设计计算理论积累资料。

(2)评估既有桥梁的使用性能与承载能力。对于既有桥梁结构在运营期间,因受水害、地震等自然灾害而损伤,或因设计施工不当而产生严重缺陷,或因使用荷载大幅度增长而超过设计荷载等级,或在加固改造完成之后、重新开通之前,通常通过桥梁检测来评估既有桥梁的使用性能与承载能力,为既有桥梁的养护、管理、加固、改建或限载对策提供科学的依据。这对于缺乏完整技术资料的旧桥更为必要。

(3)研究结构(构件)的受力行为,总结结构受力行为的一般规律。随着桥梁工程的不断发展,新结构、新材料、新工艺的推广应用,原有的规范、规程往往不能适应工程实践的要求。为了修改、完善既有的规范、规程,更好地指导设计与施工工作,就需要进行大量的研究性试验与长期监测。

在实际工作中,桥梁试验的种类很多,按照试验的目的与要求分类,可分为科学研究性试验和生产鉴定性试验。研究性试验的目的是为了建立或验证结构设计计算理论和经验公式。研究性试验一般把对结构或构件的主要影响因素作为试验参数,试验结构的设计与数量均应按照具体研究目的的需要确定。根据实际情况,研究性试验一般多采用模型结构,在专门的试验室内进行,利用特定的加载装置,以消除或减少外界因素的干扰影响,同时突出所要研究的主要因素。通过模型试验系统的加载测试,对测试资料数据加以分析论证,从而揭示出具有普遍意义的规律。生产鉴定性试验也称之为桥梁检测,具有直接服务于生产实践的意义,一般以原型结构作为试验对象,在现场进行试验,根据一定的规范、标准的要求,按照有关设计文件,通过试验来确定结构的实际承载能力、使用性能和使用条件,检验设计、施工质量,提出桥梁养护维修、加固、改建、限载对策,有效地保证桥梁结构的安全使用。桥梁检测主要包括静载试验、动载试验、无损检测与长期监控测试四个方面。在桥梁试验中,原型试验存在费用高、期限长、影响交通、测试环境多变等不利的影响因素,如对一些大型桥梁进行多因素的研究性试验,有时是难以实现的。因此,结合原型桥梁进行模型试验往往成为科技工作者的一种有效手段,可以更为方便全面地研究主要影响因素之间的关系,探索结构行为的普遍规律,推动新结构、新材料、新工艺的发展与应用。

根据试验荷载作用的性质,桥梁试验可分为静荷载试验和动荷载试验。桥梁静载试验是将静止的荷载作用在桥梁上的指定位置而测试结构的静力位移、静力应变、裂缝等参量的试验项目,从而推断桥梁结构在荷载作用下的工作性能及使用能力。动载试验是利用某种激振方法激起桥梁结构的振动,测定桥梁结构的固有频率、阻尼比、振型、动力冲击系数、行车响应等参数的试验项目,从而判断桥梁结构的整体刚度与行车性能。静载试验与动载试验虽然在试验目的、测试内容等方面不同,是两种性质的试验,但对于全面分析掌握桥梁结构的工作性能是同等重要的。

就试验对结构产生的后果来说,桥梁试验可分为破坏性试验和非破坏性试验。一般情况下,原型结构的破坏试验,不论在费用上还是在加载测试方法上都存在一些具体的问题,特别是在结构进入破坏阶段后是比较难以操作的,因此,鉴定性试验多为非破坏性试验。但在某些情况下,为了达到预定的试验目的,往往需要进行破坏性试验,以掌握试验结构由弹性阶段进入塑性阶段甚至破坏阶段时的结构行为、破坏形态等试验资料,此时多以模型结构为对象,在实验室内进行,以便能够较为方便可行地进行加载、控制、量测、分析,从而总结出具有普遍意义的规律,推广应用于原型结构。

按试验持续时间的长短,可分为长期试验和短期试验。鉴定性试验与一般性的研究试验多采用短期试验方法,只有那些必须进行长期观测的现象才采用长期试验方法,如混凝土结构的收缩和徐变性能、桥梁基础的沉降及其影响规律、温度效应分布规律等。此外,对于大型桥梁结构或新型桥梁结构常常采用长期观测或健康状况监测手段,以积累这些结构长期使用性能的资料。

为了较为客观简便地评价桥梁技术状况,常常采用桥梁检查手段。桥梁检查是进行桥梁评定、维修和改造的前期工作。桥梁检查工作的内容包括桥梁技术资料调查和桥梁现场的外观检查,其目的在于掌握既有桥梁的基本状况、查明缺陷或潜在损伤的性质、部位、严重程度及其发展变化态势,以便进行分类管理,建立、健全桥梁技术档案,采取针对性养护维修对策,对有缺陷和损伤的桥梁采取进一步的检测或监测手段。

总之,结合具体的试验目的及试验周期,可选用一种或几种试验方法来检验桥梁结构的性能。在选择时应讲求经济成本,一般能用模型代替的,就不搞大规模的原型试验,通过非破坏性试验可以达到试验目的的,就不做破坏性试验。

在桥梁服役使用过程中,由于自然界各种因素的侵蚀、荷载的反复作用特别是超载车辆的作用,桥梁结构就会产生各种损伤或局部破坏。随着桥梁服役时间的增长,损伤程度也会越来越严重,病害会不断发展,为保障桥梁的安全运营,延长其使用寿命,就要在检测评估的基础上,对于那些承载能力不足、使用性能较差或耐久性能不满足要求的结构或构件,进行有针对性的维修加固,桥梁维修加固可分为一般性维修和结构性加固。一般性维修如桥面铺装层的维修、油漆涂装更新、裂缝封闭与灌浆处理、支座更换等是桥梁养护的日常内容,按维修规模又可分为小修、中修、大修,其主要目的是保证桥梁结构的使用性能或耐久性能不受大的影响。结构性加固如地基基础承载力提高、上部结构承载能力加固等,以弥补桥梁结构先天缺陷、恢复受损桥梁结构的承载能力或满足新的使用条件下的功能要求。桥梁加固涉及的内容十分广泛,包含了桥梁实际状况的检测鉴定、加固设计计算、加固方案工艺比较选择以及投资效益的优化等方面。可以说,桥梁检测与桥梁维修加固的关系密不可分,是一个问题的两个方面。

第二节 桥梁检测的工作内容

桥梁检测的工作内容比较多,涉及很多方面。从方法上来讲,分为静载试验、动载试验和无损检测;从时间上来看,分为短期试验和长期试验;从进行时期来看,分为成桥试验和施工阶段监测控制。一般情况下,桥梁检测可分为三个阶段,即准备规划阶段、加载与观测阶段、分析总结阶段。

准备规划阶段是桥梁检测顺利进行的必要条件。该阶段工作包括桥梁设计文件、施工记录、监理记录、既有试验资料、桥梁养护与维修记录等桥梁技术资料的收集;包括桥梁现状如桥面系、承重结构构件、支座、墩台基础等部位的外观检查;包括设计内力计算、加载方案制订、量测方案制订、仪器仪表选用等方面;也包括搭设工作脚手架、设置测量仪表支架、测点放样及表面处理、测试元件布置、测量仪器仪表安装调试等现场准备工作。可以说,检测工作的顺利与否很大程度上取决于检测前的准备工作。

加载与观测阶段是整个检测工作的中心环节。这一阶段的工作是在各项准备工作就绪的基础上,按照预定的试验方案与试验程序,利用适宜的加载设备进行加载,运用各种测试仪器,观测试验结构受力后的各项性能指标,如挠度、应变、裂缝宽度、加速度等,并采用人工记录或仪器自动记录手段记录各种观测数据和资料。有时,为了使某一加载、观测方案更为完善,可先进行试探性试验,以便更完满地达到原定的试验目的。需要强调的是,对于静载试验,应根据当前所测得的各种技术数据与理论计算结果进行现场分析比较,以判断受力后结构行为是否正常,是否可以进行下一级加载,以确保试验结构、仪器设备及试验人员的安全,这对于存在病害的既有桥梁结构进行试验时尤为重要。

分析总结阶段是对原始测试资料进行综合分析的过程。原始测试资料包括大量的观测数据、文字记载和图片等材料，受各种因素的影响，一般显得缺乏条理性与规律性，未必能深刻揭示试验结构的受力行为规律。因此，应对它们进行科学的分析处理，去伪存真、去粗存精、由表及里，综合分析比较，从中提取有价值的资料。对于一些数据或信号，有时还需按照数理统计的方法进行分析，或依靠专门的分析仪器和分析软件进行分析处理，或按照有关规程的方法进行分析或判断。这一阶段的工作，直接反映整个检测工作的质量。测试数据经分析处理后，按照相关规范、规程以及检测的目的要求，对检测对象做出科学的判断与评价。全部检测工作体现在最后提交的试验研究报告中。

混凝土无损检测技术是桥梁检测技术中一项重要的内容。它是在不破坏混凝土内部结构和使用性能的情况下，利用声、光、热、电、磁和射线等方法，测定有关混凝土性能的物理量，推定混凝土的强度、缺陷等的测试技术。混凝土无损检测技术与破坏试验方法相比，具有不破坏结构的构件、不影响其使用性能、可以探测结构内部的缺陷、可以连续测试和重复测试等特点。应用混凝土无损检测技术，可以检测混凝土的强度、弹性模量、裂缝的深度和宽度，可以检查钢筋的直径、位置和保护层厚度，并可以探知混凝土的碳化程度、钢筋的锈蚀程度和混凝土构件的尺寸等参数。混凝土无损检测技术对于进行施工质量检查与管理，进行既有结构的养护维修管理，评定既有混凝土结构的强度、耐久性能及损伤程度是非常重要的。

对于大跨度桥梁，由于施工周期长，外界因素变化较大，为了确保施工能够较准确地实现设计意图，避免一些随机因素，如温度、湿度、材料参数、施工误差对桥梁施工过程和成桥状态造成过大的影响，就需要在施工过程中对每一施工阶段（节段）桥梁的线形、应力、内力等参数进行实时监测，逐段与设计目标值进行比较，并预测下一施工阶段这些参量的变化态势，以便修正设计计算参数，必要时采取调整控制措施，以确保各施工阶段结构安全性、以预定的精度逼近设计目标值，从而达到较为理想的成桥状态，这就是施工控制。施工控制对于大跨度桥梁的建造具有非常重要的意义。

对于混凝土桥梁的一些时效因素，如收缩、徐变、基础沉降、温度变化，往往使桥梁结构产生附加内力，可能造成桥面线型不平顺、结构局部或整体受损，严重时会危及桥梁结构的安全运营。为了能够及时准确地掌握时效因素对结构的影响程度，了解这些时效因素对结构影响的变化趋势，就需要在一个相对较长的时期内定期测量桥梁结构的线形、应变、内力、裂缝等参数，并对这些参数进行综合分析，以判断桥梁结构的实际状态，这类测试称之为长期监控测试。除此之外，对于一些重要桥梁或新型桥梁结构也常常采用定期检测或健康监测的方法来积累这些结构长期使用性能的资料，以使设计及规范趋于合理与完善。

综上所述，桥梁检测是一门直接服务于工程实践的技术学科，涉及桥梁的设计计算理论、试验测试技术、仪器仪表性能、数理统计分析、现场试验组织等方面，具有较强的综合性、应用性和复杂性。

第三节　桥梁养护维修加固

随着交通运输事业的发展，交通量与使用荷载不断增大，加上外界环境的侵蚀影响，桥梁在运营过程中会出现各种各样的病害。桥梁病害大体上可分为影响承载能力的病害，如结构性开裂、基础变位或不均匀沉降；影响使用性能的病害，如桥面线形不顺畅、振动过大等；影响耐久性能的病害,如混凝土腐蚀、碳化等,这些病害的发生发展直接影响结构的使用性能和耐久性能,严重时直接危及桥梁运营安全。

为了满足桥梁的正常运营要求,尽量保持和延长桥梁的使用寿命,对桥梁结构进行经常性的养护维修是非常必要的。桥梁的维修养护,一般原则是贯彻"预防为主,防治结合"的方针,主要是对日常检修和对危害桥梁正常运营的部分进行修缮工作,如对桥面铺装层、伸缩缝、防排水设施、桥梁主体结构的各种缺陷进行养护维修,以免病害发展危及桥梁安全。在桥梁使用过程中,了解桥梁的病害特征,加强日常养护,通过养护维修消除病害,恢复原设计功能,使桥梁经常处于完好的技术状态,达到安全、耐久、适用的目的,是保证和延长桥梁使用寿命的一项不容忽视的工作,也是管理养护部门的主要职责。

当桥梁结构无法满足承载能力、通行能力的要求时,需要对桥梁进行加固或技术改造。就桥梁技术改造而言,它包括了提升或恢复承载力要求的结构补强,增强通行能力要求的桥面加宽,满足使用要求的桥梁部件修缮等。桥梁加固涉及的内容十分广泛,是一项细致而又极具灵活性的工作,需要考虑的因素和涉及的问题很多,包含了桥梁实际状况的检测鉴定、加固设计计算、加固方案、施工工艺的比较选择与投资效益的优化等方面。在加固改造方案拟定时,无论是加固改造方案比较,还是加固方案的具体实施,都要做到尽可能不损害原结构,使加固补强的部分与原结构形成整体、共同工作,因此其方案拟订与实施的难度往往比新建桥梁大,必须慎重处理。在对各种可能的技术改造方案的技术经济效果进行分析比较后,从中选择合理的加固改造方案,选择可靠简便的施工技术工艺。

近20年来,随着交通运输业的飞速发展,桥梁使用荷载的不断增大,以及大批既有桥梁结构进入老化期,桥梁的检测与维修加固工作就显得越来越重要,也对桥梁检测与维修加固技术提出了更高、更全面的要求,而自动化技术的发展及计算机的普及应用,使得桥梁电算、测试技术、分析手段等方面取得了长足的进步,也为桥梁检测工作提供了更好的技术支持。另一方面,随着桥梁服役期的增长,使用荷载的增大,病桥危桥的数量越来越多,在生产实践需要的推动下,新材料、新工艺的不断涌现,桥梁结构的维修加固改造技术得以迅速发展。完全可以相信,桥梁检测与维修加固技术的进步,必将进一步地推动桥梁建设与交通运输事业的持续健康发展,并在确保桥梁安全运营、延长桥梁使用寿命方面起到更加重要的作用。

第二章 桥梁检测的量测技术

第一节 概 述

量测技术、仪器设备、测试元件是桥梁检测的重要技术保障,量测技术的科学性、准确性直接关系到桥梁检测能否达到预期的目的。在桥梁静载、动载试验检测中,量测的内容一般包括以下几个方面:

(1)作用力的大小,包括试验荷载的大小、一些构件的内力、支座反力的大小。

(2)结构截面上各种应力的分布状态及其大小。

(3)结构的各种静态变形,包括水平位移、竖向挠度、相对滑移、转角等。

(4)结构局部的损坏现象,如裂缝的分布、宽度、深度等。

(5)在动荷载作用下,要测定结构的动应力,或测定结构的自振特性、动挠度、加速度、衰减特性等。

为了测定上述的各项数据,在进行桥梁检测时需要使用相应的检测仪器,并要掌握量测仪器的基本性能和测量方法。

一、检测仪器的分类

测试仪器的分类方法很多,较为常用的分类方法有以下几种:

(1)按仪器的工作原理分为机械式测试仪器、电测仪器、光学仪器、声学仪器、复合式仪器、伺服式仪器等。

(2)按仪器的用途分为测力计、应变计、位移计、倾角仪、测振仪等。

(3)按结果的显示与记录方式分为直读式、自动记录式、模拟式、数字式。

(4)按照仪器与结构的相对关系分为附着式、接触式、手持式、遥测式等。

二、仪器的性能指标

仪器的性能指标一般包括以下几个方面:

(1)量程(测量范围):仪器的最大测量范围叫做量程。如百分表的量程一般有50mm和100mm,千分表的量程有3mm和5mm。

(2)最小分度值(最小刻度):仪器指示装置的每一最小刻度所代表的数值叫做最小刻度。百分表的最小刻度为0.01mm,千分表的最小刻度为0.001mm。

(3)灵敏度:被测结构的单位变化所引起仪器指示装置的变化数值叫做灵敏度。灵敏度与最小刻度互为倒数。

(4)准确度(精度):仪器指示的数值与被测对象的真实值相符合的程度叫做准确度。

(5)误差:仪器指示的数值与真实值之差叫做仪器的误差。

三、桥梁检测对仪器的要求

桥梁检测对仪器的要求包括以下几个方面:

(1)仪器的量程、准确度、灵敏度要根据检测的要求合理选用,对于野外检测仪器还应要求其工作性能稳定、抗干扰能力强。

(2)仪器结构简单,使用方便,安装快捷,无论是外包装还是仪器本身结构,都应具有良好的防护装置,便于运输安装,不易损坏。

(3)仪器轻巧,自重轻、体积小,便于野外桥梁检测时携带。

(4)仪器适应性强,具有多种用途。如应变仪,既可单点测量,也可多点测量,既可测应变又可测位移。

(5)使用安全,包括仪器本身的安全,不易损坏,不会对操作人员产生人身安全危害。

量测仪器的某些性能之间经常是互相矛盾的,如精度高的仪器,其量程较小;灵敏度高的,其适应性较差。因此在选用仪器时,应避繁就简,根据试验的要求来选用合适的仪器,灵活运用。目前应用于结构试验中的仪器,以电测类仪器较多,机械式仪器仪表已不能满足多点量测和数据自动采集的要求,从发展的角度看,数字化和集成化量测仪器的应用日益广泛,将给量测和数据处理带来更大的方便。

四、仪器的计量标定

为了保证检测数据的准确性,在检测过程中使用的仪器设备事先必须进行计量标定。标定是统一量值、确保计量器具准确的重要措施;也是实行国家监督的一种手段。通过计量标定,对仪器的性能进行评定,确定其是否合格,从而保证检测仪表的量值在规定的误差范围内与国家计量基准的量值保持一致,达到统一量值的目的。仪器的标定可以分为强制标定和非强制标定两类。强制标定的仪器仪表实行定点、定期标定,非强制标定的仪器仪表可由使用单位依法自行标定。计量标定具有以下特点:

(1)标定的目的是确保量值的准确可信,主要是评定量测仪器的计量性能,确定仪器的误差大小、准确程度、使用寿命、安全性能,确定仪器是否合格,是否可以继续正常使用,是否达到国家计量标准。

(2)标定具有法制性,标定证书在社会上具有法律效力,标定的本身是国家对量测的一种监督,标定结果具有法律效力。

在桥梁检测中,以下常用仪器仪表应定期进行标定:

机械仪器的标定,如百分表、千分表、测力计、回弹仪等。

电子仪器的标定,如超声波仪、应变仪、应变计、振弦数据采集仪、荷载传感器等。

光学仪器的标定,如精密水准仪、激光测距仪、激光挠度仪、读数显微镜等。

第二节 应变测试仪器与技术

结构在外力的作用下,内部会产生应力,而直接测定应力比较困难,目前还没有直接的测试方法,一般的方法是测定应变。目前应用最广泛的应变测试技术是电阻应变测试技术和振弦式应变测试技术,近年来光纤光栅应变测试技术也逐渐得以推广应用。

一、电阻应变测试技术

电阻应变测试技术是凭借安装在试件上的电阻应变片将力学量(如应变、位移等)转换成电阻变化,并用专门的仪器使其转换为电压、电流或功率输出,从而获得应变读数的测试技术,通常简称为电测技术或电测法。其转换过程如图2-1所示。

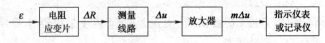

图 2-1 用电阻应变片测量应变的过程

与其他测试方法比较,电阻应变测试技术具有以下优点。

(1)灵敏度高,测量结果比较可靠。目前常用的应变仪和应变片可测得 1×10^{-6} 应变,有的甚至可精确到 0.5×10^{-6} 应变。

(2)实施简便,测量速度快。易于实现全自动化数据采集、多点同步测量、远距离测量和遥控测试,操作方便,测试方法易于掌握。

(3)应变片标距小、粘贴方便。测试时可不改变结构的原有应力状态,可以测量其他仪表(如机械式应变计)无法安装的部位处的应变或结构某个局部的应力,制成大标距时也可以测量混凝土结构的应变。

(4)适用范围广。可在高温(100~800℃)、低温(-100~-70℃)、高压、高速、旋转和具有核辐射干扰等特殊条件下成功量测,可用于模型实验,也能直接用于运行中的机械和实体结构各部位的静、动态和瞬态应变量测,可测频带宽。

(5)使用广泛。根据应变原理可以制成不同形式的传感器,用于各种物理、力学参数的量测,易于实现整个测试系统的自动化和电气化。

电阻应变测试技术虽然有很多优点,但也存在不足之处,如贴片工作量大,使用的导线多,抗干扰性能稍差,易受温度和电磁场等的影响,电阻应变片不能重复使用等。

(一)电阻应变片

1. 电阻应变片的工作原理

电阻应变片简称应变片或应变计,是电阻应变测试中将应变转换为电阻变化的传感元件,它的工作原理是基于金属丝的电阻随其机械变形而变化的一种物理特性。如图2-2所示。取长度为 L,直径为 D,截面积为 A,电阻率为 ρ 的金属丝,则其电阻 R 为:

$$R = \rho \frac{L}{A} \tag{2-1}$$

当金属丝受拉而伸长 ΔL,则电阻的变化率为:

$$\frac{dR}{R} = \frac{d\rho}{\rho} + \frac{dL}{L} - \frac{dA}{A} \tag{2-2}$$

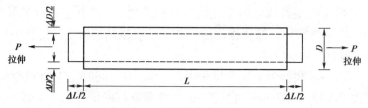

图 2-2 金属丝的应变原理

而
$$\frac{dA}{A} = \frac{\frac{\pi}{4}D^2 - \frac{\pi}{4}(D-\Delta D)^2}{\frac{\pi}{4}D^2}$$

略去 ΔD^2 项,则:

$$\frac{dA}{A} = 2\frac{\Delta D}{D} = 2\varepsilon' = -2\mu\varepsilon \tag{2-3}$$

式中:ε'——电阻丝的横向应变。

由材料力学可知,在一定范围内 $\varepsilon' = -\mu\varepsilon$,将式(2-3)代入式(2-2),得:

$$\frac{dR}{R} = \frac{d\rho}{\rho} + \varepsilon + 2\mu\varepsilon = \frac{d\rho}{\rho} + (1+2\mu)\varepsilon$$

令
$$K_0 = \frac{d\rho}{\rho} + (1+2\mu)$$

则
$$\frac{dR}{R} = K_0\varepsilon \tag{2-4}$$

式中:μ——电阻丝材料的泊松比;

K_0——单电阻丝的灵敏系数。

K_0 与两个因数有关,一个是电阻丝材料的泊松比,由电阻丝几何尺寸改变引起,当选定材料后,泊松比为常数;另一个是由电阻丝发生单位应变引起的电阻率的改变,对大多数电阻丝而言也是一个常量。因此可以认为 K_0 是一个常数,通常式(2-4)可写为:

$$\frac{dR}{R} = K\varepsilon \tag{2-5}$$

由此可见,应变片的电阻变化率与应变值呈线性关系。K 通常由一批产品中抽样检验确定,作为该批产品的灵敏系数,一般取 $K = 2.0$ 左右。

2. 电阻应变片的构造

电阻应变片的种类繁多,形式各种各样,但基本结构差异不大。如图 2-3 所示是丝绕式电阻应变片的构造,由敏感栅、黏合剂、基底、覆盖层和引出线几个主要部分组成。

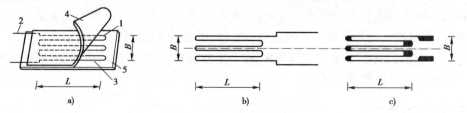

图 2-3 电阻应变片的构造
1-敏感栅;2-引出线;3-黏合剂;4-覆盖层;5-基底

(1) 敏感栅：是将应变变换成电阻变化量的敏感元件，一般由金属或半导体材料如康铜、镍铬合金制成的单丝或栅状体。敏感栅的形状和尺寸直接影响应变片的性能。栅长 L 和栅宽 B 即代表应变片的规格。

(2) 基底和覆盖层：主要起到定位和保护电阻丝的作用，同时使电阻丝与被测试件之间绝缘。纸基常用厚度 0.015～0.02mm 高强度、绝缘性能良好的纸张制作。胶基用性能稳定、绝缘度高、耐腐蚀的聚合胶制作。

(3) 黏合剂：它是一种具有一定绝缘性能的黏结材料，用于固定敏感栅在基底上或将应变片粘贴在试件上。

(4) 引出线：一般采用镀银、镀锡或镀合金的软铜线制成，在制作应变片时与电阻丝焊接在一起。引出线通过测量导线接入应变仪。

3. 电阻应变片的技术指标

(1) 几何尺寸：栅长 L(mm) 是应变片电阻丝在其轴线方向的长度，栅宽 B 是应变片垂直于轴线方向的电阻丝栅外侧间的距离。

(2) 电阻值 R：是指在室温条件下不受外力作用时测得应变片的电阻值，单位为欧姆（Ω）。应变片阻值应与测量电路相适应，一般取 120Ω。

(3) 灵敏系数 K：是指应变片安装于被测试件表面，在其轴线方向的单向应力作用下，应变片的电阻相对变化与试件表面上安装应变片区的轴向应变之间的比值：

$$K = \frac{\Delta R/R}{\Delta L/L} \tag{2-6}$$

式中：K——应变片灵敏系数；

$\Delta L/L$——试件上应变片安装区的轴向应变；

$\Delta R/R$——由 $\Delta L/L$ 所引起的应变片的电阻相对变化。

应变片包装上标出的灵敏系数是该批产品由抽样标定测得的平均值。

(4) 应变极限 ε_j：一般是指温度一定时，在特定材料上指示应变和真实应变的相对误差不超过 10% 的应变数值。

(5) 最大允许电流 I_{max}：指允许通过应变片而不影响其工作特性的最大电流，一般静态测量时为 25mA，动态时为 75～100mA。

(6) 温度效应：是指温度变化而引起的应变片阻值改变的现象。测试过程中，环境温度的变化，敏感栅通电发热，都能使应变片温度发生变化。

(7) 零点漂移和蠕变：零点漂移又简称为零漂，是指已粘贴好的应变片，在温度不变而又无机械应变的条件下，指示应变随时间而变化，用 $\mu\varepsilon/h$ 表示。引起的原因可能是黏结剂固化程度不良或环境气候变化引起绝缘电阻变化，或者是安装应变片的松弛等。蠕变是指已安装好的应变片，在温度一定并承受一定的机械应变时，指示应变随时间而变化。

(8) 疲劳寿命：是指已安装好的应变片，在一定的机械应变、一定的温度下，可以连续工作而不会产生疲劳损坏的循环次数。

4. 电阻应变片的分类

应变片的种类繁多，分类方法有如下几种：

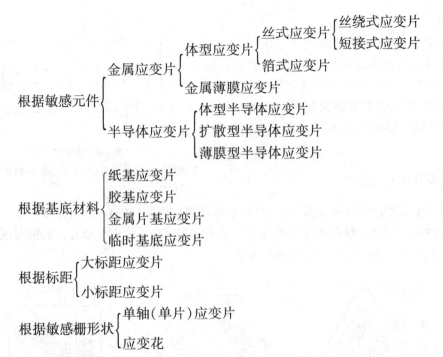

下面介绍几种常用的应变片。

(1) 丝绕式应变片

丝绕式应变片是把敏感栅丝直接绕在各种绝缘基底上制成,是较为常用的一种应变片,如图 2-4 所示。由于采用较薄的基底材料,因此粘贴性能好,能保证有效地传递变形,稳定性好。敏感栅丝的材料一般用康铜、镍铬合金和铂铱合金等。这种应变片的制造设备和技术都较为简单,价格也较低廉。

图 2-4 丝绕式应变片

(2) 箔式应变片

箔式应变片是利用照相制版或光刻腐蚀技术,将箔材料在绝缘基底上制成所需形状的应变片。它具有粘贴性能好,传递变形的性能较丝绕式应变片为好,容易制成各种形状的应变片或应变花,具有良好的散热能力,允许增大工作电压,蠕变小、疲劳寿命高,但制作工艺复杂。图 2-5 是几种常见箔式应变片的构造形式。

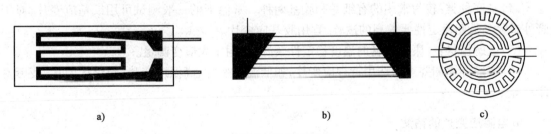

图 2-5 箔式应变片

(3) 半导体应变片

当半导体材料沿某一轴向受力产生变形时,电阻率会发生变化,这种电阻随应变变化的现象称为压阻效应。可根据这个原理制造出半导体应变片。其构造如图 2-6 所示。半导体应变片的特点是尺寸小、灵敏系数大、频率响应好,但温度效应较大,测量精度较低。

(4) 应变花

在平面应力场中,需要测出两个或三个方向的应变才可以求出该点的主应力大小及方向。这就要使用粘贴在一个公共基底上、按一定方向布置的 2~4 个敏感栅组成的应变花。有互为 45°、60°、90° 和 120° 等基本形式的应变花,如图 2-7 所示。

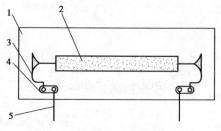

图 2-6 半导体应变片
1—胶膜衬底;2—P-SI 片;3—内部引线;4—内部接线端子;5—外引线

5. 电阻应变片的选用

电阻应变片的品种规格很多,选用时应根据被测试件所处的环境条件,如温度、湿度、被测材料、结构特点、检测的性质和应变的范围等来确定并应在尽可能节省开支的同时满足测试要求。以下从 6 个方面介绍应变片的选用方法。

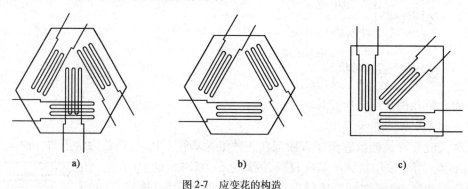

图 2-7 应变花的构造

(1) 标距:根据结构特点和材料,在应变场变化大的情况下、或安装在传感器上,应选用小标距应变片,如钢材常用 5~20mm。在不均匀材料上应选用大标距应变片,如混凝土常用 80~150mm。

(2) 应变片电阻:目前大部分应变仪按 120Ω 应变片设计,选用时应注意与应变仪相一致,否则要按仪器的使用说明书予以修正。

(3) 灵敏系数:常用的应变片灵敏系数在 $K=2.0$ 左右,使用时必须调整应变仪的灵敏系数功能键,使之与应变片的灵敏系数一致,否则应对结果予以修正。

(4) 基底种类:较为常用的有纸基和胶基两种。常温下的一般测试可用纸基应变片;对于野外试验及长期稳定性要求高的试验,宜用胶基应变片。

(5) 敏感栅材料:康铜丝材的温度稳定性较好,适用于大应变测量。

(6) 特殊环境和要求的选用特种应变片,如低温应变片、高温应变片、裂纹扩展片、疲劳寿命片等。

6. 电阻应变片的粘贴

电阻应变片的粘贴包括黏结剂的选用、粘贴工艺与防护措施三方面。

测试中应变片的粘贴质量将直接影响测试结果的准确性及可靠性。黏结剂其主要的作用是传递变形,一般采用快干胶或环氧树脂胶。501 快干胶和 502 快干胶是借助空气中微量水分的催化作用而迅速聚合固化产生黏结强度的,环氧树脂胶的主要成分是环氧树脂,有较高的剪切强度和防水性能,电绝缘性能好,但固化速度较慢。一般的,应变片的粘贴工艺可归纳如

表2-1所示。

应变片的粘贴工艺　　　　　　　　　　　　　表2-1

工作顺序	工作内容		操作方法	要求
1	检查分选	外观检查	借助放大镜肉眼检查	无气泡、霉点、锈点，外观平直
		阻值检查	用0.1Ω精度万用表检查	无短路、断路，同一测区应变片阻值相差不大于0.5Ω
2	测点检查	初步定位	确定测点的大致范围	比应变片周边宽3~5cm的测区
		测点检查	检查测点处的表面状况	平整、无缺陷、无裂缝
		打磨	磨光机或1号砂纸打磨	平整、无锈、无浮浆
		清洗	脱脂棉蘸丙酮或无水乙醇清洗	用干脱脂棉擦时无污染
		准确定位	准确画出测点的纵横中心线	纵线应与拟测的主应变方向一致
3	粘贴	上胶	用合适的小灰刀在测点均匀涂上预先调制好的一层薄胶	应变片的定位标志应与十字中心线对准
		挤压	将应变片放在定位线上，盖上塑料薄膜，用手指沿一个方向挤压，挤出多余的胶	胶层应尽可能薄，挤压时注意保持应变片不滑移
		加压	根据粘胶特性，在应变片上稳压一段时间	应达到粘胶的初凝时间
		粘贴端子	接线端子靠近应变片引出线用贴片胶粘贴	胶达到强度后无松动、脱落
4	固化处理	自然干燥		粘胶强度达到要求
		人工固化	粘胶达到初凝时间后用红外线灯照射或电吹风吹热风	加热温度不超过50℃，受热均匀
5	粘贴质量检查	外观检查	借助放大镜肉眼检查	位置准确、无气泡、粘贴牢固
		阻值检查	用万用表检查	无短路、断路
		绝缘检查	用欧姆表检查	绝缘电阻应达到200MΩ以上
6	导线连接	引出线绝缘	应变片引出线底下涂粘贴胶或贴胶布	引出线不能短路
		导线焊接	用电烙铁、焊锡把应变片引出线和测量导线焊接在接线端子	焊点应圆滑、无虚焊
		固定导线	用粘胶或胶布固定测量导线	轻微摇动导线不影响焊点
7	防潮防护		焊接完成，用万用表检查测量导线连接应变仪的一端，应略大于应变片阻值（含导线电阻）后，在应变片和接线端子涂上防潮胶。	涂胶面积大于应变片周边宽约1cm。特殊环境还应增加防机械损伤的缓冲层

在完成应变片的粘贴后，把应变片的引线和导线焊接在接线端子上，然后应立即涂上防护层，以防止应变片受潮和机械损伤。因为应变片受潮后会影响其正常工作，而且受潮的程度不易直接测量，所以防护技术是应变测量中的重要环节，通常用应变片和结构表面的绝缘电阻值来判断。高的绝缘电阻值可保证测量的精度，但要求过高会加大工作量和增加防护工作的难度。所以一般要求静态测量绝缘电阻大于200MΩ，对于长期检测、动态测量和精度要求高的检测，绝缘电阻应大于500MΩ。如图2-8所示给出了几种常用的防护措施。图2-8a)、b)适用于一般潮湿条件。图2-8c)适用于水中或极湿条件。图2-8d)适用于水中或混凝土浇筑场所。

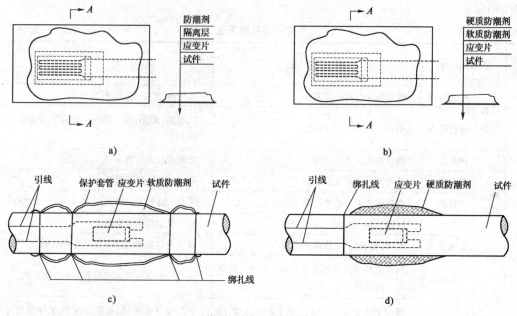

图 2-8 应变片防护示意图

(二)电阻应变仪

前面已介绍过,结构的应变是通过电阻应变片转换为电阻变化率进行测量,而结构在弹性范围内的应变是很小的。如钢材料 $E = 2 \times 10^5 \mathrm{MPa}$,测量时要求能分辨出 20MPa,当应变片阻值为 120Ω,$K = 2.0$ 时,$\Delta R = R \cdot K \cdot \sigma / E = 0.024\Omega$。由此可见,测量电阻用的仪器必须能够分辨出 120Ω 和 120.024Ω 的电阻,这是一般常用测量电阻的仪表达不到的,必须借助专门的电子仪器进行测量和鉴别,这就是电阻应变仪(简称应变仪)。

电阻应变仪根据测量应变的工作频率,可分为静态电阻应变仪、动态电阻应变仪和静动态电阻应变仪。静态电阻应变仪用于测量静态应变,要求仪器的放大器具有良好的稳定性,尽可能减少零点漂移。配备平衡箱时可进行多点应变测量。动态电阻应变仪用于测量 500Hz 以下的动态应变,除要求其稳定性好以外,还需要有高的灵敏度和足够的功率输出、较小的非线性失真、较低的噪声和一定的频宽特性,以便对测量信号的各种频率或非正弦波信号均能如实放大。动态电阻应变仪一般做成多通道,同时采集多个动态信号。

应变仪可直接用于应变量测,如配用相应的电阻应变式传感器,也可测量力、压力、扭矩、位移、振幅、速度、加速度等物理量的变化过程,是应力分析试验中常用的仪器。

电阻应变仪主要由供电电源、振荡器、测量桥路、放大器、相敏检波器、滤波器和指示记录器组成。图 2-9 所示为应变仪组成方框图。

1. 电桥原理

应变仪测量电路,一般采用惠斯登电桥,如图 2-10 所示。A、B、C、D 四点称为电桥的顶点,R_1、R_2、R_3、R_4 称为电桥的臂,AC 之间接电源 U,BD 之间接负载 U_{BD}。由于电桥线性好,灵敏度高,测量范围宽,易于实现温度补偿,因此在电阻应变仪中得到广泛应用。电桥按供电性质可分为交流电桥和直流电桥。直流电桥的特点在于信号不受各元件和导线间分布电容及电感的影响,抗干扰能力强,必要时可用蓄电池或干电池供电,便于现场测试。为了便于讨论,以直流电桥为例作分析。若将 R_1、R_2、R_3、R_4 看成四个应变片,组成全桥接法,根据基尔霍夫定律可知 U_{BC}、U_{DC} 与 U 的关系有:

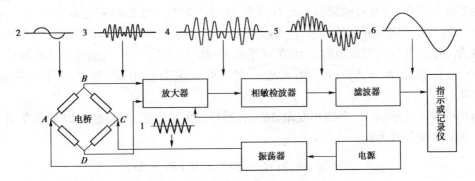

图 2-9 应变仪组成方框图
1-供桥电源波形(载波);2-被测信号波形(调制波);3-电桥输出波形(已调制波);4-放大后波形;5-检波解调后波形;6-滤波后波形

$$U_{BC} = \frac{R_2}{R_1 + R_2} U \quad (2-7)$$

$$U_{DC} = -\frac{R_3}{R_3 + R_4} U \quad (2-8)$$

BD 间输出的电压为 $U_{BD} = U_{BC} + U_{DC}$,即:

$$U_{BD} = \frac{R_2}{R_1 + R_2} U - \frac{R_3}{R_3 + R_4} U = \frac{R_2 R_4 - R_1 R_3}{(R_1 + R_2)(R_3 + R_4)} U \quad (2-9)$$

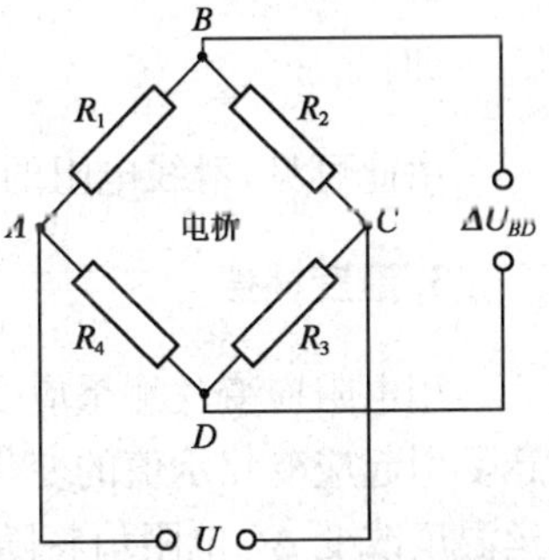

图 2-10 惠斯登电桥

当输出电压为零时,电桥处于平衡状态,则:

$$R_1 R_3 = R_2 R_4 \quad (2-10)$$

当电桥接成 1/4 电桥时,即 R_1 受到应变后,阻值有微小增量 ΔR_1,这时电桥输出电压也有增量 ΔU_{BD}:

$$\Delta U_{BD} = U \frac{R_2 R_4 - (R_1 + \Delta R_1) R_3}{(R_1 + \Delta R_1 + R_2)(R_3 + R_4)} \quad (2-11)$$

当电桥接成全电桥时,即 R_1、R_2、R_3、R_4 受到应变后,阻值都有微小增量 ΔR_1、ΔR_2、ΔR_3、ΔR_4,这时电桥输出电压也有增量 ΔU_{BD}:

$$\Delta U_{BD} = U \frac{R_2 R_4}{(R_1 + R_2)(R_3 + R_4)} \left(\frac{\Delta R_1}{R_1} - \frac{\Delta R_2}{R_2} + \frac{\Delta R_3}{R_3} - \frac{\Delta R_4}{R_4} \right) \quad (2-12)$$

在全等臂电桥情况下,即 $R_1 = R_2 = R_3 = R_4 = R$ 且应变片的灵敏系数 $K = K_1 = K_2 = K_3 = K_4$,并利用式(2-5)得到:

$$\Delta U_{BD} = \frac{1}{4} UK (\varepsilon_1 - \varepsilon_2 + \varepsilon_3 - \varepsilon_4) \quad (2-13)$$

由上式可知,电桥输出电压的增量 ΔU_{BD} 与桥臂电阻变化率 $\Delta R/R$ 或应变 ε 成正比例。输出电压与四个桥臂应变的代数和呈线性关系,相邻桥臂的应变符号相反,相对桥臂的应变符号相同。利用这一特性,可以提高测量的灵敏度和解决温度补偿问题。

2. 平衡电桥原理

在实际测量中，应变片的阻值总是有偏差，接触电阻和导线的电阻也有差异，使电桥产生不平衡。为了满足实际测量的需求，应变仪都改用了平衡电桥。图 2-11 所示是平衡电桥原理图。在 R_3、R_4 之间加入滑线电阻 r，触点 D 平分 r。R_1 为工作片，R_2 为贴在非受力构件的温度补偿片，且使桥路 $R_1 = R_2 = R'$，$R_3 = R_4 = R''$。根据惠斯登电桥，桥路处于平衡时有 $R_1 R_3 = R_2 R_4$。

当构件受力变形后，R_1 有微小变量 ΔR_1，此时桥路失去平衡，调整触点 D 使桥路重新恢复平衡。新的平衡条件为：

$$(R_1 + \Delta R_1)(R_3 - \Delta r) = R_2(R_4 + \Delta r) \tag{2-14}$$

$$R_1 R'' + \Delta R_1 R'' - R_1 \Delta r - R_1 \Delta r = R_1 R'' + R_1 \Delta r$$

整理得：
$$\frac{\Delta R_1}{R_1} = \frac{3 \times \Delta r}{R''}$$

即：
$$\varepsilon = \frac{3 \times \Delta r}{K R''} \tag{2-15}$$

由此可见，滑线电阻的变化量可用以度量工作电阻的应变量，此法称为零位测定法。

3. 温度补偿

用电阻应变片测量应变时，应变片除感受试件应变外，环境温度的变化同样通过应变片的感受引起应变仪示值的变化，这种变化称为温度效应。产生温度效应的原因有两个：一是电阻丝温度改变 Δt，电阻值将随之改变；二是电阻丝与试件材料的膨胀系数不相等，而两者黏合在一起，当温度改变 Δt 时，引起一个附加电阻变化 ΔR_t，总的应变效应为两者之和。根据桥路原理有：

$$\Delta U_{BD} = \frac{U}{4} \frac{\Delta R_t}{R} = \frac{U}{4} K \varepsilon_t \tag{2-16}$$

式中：ε_t——视值应变。

温度补偿的方法是在电桥的 BC 臂上接一个与测量片 R_1 完全一样的温度补偿应变片 R_2。R_1 贴在受力构件上，既受应变作用又受温度作用，电阻变化为 $\Delta R_1 + \Delta R_{1,t}$；温度补偿片 R_2 贴在与试件材料相同并放置在与测试对象完全相同的环境中，感受相同的温度变化，但不受外力的影响，则其只有纯 ΔR_t 的变化。如图 2-12 所示。由式（2-11）得：

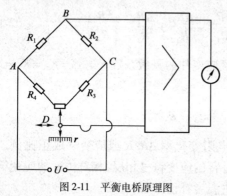

图 2-11　平衡电桥原理图

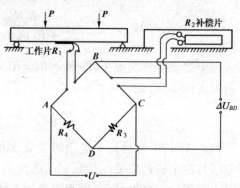

图 2-12　温度补偿原理

$$\Delta U_{BD} = \frac{U}{4}\frac{\Delta R_1 + \Delta R_{1,t} - \Delta R_t}{R} = \frac{U}{4}K\varepsilon_1 \qquad (2\text{-}17)$$

由此可见,测量结果仅为测试对象受力后产生的应变值,不受温度的影响,达到了温度补偿的目的。

4. 动态电阻应变仪

动态应变测量中,应变值的变化速度比较快,一般采用直读式电桥。其构造与静态应变仪的测量桥路基本一致,不同之处主要有以下几点:

(1)动态应变仪多采用立式电桥,以提高抗干扰能力。

(2)对预调平衡要求高,由于动态应变仪的供桥电压频率较高,应变片和引线的分布电容对桥路平衡影响很大,所以测量时除对电阻调平外,还要调节电容平衡。进行多点测量时,各通道的平衡应大体一致,使显示尽可能指示"0"或靠近"0"位。

(3)动态应变仪未设读数桥,而是在桥路中附设了一套电标定电路,以便对被测应变进行计量。

所谓"电标定"即是在工作桥臂上并联电阻,使应变仪上产生一个已知的模拟标准应变,并把它记录下来,然后再把被测物体的应变记录下来相对比,以标准应变为准尺,从而获得被测应变的大小。图2-13所示为动态电阻应变仪的电桥和标定线路。

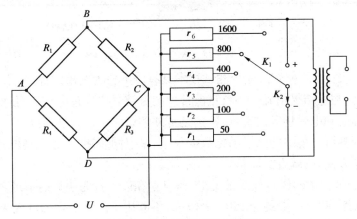

图2-13 动态电阻应变仪电桥原理

当灵敏系数取$K=2.0$,桥臂电阻取120Ω时,由图可知,假设标定电阻r_i通过开关K_1并联在R_2上为正应变,并联在R_3上为负应变,正负应变通过开关K_2切换。$r_1 \sim r_6$采用精密金属膜电阻,则其阻值由所产生的标准应变的大小确定。

5. 应变测量防干扰措施

(1)在半桥测量中采用三芯屏蔽导线,全桥测量采用四芯屏蔽导线。

(2)尽量使测量导线和应变仪远离干扰源。

(3)尽量缩短测量导线的长度,根据测量距离,合理选用导线面积。

(4)屏蔽网接在应变仪外壳接地点,接地点应良好接地,接地的绝缘电阻应尽可能小,这样可以有效抑制电磁波和静电干扰。

(5)应变片与被测构件的绝缘电阻应符合要求。

二、振弦式应变测试技术

振弦式(又称钢弦式)传感器从20世纪30年代研究成功后,随着电子技术、测量技术、计算技术和半导体集成电路技术的发展,钢弦式传感器技术日趋完善。钢弦式传感器有结构简单、制作安装方便、稳定性好、抗干扰能力强及远距离输送误差小等优点,在桥梁、结构的检测中得到广泛应用。

振弦式应变测试技术的原理是:一定长度的钢弦张拉在两个端块之间,端块牢固安装于待测构件上,构件的变形使得两端块相对移动并导致钢弦张力变化,张力的变化又使钢弦的谐振频率发生变化,通过测量钢弦谐振频率的变化从而测出待测构件的应变和变形。钢弦谐振频率的测量是由靠近钢弦的电磁线圈来完成。当电流脉冲到来时,磁铁的磁性增强,钢弦被磁铁吸住,当电流脉冲过去后,磁铁的磁性又大大减弱,钢弦立即脱离磁铁而产生自由振动,并使永久磁铁和弦上的软铁块间的磁路间隙发生变化,从而造成了变磁阻的条件,在兼作拾振器的线圈中将产生与弦的振动同频率的交变电势输出,这样通过测量感应电势的频率即可检测振弦张力的大小,如图2-14所示。

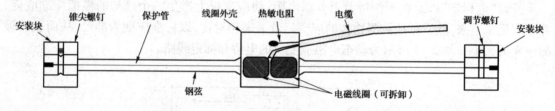

图2-14 振弦式应变计

与其他测试方法比较,振弦式应变测试技术具有以下较为突出的优点:
(1)分辨率高,测量结果精确、可靠,目前常用的振弦式应变计分辨率可达到$0.1\mu\varepsilon$。
(2)不易受温度和电磁场等的影响,特别是野外测量时抗干扰性能好。
(3)易于实现测试过程中的全自动化数据采集、多点同步测量、远距离测量和遥控测试。
(4)现场操作方便,测试方法简单。

振弦式应变测试技术的优点虽然很突出,但也存在以下较为明显的不足之处:
(1)应变计标距较大,一般约为100~150mm,不能用于测量变化梯度较大的应变,也不能用于测量较小尺寸构件的应变,如小比例的模型试验。
(2)响应速度较慢,不能用于动态和瞬态应变量测。
(3)量程范围较小,一般为$-1500~1500\mu\varepsilon$,不能用于大应变测量。
(4)测试元件及仪器成本相对较高。

(一)振弦式应变计的工作原理

牢固安装于结构待测部位的振弦应变计随同结构待测部位一起变形,变形使振弦的张力改变,因此也改变它的自振频率。振弦频率(周期)与变形(应变)之间的理论关系可表述如下:

振弦(钢法)的固有频率与张力、长度和质量相关,计算公式为

$$f = \frac{1}{2L_W}\sqrt{\frac{F}{m}} \tag{2-18}$$

式中：f——钢弦的固有频率；

　　L_W——钢弦的长度；

　　F——钢弦的张力；

　　m——每单位长度钢弦的质量。

同时，钢弦的张力与钢弦的应变有关，可表述为：

$$F = \varepsilon_W E_a \tag{2-19}$$

式中：ε_W——钢弦的应变；

　　E_a——钢弦的弹性模量。

当振弦式应变计牢固安装在构件待测部位时，其变形与构件待测部位的变形一致，有：

$$\varepsilon_W L_W = \varepsilon L_g \tag{2-20}$$

式中：ε——待测应变；

　　L_g——振弦应变计的长度。

对于振弦应变计，L_W、m、E_a、L_g等参量均为一固定的常数，将式(2-18)、式(2-19)带入式(2-20)，经过简单的整理，可得：

$$\varepsilon = \frac{4m(L_W)^3}{E_a L_g} f^2 = K f^2 \tag{2-21}$$

式中：$K = \dfrac{4m(L_W)^3}{E_a L_g}$，是与振弦应变计相关的常数。

由式(2-21)可知，待测应变与振弦自振频率的平方成正比，测出安装在构件待测部位振弦的自振频率，便可计算出构件待测部位应变。

(二)振弦式应变计的技术指标

(1)标距 L_g：振弦应变计的长度，即两个安装块之间的距离，一般约为 100~150mm。

(2)量程：指振弦应变计能够测量的最大应变范围，一般约为 3 000$\mu\varepsilon$。

(3)率定系数 K：指将振弦应变计的谐振频率(周期)换算为应变的常数。

(4)分辨率：指振弦应变计能分辨出的最小应变，一般可达到 0.1$\mu\varepsilon$。

(5)适用温度范围：-20℃ ~ +80℃。

(三)振弦式应变计的安装

1. 埋入式振弦应变计的安装

埋入式振弦应变计一般用于测量混凝土结构内部的应变，其安装方法比较简单，在混凝土浇筑前将振弦应变计埋入待测部位，固定好即可。

2. 表面式振弦应变计的安装

表面式振弦应变计一般用于测量结构表面的应变，根据测试用途不同，其安装方法也有所不同。对于短期测试，可用环氧直接黏合到待测部位表面；对于长期测试，则需要采取可靠的安装措施将振弦应变计固定到待测部位的表面。

在混凝土表面安装长期测量应变计时，宜采用膨胀螺栓或锚杆将振弦应变计的安装块(安装座)固定在待测混凝土表面。采用锚杆安装的方法一般为：在待测混凝土表面钻出两个直径约为 13mm,深约 60mm 的孔,孔位与待安装应变计的尺寸一致,在定位钻孔后,将锚杆与安装块焊接,并将锚杆用速凝砂浆或高强环氧树脂固定于钻好的孔中,如图 2-15 所示。

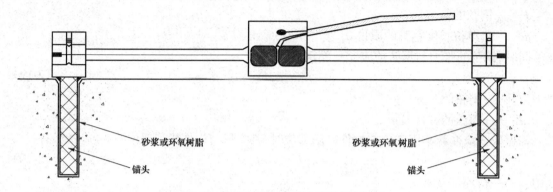

图 2-15　用灌浆锚杆在混凝土表面上的安装

在钢结构表面安装长期测量应变计时,宜要将振弦应变计牢固固定到待测钢结构的表面,必须将安装块焊接到钢结构表面上。钢表面应用钢丝刷清理,以除去氧化层和油污,焊接时要避免过热,焊接之后,用一块抹布蘸水来冷却安装块,用尖锤和钢丝刷清除所有的焊渣。

(四)振弦式应变计使用中的温度影响

振弦(钢弦)的温度膨胀系数与钢和混凝土基本一致,当钢弦和钢、混凝土处于相同温度场时,测量应变无需温度校正,但在钢弦应变计和被测构件处于不同的温度变化条件时,钢弦应变计的示值变化包括了应变计本身的温度变化和被测构件温度效应,导致应变测试误差较大,因此,应变测量应尽量安排在温度较为稳定的时间。

三、光纤光栅应变测试技术

光纤(Bragg)光栅是最早发展出来的一种光纤光栅,也是目前应用和研究最为广泛的光纤光栅。光纤(Bragg)光栅的折射率呈固定的周期性分布,即光栅周期与折射率调制深度均为常数,光栅波矢方向与光纤轴线方向一致。

1989 年美国布朗大学门德斯(Mendez)等人首先提出了将光纤传感器用于钢筋混凝土结构检测,并给出了试验结果之后,美国、加拿大、英国、德国、日本、瑞士等发达国家,纷纷将光纤传感技术应用在桥梁、大坝等大型民用基础设施的安全监测中,并取得了很大的进展。国内外近十年的科学研究和工程实践表明,光纤光栅传感技术是继电测技术之后传感技术发展的新阶段,它满足了现代桥梁结构监测的高精度、远距离、分布式和长期性的技术要求,为解决上述关键问题提供了良好的技术手段。光纤光栅不仅具有光纤的小巧、柔软、抗电磁干扰能力强、集传感与传输于一体、易于制作和埋入结构内部的优点,而且光栅的波长分离能力强、传感精度和灵敏度极高、能进行外界参量的绝对测量,其体积和力学强度小,在粘贴或嵌入到主体中不会对其性能和结构造成影响。特别是它可实现分布式传感,即在一根光纤上根据应用要求刻写多个不同 Bragg 波长的光栅,在光纤一端实现所有光栅信号的检测;同时能进一步集合成分布传感网络系统,可广泛应用于对桥梁结构的应力、应变、温度等参数以及内部裂缝、变形等结构参数的实时在线、分布式检测,能够测量工程结构的外部荷载以及结构本身对荷载的响应。

(一)光纤(Bragg)光栅的传感原理

光纤(Bragg)光栅的制作一般采用普通通信单模光纤,利用含锗光纤在波长240nm附近有一因锗相关缺陷而形成的吸收峰,当光纤受这一波长附近的紫外光照射后,会引起光纤折射率的永久性变化,在光敏光纤中形成光栅,Bragg光栅的基本构造如图2-16所示。

光纤(Bragg)光栅传感技术是通过对光纤内部写入的光栅反射或透射Bragg波长的检测,实现对被测结构的应变和温度量值的绝对测量,Bragg波长的变化反映了外界参量的变化。而光纤光栅的反射或透射波长光谱主要取决于光栅周

图2-16 Bragg光栅基本构造示意图

期Λ和反向耦合模的有效折射率n,任何使这两个参量发生改变的物理过程都将引起光栅Bragg波长的漂移。光纤Bragg中心波长可表达为:

$$\lambda = 2n\Lambda \tag{2-22}$$

式中:λ——光纤光栅的中心波长;

n——纤芯的有效折射率;

Λ——光栅周期。

在所有引起光栅Bragg波长漂移的外界因素中,最为直接的是应变参量。因为无论是对光栅进行拉伸还是压缩,都势必导致光栅周期Λ的变化,并且光纤本身所具有的弹光效应使得有效折射率n也随外界应力状态的变化而变化,这为采用光纤(Bragg)光栅制成光纤应变传感器提供了最基本的物理特性。同样,温度变化也会引起光栅Bragg波长的漂移。在轴向应力和温度变化单独作用下,可以分别得到轴向应力和温度变化引起的波长漂移公式。

应力应变引起光栅Bragg波长漂移可以用下式给予描述:

$$\frac{\Delta\lambda_B}{\lambda_B} = \left\{1 - \frac{n^2}{2}[p_{12} - v(p_{11} + p_{12})]\right\}\varepsilon \tag{2-23}$$

式中:$\Delta\lambda_B$——应变引起的波长漂移;

p_{11}、p_{12}——光弹常数;

v——泊松比;

ε——外加轴向应变;

λ_B——光纤光栅不受应变作用下的中心波长。

令$K_\varepsilon = 1 - \frac{n^2}{2}[p_{12} - v(p_{11} + p_{12})]$,得:

$$\Delta\lambda_B = K_\varepsilon \varepsilon \lambda_B \tag{2-24}$$

温度变化引起光栅Bragg波长漂移由下式给出:

$$\frac{\Delta\lambda_B}{\lambda_B} = \left(\alpha + \frac{1}{n}\xi\right)\Delta T \tag{2-25}$$

式中:$\Delta\lambda_B$——温度变化引起的波长漂移;

α——热膨胀系数;

ξ——热光常数;

λ_B——光纤光栅在某一温度下的中心波长;

ΔT——温度变化量。

令 $K_T = \alpha + \frac{1}{n}\xi$,得:

$$\Delta\lambda_B = K_T \Delta T \lambda_B \quad (2\text{-}26)$$

不考虑光纤光栅应变与温度的耦合作用,式(2-24)、式(2-25)合为:

$$\frac{\Delta\lambda_B}{\lambda_B} = K_\varepsilon \varepsilon + K_T \Delta T \quad (2\text{-}27)$$

式中:K_ε——光纤光栅应变传感器灵敏度系数;

K_T——光纤光栅温度传感器灵敏度系数。

由上式可知,基于此原理的光纤光栅传感器是以波长为最小计量单位的,而目前对光纤 Bragg 光栅波长移动的量测达到了皮米级(10^{-3}纳米)的高分辨率,因而其具有测量灵敏度高的特点。由于拉、压应力都能对其产生 Bragg 波长的变化,因此该传感器在结构检测中具有优异的变形匹配特性,其动态范围大(可达 $10\,000\mu\varepsilon$)和线性度好。另一方面,在结构应变测量中,为了克服温度对测量的影响,在测量系统中可采用相同温度环境下的光纤光栅进行温度补偿。

(二)Bragg 光栅传感系统的基本结构

Bragg 光栅传感系统由光源、光纤光栅传感器和光谱分析仪三个基本部分组成,如图 2-17 所示。光源将光入射到传输光纤中,一段包括 Bragg 波长的狭窄光谱被光栅反射回波长光谱分析仪,在没有被反射的透射光谱中就缺少了这段光谱,如图 2-17 所示,应变和温度引起的 Bragg 波长漂移就可以通过反射光和透射光的光谱获得。

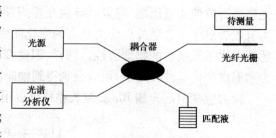

图 2-17 Bragg 光栅传感系统示意图

(三)光纤光栅应变测试技术的优缺点

与其他测试方法比较,光纤光栅应变测试技术具有以下优点:

(1)耐久性好,对环境干扰不敏感,抗电磁干扰性能好,适于长期监测。

(2)既可以实现点测量,也可以实现准分布式测量;光纤光栅尺寸小,测量值空间分辨率高。

(3)波长编码,可以方便实现绝对测量,检出量是波长信息,因此不受接头损失、光沿程损失等因素的影响。

(4)单根光纤单端检测,可尽量减少光纤的根数和信号解调器的个数。

(5)信号、数据可多路传输,便于与计算机连接,单位长度上信号衰减小。

(6)输出线性范围宽,频带宽,灵敏度高,信噪比高在 $10\,000\mu\varepsilon$ 内波长移动与应变有良好的线性关系。

光纤光栅应变测试技术的优点是非常突出的,但光纤光栅应变测试技术也存在诸如制造及使用成本较高、技术较复杂、可靠性较低、使用不太方便等缺点。可以相信,随着测试技术的发展,光纤光栅应变测试技术必将得到更广泛的应用。

第三节　变形测试仪器与技术

结构在外力的作用下会产生变形，结构的各种静态变形，包括水平位移、竖向挠度、相对滑移、转角等是桥梁结构检测中需要量测的重要内容。桥梁结构变形测试常用的仪器有机械式测试仪器、电测仪器和光学仪器。随着桥梁检测及监测研究工作的发展，出现了许多用于桥梁变形测量的方法与技术。

一、机械式测试仪器

由于机测仪表具有安装便捷、读数、经久耐用和可重复使用等优点，所以在许多检测试验中还经常使用。机测仪表就是通过机械传动系统和指示机构来测定结构各种变形（包括挠度、相对位移、转角、倾角等）的大小。

机测仪表的特点是准确度高，对环境的适应能力强，安装和使用方便，工作可靠，其性能在许多方面能满足桥梁结构检测的要求。其主要缺点是灵敏度不高，放大能力有限，需要安装仪表的支架，一般适用于静态测量，往往需要人工测读，数据不便于自动记录和远程自动监测。

机械仪表可分为传感机构、转换机构、指示机构、机体及保护等四部分，主要零件有杠杆、齿轮、轴、弹簧、指针和度盘等。

（一）百分表和千分表

百分表和千分表是结构位移量测中最为常用的仪器之一。使用与其配套的附属装置后可以量测挠度、相对位移、转角、倾角等。

1. 百（千）分表的构造

最小刻度值为 0.01mm 的叫百分表，通常的量程有 5mm 和 10mm，也有大量程的 30～50mm，允许误差 0.01mm。最小刻度值为 0.001mm 的叫千分表，通常的量程有 1mm 和 3mm，允许误差 0.001mm。千分表和百分表的结构相似，只增加了一对放大齿轮，灵敏度提高了 10 倍。

百分表是利用齿条-齿轮传动机构将线位移转变为角位移，并通过齿轮传动比进行放大的精密量具，如图 2-18 所示是百分表的构造图。齿轮 6、7、8 将感受到的变形加以放大或变换方向，扇形齿轮和螺旋弹簧 5 的作用是使齿轮 6、7、8 相互之间只有单面接触，以消除齿隙间的无效行程。测杆 4 穿过百分表机体，其功能是感受试件的变形，当测杆上下运动时带动齿轮转动，再通过齿轮传递到长短针，使指针沿刻度盘旋转，指针移动的距离就可以在刻度盘上读出，该数值表示出测杆相对于百分表机体的位移。机体上的轴颈可供安装百分表使用，有些百分表的外壳背面设有耳环，以便于安装。

2. 磁性表座的构造与安装

磁性表座是百分表、千分表安装的配套的附属装置，也叫万能表架，用以夹持百分表或千分表，可吸附在光滑的导磁平面或圆柱面上。如图 2-19 所示是磁性表座的构造图。一般磁性表座在被吸附平面垂直方向上的拉力不低于 588N，剩磁拉力小于 3N，微调机构的微调量为 0～3mm，夹孔为 ϕ8mm。

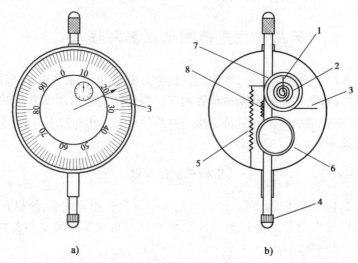

图 2-18 百分表的构造图
1-短针齿轮;2-齿轮弹簧;3-长针;4-测杆;5-测杆弹簧;6、7、8-齿轮

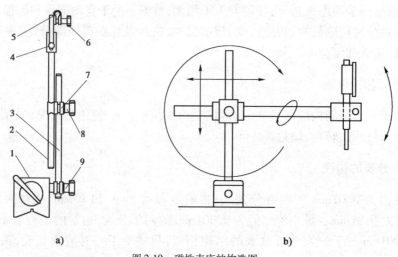

图 2-19 磁性表座的构造图
1-磁体开关;2、3-连接杆;4-微调螺栓;5-颈箍;6、8、9-紧固螺栓;7-连接件

磁性表座使用时,表座安装在临时搭设的支架上,支架应具有足够的刚度,避免支架本身的变形,并且与被测构件分离。磁性表座的安装可按以下步骤进行:

(1)将百分表轴颈插于表架横杆上的颈箍 5 相应孔中,并旋紧螺栓 6。

(2)接通磁路:顺时针旋转磁体开关 1 至限位处,磁性表座即与被吸附面吸牢。

(3)调节:旋松螺栓 8 或螺栓 9,并移动连接杆 2 或 3,可将表调节到需要的位置。

(4)微调:旋转微调螺栓 4 即能达到微调。

(5)切断磁路:逆时针旋转磁体开关 1 至限位处,磁性表座即可由吸附面上取下。

磁性表座,应经常保持清洁,移动时小心轻放,不使用时切断磁路,不要任意拆卸零件,长期不使用时应涂上油防锈,存放在干燥的地方。

3. 使用注意事项

(1)使用百分表或千分表时,只能拿取外壳,不得随意用力推拉测杆,避免大力撞击,以免造成齿轮系统损伤而影响精度。

（2）磁性表座上的各个螺栓要拧紧,颈箍夹住百分表轴颈时,不可夹得太紧,否则会影响测杆的正常移动。

（3）安装时,应将测杆顶住测点,使测杆与测面保持垂直。注意位移的大小和方向,调节测杆,使百分表的初读数在适当的范围,防止当变形达到最大值时量程不够。

（4）安装好百分表或千分表后,可用笔头轻轻敲击刻度盘玻璃,观察指针摆动情况。如果长指针轻微震动或在某一固定值小范围内摆动,说明以仪表安装正常。

（5）百分表或千分表用于测挠度与变位时,应注意位移的相对性,测杆移动的方向与量测的位移方向完全一致。测点表面要进行磨平和硬化处理,以减少误差。

（6）百分表或千分表经过一段时间的使用或拆洗上油后,必须对其进行重新标定。

（二）张线式位移计

张线式位移计常用于测量较大的位移。它是通过一根钢丝使仪器与结构测点相连,利用钢丝传递位移。张线式位移计可分为简易挠度计（利用杠杆放大的挠度计）、静载挠度计（利用摩擦轮放大的挠度计）和齿轮传动的挠度计,较为常用的是摩擦轮放大的挠度计。图2-20所示为张线式位移计原理图。张线式位移计使用时应注意两个问题,一是质量块不宜太轻,否则钢丝会在风力作用下产生较大的摆动,直接影响测量结果的准确性；二是钢丝宜采用低松弛材料,以减小测量过程中钢丝自身变形对测量结果的影响。

（三）测角器和倾角仪

在桥梁试验时,结构的节点、截面或支座都有可能发生转动,测角器、倾角仪就是专门用来量测这种变形的仪器。

1. 杠杆式测角器

如图2-21所示,在待测断面2上安装一支刚性金属杆1,当结构发生变形引起金属杆转动一个角度α,用位移计测出3、4两点间的距离L和水平位移δ_3、δ_4,即可算出转角α：

$$\alpha = \arctan\frac{\delta_4 - \delta_3}{L} \tag{2-28}$$

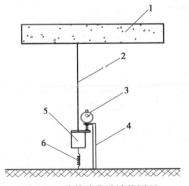

图2-20 张线式位移计的原理
1-被测构件；2-钢丝；3-千分表；4-表架；5-质量块；6-弹簧

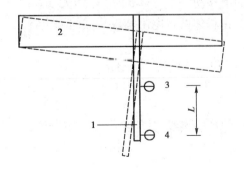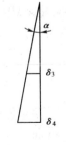

图2-21 杠杆式测角器
1-刚性杆；2-试件；3、4-位移计

这种装置的优点是构造简单、灵敏度高、受温度的影响小,但是保证位移计固定不动是比较困难的,因此使用受到限制。

2. 水准管式倾角仪

水准管式倾角仪是利用零位法测定结构节点、截面或支座倾角。其构造如图 2-22 所示。高灵敏度的水准管被安放在弹簧片上,一端铰接在基座,另一端被弹簧片顶升,同时被测微计的微调螺丝压住。使用时,将倾角仪的夹具装在测点上,利用微调螺丝调平,使水准泡居中,读取度盘读数 δ_1。结构受力变形后水准泡偏移,再使水准泡重新居中,读取度盘读数 δ_2,即可计算出转角 α。这种倾角仪的精度可达 $1''\sim 2''$,量程可达 $3°$,使用较为简便,但受温度的影响较大,使用时应防止水准管受阳光直接暴晒,以免水准管爆裂。

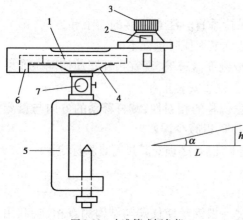

图 2-22 水准管式倾角仪
1-水准管;2-刻度盘;3-微调螺丝;4-弹簧片;5-夹具;6-基座;7-活动铰

二、电测类测试仪器

结构在荷载作用下的静位移如挠度、侧移、转角、支座偏移等,也可以转化为电量信号进行量测。一般常用的有电阻式位移传感器、应变式位移传感器和差动变压器式位移传感器,近年来连通液位式挠度仪(沉降仪)的桥梁检测中应用也越来越多。

1. 电阻式位移传感器

电阻式位移传感器是一种位移测量计,它只能检测试件的位移,而本身不能显示其数值,必须依靠二次仪器进行显示或指示。以常用的滑线电阻式位移传感器为例,它由测杆、滑线电阻和触头等组成,如图 2-23 所示。滑线电阻固定在表盘内,触点将电阻分成 R_1 和 R_2。工作时将电阻 R_1 和 R_2 分别接入电桥桥臂,预调平衡后输出等于零。当滑杆向下移动一个位移 δ 时,R_1 增大 ΔR_1,R_2 减少 ΔR_1。由相邻两臂电阻增量相减的输出特性得知:

$$U_{ED} = \frac{U}{4} \frac{\Delta R_1 - (-\Delta R_1)}{R} = \frac{U}{4} \frac{\Delta R}{R} \times 2 = \frac{U}{2} K\varepsilon$$

(2-29)

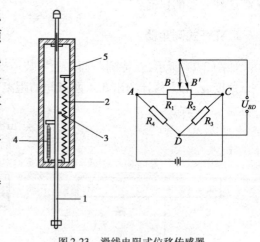

图 2-23 滑线电阻式位移传感器
1-测杆;2-滑丝电阻;3-触头;4-弹簧;5-壳体

采用这样的半桥接线,其输出量与电阻增量成正比,即与位移成正比。一般量程可达 10~100mm 以上。

2. 应变梁式位移传感器

应变梁式位移传感器主要由测杆、悬臂梁、应变片和弹簧组成,如图 2-24 所示。悬臂弹簧片是由一块弹性好、强度高的金属制成,固定在仪器外壳上。在簧片固定端粘贴 4 片应变片组成全桥或半桥测量线路,簧片的另一端装有拉簧,拉簧与指针固结。当测杆移动时,传力弹簧使簧片产生挠曲,即簧片固定端产生应变,通过电阻应变仪即可测得应变与位移的关系。

这种传感器的量程有 30~150mm,读数分辨率可达 0.01mm,但测量精度和稳定性受应变片粘贴质量的影响。

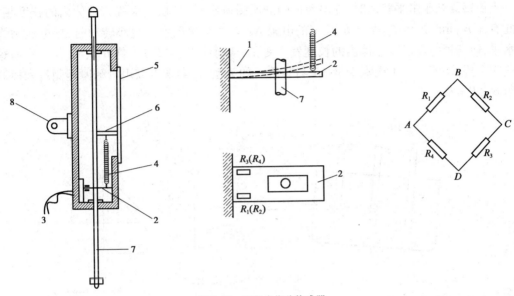

图 2-24 应变式位移传感器
1-应变片;2-悬臂梁;3-引线;4-弹簧;5-标尺;6-指针;7-测杆;8-固定环

3. 差动变压器式位移传感器

由图 2-25 可以看出,差动变压器式位移传感器由一个初级线圈和两个次级线圈分内外两层同绕在一个圆筒上,圆筒内放一个能自由地上下移动的铁芯。对初级线圈加入激磁电压时,通过互感作用使次级线圈产生感应电势。当铁芯居中,感应电势 $e_{s1} - e_{s2} = 0$,此时无输出信号。当铁芯向上移动 δ 时,$e_{s1} \neq e_{s2}$,输出为 $\Delta E = e_{s1} - e_{s2}$。铁芯向上移动的位移越大,$\Delta E$ 也越大。反之,当铁芯向上移动时,e_{s1} 减小而 e_{s2} 增大,$e_{s1} - e_{s2} = -\Delta E$。由于电势的输出量与位移成正比,可以通过率定来事先确定电势输出量与位移的标定曲线,从而测量位移。这种传感器的量程可达 500mm。

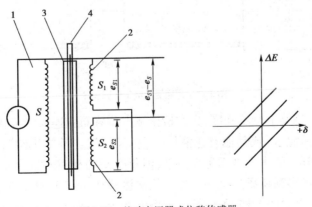

图 2-25 差动变压器式位移传感器
1-初级线圈;2-次级线圈;3-圆形筒;4-铁芯

4. 电子倾角仪

电子倾角仪实际上是传感器的一种，其构造原理如图2-26所示。密封的玻璃器皿里盛有高稳定性的导电液体，三根电极 A、B、C 由器皿上平面等距离垂直插入到液体底部并加以固定。当传感器处于水平状态时，导电液体的液面保持水平，三根电极浸入液体内的长度相等，因此有 A、B 间的电阻 R_{AB} 等于 B、C 间的电阻 R_{BC}。当倾角仪发生微小转动时，导电液始终保持水平，使三根电极浸入液体内的长度发生变化，从而使 $R_{AB} \neq R_{BC}$。将 R_{AB}、R_{BC} 作为惠斯登电桥的两个桥臂，就建立了电阻变量 ΔR 与转角 α 的关系，这样就可以用电测原理测量和换算出倾角 α，$\Delta R = K\alpha$。

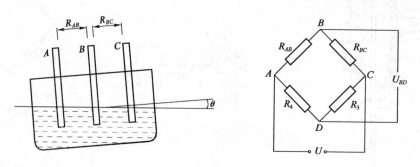

图 2-26　电子倾角仪

此外，结构转动变形量测也可以采用测量学方法，当转动量较大时，只要准确测出两点之间的距离和相对变形，就可以计算出转角。

5. 连通管测量法

连通管测量法是利用物理学上"连通器中处于水平平面上的静止液体的压强相等"的原理，通过连通管连通液位，测量被测点相对于基点的液位变化情况，从而测出被测点的挠度或沉降，其工作原理如图2-27所示。

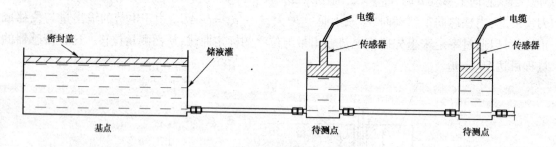

图 2-27　连通测量法工作原理图

连通管临时用在桥梁上测量挠度，先在桥梁测点位置布置连通管传感器，然后用连通管连接各测点传感器，最后灌水（或其他有色液体）至标尺位置。桥梁试验时加、卸荷载会引起桥梁结构下挠，此时水管中的水平液面仍需持平，但每个测的相对水位会发生变化，读取这个变化值，经简单计算即可得到桥梁的挠度。连通管法测量桥梁挠度的优点是可靠、易行，连通管式挠度测量系统采用全封闭结构，不怕桥梁现场的高尘、高湿和浓雾，连通管式挠度计的液面变化直接反映了桥梁某个截面的挠度，不需要复杂的计算。

三、光学测试仪器

1. 精密水准仪测量法

水准测量是用水准仪和水准尺测定地面上两点间高差的方法。在地面两点间安置水准仪,观测竖立在两点上的水准标尺,按尺上读数推算两点间的高差。通常由水准原点或任一已知高程点出发,沿选定的水准路线逐站测定各点的高程。精密水准测量必须用带测微器的精密水准仪和膨胀系数小的水准标尺,以提高读数精度,削弱温度变化对测量结果的影响。

使用精密水准仪测量桥梁挠度的方法有基准测量法和多仪器固定传递测量法。当所测量的路线比较短,即仪器至标尺的距离在60m范围之内时,宜采用仪器基准法测量。将精密水准仪安放在试验桥之外的一个测站上,这个测站固定不动,然后分别观测各测点的水准尺读数。如果 H_k 与 H_j 分别为桥上某一点在 j 及 k 两个工况下的水准尺读数,则测点在 k 与 j 工况下的相对挠度为:

$$H_{kj} = H_j - H_k \tag{2-30}$$

仪器基准法主要适用于测点附近能够提供测站条件、范围不大的桥梁挠度变化、观测点数不多的精密水准测量。具有精度高、计算方便和能够及时比较观测结果的特点。

当桥梁较长,设站较多,观测时间较长时,可采用多仪器固定传递法。这样可以避免多次设站,从而缩短观测时间。该方法假设桥梁在零荷载状态下某一观测点的高程为 H_0,第 i 级荷载状态下的高程为 H_i,则桥梁在第 i 级荷载下的相对挠度为:

$$h_i = H_i - H_0 \tag{2-31}$$

2. 全站仪测量法

全站仪是指能自动测量角度和距离,并能按一定程序和格式将测量数据传送给相应的数据采集器的测量仪器,它具有自动化程度高、功能多及精度较高等优点,可进行角度测量、距离测量、坐标测量、点位放样等相关测量工作。这里就全站仪在桥梁检测中的应用作简要介绍,具体应用详见相关测量书籍。

(1) 全站仪测量挠度

全站仪挠度测量基本原理是三角高程测量。三角高程测量通过测量两点间的水平距离和竖直角求定两点间的高差,是测量桥梁大变形、大挠度的一个常用方法。

设 S 为测站和测点之间测线斜距,A 为全站仪照准棱镜中心竖直角,i 为仪器高,v 为棱镜高,则测站和测点间相对高差为:

$$h = S\sin A + i - v \tag{2-32}$$

加载后,测点出现竖直方向的位移,而仪器高和棱镜高都没有变,测得此时的竖直角为 A_1,斜距为 S_1,加载后测站点与测点相对高差 h_1 的计算公式为:

$$h_1 = S_1 \sin A_1 + i - v \tag{2-33}$$

加载前后测站点与测点相对高差的变化值为:

$$\Delta h = h - h_1 = S\sin A - S_1 \sin A_1 \tag{2-34}$$

(2) 全站仪测量空间变形

在桥梁检测中,悬索桥、斜拉桥、大跨度拱桥等需要对索塔、拱顶及拉索等部位进行三维变形测量,此时宜采用全站仪对测点进行三维坐标测量。通过测量桥梁加载前后测点与测点相对坐标的变化值，即可得出测点的三维变形。

四、卫星定位技术——GPS 系统

1. GPS 系统简介

1973 年，美国国防部批准研制一种新的军用卫星导航系统——Navigation by Satellite Timing And Ranging（AVSTAR）Global Positioning System（GPS），称之为 GPS 卫星全球定位系统，简称为 GPS 系统。它是一种基于空间卫星的无线导航与定位系统，可以向数目不限的全球用户连续地提供高精度的全天候三维坐标、三维速度及时间信息，具有实时性导航、定位和授时功能。

GPS 系统由三大部分构成：GPS 卫星星座（空间部分），地面监控系统（控制部分）和 GPS 信号接收机（用户部分）。GPS 卫星的主要功能是：向用户连续发送定位信息；接收和储存由地面监控站发来的卫星导航电文等信息并适时发送给用户；接收并执行由地面监控站发来的控制指令；适时地改正运行偏差和启用备用卫星等。通过星载的高精度原子钟，提供精密的时间标准。

在 GPS 定位过程中，按照参考点位置的不同，可以分为绝对定位和相对定位。绝对定位是指在地球协议坐标系中，确定观测站相对地球质心的位置。而相对定位指的是在地球协议坐标系中，确定观测站与某一地面参考点之间的相对位置。按定位时接收机所处的状态，可将 GPS 定位分为静态定位和动态定位两类。所谓静态定位，指的是将接收机静止于测站上数分钟至 1 小时或更长时间观测，以确定一个点在 WGS-84 坐标系（世界统一的地心坐标系）中的三维坐标（绝对定位），或两个点之间的相对位置（相对定位）。而动态定位至少有一台接收机处于运动状态，测定的是各观测历元相应的运动中的点位（绝对定位或相对定位）。

2. GPS 定位的基本原理

（1）绝对定位

绝对定位，通常指在协议地球坐标系中，直接确定观测站相对于坐标系原点（地球质心）绝对坐标的一种定位方法。利用 GPS 进行绝对定位的基本原理，是以 GPS 卫星和用户接收机天线之间的距离（或距离差）观测量为基础，并根据已知的卫星瞬时坐标，采用空间后方交会的方法来确定用户接收机天线所对应的点位，即观测站的位置。

应用 GPS 进行绝对定位，根据用户接收机天线所处的状态不同，又可分为动态绝对定位和静态绝对定位。当用户接受设备安置在运动的载体上，并处于动态的情况下，确定载体的瞬时绝对位置的定位方法，称为动态绝对定位。动态绝对定位一般只能得到没有（或很少）多余观测量的实时解。这种定位方法，被广泛的应用于飞机船舶以及陆地车辆等运动载体的导航。当接收机天线处于静止状态时，用以确定观测站绝对坐标的方法，成为静态绝对定位。这时，由于可以连续地观测卫星至观测站的伪距，所以可获得充分的多余观测量，以便在测量后，通过数据处理提高定位的精度。静态绝对定位方法，主要用于大地测量，以精确测定观测站在协议地球坐标系中的绝对坐标。

（2）相对定位

相对定位的最基本情况是用两台 GPS 接收机分别安置在基线的两端，并同步观测相同的卫星，以确定基线端点在协议地球坐标系中的相对位置或基线向量。当多台接收机安置在若干条基线的端点,通过同步观测 GPS 卫星,可以确定多条基线向量。

根据用户接收机在定位过程中所处的状态不同,相对定位也有动态和静态之分。静态相对定位一般采用载波相位观测值为基本观测量,这一方法是当前 GPS 定位中精度最高的一种方法,广泛的应用于大地测量、工程测量和地壳变形监测等精密定位领域。动态相对定位,是用一台接收机安设在基准站上固定不动,另一台接收机安设在运动的载体上,两台接收机同步观测相同的卫星,以确定运动点相对于基准站的实时位置。根据其采用的观测量不同,动态相对定位又可分为测码伪距动态相对定位和测相伪距动态相对定位。

(3)实时动态相对定位(GPS RTK)

RTK(英文为 Real Time Kinematics)技术即 GPS 实时动态相对定位技术,是目前最先进的卫星定位技术。它是 GPS 测量技术与数据传输技术相结合而构成的组合系统,它能够在野外实时得到厘米级定位精度,这为工程放样、地形测图、变形观测等各种实时高精度测量作业带来了一场变革。它的基本原理是利用 2 台以上 GPS 接收机同时接收 GPS 卫星信号,其中一台安置在已知坐标点上作为基准站,另一台用来测定未知点的坐标后为流动站。基准站通过数据传输系统将其观测值和测站坐标信息一起传送给流动站。流动站不仅通过数据链接收来自基准站的数据,还要自己采集 GPS 观测数据,然后根据相对定位的原理,在系统内组成差分观测值进行实时处理,实时地计算并显示用户站的三维坐标及精度。RTK 作业开始前,流动站必须先进行初始化,即完成整周的未知数解算后开始进行每个历元的实时测量,作业时只要能保持 4 颗以上卫星相位观测值的跟踪和必要的几何图形,则流动站可随时给出厘米级定位结果。初始化可在固定点上静止进行,也可在动态条件下利用动态初始化(AROF)技术进行。

GPS RTK 定位系统的构成。一套 TRK 定位系统一般包括一套基准站和一套流动站。一套基准站包括:一台基准站 GPS 接收机及天线、独立的基准站发射电台及天线、设置参数和显示使用的电子手簿。一套流动站包括:一套流动作业的 GPS 接收机及天线、流动站接收信号的电台(多数内置于 GPS 接收机内)及天线、电子手簿。目前 TRK 技术的标称精度一般为:平面 ±(10mm + 1ppm);高程 ±(20mm + 2ppm),工作半径在 10km 以上。

3. GPS 在桥梁监测中的应用

在对大跨度悬索桥、斜拉桥及拱桥等桥梁进行长期实时在线监测时,需要对索塔、拱顶主缆及拉索等部位的三维变形进行长期实时在线测量,此时可采用 GPS 系统对测点进行三维坐标定位测量,国内外一些大型桥梁的健康监测系统中均采用了 GPS 系统。

五、激光图像测量技术

近年来,信息技术的蓬勃发展大大带动了桥梁变形测量技术的发展,涌现了许多新技术和新方法。计算机视觉测量技术是一种 20 世纪 70 年代后期发展起来的先进的非接触式测量方法。基本原理是通过图像传感器把被测目标的影像信息记录下来,并通过一系列的采样过程(包括空间量化采样和幅度量化采样),把图像信息数字化后送入计算机,利用计算机对图像进行处理,从而得到所需要的测量信息。随着计算机图形图像技术、模式识别技术、CCD 技术等学科领域的迅速发展,视觉测量技术以其测量速度快、高度计算机化及广泛的适应能力得到越来越广泛的应用。

激光图像测量方法就是在计算机视觉测量技术基础上发展起来的,作为一种非接触测量方法,激光图像测量具有测量速度快,测量精度高,图像包含的信息完整,能实现自动远距离复杂环境下的连续测量,同时也可进行异地电脑终端遥测,便于与微计算机连接做成智能仪器,近年来被逐渐应用到桥梁的挠度测量中。

激光图像测量方法基本原理:在桥梁上设置控制点或人工标志,通过光学成像镜头,被测点的图像信息成像在数字摄像机/照相机的固体图像传感器上,然后通过图像采集、传输,最后通过数字图像处理技术计算出被测点的位置,比较不同时刻的位置变化,就可以得知被测点的位移。这种图像测量技术能实现二维实时测量、精度高、测量范围大、相对低廉,很适合长期、在线、多点和自动测量,具有广泛使用的潜力。

六、桥梁变形测量方法的比较

随着科学技术的不断发展,出现了许多用于桥梁变形测量的方法,每种方法都有各自的特点及适用范围,如表2-2所示。在具体的检测活动中,可根据桥梁检测的实际情况、各种测量方法的优缺点,从中选取比较理想的方法。

各种测量方法的比较　　　　表2-2

测量方法	优点	缺点	适用范围
百分表、千分表	构造简单,稳定可靠,操作简单,测量精度高	需要架设稳定支架,安装麻烦,需要的人手多	实验室试验、陆地上的较矮的中小跨桥梁
位移计	稳定,操作简单,测量精度高,可集成自动测量	需要架设稳定支架,安装麻烦	实验室试验、方便搭设稳定支架的中小跨桥梁
精密水准仪	测点布置简单、速度快、经济、准确及可靠	仪器操作较复杂,对测量人员有较高的要求,受天气影响较大	适用范围广,适合满足精度要求的中大跨度桥梁的桥面挠度测量
连通管测量法	可靠、易行,受天气影响较小,计算简单	安装较繁琐,在大跨径桥梁纵坡较大时不适用	适用于各种跨度桥梁的挠度测量,特别是中短期的连续监测
全站仪测量	自动化程度高、功能多及精度较高,可进行角度测量、距离测量、三维坐标测量、点位放样等相关测量工作	仪器操作较复杂,对测量人员有较高的要求,大位移变形难以观测,反射棱镜清洁困难、受天气影响较大	适用于特大跨度桥梁的挠度测量、桥塔、缆索、拱肋及拱脚的三维变形测量
倾角测量法	可靠,可集成自动测量,受天气影响较小	缺点是测点布置较为复杂,计算较复杂,最大量程有限	适用于满足量程要求的各种跨度桥梁的挠度测量
GPS卫星定位	能实现动态实时、自动三维测量	系统价格昂贵,测量精度较低	在对大型桥梁的索塔、拱顶及拉索等部位的三维变形进行长期实时在线测量时
激光图像测量	成本低,精度也较高,可进行动态测量	测量时需复杂的对准调整过程,操作复杂,受天气影响较大,现场适应性较差	正在发展成熟中,目前应用还不普遍

第四节　振动测试仪器与技术

桥梁结构的动载试验中,常有大量的物理量,如应力(应变)、位移、速度、加速度等,需要进行量测、记录和分析。由于结构的动应变与静应变的测量元件、测量方法基本相同,不同之处在于需要采用动态应变仪进行量测。振动参量可用不同类型的传感器予以感受拾起,并从被测量对象中引出,形成测量信号,将能量通过测量线路发送出去,再通过仪器仪表将振动过程中的物理量进行测量并记录下来。传感器是振动测试系统中的一个重要组成部分,它具有独立的结构形式。按照被测物理量来分类,传感器可以分为位移传感器、速度传感器和加速度传感器;按照工作原理来分类,传感器可以分为机械惯性式传感器和电测传感器(包括磁电式、压电式、电感式、应变式)两大类。在本节中,主要介绍各类振动参量测试仪器及传感器的原理与构造。

一、惯性式传感器

惯性式传感器有位移、速度及加速度传感器 3 种。它的特点是直接对机械量(位移、速度、加速度)进行测量,故输入、输出均为机械量。常用的惯性式位移传感器有:机械式测振仪、地震仪等。惯性式传感器的工作原理及其特性曲线在振动传感器中最具有代表性,其他类型传感器大都是在此基础上发展而得到的。

在惯性式传感器中,质量弹簧系统将振动参数转换成了质量块相对与仪器壳体的位移,使传感器可以正确反映振动体的位移、速度和加速度。但由于测试工作的需要,传感器除应正确反映振动体的振动外,还应不失真地将位移、速度和加速度等振动参量转换为电参量,以便用电参量进行量测。

惯性式传感器如图 2-28 所示,由质量块—弹簧组成。设 m、k 和 c 分别为它的质量、刚度和阻尼系数,u 为振动体位移,δ 为质量块与壳体间的相对位移,则可按达朗伯原理建立如下运动微分方程:

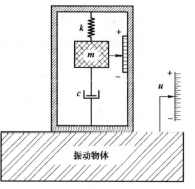

图 2-28 惯性式传感器的构造

$$-m\frac{d^2(\delta+u)}{dt^2} - c\frac{d\delta}{dt} - k\delta = 0 \quad (2-35)$$

将上式移项后得:

$$m\frac{d^2}{dt^2}\delta + c\frac{d}{dt}\delta + k\delta = -m\frac{d^2}{dt^2}u \quad (2-36)$$

这是一个强迫振动方程,右端为被测对象产生的激发,如果被测物体作简谐振动,则激发为:

$$u = u_0\cos\omega t \quad (2-37)$$

在该简谐激发的作用下,方程的稳定解具有下列形式:

$$\delta = \delta_0\cos(\omega t + \theta) \quad (2-38)$$

将式(2-37)、式(2-38)代入式(2-36),可求得传感器的频率特性如下:

$$\frac{\delta_0}{u_0} = \frac{\omega^2}{\sqrt{\left(\frac{k}{m}-\omega^2\right)^2 + \left(\frac{\omega c}{m}\right)^2}} \quad (2-39)$$

$$\theta = \arctan\frac{\frac{\omega c}{m}}{\left(\frac{k}{m}-\omega^2\right)} \quad (2-40)$$

令:$\omega = \sqrt{k/m}$,称为传感器固有频率;

$c_0 = 2\sqrt{km}$，称为传感器临界阻尼系数；

$\zeta = c/c_0 = c/(2\sqrt{km})$，称为相对阻尼系数(衰减系数)。

将 ω_n、c_0、ζ 代入式(2-39)和式(2-40)得：

$$\frac{\delta_0}{u_0} = \frac{\left(\dfrac{\omega}{\omega_n}\right)^2}{\sqrt{\left[1-\left(\dfrac{\omega}{\omega_n}\right)^2\right]^2 + \left[\dfrac{2\zeta\omega}{\omega_n}\right]^2}} \tag{2-41}$$

$$\theta = \arctan\frac{\dfrac{2\zeta\omega}{\omega_n}}{1-\left(\dfrac{\omega}{\omega_n}\right)^2} \tag{2-42}$$

式(2-41)表达了惯性式传感器的幅频特性，式(2-42)揭示了惯性式传感器的相频特性。根据速度与位移的关系：$\dot{u}_0 = u_0\omega$，有：

$$\frac{\delta_0}{\dot{u}_0} = \frac{\delta_0}{u\omega u_0} = \frac{1}{\omega}\frac{\left(\dfrac{\omega}{\omega_n}\right)^2}{\sqrt{\left[1-\left(\dfrac{\omega}{\omega_n}\right)^2\right]^2 + \left(\dfrac{2\zeta\omega}{\omega_n}\right)^2}} \tag{2-43}$$

由加速度与位移的关系：$\ddot{u} = u_0\omega^2$，有：

$$\frac{\delta_0}{\ddot{u}_0} = \frac{1}{\omega^2}\frac{\left(\dfrac{\omega}{\omega_n}\right)^2}{\sqrt{\left[1-\left(\dfrac{\omega}{\omega_n}\right)^2\right]^2 + \left(\dfrac{2\zeta\omega}{\omega_n}\right)^2}} \tag{2-44}$$

根据上述原理，当被测对象振动频率与惯性式传感器的固有频率之比变化时，可以测量不同的振动参量。

(1) 当频率比 $\dfrac{\omega}{\omega_n} \gg 1$（即被测频率远大于传感器的固有频率）时，有：

$$\frac{\delta_0}{u_0} \approx 1 \quad 即 \quad \delta_0 \approx u_0 \tag{2-45}$$

此时，测得的壳体位移接近于物体的位移。若选用较大的阻尼系数，δ_0 更接近于物体位移，此时惯性式传感器可用于动位移的测量，故称为位移传感器。可见，位移传感器应具有较低的固有频率和较大的阻尼系数，如地震仪的固有频率低于 1Hz。这类扭振仪有较好的相频特性。图 2-29 所示为惯性式位移传感器的幅频特性曲线、相频特性曲线。

一般的桥梁结构、厂房、民用建筑的一阶自振频率在零点几到十几赫兹之间，这就要求传感器具有很低的自振频率。为降低 ω_n，必须加大质量块 m。因此一般惯性式位移传感器的体积较大也较重，使用时对被测系统有一定影响，特别对于一些质量较小的振动体就不太适用。

(2) 当 $\dfrac{\omega}{\omega_n} \to 1$ 时，有：

$$\delta_0 = \frac{1}{2\zeta\omega_n}\dot{u}_0 \tag{2-46}$$

此时测得的相对位 δ_0 与振动速度成正比，可以将惯性式传感器用于速度测量。但是，要保持频比在 1 附近是不容易实现的，同时传感器的有用频率范围非常狭窄，测试失真也较大，故一般很少在工程中使用。

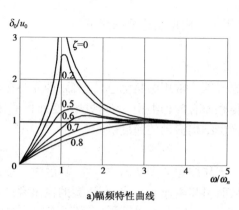
a) 幅频特性曲线

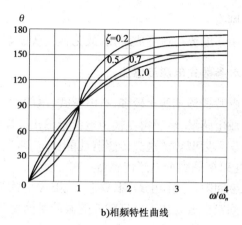
b) 相频特性曲线

图 2-29 惯性式位移传感器的幅频特性曲线和相频特性曲线

(3) 当 $\dfrac{\omega}{\omega_n} \ll 1$ 时,有:

$$\delta_0 \approx \dfrac{\ddot{u}_0}{\omega^2} \tag{2-47}$$

此时测得的相对位移与振动加速度成正比,当 $\zeta = 0.6 \sim 0.7$ 之间时,相频曲线接近直线,所以相频与频率成正比,波形不会出现畸变,可以将惯性式传感器用于加速度测量。

可以看出,惯性式传感器的适用性是比较差的,一般多用于动位移的测量,而速度和加速度的测量不宜采用惯性式传感器。

二、电测传感器

振动电测传感器的输入量是机械参量,而输出量是电参量,所以它是将机械量转换成电参量的一种传感器,这是与机械惯性式传感器的不同之处。根据输出量的不同,分为发电式(振动量—电量)和参数式(振动量—电阻、电容、电感等电参数)两大类,此外,压电晶体式传感器也比较常用。

发电式传感器的特点是灵敏度高、性能稳定、输出阻抗低、频率响应范围较大,通过对质量弹簧系统参数的不同设计,可以使传感器既能量测非常微弱的振动,也能量测较强的振动,是工程振动量测中最为常用的拾振仪器。

压电式传感器具有动态范围大,频率范围宽等优点,被广泛用于振动量测的各个领域,尤其适用于宽带随机振动和瞬态冲击等场合。

1. 发电式传感器

发电式传感器由永久磁体、磁路(包括气隙)和运动线圈组成,如图 2-30 所示。根据电磁感应定律,感应电势为:

$$e = -BL\dot{\sigma}10^{-8} \quad (\mathrm{V}) \tag{2-48}$$

式中:B——磁通密度(高斯/gs);

L——磁场内导线的有效长度(cm);

$\dot{\sigma}$——线圈运动速度(cm/s)。

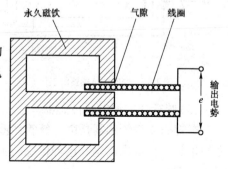

图 2-30 发电式传感器工作原理

令

$$k = -BL10^{-8}$$

则有

$$e = k\dot{\sigma} \tag{2-49}$$

由于电势与速度成正比,故为速度传感器,常用于结构振动速度的测量。

2. 参数式电测传感器

参数式传感器比较多,有电感式、电阻式、电容式等。常用的是电感传感器,即先将振动量转换成电感量,然后再变换为电参量输出。电感传感器有四种类型:变间隙型、变面积型、螺管插铁型和齿型等。这类传感器性能稳定,常用来测量结构振动的速度。

(1) 变间隙型电感传感器

变间隙传感器由线圈、铁芯、气隙和衔铁组成,工作原理如图2-31所示。测量时一般是将衔铁固定在振动体上。气隙δ随振动量而变化,从而引起磁通的变化,在线圈的输出端产生感应电势 e。即:

$$e = -n\frac{d\phi}{dt} = -n\frac{d\phi}{d\delta}\frac{d\delta}{dt}10^{-8} \quad (V) \tag{2-50}$$

式中:e——感应电势(V);
n——线圈匝数;
ϕ——磁通量(Wb)。

由上式可知,输出电势 e 与磁通量的变化率成正比,而磁通量的变化率与振动速度有关,即输出电势的变化量 Δe 与被测对象的振动速度成正比,所以利用该传感器可以测量结构振动的速度。

(2) 变面积型电感传感器

变面积型电感传感器的工作原理同变气隙型类似,不同之处是,该传感器的气隙保持不变,而是改变铁芯与衔铁间的覆盖面积。所以衔铁的运动方向与上述变气隙型传感器衔铁的运动方向是垂直的。变面积型电感传感器的灵敏度比变气隙型低,但线性程度好,量程较大,应用比较广泛,结构如图2-32所示。

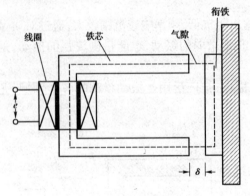

图2-31 变间隙传感器的工作原理

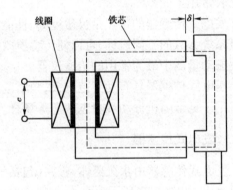

图2-32 变面积传感器的工作原理

(3) 螺管插铁型电感传感器

螺管插铁型传感器是由一螺管线圈和圆柱形铁芯组成。线圈的电感变化量与铁芯插入长度的相对变化量成正比。这种传感的灵敏度低,但量程大,结构简单,因而应用很广泛,结构如图2-33所示。

(4) 齿型传感器

齿型传感器也是一种气隙型传感器,它由导磁体、气隙、齿圈、线圈等组成。齿型传感器主要用于扭转振动、角振动的测量以及转速及大角位移量的精密测量等。传感器输出信号为感应电势,但所利用的参数不是电压幅值的变化,而是电势变化的频率。由其工作原理可知,当齿圈每转过一个齿时,气隙由小到大变化一次,产生一个脉冲波,其频率为:

$$f = \frac{Nn}{60} \tag{2-51}$$

式中:f——感应电势的变化频率(Hz);

N——齿圈上的齿数;

n——齿圈的转速(1/min)。

可见电势的变化频率与齿圈齿数和被测量物体的转速成正比。由于齿数是定值,故频率只随转速而变化。若取齿数 N 为 60,则频率 f 恰巧等于转速,故这种传感器可以测量角位移、角速度及转速,这是其他传感器难于做到的,如图 2-34 所示。

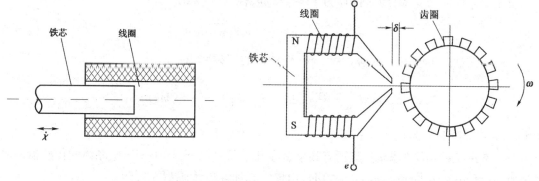

图 2-33　螺管插铁型传感器的工作原理　　图 2-34　齿型传感器的工作原理

3. 压电晶体式传感器

某些晶体,如石英晶体或极化陶瓷,在一定方向的外力作用下或承受变形时,在晶面或极化面上将产生电荷,这种现象称为压电效应。反之,若将晶体放于电场中,其几何尺寸将发生变化,即产生变形,这种现象称之为逆压电效应。根据压电效应制成的传感器称为压电晶体式传感器。目前振动测量中最常用的是压电式加速度传感器和力传感器。压电式加速度传感器可以测量加速度,这种信号经采用电子方法一次积分后可以提供速度信号,二次积分后可以提供位移信号。这类传感器有许多优点,如灵敏度高,频率范围广,动态范围大,线性良好,重量轻,体积小、安装方便,适用于各种不同的工作环境,故在振动和冲击测量中得到了广泛应用。

压电晶体式传感器主要由预紧弹簧、惯性块、压电元件、壳体和安装座等组成,其结构、工作原理如图 2-35 所示。压电元件和惯性块构成了振动系统,其固有频率一般都很高,大都在 10~15kHz 以上。由机械惯性式加速度传感器的原理得知,当被测频率远小于传感器的固有频率时,惯性块的相对运动与被测物体的振动加速度成正比,惯性质量产生的惯性力作用于压电元件上,产生压电效应,在元件的两极面生成电荷。

压电加速度传感器可以简化为一个单自由度的二阶力学系统,运动方程为:

$$m(\ddot{X} + \ddot{Y}) + c\dot{X} + kX = 0 \tag{2-52}$$

式中:$\ddot{X}$ 和 $\ddot{Y}$——分别为传感器惯性块和振动物体的运动加速度;
　　　　m——惯性块质量;
　　　　c——阻尼系数。

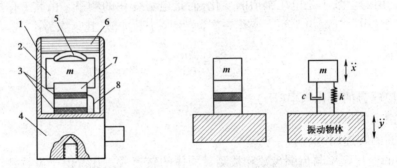

图 2-35　压电加速度传感器构造与工作原理
1-壳体;2-惯性块;3-绝缘垫;4-安装座;5-顶紧弹簧;6-顶盖螺帽;7-压电晶体片;8-引线

设振动体作简谐运动,绝对位移为 $Y = Y_0 \sin\omega t$,代入式(2-52)有:

$$m\ddot{X} + c\dot{X} + kX = -mY_0\omega^2\sin\omega t \tag{2-53}$$

与前述惯性式传感器的运动方程一样,传感器的固频率为:

$$\omega_n = \sqrt{\frac{k}{m}} \quad \frac{1}{s} \quad 或 \quad f_n = \frac{1}{2\pi}\sqrt{\frac{k}{m}} \quad (\text{Hz})$$

式中:k——压电元件的刚度。

对于常见工程结构的振动,其固有频率多在几十赫兹以下,远小于压电晶体式传感器的固有频率,故有 $\omega_n \gg \omega$(即频比 $\omega/\omega_n \ll 1$)时,由惯性式加速度传感器原理知:

$$x = \ddot{Y}/\omega_n^2 \tag{2-54}$$

则作用在压电元件上的弹性力 F 为:

$$F = xk = \frac{\ddot{Y}}{\omega_n^2}m\omega_n^2 = m\ddot{Y} \tag{2-55}$$

也就是说,压电元件是在惯性块 m 的惯性力 F 作用下产生压电效应的,压电式晶体式传感器的压电效应与被测对象的加速度成正比,因此可用来测量结构振动的加速度反应。

三、传感器的选用与安装

在桥梁结构振动测试中,加速度一般在 $0.1\text{mm/s}^2 \sim 1\text{m/s}^2$($10\mu g \sim 0.1g$),频率一般在 $0.1 \sim 20\text{Hz}$ 范围内,通常采用加速度传感器来感受拾起结构的动力反应。常见加速度传感器的性能比较见表 2-3。传感器的选用应遵循以下原则:

(1)估计测试频率范围,并检查是否位于所选传感器的频率范围内。

(2)估计测试的最大振动加速度的值,并检查是否已经超出传感器最大允许冲击加速度的 1/3。

一般说来,高灵敏度的传感器用于幅度小的振动,低灵敏度传感器用于振动较大的情况。因为桥梁振动的加速度很小,且频率较低,从表 2-3 中可以知,仅仅从性能指标上来看,压阻式与应变式加速度传感器也能满足桥梁动测的要求。实测中为了提高信噪比,总是希望传感器的灵敏度越高越好,灵敏度越高以上两类加速度传感器的过载能力越小,例如量程5g的压阻式加速度传感器其过载为50g,稍有碰撞就会损坏,因此不适合用于现场实测。

加速度传感器性能比较　　　　　　　　　表2-3

结构形式	频率(Hz)	抗过载能力	体积	输出量	二次仪表	供电	是否适合野外	特点
压电式	0.1~20k	好	小	电荷	电荷放大器	否	是	安装使用方便,体积小,不易损坏,但低频性能不好,需配电荷放大器
电磁式	0.4~80	好	较大	电压	放大器	是	是	体积大,低频性能一般,较易坏,需配放大器
压阻式	0~5k	差	小	电压		是	否	体积小,极易坏,不适合野外测试,需配直流电源
应变式	0~5k	差	小	应变	应变仪	是	否	体积小,极易坏,不适合野外测试,需配动态应变仪
力平衡式	0~80	好	较大	电压		是	是	低频性能好,体积大,是超低频信号测量的较佳选择,配电源

压电式(压电晶体或压电陶瓷)传感器的过载能力强,且价格低廉,体积小,便于携带,但其缺点是其工作频率一般为0.1Hz以上,考虑到电荷放大器的频响,其低频端的工作频率应更高。

在试验中,传感器的安装是很重要的,不正确的安装方法会产生次生振动,影响测试结果。传感器的安装应按照方便、牢靠的基本原则,根据传感器的安装部位和方向、传感器的重量来选择安装方法。传感器的安装方法有如下几种,可根据具体情况选用。

(1)用螺栓固定传感器底座,这是一种最有效的安装方法,但要在被测振动体上钻螺栓孔并攻丝,因而比较麻烦。

(2)有永久磁铁安装,即在传感器安装座上装专用磁铁,然后利用磁铁吸力将传感器固定在振动体上,这种方法简单方便,但安装效果较用螺栓固定差。

(3)用蜡、石膏或双面粘贴胶带等材料胶粘,这种安装方法一般只能适用于常温。

(4)用专用探杆使用传感器与被测表面接触,振动通过探杆传递给传感器,一般用于不便于固定传感器的特殊情况,但这种方法只能用于频率在1 000Hz以下的振动。

(5)用小砂袋放在传感器上方压紧,此法只适用于平面放置传感器。

(6)用快干胶或环氧树脂粘贴。

四、动位移的测量

桥梁结构的动位移测量是目前测试工作中的难点。目前可采用的方法有:①使用应变梁式位移传感器测得位移时程曲线;②通过对测试速度或加速度时程曲线进行积分计算获得位移时程曲线;③采用激光图像测量方法直接测得位移时程曲线。

由于应变梁式位移传感器的安装需要独立于被测桥梁结构的稳定支架,这在桥梁检测现场通常难以实现或成本太高;通过速度或加速度时程曲线进行积分计算,需要测得准确的边界条件,由于边界条件误差及累积计算误差导致测试结果准确度不高;激光图像测量方法不需要支架即可直接获得位移时程曲线,是近年来重点研究及发展的动位移测试技术。

激光图像法测量动位移的基本原理是:在桥梁测试部位上安装一个或多个测试光学标志点,通过光学系统把标志点成像在接收面上,当桥梁产生振动时,标志点跟着发生振动,通过测出标志点在接收面图像位置的变化值,就可得到桥梁振动的位移值,如图 2-36 所示。

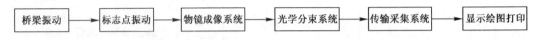

图 2-36 激光(红外)桥梁挠度测定仪基本原理框图

第五节 其他物理参数测试仪器与技术

其他物理参数主要是指混凝土结构裂缝的分布和宽度、结构上作用力的大小(包括试验荷载的大小、支座反力的大小)、结构表面及内部的温度等。

一、裂缝宽度的测量

对于钢筋混凝土桥梁结构,裂缝的产生和发展,是桥梁结构行为的重要特征。确定混凝土结构的开裂荷载、裂缝宽度与分布形态,对研究结构的抗裂性能、变形性能及破坏过程均有十分重要的价值。一般裂缝出现前,检查裂缝出现的方法是借助于放大镜用肉眼观察;裂缝出现后,可采用读数显微镜或采用振弦式裂缝计量测裂缝宽度的发展变化。

1. 读数显微镜

读数显微镜是由光学透镜与游标刻度玻片等组成的复合仪器,如图 2-37 所示,其最小刻度值要求不大于 0.05mm。其次,也有用印刷有不同宽度线条的裂缝标准宽度板(裂缝卡)与裂缝对比量测;或用一组具有不同标准厚度的塞尺进行试插对比,刚好插入裂缝的塞尺厚度,即裂缝宽度。后两种方法比较粗略,但能满足一般测试要求。

2. 振弦式裂缝计

裂缝计用于测量裂缝宽度的变化。振弦式(又称钢弦式)裂缝计的构造如图 2-38 所示,它一般包括一个振弦式感应元件,该元件与一个经过热处理、消除应力的弹簧相连,弹簧两端分别与振弦、连接杆相连。当连接杆从仪器主体拉出,弹簧被拉长导致张力变化,振弦的张力与弹簧的伸长成比例,前已述及,振弦张力与其频率成正比,测出振弦的频率即可确定弹簧的伸长,从而确定裂缝宽度的变化。

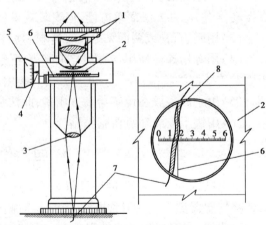

图 2-37 读数显微镜构造
1-目镜、场镜;2-上分划板;3-物镜;4-读数指针;5-读数轮鼓;6-下分划板;7-放大前裂缝;8-放大后的裂缝

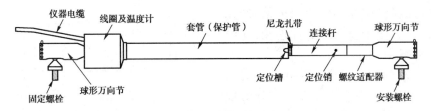

图 2-38　振弦式裂缝计构造

二、作用力及结构内力的测量

1. 测力计

在桥梁结构试验中,测定作用力的仪器有各种的测力计。测力计的基本原理是利用钢制弹簧、环箍或簧片在受力后产生弹性变形,再通过机械放大后用指针刻度盘来表示或位移计来反映读数。图 2-39 是用于测量张拉钢丝或钢丝绳拉力的环箍式拉力计,它由两片弓形钢板组成一个环箍,在拉力的作用下,环箍产生变形,通过一套机械传动放大系统带动指针转动,指针在刻度盘上的示值即为拉力值。

图 2-40 所示是另一种环箍式拉、压测力计。它用钢环作"弹簧",在拉、压力作用下的变形经过杠杆放大后推动位移计工作。位移计示值与环箍变形关系应预先标定。

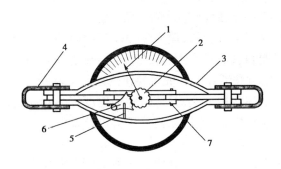

图 2-39　环箍式拉力计
1-指针;2-中央齿轮;3-号形弹簧;4-耳环;5-连杆;6-扇形齿轮;7-可动接板

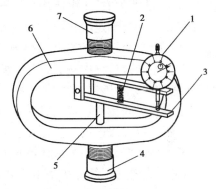

图 2-40　环箍式拉、压测力计
1-位移计;2-弹簧;3-杠杆;4、7-上下压头;5-立柱;6-钢环

2. 液压千斤顶

在桥梁施工中,液压千斤顶是用来张拉预应力钢筋、吊索及系杆的主要机具,其张拉力的控制是通过液压千斤顶的液压表来实现的。因此,可以通过事先精确标定液压表读数与千斤顶张拉力的对应关系,便可在张拉预应力钢筋、吊索及系杆时,通过液压表来测量、调整千斤顶的张拉力。

3. 荷载传感器

在试验中,荷载的大小也可以利用应变测试技术来量测,通常称之为力传感器或荷载传感器。荷载传感器可以量测荷载、支座反力以及其他各种外力的大小。各种荷载传感器的核心部件是一个厚壁筒,壁筒的横断面大小取决于荷载的量程及材料的允许应力,在壁筒上贴有电阻应变片,以便将机械变形转换为电信号,如图 2-41 所示。为便于设备或试件连接,在筒壁两端加工有螺纹。

荷载传感器的构造简单,使用者可根据实际需要自行设计和定制。如在测量悬索桥主缆索股的轴力或斜拉桥及系杆拱桥的拉索

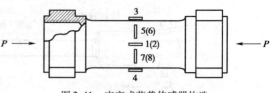

图 2-41 应变式荷载传感器构造
1～8-电阻应变片编号

索力时,可将荷载传感器设计成穿心式压力环,预先安装在锚头与垫板之间,通过穿心式压力环来量测索力大小;在基础及隧道施工中需要测量岩石土体内部的土压力时,可将荷载传感器设计成土压力盒,埋设在需要测量土体压力的位置。此外,随着应变测试技术的发展,可采用光纤光栅应变计或钢弦应变计替换的荷载传感器中的电阻应变片,制成光纤光栅压力环或振弦压力环等。荷载传感器在安装之前,应精确标定、掌握其荷载应变的线性性能和标定常数。

4. 索力测量

缆索承重桥梁包括斜拉桥、悬索桥、系杆拱桥等。在这些桥型中,拉索或吊杆是桥梁受力体系中的一个重要组成部分,拉索或吊杆的索力大小直接影响桥梁上部结构的受力和变形状态。因此,准确测试拉索或吊杆的实际索力大小在施工监控和成桥检测中显得尤为重要。一般测定索力的方法主要有:①电阻应变片测定法;②拉索伸长量测定法;③索拉力垂直度关系测定法;④张拉千斤顶测定法;⑤压力传感器测定法;⑥磁通量法;⑦振动测定法。

在这 7 种测试方法中:方法①～③从理论上分析是可行的,但实际操作中会遇到很多问题;方法④在拉索张拉过程中测试较为方便,但不能测试成桥索力;方法⑤需要在锚头与垫板之间埋设永久性的力传感器,会增加一些工程成本;方法⑥需要在成桥前在拉索上套装磁通量传感器;方法⑦属于间接测量法,也是拉索索力测定的常用方法,具体是将加速度传感器固定在拉索上,采用一定方法进行激振,测量拉索的振动响应后,进行频谱分析得出拉索的自振频率,再根据索力与自振频率的关系计算索力。

目前测量索力较常用的方法是预埋穿心式压力传感器,其测试原理同前文所讲的荷载传感器,下面简要介绍测定索力的磁通量法和振动测定法。

(1) 磁通量法

磁通量法是通过索中的电磁传感器测定索中磁通量的变化,由此来测定索力。其测试原理是:铁磁性材料在外磁场作用下被强烈磁化,磁导率很高,当铁磁性材料受到外力作用时,其内部产生机械应力或应变,相应的引起磁化强度发生改变,即产生磁弹性效应,通过找出磁化强度与应力之间的关系,就能实现对铁磁材料中的应力进行检测。

在某一温度下,铁磁材料内应力与磁导率变化为线性关系,利用铁磁材料的磁导率—应力关系曲线,可以直接测量出铁磁材料的内力。磁通量传感器就是利用上述原理制成的,其结构简图如图 2-42 所示,它由激励和测量两层线圈组成。当激磁线圈通入脉冲电流时,铁磁材料被磁化,会在钢芯试件纵向产生脉冲磁场。由于相互感应,在测量线圈中产生感应电压,感应电压同施加的磁通量成正比关系。对任一种铁磁材料,在试验室进行几组应力、温度下的试验,建立磁导率变化与结构应力、温度的关系后,即可用来测定用该种材料制造的构件的内力。

(2) 振动法

用振动法测索力,所用的仪器与测试元件可以重复使用,不消耗一次性仪表也不需要事先

预埋,既经济方便又基本能满足工程检测的要求,但也存在测试精度不高的缺点。振动法测量索力仪器配置图如图 2-43 所示。

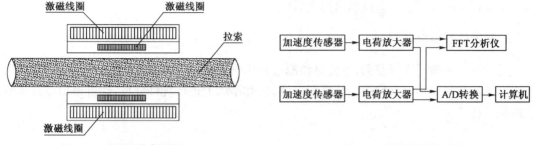

图 2-42 磁通量传感器构造　　　　图 2-43 测索力仪器配置图

现场测试时可采用激振器激振或人工锤击激振,使用专用的索夹或绑带将加速度传感器固定在拉索上,进行激振和数据采集。

一般不考虑拉索抗弯刚度的影响,拉索的振动微分方程为:

$$\frac{w}{g}\frac{\partial^2 y}{\partial t^2} - P\frac{\partial^2 y}{\partial x^2} = 0 \tag{2-56}$$

式中:y——横坐标(垂直于索的长度方向);
　　　x——纵坐标(索的长度方向);
　　　w——单位索长的重量;
　　　g——重力加速度;
　　　P——索的张力;
　　　t——时间。

在索两端固定的条件下,由上式可以求出拉索的自振频率及拉索索力:

$$f_n = \frac{n}{2l}\sqrt{\frac{Pg}{w}} \tag{2-57}$$

$$P = \frac{4wl^2}{g}\left(\frac{f_n}{n}\right)^2 \tag{2-58}$$

式中:f_n——索的第 n 阶自振频率;
　　　l——索的计算长度;
　　　n——振动阶数。

这样,测定拉索频率后,就可通过简单的计算得出其实际索力。

三、桥梁环境参数的测量

在桥梁检测中,特别是在大跨度桥梁的施工监测及长期健康监测中,结构周围及内部的环境参数也是需要量测的重要参数。如通过风荷载监测,把握该桥址处的风荷载真实状况,通过湿度和温度监测修正混凝土徐变系数,通过对桥梁车辆载重和流量等信息的自动采集,以对该桥的荷载进行统计分析,并进行结构状态评定。

1. 自然环境参数的测量

环境温、湿度的测量,一般采用常用的气象监测温湿度仪;风速风向的测量一般采用常用的气象风速风向监测仪。对于桥梁结构内部温度测量,则需将温度传感器埋置于结构内部测点位置或将其黏附在被测物的表面进行温度测量,可采用热敏电阻温度计或光纤光栅温度计,通过配置相应的读数仪可直接读出温度数值。

2. 车辆荷载情况监测

对过桥车辆情况进行监测,主要是监测过桥车辆数量、车型、车重(轴重)、车速等信息,可采用车流量监测仪和动态称重系统进行监测,在此基础上进行统计分析,即可得出运营车辆荷载的统计特征。

第三章 桥梁检查

为了客观地评价桥梁的技术状况,全面了解桥梁使用情况,必须对桥梁的技术状况及其缺陷进行全面而细致的现场检查,及时进行维修养护,使其经常处于完好的技术状态,保证或延长桥涵的使用年限。桥梁检查的目的在于,对运营中的桥梁进行分类管理,通过对桥梁的技术状况的检查,建立健全的桥梁技术档案;对有缺陷和损伤的桥梁进行全面而深入的现场检查,查明缺陷或潜在缺陷和损伤的性质、部位、严重程度及发展趋势,弄清出现缺陷和损伤的主要原因,分析和评价既有缺陷和损伤对桥梁技术状况和承载能力的影响,并为桥梁维修养护和加固设计提供可靠的技术参数。

桥梁检查是进行桥梁评定、维修和改造的前期工作。桥梁检查工作的内容主要是与桥梁有关的技术资料调查和桥梁现场的外观检查。桥梁检查是一项全面了解桥梁历史与现状的工作,内容比较多,因而必须周密计划,各项调查工作应细致认真进行,并且在调查中要做好原始记录。桥梁技术资料调查的目的是为了了解桥梁从建桥开始直至现在的全过程。反映这个过程的主要依据是桥梁设计、施工和养护工作的有关文件资料。这些文件资料既能为探测某些隐藏的桥梁缺陷、对桥梁结构适用性的判断提供帮助,又能为桥梁评定提供可靠的依据。一般认为,桥梁检查需要收集如下技术资料。

(1)设计资料:包括桥梁设计图纸、计算书、桥位地质钻探资料等。

(2)施工资料:包括施工记录和材料试验报告,桥梁竣工图纸及说明书等。

(3)维修及养护资料:包括历次桥梁检查记录、维修养护记录及有关图纸。

(4)交通量调查和使用荷载调查资料:包括经常通过车辆的车型、载重量及交通量资料;历史上通过特殊车辆的记录。另外对于一些桥梁还应调查桥梁周围环境、桥跨水流状态和通航的资料等。

第一节 桥梁检查的分类

在我国,按照桥梁的使用用途来划分,在役桥梁分属公路、市政、铁路三个主要行业。一般的,根据行业管理的要求,考虑到桥梁结构的用途、重要性差异等因素,各个行业管理部门制定了相应的养护规范。目前,我国关于桥梁检查检测的规范主要有交通部 2004 年颁布的《公路桥涵养护规范》(JTG H11—2004),建设部 2004 年颁布的《城市桥梁养护技术规范》(CJJ 99—2003)。《公路桥涵养护规范》和《城市桥梁养护技术规范》都根据桥梁检测的深度、内容不同将桥梁检测分为 3 大类别。具体说来,《公路桥涵养护规范》按照桥梁检查的范围、方式和检查结果的用途,分为经常检查、定期检查和特殊检查 3 大类;《城市桥梁养护技术规范》按照桥梁检查的内容、周期、评估要求,分为经常性检查、定期检测和特殊检测。

一、《公路桥涵养护规范》中的分类

1. 经常检查

经常检查是对桥梁构筑物及附属设施进行日常巡视检查。一般采用目测方法,也可配以简单工具进行测量。经常性检查应由专职桥梁养护管理人员或有一定经验的工程技术人员负责。

按桥梁类别、技术状态等级分别确定经常性检查周期。一般结构的桥梁,其经常性检查一月一次,最长周期每季度至少一次,遇恶劣天气、汛期、冰冻等特殊情况周期宜缩短,特殊情况可设专人看护。当场填写《桥梁经常性检查记录表》,登记所检查项目的缺损类型,估计缺损范围,为养护维修计划的制订提供依据。

经常性检查过程中发现重要病害或病害发展较快、影响桥梁的正常使用、危及车辆与行人安全时,应及时采取相应措施,并立即向主管部门报告,以便桥梁结构能得到及时的养护、保养或紧急处理,对需要检修和一些重大问题提出专门报告。

2. 定期检查

定期检查是按规定的周期,对桥梁主体结构及其附属构造物跟踪的全面检查。定期检查要求具有丰富的实践经验、受过专门桥梁检查培训并熟悉桥梁设计、施工等方面知识的工程师来进行。桥梁定期检查采集的数据作为桥梁养护管理系统中结构技术状况动态参数,为评定桥梁使用性能提供基本数据,并据此来确定结构维修、加固或更换的先后次序。

定期检查以目测为主,辅以必要的测量仪器、探查工具、望远镜、照相机和现场用器材等设备进行。通过对结构物及其材料进行彻底的、视觉的和系统的检查,建立和完善桥梁管理与养护档案。

定期检查的时间应符合下列规定:

(1)新建桥梁交付使用 1 年后,进行一次全面检查;

(2)桥梁定期检查周期一般为 3 年,桥梁检查工程师可视被检查桥梁的技术状况,适当调整定期检查周期;

(3)非永久性桥梁 1 年检查一次;

(4)根据养护工程师的报告,对于在经常性检查中发现重要部位(构件)有严重病害的桥梁,应立即安排一次定期检查。

尽管经常检查和定期检查必要时可辅以简单手持工具进行检测,但是由于它们均是以目测为主的桥梁外观检查,检查结果的评定大多是基于经验,所以这两类检查比较适合于桥梁管理与养护部门。

3. 特殊检查

桥梁特殊检查是采用特定的物理、化学或无破损检测手段对桥梁一个或多个组成部分进行的全面察看、测强、测伤或测缺,旨在找出损坏的明确原因、程度和范围,分析损坏所造成的后果以及潜在缺陷可能给桥梁结构带来的危险,为评定桥梁耐久性和承载能力以及确定维修加固工作的实施提供依据。桥梁特殊检查分为应急检查和专门检验。

(1) 应急检查

应急检查是指桥梁遭受地震、洪水、风灾、车辆撞击或超重车辆自行通过等紧急情况或发生突发性严重病害时,为及时得到构筑物状态的信息而进行的检查。应急检查由上级管理机构的专职桥梁养护工程师主持。应急检查应首先进行现场勘查,根据桥梁是否破损,必要时采用专门的仪器设备或试验等特殊手段和科学分析方法,查明桥梁病害原因、破损程度和承载能力,以便采取相应的加固、改造措施。

(2) 专门检查

专门检查是对桥梁结构及部件的材料质量和工作性能所存在的缺损状况进行详细检测、试验、判断和评价的过程。桥梁遇下列情况,应进行专门检查:

①定期检查中难以判明桥梁损坏程度和原因的桥梁;
②不能确定承载能力和要求提高载重等级的桥梁;
③桥梁技术状况为四、五类的桥梁;
④超过设计年限,需延长使用的桥梁。
⑤常规定期检查发现加速退化的桥梁构件,需要补充检测的桥梁。

专门检查的准备工作应收集以下资料:竣工文件、历次桥梁定期检查和应急检查报告、历次维修资料以及交通统计资料等。当原资料不全或有疑问时,可现场测绘构造尺寸,测试构件材料组成及性能,勘查水文地质情况。

特殊检查一般由现场检测和实验室测试分析两大部分构成。现场检测可分为一般检查和详细检查两个阶段,一般检查如同定期检查那样对结构及其附属设施的所有构件或部位进行彻底、视觉和系统的检查,记录所有损坏的部位、范围和程度。一般检查的结果是构成是否进行详细检查的依据,详细检查主要是对一些重点部位或典型桥孔采用一些专门技术和设备进行深入而细致的检测。

二、《城市桥梁养护技术规范》中的分类

1. 经常性检查

经常性检查应对结构变异、桥及桥区施工作业情况、桥面系、限载标志、交通标志及其他附属设施等状况进行日常巡检。经常性检查以目测为主,现场填写《城市桥梁日常巡检日报表》,登记所检查城市桥梁的缺损类型、维修工程量,提出相应的养护措施。经常性检查应按桥梁的类别、级别、技术等级分别制定巡检周期。对重要桥梁,或遇恶劣天气、汛期、雨季、冰冻等特殊情况,周期宜短,特殊情况可设专人看护。

2. 定期检测

定期检测分为常规定期检测和结构定期检测。常规定期检测一般每年一次,可根据城市桥梁实际运行状况和结构类型、周边环境等适当增加检测次数。结构定期检测是在规定的时间间隔进行,Ⅰ类养护的城市桥梁宜为1~2年,关键部位可设仪器监控测试;Ⅱ~Ⅴ类养护的城市桥梁间隔宜为6~10年。

常规定期检测要对每座桥梁制定相应的定期检测计划和实施方案,以目测为主,并配备如照相机、裂缝观测仪、探查工具及现场的辅助器材与设备等必要的量测仪器。Ⅰ类养护的城市桥梁,结构定期检测应根据桥梁检测技术方案和细节分组,并加以标识,确定相应的检测频率;Ⅱ~Ⅴ类养护的城市桥梁结构定期检测应包括桥梁结构中的所有构件。

3. 特殊检测

特殊检测是由专业人员采用专门技术手段,并辅以现场和实验室测试等特殊手段进行详细检测和综合分析。城市桥梁在下列情况下应进行特殊检测:

(1)遭受洪水冲刷、流冰、漂流物、船舶或车辆撞击、滑坡、地震、风灾、火灾、化学剂腐蚀、车辆荷载超过桥梁限载的车辆通过等特殊灾害造成结构损伤的城市桥梁。

(2)常规定期检测中难以判明是否安全的城市桥梁。

(3)为提高或达到设计承载等级而需要进行修复加固、改建、扩建的城市桥梁。

(4)超过设计年限,需延长使用的城市桥梁。

(5)常规定期检测中桥梁技术状况Ⅰ类养护的城市桥梁被评定为不合格级的桥梁,Ⅱ~Ⅴ类养护的城市桥梁被评定为D级或E级的城市桥梁。

(6)常规定期检测发现加速退化的桥梁构件需要补充检测的城市桥梁。

总体说来,《公路桥涵养护规范》和《城市桥梁养护技术规范》对检测类别划分的出发点、检查手段、检查层次基本一致,规定的各类别检测深度、内容也基本相同,其实质都是要深入地检查桥梁缺陷和损伤状况,全面把握桥梁总体状况,为桥梁养护、进一步检测提供依据。不同之处在于,在检查周期、具体表述、评价规定等方面有所不同,同时,《城市桥梁养护技术规范》提出了结构定期检测的概念,对于一些特殊、复杂而且重要的结构提供了更加有针对性、可操作性的检测手段。

第二节　桥梁检查内容与方法

不同阶段桥梁检查侧重点不尽相同,所涉及的检查内容亦有差别。经常检查主要从外观方面目测主体结构及附属设施有无明显的病害特征;定期检查是按细部结构对桥梁进行全面的技术检查,并依此建立和修正桥梁技术档案;特殊检查针对桥梁存在的具体问题或为满足特殊要求而进行的,并借助检测仪器对结构材料等进行定性或定量分析。

桥梁结构应首先观察是否有异常变形、振动或摆动,如上部结构竖向线形是否平顺、拱轴线变位状况、桥垮结构有无异常振动或摆动等状况;然后检查各部位的技术状况,寻找发生异常的原因。

评定结构、构件的损坏和总体使用状况在现场完成下列工作:

(1)现场校核桥梁基本数据。

(2)当场填写"桥梁定期检查数据表",记录各部件缺损状况并做做出技术状况评分。

(3)实地判断缺损原因,估计维修范围及方式。

(4)对难以判断损坏原因和程度的部件,提出特殊检查的要求。

(5)对损坏严重、危及运营安全的危险桥梁,提出暂时限制交通的建议。

(6)根据桥梁技术状况,确定下次检查时间。

一、桥梁检查内容

桥梁外观检查通常应包括下列内容:
(1)桥面是否平整,有无裂缝、局部坑槽、波浪、碎边,桥头是否跳车。
(2)桥面和地道泄水孔、管是否损坏、堵塞。
(3)桥面是否整洁,有无杂物堆积。
(4)伸缩装置是否存在堵塞、变形、漏水、跳车、连接件松动等现象。
(5)人行道铺装是否破损,栏杆、护栏是否破损、断裂,装饰材料有无损坏。
(6)上下部结构位置是否有异常变化。
(7)墩台、锥坡、翼墙、桥台后背墙,有无局部开裂、破损、塌陷等;桥头排水沟、人行台阶是否完好。
(8)声屏障是否倾斜、破损,屏板、隔音板、安全网的固定端是否松动。
(9)交通信号、标志、标线、照明设施是否完好。
(10)其他部位是否有较明显的损坏。

为了客观地评价桥梁的技术状况,从而正确地制订桥梁加固改造的方案,必须对桥梁的技术状况及其缺陷进行全面而细致的现场检查。同时还应全面了解桥梁的设计、施工、使用以及养护等方面的情况,以便对桥梁的质量和承载能力进行分析,作出评价。桥梁检查必须包括但不局限于图 3-1 所列的项目。

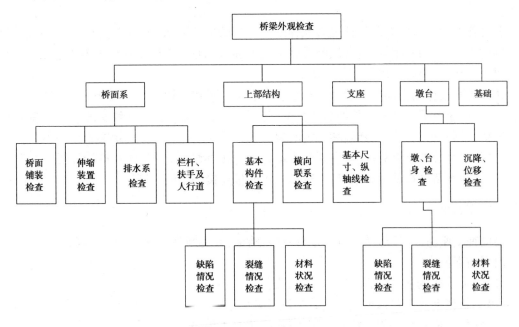

图 3-1　桥梁检查内容简图

受人力、仪器和其他条件的限制,桥梁检查时,应根据结构的受力特性进行重点检查。重点检查的部位一般包括:应力集中处、截面突变的部位、构件的薄弱部位、结构的控制截面或控制构件等。桥梁上述部位的缺陷,对桥梁的安全及耐久性起着关键的作用,容易产生裂缝和导致其他缺陷的产生。这些部位的缺陷往往会发展成为结构的重大缺陷,危及整座桥梁的安全和耐久性。

二、桥梁检查的方法

桥梁检查工作依据桥梁结构,分部件、有次序、按规定进行。一般的,桥梁检查按照桥面系、上部结构、下部结构三大部分进行,相关检查表格见附录2。

1. 桥面系检查

桥面系的外观调查,可以按桥面系组成部分依次检查。具体检查内容有:

(1)桥面铺装层裂缝与破损程度、桥头跳车、防水层漏水以及其他病害,人行道及铺砌破损情况。

(2)伸缩缝破损、变形、脱落、淤塞、填料变形、漏水程度、跳车原因。

(3)人行道构件、栏杆和护栏有无断裂、错位、缺件、剥落、锈蚀等状况。

(4)桥面横坡、纵坡顺适度,积水状况;排水设施完好程度。

桥面铺装是最容易产生损坏的部位之一,桥面铺装产生缺陷或损伤后易导致行车易打滑,桥面凹凸等会引起车辆对桥梁的冲击效应增大,使桥面行车道板等的耐久性降低。在伸缩缝的附近,桥面铺装与伸缩缝之间的高低差容易引起伸缩缝装置的破坏等。

桥面铺装的检查首先是调查桥面铺装的类型,然后检查铺装层存在的主要缺陷。沥青桥面铺装主要缺陷与损伤现象有:轻微裂缝(发状或条状)、严重裂缝(龟裂、纵、横裂缝)、坑槽、车辙、拥包、磨光和起皮等。混凝土桥面铺装的主要缺陷及损伤现象有:裂缝、剥落、坑洞、磨光等。

各种伸缩缝装置的缺陷往往表现在伸缩缝本身的破坏损伤、锚固件损坏、接头周围部位后铺筑料的剥落、凹凸不平等,这些缺陷导致伸缩缝漏水,加速主梁、支座和盖梁的恶化。在具体检查时可目测,必要时采用水准仪测量。

桥面排水设施的损坏以及尘土、淤泥等堵塞泄水孔致使桥面排水不畅,往往导致桥面积水,影响桥梁主要承重结构构件的耐久性能,降雨时引起车辆滑移,导致交通事故。桥面排水是否顺畅、设施有无缺陷,在降雨和化雪时表现得很明显,检查最好在降雨或化雪后进行。

栏杆、扶手及人行道的检查,主要检查部件本身破坏情况,以及相互连接处是否脱落。对于人行道,检查路缘石是否有破碎,人行道与桥面板连接的牢固程度等。

2. 支座的检查

要检查支座功能是否完好,组件是否完整、清洁,有无断裂、错位和脱空现象。各种支座的检查内容如下:

(1)简易支座的油毡是否老化、破裂或失效。

(2)钢板滑动支座和弧形支座是否干涩、锈蚀。

(3)摆柱支座各组件相对位置是否正确,受力是否均匀。

(4)四氟板支座是否脏污、老化。

(5)橡胶支座是否老化、变形。

(6)盆式橡胶支座的固定螺栓有否剪断,螺母是否松动。

(7)辊轴支座的辊轴是否出现不允许的错位。

(8)摇轴支座的辊轴是否倾斜。

(9)活动支座是否灵活,实际位移量是否正常。

（10）支座上、下钢垫块是否有锈蚀。
（11）球形支座是否灵活、有效。
（12）支座垫石有否破碎、腐蚀。

3. 桥梁上部结构的检查

上部结构，应首先观察有否异常变形、振动或摆动，如上部结构线形是否平顺，拱轴线是否变形，桥跨有无异常的竖向振动或横向摆动等状况；然后检查各部件的技术状况和异常原因。重点检查部位按表 3-1 进行。

桥梁上部结构重点检查部位　　　　　　表 3-1

结构形式	重点部位(加○处)	备注
简支梁		①跨中处； ②1/4 跨径处； ③支座处
连续梁悬臂梁（有效）		①跨中处； ②反弯点(约 1/3 跨径处)； ③最大负弯矩处； ④支座处
刚架		①跨中处； ②角隅处； ③立柱或墙身
拱桥		①拱圈顶部下缘； ②拱脚； ③1/4 点处
悬索桥		①索塔； ②主缆； ③吊杆； ④锚锭； ⑤主梁
斜拉桥		①塔柱； ②主梁； ③斜拉索； ④上锚头； ⑤下锚头

(1)钢筋混凝土与预应力混凝土桥上部结构的检查

①混凝土构件有无大于 0.2mm 的裂缝;是否存在腐蚀、渗水、表面风化、疏松、剥落、露筋和钢筋锈蚀等现象;有无整体龟裂和混凝土强度降低现象。

②预应力钢束锚固区段混凝土有无开裂,沿预应力筋的混凝土表面有无纵向裂缝或水侵害。

③梁(板)式结构主要检查梁(板)跨中、支点、变截面处、悬臂端牛腿或中间铰部位;刚构和桁架结构主要检查刚构固结处和桁架节点部位的混凝土开裂和钢筋锈蚀等缺损状况。

④连接部位的缺损状况:梁与梁之间的接头处以及纵向接缝处混凝土表面有无裂缝;梁(板)接缝混凝土有无开裂和钢筋锈蚀;横向连接构件有无开裂;连接钢板的焊缝有无锈蚀、断裂;边梁有无横移或向外倾斜;预应力拼装结构拼装缝有无较大开裂等方面。

⑤拱桥主要检查主拱圈的拱脚、$L/4$、拱顶和拱上结构的变形,混凝土开裂与钢筋锈蚀情况,以及有无缺损。具体包括:拱上立柱上下端、盖梁和横系梁以及拱腹的混凝土有无开裂、剥落、露筋和锈蚀;下、中承式拱桥的吊杆上下锚固区的混凝土有无开裂、渗水等,吊杆锚头附近有否锈蚀或断裂现象;双曲拱桥应检查拱肋间横向连接拉杆是否松动或缺损,拱波与拱肋结合处是否开裂,拱波之间砂浆有无松散脱落,拱肋及拱波顶是否开裂、渗水等。

⑥刚构桥梁主要检查各部位产生的裂缝,如跨中处、角隅处、支座处。

⑦连续梁和连续刚构桥主要检查跨中下挠变形,桥墩处梁顶部开裂。

⑧带有平曲线的梁式桥应每年对横向偏移进行检测。

(2)钢桥上部结构的检查

①构件、特别是受压构件是否有扭曲变形、局部损伤。

②铆钉和螺栓有无松动、脱落、锈蚀或断裂;节点是否滑动错裂。

③焊缝及边缘(热影响区)有无脱焊或裂纹。

④防腐涂装层有无裂纹、起皮、脱落,构件是否腐蚀。

⑤钢结构表面是否有污垢、灰尘堆积和污水滴漏。

⑥主要节点高强螺栓的扭矩抽样检测。

(3)钢—混凝土结合梁桥上部结构的检查

①钢—混凝结合梁桥检查的相关内容应符合钢筋混凝土桥梁相应的规定要求。

②桥面板纵、横向裂缝的位置、宽度、长度、密度及发展程度,必要时应局部拆除铺装层观测。

③支座附近桥面板的渗漏水情况。

④钢梁与混凝土结合桥面板之间的剪力连接件是否有破损、纵向滑移及掀起;桥面混凝土铺装层是否有鼓起、破损等现象。

(4)悬索桥上部结构的检查

①索塔有无异常的沉降、倾斜,柱身、横系梁有无开裂、渗水和锈蚀。

②主索、吊杆和拉索的防护层有否破损、老化和漏水。

③悬索桥的索鞍、缆索股锚头和吊杆锚头及钢索出口密封处有否漏水、积水和脱漆、锈蚀;

拉索及阻尼垫圈式减振器有否漏水、漏胶和老化。

④主梁应按其结构类型进行相应的检查。

⑤每年一次定期对主缆的索力和索箍高强螺栓紧固力进行测试,如测试结果异常,应查明原因,研究对策。

⑥每年雷雨季节到来之前,应对防雷系统(包括避雷器、避雷针、连接装置、线路、接地装置、地阻等)进行全面检查、维护。若检测不合格,应立即调整和处理,达到有关要求,确保使用安全。

(5)系杆拱桥上部结构的检查

①吊杆及横梁节点区有无滴水现象或产生铁锈臭味;套管或吊杆的外包防护层是否破损;吊杆钢丝束的防水情况及阻尼垫圈式减振器橡胶的老化变质情况。

②吊杆钢丝有否锈蚀,吊杆、特别是短吊杆钢丝束受力是否正常。

③锚具的封锚混凝土有否裂缝、腐蚀、表面积水;系杆锚固区附近的混凝土有否开裂、剥落;锚固端结构是否异常;吊杆的锚夹具有否松弛和锈蚀;吊杆锚头及吊杆与横梁节点区密封处是否漏水、积水和脱漆、锈蚀。

④桥面高程、拱肋轴线有无变化,桥墩桥台有无沉降。

⑤对于钢拱肋或钢管混凝土拱肋,应检查钢管与混凝土是否存在脱空现象,涂装层是否脱落。

(6)斜拉桥上部结构的检查

①斜拉索的保护层,通车后第1、2年内每季度检查一次,以后每半年检查一次,并在损坏处做出标记,做好记录,及时予以处治。

②斜拉索受力是否正常,减振器的防水情况和橡胶老化变质情况。斜拉索两端的锚固处及锚头、拉索出口密封处、主梁纵、横向限位装置等部件,一般每年检查 次,发现有漏水、积水和脱漆、锈蚀时,应及时处理。

③设有辅助墩时,应检查基础有无不均匀沉降,以防止结构产生附加内力。

④主梁部分的检查,参照相同或相近的结构进行。

⑤索塔应检查变位情况、结构表面的破损情况,必要时可进行强度检测。

⑥索塔的扒梯、工作电梯、斜拉索检查设备,应每半年重点检查一次。

⑦索塔顶端避雷系统的检查按照有关规定执行。

4.墩台与基础检查的内容

(1)墩台基础有否滑动、倾斜、下沉。

(2)台背填土有无沉降裂缝或挤压隆起。

(3)混凝土墩台及盖梁有无冻胀、风化、腐蚀、开裂、剥落、露筋等,空心墩的水下通水孔是否堵塞。

(4)石砌墩台有无砌块断裂、脱开、变形,砌体泄水孔是否堵塞,防水层是否破坏。

(5)墩台顶面是否清洁,有无积水、泥土、杂物堆积、滋生草木。

(6)横系梁连接处是否开裂、破损。

(7)墩台防震设施是否有效。

(8)基础是否发生冲刷或淘空现象。扩大基础的地基有无侵蚀;桩柱在水位涨落、干湿交替变化处有无磨损、露筋,环裂和水的腐蚀现象。桥墩重点检查部位按表3-2进行。

桥墩重点检查部位　　　　　　　表 3-2

结构形式	重点检查部位(加 O 处)	备 注
单柱桥墩		①支座底板； ②墩柱表面
T 型桥墩		①支座底板； ②悬臂根部； ③墩柱表面
Y 形桥墩		①支座底板； ②悬臂根部； ③Y 形交接处； ④墩柱表面
双悬臂梁式框架桥墩		①支座底板； ②悬臂根部； ③梁柱交接处； ④角隅部； ⑤墩柱表面； ⑥跨中部
双柱式桥墩		①支座底板； ②盖梁底跨中处； ③悬臂根部； ④墩柱表面； ⑤横系梁跨中处； ⑥系梁与墩柱连接处

第三节　桥梁检查的评价方法

桥梁评定就是对已建成的桥梁的使用状况及其承载能力进行综合的评价。通过桥梁的评定，可以鉴定该桥是否具有原设计的结构工作性能及承载能力，是否满足目前及未来的交通需要，是否具有承载潜力，从而为桥梁的养护维修、改造加固的决策提供有力的支持。

桥梁评定包括评定方法和相应的评定标准。评定方法是指对桥梁评定时采用的手段及其适用的范围和条件，其内容也包括方法使用的过程和评定结果的表达。评定标准是针对所采用的评定方法根据有关标准、规范、试验结果和工程技术人员成熟的经验所制订的分类等级。在工程上，习惯把制订方法和评定标准统称为评定方法。

对旧桥进行评定的工作远比新桥设计复杂得多，国内外桥梁界提出了各种桥梁评定的方法。桥梁技术状态的评定包括：桥面系、上部结构、下部结构、附属结构和全桥评定五方面的内容，一般采用先分部位再综合的办法评定。这些评定方法大致归纳为 3 类：①根据外观检查进行评定的方法；②采用分析计算为主的评定方法；③荷载试验的评定方法。

一、根据外观检查评定桥梁的方法

桥梁在使用过程中,受车辆荷载、环境影响等因素作用,结构功能、技术状况及承载能力都可能发生变化。由于受设计、施工、气候条件及其他环境因素的变化和影响,钢筋混凝土桥和圬工桥可能会出现损坏、过大的裂缝和不正常的变形;钢结构桥梁可能发生锈蚀、松动,由此反映出桥梁的使用性能和承载能力不满足原设计要求的功能。根据外观调查进行评定的方法,就是由有经验的桥梁技术人员通过对桥梁外观所表现出来的现象进行客观调查,推定桥梁实际技术状态。

(一)公路桥梁检查评定办法

1. 桥梁各部件技术状况的评定

(1)依据缺损程度评定

桥梁技术状况依据缺损程度(大小、多少或轻重)、缺损时对结构使用功能的影响(无、小、大)和缺损发展变化情况(趋势稳定、发展缓慢、发展较快)3个方面,以累加评分方法对各部件缺损状况做出等级评定。评定方法如表3-3所示。

桥梁部件缺损状况评定方法 表3-3

缺损状况及标度			组合评定标度				
缺损程度及标度	程度		小→大 少→多 轻度→严重				
	标度	0 1 2					
缺损对结构使用功能的影响程度	无、不重要	0			0	1	2
	小、次要	1		1	2		3
	大、重要	2		2	3		4
以上两项评定组合标准			0	1	2	3	4
缺损发展变化状况的修正	趋向稳定	−1		0	1	2	3
	发展缓慢	0	0	1	2	3	4
	发展较快	+1	1	2	3	4	5
最终评定的标度			0	1	2	3	4 5
桥梁技术状况及分类			完好 一类	较好 二类	较差 三类	坏的 四类	危险 五类

注:"0"表示完好状态,或表示没有设置的构造部件。当缺损程度标度为"0"时,不再进行叠加。
"5"表示危险状态,或表示原无设置,而调查表明需要补设的部件。

(2)依据重要部件及其缺损最严重的构件评分

重要部件如墩台与基础、上部承重构件、支座及其缺损最严重的构件作为主要评分依据,其他部件,根据多数构件缺损状况评分。

(3)依据全桥总体技术状况等级评定

依据全桥总体技术状况等级评定宜采用考虑桥梁各部件权重的综合评定方法。亦可以按重要部件最差的缺损状况评定,推荐的各部件权重如表3-4所示。

推荐的桥梁各部件权重及综合评定方法　　　　　　　　　　　　表3-4

部件	部件名称	权重W_i	桥梁技术状况评定办法
1	翼墙、耳墙	1	(1)综合评定采用下列算式: $$D_r = 100 - \sum_{i=1}^{n} R_i W_i / 5$$ 式中:R_i——按桥梁部件缺损状况评定表方法对各部件的评定标度(0～5); W_i——各部件权重,$\sum W_i = 100$; D_r——全桥结构技术状况评分(0～100);评分高表示结构状况好,缺损少。 (2)评定分类采用下列界限 $D_r \geq 88$　　一类 $88 > D_r \geq 60$　　二类 $60 > D_r \geq 40$　　三类 $40 > D_r$　　四类、五类 $D_r \geq 60$ 的桥梁,并不排除其中有标度 $R_i \geq 3$ 的部件,仍有维修的需要
2	锥坡、护坡	1	
3	桥台及基础	23	
4	桥墩及基础	24	
5	地基冲刷	8	
6	支座	3	
7	上部主要承重构件	20	
8	上部一般承重构件	5	
9	桥面铺装	1	
10	桥头与路堤连接部	3	
11	伸缩缝	3	
12	人行道	1	
13	栏杆、护栏	1	
14	灯具、标志	1	
15	排水设施	1	
16	调治构造物	3	
17	其他	1	

2. 桥梁技术状况等级评定

桥梁按技术状况评定等级,分为一类、二类、三类、四类、五类,桥梁总体及部件技术状况评定标准如表3-5所示。各类桥梁的养护措施是:一类桥梁进行正常保养;二类桥梁需进行小修;三类桥梁需进行中修,酌情进行交通管制;四类桥梁需进行大修或改造,及时进行交通管制,如限载、限速通过,当缺损较严重时应关闭交通;五类桥梁需要进行改建或重建,及时封闭交通。

桥梁技术状况评定标准　　　　　　　　　　　　表3-5

	一类	二类	三类	四类	五类
总体评定	完好、良好状态 1.重要部件功能与材料均良好; 2.次要部件功能良好,材料有少量(3%以内)轻度缺损或污染; 3.承载能力和桥面行车条件符合设计指标	较好状态 1.重要部件功能良好,材料有局部(3%以内)轻度缺损或污染,裂缝宽小于限值; 2.次要部件有较多(10%以内)中等缺损或污染; 3.承载能力和桥面行车条件达到设计指标	较差状态 1.重要部件材料有较多(10%以内)中等缺损,裂缝宽超限值;或出现轻度功能性病害,但发展缓慢,尚能维持正常使用功能; 2.次要部件有大量(10%～20%)严重缺损,功能降低,进一步恶化将不利于重要部件和影响正常交通; 3.承载能力比设计降低10%以内,桥面行车不舒适	坏的状态 1.重要部件材料有大量(10%～20%)严重缺损,裂缝宽超限值,裂缝间距小于计算值,风化、剥落、露筋、锈蚀严重。或出现中等功能性病害,且发展较快。结构变形小于或等于规范值,功能明显降低。 2.次要部件有20%以上的严重缺损,失去应有功能,严重影响正常交通; 3.承载能力比设计值低10%～25%	危险状态 1.重要部件出现严重的功能性病害,且有继续扩展现象;关键部位的部分材料强度达到极限,出现部分钢筋断裂、混凝土压碎或压杆失稳变形的破损现象,变形大于规范值,结构的承载力、刚度、稳定性和动力响应不能达到平时交通安全通行的要求; 2.承载能力比设计降低25%以上

续上表

	一 类	二 类	三 类	四 类	五 类
墩台与基础	1. 墩台各部分完好； 2. 基础及地基状况良好	1. 墩台部分基本完好； 2. 3%以内的表面有风化麻面、短细裂缝，缝宽小于限值，砌体灰缝脱落； 3. 表面长有苔藓、杂草； 4. 基础无冲蚀现象	1. 墩台3%~10%的表面有各种缺损，裂缝宽超限值，有风化、剥落、露筋、锈蚀现象；砌体灰缝脱落，局部变形等； 2. 出现轻微的下沉、倾斜滑动等现象，发展缓慢或趋向稳定； 3. 基础有局部冲蚀现象，桩基顶段被磨损	1. 墩台10%~20%的表面有各种缺损，裂缝宽而密，剥落、露筋、锈蚀严重，砌体大面积松动、变形； 2. 墩台出现下沉、倾斜、滑动、冻拔现象，台背填土有沉降裂缝或挤压隆起变形发展较快，变形小于或等于规范值； 3. 基础冲刷大于设计值，基底冲空面在10%~20%内。桩基顶段被侵蚀、露筋、颈缩，或有环状冻裂	1. 墩台不稳定，下沉、倾斜、滑动、冻拔现象严重，变形大于规范值，造成上部结构和桥面变形过大，不能正常行车； 2. 墩台、基桩出现结构性断裂缝，裂缝有开合现象； 3. 基底冲刷面达20%以上，冲刷深入度大于设计值，地基失效，承载能力降低，桥台岸坡滑移
支座	1. 各部分清洁、完好，位置正确； 2. 活动支座伸缩与转动正常	1. 支座有尘土堆积，略有腐蚀； 2. 支座滑动面干涩	1. 钢支座固定螺栓松动，锈蚀严重； 2. 橡胶支座开始老化； 3. 混凝土支座有剥落、露筋、锈蚀现象	1. 钢支座的组件出现断裂； 2. 橡胶支座老化开裂； 3. 混凝土支座碎裂； 4. 活动支座坏死，不能活动； 5. 支座上下错位过大，有倾覆、脱落的危险	1. 支座错位、变形、破损严重，已失去正常支承功能，使上下部结构受到异常约束； 2. 造成支承部位的缺损和桥面的不平顺
砌体与混凝土上部结构	1. 结构完好，无渗水，无污染； 2. 次要部位有少量短细裂纹，裂纹宽度小于限值	1. 结构基本完好； 2. 3%以内的表面有风化、麻面、短细裂缝，缝宽小于限值，砌体灰浆脱落； 3. 上、下游侧表面有水迹污染，砌缝滋生草木	1. 结构3%~10%的表面有各种缺陷，裂缝宽超限值，有风化、剥落、露筋、锈蚀，桥面板裂缝渗水； 2. 石拱桥砌体灰缝脱落，局部松动、外鼓； 3. 横向连接件断裂、脱焊或松动。边梁或边拱肋有横移或外倾迹象	1. 结构10%~20%的表面有各种缺陷，重点部位出现接近全截面的开裂，裂缝宽超限值，间距小于计算值，顺主筋方向有纵向裂缝，钢筋锈蚀和混凝土剥落严重，桥面开裂渗水严重，砌体有较大松动、变形； 2. 结构存在永久变形，变形小于或等于规范值，桥面竖向呈波浪形； 3. 支座脱落，桥面呈锯齿状	1. 结构永久变形大于规范值； 2. 重点部位出现全截面开裂，部分钢筋屈服或断裂，混凝土压碎，主拱圈出现四铰，成不稳定结构； 3. 受压构件有严重的横向扭曲变形； 4. 结构的振动或摆动过大，行车和行人有不安全感； 5. 承载能力比设计降低25%以上

57

续上表

	一 类	二 类	三 类	四 类	五 类
钢结构	1. 各部件及焊缝均完好； 2. 各节点铆钉、螺栓无松动； 3. 各部分油漆均匀平整、完整、色泽鲜明	1. 各部件完好，焊缝无开焊； 2. 少数节点有个别铆钉、螺栓松动、变形； 3. 油漆变色、起泡剥落，面积在10%以内	1. 次要构件有局部变形、焊缝有裂纹； 2. 连接铆钉、螺栓损坏在10%以内； 3. 油漆失效面积在10%～20%以内	1. 个别主要构件有扭曲变形、扭伤裂纹、开焊、严重锈蚀； 2. 连接铆钉、螺栓损坏在10%～20%以内； 3. 油漆失效面积在20%以上	1. 主要构件有扭曲变形、开焊，锈蚀削弱截面10%以上，钢材变质，强度性能恶化，油漆失效面积在50%以上； 2. 节点板及连接铆钉损坏在20%以上； 3. 结构永久性变形大于规范值； 4. 结构振动或摆动过大，行车和行人有不安全感
人行道栏杆	完整清洁，无松动，少数构件局部有细裂纹、麻面	个别构件破损、脱落，3%以内构件有松动、裂缝、剥落和污染	10%以内构件有松动、开裂、剥落、露筋、锈蚀、破损脱落	10%～20%构件严重损坏、错位、变形、脱落、残缺	20%以上构件残缺
桥面铺装、伸缩缝	1. 铺装层完好、平整、清洁，或有个别细裂缝； 2. 防水层完好。泄水管完好、畅通； 3. 伸缩缝完好、清洁； 4. 桥头平顺，无跳车现象	1. 铺装层10%以内的表面有纵横裂缝，间距大于1.5m，浅坑槽、波浪； 2. 防水层基本完好。泄水管堵塞，周围渗水； 3. 伸缩缝局部螺帽松动，钢桥开焊，铺装碎边缝内堵塞卡死； 4. 桥头轻度跳车，台背路面下沉2cm以内	1. 铺装层10%～20%的表面有严重的龟裂、深坑槽、波浪； 2. 桥面板接缝处防水层断裂渗水，水管破损、脱落； 3. 伸缩缝普遍缺损，铺装碎边严重，出现跳车现象； 4. 桥头跳车明显，台背路面下沉2～5cm	1. 铺装层20%以上表面有严重的破碎、坑槽，桥面普遍坑洼不平、积水； 2. 防水层老化失效，普遍断裂、渗水，泄水管脱落，孔堵塞； 3. 伸缩缝严重破损、失效，难以修补； 4. 桥头跳车严重，台背路面下沉大于5cm	
翼(耳)墙、锥(护)坡	1. 翼墙完好无损，清洁； 2. 锥坡完好，无垃圾堆积，无草木滋生； 3. 桥头排水沟和行人台阶完好	1. 翼墙出现个别裂缝，缝宽小于限值，局部剥落，砌体灰缝脱落，面积在30%以内； 2. 锥坡局部塌陷，铺砌缺损，垃圾堆积，草木丛生； 3. 桥头排水沟堵塞不畅通，行人台阶局部塌落	1. 翼墙断裂与桥台前墙脱开，但无明显外倾、下沉、砌体灰缝脱落、局部外鼓，面积小于20%； 2. 锥坡出现大面积塌陷，铺砌缺损，形成冲沟或积水坑，坡脚有局部冲蚀； 3. 桥头排水沟和行人台阶损坏，功能降低	1. 翼墙断裂、下沉、外倾失稳，砌体变形，严重部分倒塌； 2. 锥坡体和坡脚冲蚀严重，有滑坡、坍塌，坡顶下降较大，护坡作用明显减小； 3. 桥头排水沟和行人台阶全部损坏，几乎消失	

续上表

	一 类	二 类	三 类	四 类	五 类
调治构造物	1. 构造设置合理，功能正常； 2. 构造物完好，无存留漂浮物	1. 构造功能基本正常； 2. 构造物局部断裂，砌体松动、变形	1. 构造本身抗洪能力不足，基础局部冲蚀； 2. 构造物20%以内出现下沉、倾斜、局部坍塌	1. 构造物本身抗洪能力太低，基础冲蚀严重； 2. 构造物20%以上被损坏，部分丧失功能或功能下降	1. 构造物大范围毁坏，失去功能，或设置不合理，未达到预期效果； 2. 原未设置，而调查表明需要补充设置者
照明标志	完好无缺，布置合理	照明灯泡坏，灯柱锈蚀，标志不正、脱落	灯柱歪斜不正，灯具损坏，标志倾斜损坏	照明线路老化、断路或短路，灯柱、灯具残缺不齐，标志缺失严重	

此外，桥梁的梁体、墩台裂缝宽度最大限值规定如表3-6所示，裂缝宽度超过表列数值时，应进行修补，以保证结构的耐久性。

裂缝宽度限值表　　　　　　　　　　　　　　表3-6

结构类别	裂缝部位		允许最大裂缝宽度(mm)	其他要求
钢筋混凝土梁	主筋附近竖向裂缝		0.25	
	腹板斜向裂缝		0.30	
	组合梁结合面		0.50	不允许贯通结合面
	横隔板与梁体端部		0.30	
	支座垫石		0.50	
预应力混凝土梁	梁体竖向裂缝		不允许	
	梁体纵向裂缝		0.20	
砖、石、混凝土拱	拱圈横向		0.30	裂缝高小于截面高一半
	拱圈纵向（竖缝）		0.50	裂缝长小于跨径1/8
	拱坡与拱肋结合处		0.20	
墩台	墩台帽		0.30	不允许贯通墩台身截面一半
	墩台身	经常受侵蚀性环境水影响 有筋	0.20	
		经常受侵蚀性环境水影响 无筋	0.30	
		常年有水，但无侵蚀性影响 有筋	0.25	
		常年有水，但无侵蚀性影响 无筋	0.35	
		干沟或季节性有水河流	0.40	
		有冻结作用部分	0.20	

注：1. 表中所列裂缝宽度适用于一般条件，对于潮湿和空气中含有较多腐蚀性气体等条件下的裂缝宽度限制应要求严格一些。
2. 预应力混凝土梁指全预应力混凝土或部分预应力混凝土A类结构。

(二)城市桥梁检查评定办法

城市桥梁技术状况的评估包括：桥面系、上部结构、下部结构和全桥评估。Ⅱ～Ⅴ类养护的城市桥梁的完好程度,采用先分部位再综合的办法评估,以桥梁状况指数 BCI 确定桥梁技术状况的评估指标。

(1)按分层加权法根据定期检查的桥梁技术状况记录,对桥面系、上部结构和下部结构分别进行评估,再综合得出整个桥梁技术状况。

(2)桥面系的技术状况采用桥面系状况指数 BCI_m 表示,根据桥面铺装、伸缩装置、排水系统、人行道、栏杆及桥头平顺等要素的损坏扣除分值,按下式计算 BCI_m 值。

$$\begin{cases} BCI_m = \sum_{i=1}^{6}(100 - MDP_i) \cdot w_i \\ MDP_i = \sum_j DP_{ij} \cdot w_{ij} \end{cases} \quad (3-1)$$

式中:i——桥面系的评估要素,包括桥面铺装、桥头平顺、伸缩装置、排水系统、人行道和栏杆;
DP_{ij}——桥面系第 i 类要素中第 j 项损坏的扣分值;
w_{ij}——桥面系第 i 类要素中第 j 项损坏的权重;
MDP_{ij}——桥面系第 i 类要素中损坏的总扣分值;
w_i——第 i 项要素的权重,见表3-7。

桥面系各要素权重值　　　　　　　　　表3-7

评估要素	权重	评估要素	权重
桥面铺装	0.3	排水系统	0.1
桥头平顺	0.15	人行道	0.1
伸缩装置	0.25	护栏	0.1

(3)桥梁上部结构的技术状况采用上部结构状况指数 BCI_s 表示。BCI_s 可根据桥梁各跨的技术状况指数 BCI_k 按下式计算而得:

$$\begin{cases} BCI_s = \dfrac{1}{m}\sum_{k=1}^{m} BCI_k \\ BCI_k = \sum_{l=1}^{n_s}(100 - SDP_{kl}) \cdot w_{kl} \\ SDP_{kl} = \sum_x DP_{klx} \cdot w_{klx} \end{cases} \quad (3-2)$$

式中:x——表示桥梁第 k 跨上部结构中构件 l 的损坏类型;
DP_{klx}——表示桥梁第 k 跨上部结构中构件 l 在损坏类型 x 时的扣分值;
w_{klx}——表示桥梁第 k 跨上部结构中构件 l 在损坏类型 x 时的权重;
SDP_{kl}——构件 l 的综合扣分值;
w_{kl}——构件 l 的权重,见表3-8;
n_s——第 k 跨上部结构的桥梁构件数;
BCI_k——第 k 跨上部结构技术状况指数;
m——桥梁跨数;
BCI_s——桥梁的上部结构技术状况指数。

桥梁上部结构各构件的权重　　　　表 3-8

桥　型	构件类型	权　重	桥　型	构件类型	权　重
梁桥	主梁	0.6	桁架桥	桁片	0.5
				主节点	0.1
	横向联系	0.4		纵梁	0.2
				横梁	0.1
悬臂+挂梁	悬臂梁	0.6		连接件	0.1
	挂梁	0.2	拱桥	主拱圈(桁)	0.7
	挂梁支座	0.1		横向联系	0.3
	防落梁装置	0.1	刚构桥	主梁	0.8
				横向连接	0.2

(4)桥梁下部结构技术状况的评估应逐墩(台)进行,然后再计算整个桥梁下部结构的状况指数 BCI_x,并应按下式计算：

$$\begin{cases} BCI_x = \dfrac{1}{m+1}\sum_{\lambda=0}^{m} BCI_\lambda \\ BCI_\lambda = \sum_{l=1}^{n_\lambda}(100 - IDP_{\lambda l}) \cdot w_{\lambda l} \\ IDP_{\lambda kl} = \sum_{y} DP_{\lambda ly} \cdot w_{\lambda ly} \end{cases} \quad (3\text{-}3)$$

式中：y——表示桥梁第 λ 墩(台)中构件 l 的损坏类型；

$DP_{\lambda ly}$——表示桥梁第 λ 墩(台)中构件 l 在损坏类型 y 时的扣分值；

$w_{\lambda ly}$——表示桥梁第 λ 跨(台)中构件 l 在损坏类型 y 时的权重；

$IDP_{\lambda l}$——构件 l 的综合扣分值；

$w_{\lambda l}$——构件 l 的权重,见表3-9；

n_λ——第 λ 墩(台)的构件数；

BCI_λ——第 λ 墩(台)的技术状况指数；

BCI_x——桥梁的下部结构技术状况指数。

桥梁下部结构各构件的权重　　　　表 3-9

桥墩构件类型	权　重	桥台构件类型	权　重
盖梁	0.1	台帽	0.1
墩身	0.3	台身	0.3
基础	0.3	基础	0.3
冲刷	0.2	耳墙(翼墙)	0.1
支座	0.1	锥坡	0.1
		支座	0.1

(5)整个桥梁的技术状况指数 BCI 根据桥面系、上部结构和下部结构的技术状况指数,由下式计算：

$$BCI = BIC_m \cdot w_m + BCI_s \cdot w_s + BCI_x \cdot w_x \quad (3\text{-}4)$$

式中：w_m、w_s、w_x——桥面系、上部结构和下部结构的权重,其中桥面系权重为0.15,上部结构权重为0.40,下部结构权重为0.45。

(6)桥梁上部结构、下部结构、桥面系以及整座桥梁结构的完好状况可按如表3-10所示的标准评估。

桥梁完好状况评估标准 表3-10

BCI*	BCI*≥90	90>BCI*≥80	80>BCI*≥66	66>BCI*≥50	BCI*<50
评估等级	A	B	C	D	E

注:BCI*表示BCI、BCI_m、BCI_s或BCI_x。

各种类型桥梁有下列情况之一时,即可直接评定为不合格级桥和D级桥:

①Ⅲ、Ⅳ类环境下的预应力梁产生受力裂缝且裂缝宽度超过规范限值。

②拱桥的拱脚处产生水平位移或无铰拱拱脚产生较大的转动。

③钢结构节点板及连接铆钉、螺栓损坏在20%以上、钢箱梁开焊、钢结构主要构件有严重扭曲、变形、开焊,锈蚀削弱截面积10%以上。

④墩、台、桩基出现结构性断裂缝,裂缝有开合现象,倾斜、位移、沉降变形危及桥梁安全时。

⑤关键部位混凝土出现压碎或压杆失稳、变形现象。

⑥结构永久变形大于设计规范值。

⑦结构刚度达不到设计标准要求。

⑧支座错位、变形、破损严重,已失去正常支承功能。

⑨基底冲刷面达20%以上。

⑩承载能力下降达25%以上(需通过桥梁验算检测得到)。

⑪人行道栏杆20%以上残缺。

⑫上部结构有落梁和脱空趋势或梁、板断裂。

⑬特大桥、特殊结构桥除上述情况外,钢—混凝土组合梁、桥面板发生纵向开裂、支座和梁端区域发生滑移或开裂;斜拉桥拉索、锚具损伤;吊桥钢索、锚具损伤;吊杆拱桥钢丝、吊杆和锚具损伤。

⑭其他各种对桥梁结构安全有较大影响的部件损坏。

桥梁技术状况等级,公路规范分为一类~五类,城市规范分为A~E级,二者对应的桥梁技术状况大致相当,分别为完好~危险状态。公路规范的评定方法比较简明扼要,但由于大部评价指标未量化,容易导致不同的技术人员对同一座桥梁的技术状况评分不同。城市规范的评定方法对桥梁技术状况指数进行了详细的量化评定,同时,还可考虑不同的桥梁类型特点,使其各组成部分权重不同进行来评定,评定结果更接近实际情况,但城市规范的评定方法计算复杂,对现场技术人员的经验和熟练程度要求较高。

二、以分析计算为主的评定方法

我国交通部在1999年编制了《公路桥梁承载能力检测评规程(报批稿)》,该方法采用调查和结构检算,必要时再进行荷载试验的方法对桥梁进行承能力评定。在桥梁调查与检测方面,该规程较全面地考虑了现有桥梁检测方法段及其检测成果在桥梁承载能力评定中的应用,并注重桥梁检查工作与现养护规范的衔接。检算系数Z_1的确定影响因素既考虑了结构构件的表质量,也考虑了结构振动特性及强度等指标。针对不同种类的桥梁,考虑的检测结果分别引入了恶化系数、截面折减系数和活载影响修正系数,用修正结构构件承载能力检算结果。该规程围绕桥梁承载能力评定,涉及了桥梁调查、检测、检算分析、承载能力评定及荷载试验等各个方面,对我国桥梁承载能力检测评工作有重要的指导意义。

采用以分析计算为主的评定方法,首先通过对实际桥梁进行详尽的外观调查,然后将调查到的资料根据桥梁结构理论加以分析和计算,并以计算结果对桥梁结构进行评定。这是目前在桥梁结构评定中普遍采用的一种方法。

桥梁结构理论是建立在经典力学和大量的试验资料基础上的一种理论,它具有足够的可靠性和普遍性。在设计方面,根据桥梁结构理论所形成的一套较完整的设计方法及相应的计算公式,都已反映在现行的桥梁设计规范中。将桥梁结构设计理论引入既有桥梁的评定工作中,就是要根据桥梁实际情况,考虑如何利用规范的设计计算方法来分析计算既有桥梁的实际承载能力和使用状况,从而加以评价。对于桥梁承载力鉴定应以桥梁规范为基础,并在上述实际调查及充分考虑诸影响因素基础上,可综合采用"旧桥检算系数"Z_1、Z_2法进行评定。检验结构承载力及稳定性时,应根据实桥使用状况,对结构的抗力效应值R_d,采用旧桥检算系数Z_1或Z_2系数折减或提高。

1. 对只做调查而未做荷载试验的钢筋混凝土及预应力混凝土桥,最不利组合的设计内力值应小于或等于结构抗力设计值,即:

$$S_d(\gamma_s G_i; \gamma_q \sum Q) \leq \gamma_b R_d\left(\frac{R_c}{\gamma_c}; \frac{R_s}{\gamma_s}\right) \times Z_1 \tag{3-5}$$

式中:Z_1——旧桥检算系数,按表3-11选定,其他符号意义见《公路钢筋混凝土及预应力混凝土桥涵设计规范》(JTG D62—2004)。

梁桥的 Z_1 值   表3-11

Z_1	桥梁状况
1.0~1.1	桥梁各构件混凝土质量良好,裂缝宽度未超过桥规允许值,桥梁未产生病害,桥梁各部分能正常工作
0.9~1.0	桥梁构件,混凝土质量较差,少数裂缝宽度超过桥规允许值,桥梁产生一般病害,桥梁各部分基本能正常工作
0.9以下	桥梁构件混凝及钢筋产生严重质量问题,较多裂缝宽度超过桥规允许值或裂缝仍在继续发展,桥梁产生严重病害,带病工作

2. 对进行过较全面荷载试验的桥梁,上式则以"旧桥检算系数"Z_2代替Z_1,对抗力效应R_d进行调整(提高或折减),即:

$$S_d(\gamma_s G_i; \gamma_q \sum Q) \leq \gamma_b R_d\left(\frac{R_c}{\gamma_c}; \frac{R_s}{\gamma_s}\right) \times Z_2 \tag{3-6}$$

Z_2取值依据静载试验的校验系数η确定,校验系数η为:

$$\eta = S_e/S_s \tag{3-7}$$

式中:S_e——实测变形的弹性值;

S_s——相应的理论值。

Z_2按表3-12选定,当符合下列条件时,Z_2取高限,否则酌减至低限。

(1)加载内力与总内力(加载内力 + 恒载内力)的比值较大,荷载试验效果较好。

(2)实测值与理论值线性关系较好,相对残余变位(或应变)较小。

(3)桥梁结构各部分无损伤,风化、锈蚀、裂缝等较轻微。

总之,对于用实桥使用状况调查结果与结构受力验算结果对比分析评定桥梁承载力的方法,只要能准确掌握影响桥梁实际承载力的因素及影响程度,并与相应的测试结果对比分析是能较准确评定其实际承载力的。

经过荷载试验的旧桥检算系数 Z_2 值　　　　表3-12

η	Z_2	η	Z_2
0.4及以下	1.20~1.30	0.8	1.00~1.10
0.5	1.15~1.25	0.9	0.97~1.07
0.6	1.10~1.20	1.0	0.95~1.05
0.7	1.05~1.15		

注：1. η 值应经校核，确保计算及实测无误。
　　2. η 值在表列数值之间时可内插。
　　3. 当 η 值大于1时应查明原因，确系结构本身强度不够，应适当降低检算承载力能力。

三、荷载试验的评定方法

荷载试验评定方法是对桥梁进行了外观调查和粗略评定后，通过荷载试验，从而对桥梁结构进行评定的方法，它是在桥梁结构鉴定中应用历史最长、最为有效的评定方法。其主要优点是直观、可靠，故多用于新结构的研究和桥梁质量的评定。在旧桥的评定中，它又多用于桥梁实际工作状态不明确情况下的评定和研究工作，以弥补根据外观调查评定和以分析计算为主的评定方法的不足。

荷载试验的评定方法工作内容主要是荷载试验。一座桥梁完整荷载试验包括静载试验和动载试验。随着对桥梁评定工作的深入研究，由动载试验发展成独立的动力测定的桥梁快速评定方法已开始研究。桥梁静载、动载试验及其评定方法详见第四章、第五章。

*第四节　桥梁管理系统简介

桥梁老化与维修养护是一个普遍存在的、世界性的问题，随着时间的推移，这一问题将越来越严重。随着计算机管理技术的发展以及它在许多领域中的广泛运用，我国公路部门也相继开发了各类管理系统。近年来，随着桥梁病害的增长，交通量增大以及荷载等级的提高，桥梁的养护维修和加固改造的工作量也日趋繁重，桥梁养护需求和资金缺乏之间的矛盾也为如何实行科学管理提出了新的要求。将信息技术运用于桥梁管理工作，这就诞生了桥梁管理系统。

一、桥梁管理系统发展历程

桥梁管理系统是最先发展于20世纪70年代的美国，经历了从无到有，从简单到复杂，从单项数据处理到具有多数据、多知识的综合处理能力的专家系统阶段。从80年代以来随着计算机技术的飞跃发展，桥梁管理系统也得到了进一步的完善和深化，并能辅助决策参与管理，还为设计、施工等其他部门提供必要的数据支持。

1968年，美国联邦公路总局研究开发了世界上第一个桥梁管理系统"国家桥梁档案库（NBI）"，其软件基本上是一些数据文件形式，起初的功能也很简单，只能完成一些数据保存、基本统计查询和简单报表输出等档案管理工作，是第一代桥梁管理系统。在联邦公路局NBI的基础上，美国的宾法尼亚、明尼苏达、佛罗里达、堪萨斯等几十个州，均结合各自的实际情况，先后开发了自己的桥梁管理系统,这些系统都拥有数据库管理、技术状态评价、需求预测、优先排序等功能。有些系统还初步拥有了寿命周期分析法进行项目方案优选的功能。在美国开发研究桥梁管理系统的同时,世界各国也都相续进行了这一方面的开发研究工作。我国的桥梁管理系统研究及开发都还处于起步阶段,自80年代以来,有关部门在借鉴国外经验的基础上,先后开发了多个具有各自特色的桥梁管理系统。

二、桥梁管理系统基本功能简介

桥梁管理系统由于各地区的管理体制、管理方法及管理手段都不相同,各系统的目标、功能以及系统所采用的模式也有所区别。另外,不同地区其经济条件,设备条件、管理水平的差异都很大,对系统功能设计的繁简程度、精度的要求都不尽相同,所以每一个成功的管理系统都具有很强的地方特征。桥梁管理养护系统首先可以辅助桥梁管理部门实时地对桥梁进行管理,科学合理地运用桥梁检查检测成果,全面细致地评价桥梁结构的现状,有计划、有针对性地进行检查、维修养护工作,及时地发现问题,迅速对症地进行养护维修,确保桥梁的安全运营;其次,可以解决"为什么检查、检查什么、什么时候检查、检查后怎么办","为什么维修、维修什么、什么时候维修、维修后怎么样"两个大问题;再次,根据上述两个方面,桥梁管理养护系统可以对养护维修对策进行经济技术分析,提供相应的建议供决策参考,以确定轻重缓急、使有限的维护资金产生最大效益。

现有的桥梁管理系统可大致分为两类:一类基本上就是一个桥梁档案数据库,它的功能和结构都很简单,基本上就完成了桥梁数据存档、简单的统计查询等档案管理工作,但这类系统是每一个桥梁管理系统中必不可少且使用效率最高的一部分,也是桥梁管理单位实现桥梁管理工作科学化、信息化的起点;第二类,是在桥梁数据库管理的基础上增加评价、优先排序、对策提示、需求预测及费用分析等功能模块,但这些功能都是初步性的,尚处于研究及探讨阶段。一般说来,桥梁管理系统应具备以下两大功能模块。

1. 桥梁档案数据模块

桥梁档案数据信息模块包括:桥梁的静态档案资料、技术状况、特检信息、维修历史等方面,基本功能如下。

(1)静态档案资料。包括:桥梁编号、桥名、线路编号、路名、所在地、河流名称、桥位桩号、线路等级、桥梁性质、桥梁类别等基本信息。

(2)桥梁结构数据。主要包括:桥梁总长、最大跨径、桥跨组合、桥宽组合、桥面净宽、桥高、桥下净空、建造年月、改建年月、通航等级等信息,也包括桥梁各种设计、竣工、维修、检查、检测的相关资料。

(3)桥梁档案数据信息。包括:经济指标库、维修历史库、特殊检查库、重车过桥库、桥梁档案库等信息,也包括针对桥梁病害专门建立桥梁病害数据库。

2. 辅助决策模块

辅助决策功能模块主要功能包括:检查检测数据资料处理、提醒预警、辅助决策、费用分析等方面。基本功能如下。

(1)数据资料处理功能。对于检查、检测、维修后所得出的各项数据,桥梁管理系统可以及时、科学地将其纳入其中,并进行实时处理、综合分析,全面评估桥梁结构的状况,为下一阶段的检查、检测、维修的决策提供支持。

(2)提醒预警功能。根据相关的检查、检测资料、桥梁结构特点、现状以及有关规定,桥梁管理系统可以提醒养护部门,解决"为什么检查、检查什么、什么时候检查、检查后怎么办"等问题,实时地提醒帮助管养部门进行各种检查。

(3)辅助决策功能。在科学合理地运用桥梁检查、检测成果,全面细致地评价桥梁结构的现状的基础上,及时地发现问题,迅速对症地进行养护维修,进行必要的经济技术分析比较,确定维修加固的先后次序,将有限的资金发挥最大效益,解决"为什么维修、维修什么、什么时候维修、维修后怎么样"等问题,确保桥梁的安全运营。

一般说来,桥梁评价与辅助决策是建立在专家系统基础上,并尽可能逐步实现数据自动传输信息共享,力求使桥梁维护加固决策科学化。因此,桥梁管理系统功能的完善与提升是一个比较复杂的问题,需要研制部门、管理部门共同努力、不断探索,最终为桥梁的管理部门提供科学可靠的决策咨询。

*第五节 桥梁检查实例

以某座钢筋混凝土桥梁为例,根据《城市桥梁养护技术规范》(CJJ 99—2003)的规定,对桥梁进行定期检测和技术状况评定(BCI)。

1. 工程概况

该桥结构形式为预制钢筋混凝土简支空心板,单跨跨径20m,桥面净宽60m,双向十车道。为了保证桥梁的安全运营,有针对性地进行维修养护工作,根据《城市桥梁养护技术规范》(CJJ 99—2003)的相关规定,对桥梁进行常规定期检测和技术状况评定(BCI)。本次桥梁检查内容包括桥面系、上部结构及下部结构的全面检查。

2. 检查结果

(1)桥面系主要病害:人行道瓷砖局部破损已修补,但仍存在开裂现象;人行道护栏瓷砖局部缺损;伸缩缝堵塞(图3-2)。

(2)上部结构主要病害:空心板底 CaO 析出、渗水(图3-3);空心板底开裂、渗水(图3-4、图3-5)。

(3)下部结构主要病害:桥台破损、露筋(图3-6);桥台护坡开裂(图3-7)。

图3-2 伸缩缝堵塞

图3-3 空心板底 CaO 析出、渗水

图 3-4 空心板开裂(缝宽:0.12mm)

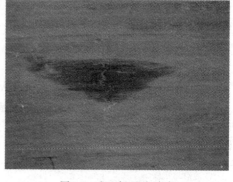

图 3-5 空心板开裂、渗水

图 3-6 桥台破损、露筋

图 3-7 桥台护坡开裂

3. 病害统计

某钢筋混凝土桥病害统计结果如表 3-13 所示。

某钢筋混凝土桥病害统计结果　　　　表 3-13

部件序号	部件名称	缺损位置	缺损状况
1	伸缩缝	1 号轴、2 号轴伸缩缝	伸缩缝堵塞
2	护栏	L1 号轴~2 号轴	瓷砖局部损坏
3	人行道	L1 号轴~2 号轴	瓷砖局部破损
		R1 号轴~2 号轴	施工
4	空心板	左幅 1 号空心板腹板	局部破损
		右幅 15 号空心板底	CaO 析出
		右幅 9 号空心板底	CaO 析出、渗水
		右幅 2 号空心板底	CaO 析出、开裂、渗水
5	桥台	1 号轴	破损、露筋
		1 号、2 号轴	桥台漏水
其他构件未发现异常状况			

4. 桥梁技术状况评估计算

Ⅱ~Ⅴ类养护的城市桥梁技术状况评估是根据定期检测的结果进行的评估,即根据观测的损坏状况及其扣分值,逐级、分层加权,最终得到桥梁各部分以及全桥的 BCI。以下是根据桥梁检测结果进行的评分计算的典型过程。

(1) 桥面系 BCI_m 计算

① 各损坏状况及扣分值

以桥面铺装为例计算,计算结果如表 3-14 所示。

某钢筋混凝土桥桥面铺装病害程度及对应扣分值　　表 3-14

损坏类型	程　度	扣分值	损坏类型	程　度	扣分值
网裂或龟裂	3%~10%	15	洞穴	无	0
波浪与车辙	无	0	桥面贯通横缝	无	0
坑槽	无	0	桥面贯通纵缝	无	0
碎裂或破碎	无	0			

② 计算各损坏类型的权重

计算总的扣分值:$\sum_i DP_i = 15$

网裂和龟裂比重:$\mu_{ij} = DP_j / \sum_j DP_{ij} = 1.00$

网裂和龟裂权重计算:$w_{ij} = 3.0 \times \mu_{ij}^3 - 5.5 \times \mu_{ij}^2 + 3.5 \times \mu_{ij} = 1.00$

扣分值计算:$DP_{ij} \times w_{ij} = 15 \times 1.00 = 15.00$

未发现其他桥面病害,即 $MDP_i = 15$

③ 桥面铺装的评分:$BCI_{qmpz} = 100 - MDP_i = 100 - 15.0 = 85.0$

④ 桥面系其他部分评分值的计算过程与桥面铺装相同。

桥头平顺:$BCI_{qtps} = 85.0$;

伸缩缝:$BCI_{ssf} = 81.4$;

泄水管:$BCI_{xsg} = 85.0$;

人行道:$BCI_{rxd} = 66.7$;

栏杆:$BCI_{lg} = 85.0$

⑤ 桥面系的评分:

$$BCI_m = \sum_{i=1}^{6}(100 - MDP_i) \cdot w_i = BCI_{qmpz} \times 0.3 + BCI_{qtps} \times 0.15 + BCI_{ssf} \times 0.25 + BCI_{xsg} \times 0.1 + BCI_{rxd} \times 0.1 + BCI_{lg} \times 0.1 = 82.3$$

(2) 上部结构 BCI_m 计算

① 各项损坏状况及扣分值,如表 3-15 所示。

某钢筋混凝土桥上部结构病害及对应扣分值　　表 3-15

损坏类型	程　度	扣分值	损坏类型	程　度	扣分值
表面网状裂缝	<3%	10	结构裂缝	无	0
混凝土剥离	<1%	15	裂缝处渗水	无	0
露筋锈蚀	无	0	桥面贯通横缝	无	0
梁体下挠	无	0			

② 计算各损坏类型的权重

计算总的扣分值:$\sum_x DP_{klx} = 10 + 15 + 0 + 0 + 0 + 0 = 25$

表面网状裂缝比重：$\mu_{klx} = \dfrac{DP_{klx}}{\sum\limits_{x} DP_{klx}} = 10 \div 25 = 0.40$

表面网状裂缝权重计算：$w_{klx} = 3.0 \times \mu_{klx}^3 - 5.5 \times \mu_{klx}^2 + 3.5 \times \mu_{klx} = 0.71$

扣分值计算：$DP_{klx} \times w_{klx} = 10 \times 0.71 = 7.10$

其他计算结果见表 3-16。

某钢筋混凝土桥上部结构其他计算结果　　　　　　　　　　表 3-16

损坏类型	单项扣分值 DP_{klx}	比重 μ_{klx}	权重 w_{klx}	$DP_{klx} \times w_{klx}$
表面网状裂缝	10	0.40	0.71	7.10
混凝土剥离	15	0.60	0.77	11.55
露筋锈蚀	0	0.00	0.00	0.00
梁体下挠	0	0.00	0.00	0.00
结构裂缝	0	0.00	0.00	0.00
裂缝处渗水	0	0.00	0.00	0.00
桥面贯通横缝	0	0.00	0.00	0.00
合计 $SDP_{kl} = \sum\limits_{x} DP_{klx} \cdot w_{klx}$	20			18.6

③主梁的评分：$BCI_{zl} = 100 - SDP_{kl} = 100 - 18.6 = 81.4$

④同理计算可得：横向联系 $BCI_{hxlx} = 85.0$

⑤上部结构评分：$BCI_k = \sum\limits_{l=1}^{n_s}(100 - SDP_{kl}) \cdot w_{kl} = BCI_{zl} \times 0.6 + BCI_{hxlx} \times 0.4 = 82.8$

⑥全桥上部结构评分：由于本桥是单跨简支梁，则其单跨上部结构评分即为全桥上部结构评分。

（3）下部结构 BCI_m 计算：$BCI_x = BCI_{qt} \times 0.5 + BCI_{qd} \times 0.5 = 85.2$（具体计算过程略）

（4）全桥 BCI 计算：$BCI_x = BCI_m \times 0.15 + BCI_k \times 0.4 + BCI_x \times 0.45 = 83.8$

5. 桥梁技术状况评定

桥梁技术状况评定结果如表 3-17 所示。

某钢筋混凝土桥技术状况评定结果　　　　　　　　　　表 3-17

桥梁名称	—			桥梁编号	—
检测日期	—			总体状况评级	B
总体状况评分 BCI	83.8			总体状况状态	良好
结构名称	评分	等级	状态	构件名称	评分
桥面系	82.3	B	良好	桥面铺装	85.0
				桥头平顺	85.0
				伸缩缝	81.4
				排水系统	85.0
				栏杆、护栏	85.0
				人行道	66.7
上部结构	82.8	B	良好	主梁	81.4
				横向联系	85.0

续上表

结构名称	评分	等级	状态	构件名称		评分
下部结构	85.2	B	良好	桥台	台帽	87.4
					台身	85.0
					基础	85.0
					耳墙(翼墙)	85.0
					锥坡、护坡	85.0
					支座	85.0
				桥墩	盖梁	86.5
					墩身	85.0
					基础	85.0
					冲刷	85.0
					支座	85.0

6. 结论及建议

本次桥梁定期检测表明,该桥总体技术状况评分为83.8分,属于B级良好状况,应进行日常保养和小修。

第四章 桥梁静载试验

第一节 静载试验的方法与程序

一、静载试验的目的

桥梁静载试验是按照预定的试验目的与试验方案,将静止的荷载作用在桥梁上的指定位置上,观测桥梁结构的静力位移、静力应变、裂缝、沉降等参量的试验项目,然后根据有关规范和规程的评价指标,判断桥梁结构的承载能力及使用性能。

桥梁静载试验可以是生产鉴定性试验或科学研究性试验;可以是组成桥梁的主要构件试验或全桥整体试验;可以是实桥现场检测或是桥梁结构模型的室内试验。桥梁一般分为梁桥、拱桥、刚构桥、斜拉桥、悬索桥等各种结构形式。根据各种结构形式的受力特点,结合病害特征或静载试验的主要目的,按照技术上可行、经济上合理、测试上可靠的原则,来设计桥梁静载试验的加载方案与测试方法。为了能够较为客观地反映桥梁结构的工作性能,桥梁检测多采用原位现场检测。一般桥梁静载试验主要是解决以下问题。

(1)检验桥梁结构的设计与施工质量,验证结构的安全性与可靠性。对于大、中跨度桥梁,相关规范规程都要求在竣工之后,通过试验来具体地、综合地鉴定其工程质量的可靠性,并将试验报告作为评定工程质量优劣的主要依据之一。此外,既有桥梁在运营若干年后或遭受各种突发灾害后,必须通过静载试验来确定其承载能力与使用性能,并以此作为继续运营或加固改造的主要依据。

(2)验证桥梁结构的设计理论与计算方法,充实与完善桥梁结构的计算理论与结构构造,积累工程技术资料。随着交通事业的不断发展,采用新结构、新材料、新工艺的桥梁结构日益增多,这些桥梁在设计、施工中必然会遇到一些新问题,其设计计算理论或设计参数需要通过桥梁试验予以验证或确定,在大量试验检测数据积累的基础上,就可以逐步建立或完善这类桥梁的设计理论与计算方法。

(3)掌握桥梁结构的工作性能,判断桥梁结构的实际承载能力。目前,我国已建成了60多万座各种形式的公路桥梁,在使用过程中,有些桥梁已不能满足当前通行荷载的要求,有些桥梁由于各种自然原因而产生不同程度的损伤与破坏,有些桥梁由于设计或施工差错而产生各种缺陷。对于这些桥梁,经常采用静载试验的方法,来判定其承载能力和使用性能,并由此确定限载方案或加固改造方案,特别是对于那些原始设计施工资料不全的既有桥梁,通过静载试验确定其承载能力与使用性能就显得非常必要。

随着我国桥梁建设事业的飞速发展,新结构、新材料、新工艺日益增多,带来了许多桥梁结构的理论、设计、施工等问题,成为桥梁检测的新课题,而桥梁结构检测的成果又进一步验证、发展和完善了桥梁设计计算理论、施工技术及其他工程实践问题。另一方面,桥梁检测也为既有桥梁结构承载能力、使用性能和残余寿命的评估提供了科学的依据。可以说,随着生产实践的发展,既有桥梁数量的日益增大,桥梁检测日益显得重要,同时,桥梁建设的不断发展也对桥梁检测提出了更高的要求。实践证明,要搞好一次桥梁检测,为设计、施工、理论研究或加固改造提供可靠和完整的试验资料和科学依据,并不是一件轻而易举的事情,必须明确试验目的,遵循一定的程序,采用科学先进的量测手段,进行严密的准备和组织工作才可能达到预期的目标。为此,根据静载试验对象的实际情况,必须把握住以下三个主要环节。

(1)明确试验目的,抓住主要问题。桥梁静载试验涉及理论计算、测点布置、加载测试、数据分析整理等多个方面,因此,在进行试验之前一定要明确试验目的,预测试验桥梁的结构行为。这样才能有的放矢,合理地选择仪器仪表,准确地确定加载设备及加载程序,科学地布置测点及测试元件,充分地利用有限的人力、物力及其他有利条件,采取各种必要的手段,以达到预期的试验效果。

(2)精心准备、严密组织。桥梁静载试验由于观测项目多、测点多、仪器仪表多,这就要求试验工作必须有严格的组织,统一的指挥,并能够紧密配合,协同作战。在正式试验之前,要做好充分的准备工作,对一些关键性的测试项目和测点要考虑备用的测试方法,注意防止和消除意外事故。大量试验证明,如果试验工作的某些环节考虑不周,轻者会使试验工作不能顺利进行,严重的会导致整个试验工作的失败。

(3)加强测试人员培训,提高测试水平。参加试验检测的工作人员,必须在试验之前,熟练地掌握仪器的性能、操作要领以及故障排除技术和技巧,了解本次试验的目的、试验程序及测试要求,及时发现、反映试验过程中的问题。

二、静载试验的程序

一般情况下,桥梁静载试验可分为三个阶段,即桥梁结构的考察与试验工作准备阶段、加载试验与观测阶段、测试结果的分析总结阶段。

桥梁结构的考察与试验方案设计阶段是桥梁检测顺利进行的必要条件。桥梁检测与桥梁设计计算、桥梁施工状况关系十分密切。准备工作包括技术资料的收集、桥梁现状检查、理论分析计算、试验方案制定、现场实施准备等一系列工作,因此,这一阶段工作是大量而细致的。实践证明,检测工作的顺利与否很大程度上取决于检测前的准备工作。一般说来,桥梁结构的考察与试验工作准备阶段的具体工作内容如下。

(1)技术资料的收集。桥梁技术资料包括桥梁设计文件、施工记录、监理记录、验收文件、既有试验资料、桥梁养护与维修加固记录、环境因素的影响及其变化、现有交通量及重载车辆的情况等方面,掌握了这些资料,能使我们对于试验对象的技术状况有一个全面的了解。

(2)桥梁现状检查。桥梁检查是指按照有关养护规范的要求,对桥梁的外观进行系统而细致的检查评价,具体包括桥面平整度、排水情况、纵横坡的检查;承重结构开裂与否及裂缝分布情况、有无露筋现象及钢筋锈蚀程度、混凝土碳化剥落程度等情况的检查;支座是否老化、河流冲刷情况、基础病害等方面的检查。通过桥梁检查,能使我们对试验桥梁的现状做出宏观的判断,对试验对象的结构反应做到心中有数。

(3)理论分析计算。理论分析计算包括设计内力计算和试验荷载效应计算两个方面。设计内力计算是按照试验桥梁的设计图纸与设计荷载等级,根据有关设计规范,采用专用桥梁计算软件或通用分析软件,计算出结构的设计内力;试验荷载效应计算是根据实际加载等级、加载位置及加载重量,计算出各级试验荷载作用下桥梁结构各测点的反应,如位移、应变等,以便与实测值进行比较。

(4)试验方案制订。试验方案制订包括测试内容的确定、加载方案设计、观测方案设计、仪器仪表选用等方面,试验方案是整个检测工作技术纲领性文件,因此,必须具备全面、详实、可操作性强等基本特点。

(5)现场实施准备。现场准备工作包括搭设工作脚手架、设置测量仪表支架、测点放样及表面处理、测试元件布置、测量仪器仪表安装调试、通讯照明安排等一系列工作,现场准备阶段工作量大,工作条件复杂,是整个检测工作比较重要的一个环节。

加载与观测阶段是整个检测工作的中心环节。这一阶段的工作是在各项准备工作就绪的基础上,按照预定的试验方案与试验程序,利用适宜的加载设备进行加载,运用各种测试仪器观测试验结构受力后的各项性能指标,如挠度、应变、裂缝宽度等,并采用人工记录或仪器自动记录各种观测数据和资料。需要强调的是,对于静载试验,应根据当前所测得的各种指标与理论计算结果进行现场分析比较,以判断受力后结构行为是否正常,是否可以进行下一级加载,以确保试验结构、仪器设备及试验人员的安全,这对于病害比较严重的既有桥梁结构进行试验时尤为重要。

分析总结阶段是对原始测试资料进行综合分析的过程。原始测试资料包括大量的观测数据、文字记载和图片记录等各种原始材料,受各种因素的影响,原始测试数据一般显得缺乏条理性与规律性,未必能直接揭示试验结构的内在行为。因此,应对它们进行科学的分析与处理,以去伪存真、去粗存精、由表及里,进行综合分析比较,从中提取有价值的资料,揭示结构受力特征。对于一些数据或信号,有时还需按照数理统计或其他方法进行分析,或依靠专门的分析仪器和分析软件进行分析处理,或按照有关规程的方法进行计算。这一阶段的工作,直接反映整个检测工作的质量。测试数据经分析处理后,按照检测的目的要求,依据相关规范规程,对检测对象作出科学准确的判断与评价。

目前,桥梁静载试验应按照我国现行的《大跨径混凝土桥梁的试验方法》、《公路桥梁设计规范》、《公路旧桥承载能力鉴定方法》、《公路桥梁养护规范》、《城市桥梁养护技术规范》等规范规程进行,必要时,可参考借鉴国内外其他相关或相近技术规范规程进行评价。最后,综合上述三个阶段的内容,形成桥梁静载试验报告。

第二节 桥梁结构静载试验的方案设计

试验方案设计是桥梁静载试验的重要环节,是对整个试验的全过程进行全面规划和系统安排。一般说来,试验方案的制订应根据试验目的,在充分考察和研究试验对象的基础上,分析与掌握各种有利条件与不利因素,进行理论分析计算后,对试验的方式、方法、具体操作等方面作出全面地规划。试验方案设计包括试验对象的选择、理论分析计算、加载方案设计、观测内容确定、测点布置及测试仪器选择等方面。

一、试验对象的选择

桥梁静载试验既要能够客观全面地评定结构的承载能力与使用性能,又要兼顾试验费用、试验时间的制约,因此,要进行必要的简化,科学合理地从全桥中选择具体的试验对象。一般说来,对于结构形式与跨度相同的多孔桥跨结构,可选具有代表性的一孔或几孔进行加载试验量测;对于结构形式不相同的多孔桥跨结构,应按不同的结构形式分别选取具有代表性的一孔或几孔进行试验;对于结构形式相同但跨度不同的多孔桥跨结构,应选取跨度最大的一孔或几孔进行试验;对于预制梁,应根据不同跨度及制梁工艺,按照一定的比例进行随机抽查试验。除了这几点之外,试验对象的选择还应考虑以下条件:

(1)试验孔或试验墩台的受力状态最为不利。

(2)试验孔或试验墩台的病害或缺陷比较严重。

(3)试验孔或试验墩台便于搭设脚手支架,布置测点及加载。

二、理论分析计算

确定了试验对象之后,要进行试验桥跨的理论分析计算,理论分析计算是加载方案、观测方案及试验桥跨性能评价的基础与依据。因此,理论分析计算应采用先进可靠的计算手段和工具,以使计算结果准确可靠。一般的,理论分析计算包括试验桥跨的设计内力计算和试验荷载效应计算两个方面。

设计内力计算是依据试验桥梁的设计图纸与设计荷载,选取合理可靠的计算图式,按照设计规范,运用结构分析方法,采用专用桥梁计算软件或通用分析软件,计算出桥梁结构的设计内力。一般的,由于永久作用(如结构重力)已作用在桥梁结构上,设计内力计算是指可变作用下的内力计算,即按照《公路桥梁设计规范》计算由汽车、人群荷载或挂车荷载所产生的各控制截面最不利活载内力。对于常见桥型,控制截面的数量多少取决于准确地绘制出内力包络图的需要,控制截面最不利活载内力计算的一般方法是先求出该截面的各类影响线,然后进行影响线加载,再按照车道数、冲击系数及车道折减系数计算出该截面的最不利活载内力。此外,对于存在病害或缺陷的桥梁,还应计算其恒载内力,按照《公路桥梁设计规范》进行内力组合,验算控制截面强度,以确保试验荷载达到或接近活载内力时桥梁结构的安全。

控制截面不仅出现设计内力峰值,也往往是进行观测量测的主要部位,把握住控制截面,就可以较为宏观全面地反映试验桥梁承载能力和工作性能。在进行静载试验时,常见桥型控制截面的设计内力及观测内容可大致归纳如下:

(1)简支梁桥:控制截面的设计内力包括跨中截面的弯矩与支点截面的剪力,对于曲线梁还包括支点截面的扭矩。相应的应变观测内容为跨中截面应变,必要时可增加$L/4$截面、$L3/4$截面的应变;变形观测内容为支点沉降以及$L/4$、跨中、$L3/4$截面的挠度,对于曲线梁还包括跨中截面的扭转角。

(2)连续梁桥(连续刚构桥):控制截面的设计内力包括中跨跨中截面、中跨$L/4$截面、中跨$L3/4$截面、中支点截面、边跨(次边跨)跨中截面的弯矩、剪力。一般的,应变观测内容为中跨跨中截面、中支点截面、近中支点的边跨跨中截面的应变,必要时可增加中跨$L/4$截面、中跨$L3/4$截面的应变;变形观测内容为各跨支点沉降,各跨$L/4$、跨中、$L3/4$截面的挠度,对于曲线连续梁还应包括各跨支点、$L/4$、跨中、$L3/4$截面的扭转角。

(3)T型刚构:控制截面的设计内力包括固端根部截面的弯矩与剪力、墩身控制截面的弯矩与轴力,相应的观测内容为固端根部截面、墩身控制截面的应变,悬臂端部的挠度、墩顶截面的水平位移与转角。

(4)拱桥:控制截面的设计内力包括拱肋或拱圈控制截面(拱顶、$L/4$、拱脚)的轴力、弯矩,对于中承式、下承式拱桥还包括吊杆的轴力,对于上承式拱桥还包括立柱的轴力,对于系杆拱桥还应包括系杆的轴力。与此相对应,观测内容为拱脚、$L/4$、跨中、$3L/4$ 处拱肋或拱圈截面的应变与挠度,墩台顶的挠度与水平位移,必要时还可增加 $L/8$、$3L/8$、$5L/8$、$7L/8$ 截面的挠度。对于中承式或下承式拱桥,还应测试吊杆的应变或伸长量;对于系杆拱,还应测试系杆的内力变化。

(5)斜拉桥:控制截面的设计内力包括加劲梁控制截面的弯矩、扭矩与轴力,索塔控制截面的弯矩与轴力,控制拉索的轴力,桥面系的局部弯曲应力等。相应的观测内容为各跨支点、$L/4$、跨中、$3L/4$ 截面的挠度,必要时还要观测上述部位的扭转角和横桥向位移,加劲梁控制截面及索塔控制截面的应变,索塔塔顶的水平位移,控制拉索的索力,桥面系的工作性能等。

(6)悬索桥:控制截面的设计内力包括主缆的轴力,索塔控制截面的轴力、弯矩,吊杆的轴力,加劲梁控制截面的弯矩与剪力,桥面系的应力等。观测内容包括加劲梁支点、$L/8$、$L/4$、$3L/8$、跨中、$5L/8$、$3L/4$、$7L/8$ 截面的挠度以及上述测点在偏载情况下的扭转角和横桥向位移,加劲梁跨中截面、$L/8$ 截面、索塔控制截面的应变,索塔塔顶的水平位移,控制吊杆的轴力,最大索股索力,主缆的表面温度,桥面系的工作性能等。

试验荷载效应计算是在设计内力计算结果的基础上,来确定加载位置、加载等级以及在试验荷载作用下结构反应大小的过程,也是一个反复试算的过程。由于桥梁静载试验为鉴定荷载试验,试验荷载原则上应尽量采用与设计标准荷载相同的荷载,但由于客观条件的限制,实际采用的试验荷载往往很难与设计标准荷载一致。在不影响主要试验目的的前提下,一般采用内力(应力)或变形等效的加载方式,即计算出设计标准荷载对控制截面产生的最不利内力,以此作为控制值,然后调整试验荷载使该截面内力逐级达到此控制值,从而实现检验鉴定的目的。为保证试验效果,根据《大跨径混凝土桥梁的试验方法》的要求,在选择试验荷载大小及加载位置时应采用静载试验效率 η 进行调控,即:

$$\eta = \frac{S_t}{S_d(1+\mu)} \quad (4-1)$$

式中:S_t——试验荷载作用下,检测部位变形或内力的计算值;

S_d——设计标准荷载作用下,检测部位变形或内力的计算值;

$1+\mu$——设计取用的冲击系数。

η 取值宜在 0.8~1.05 之间。根据最大试验荷载量及试验目的的不同,可以分为:

(1)基本荷载试验:最大试验荷载为设计标准规定的荷载,即 $1.0 \geq \eta > 0.8$,包括设计标准规定的动力系数或荷载增大系数等因素的作用。

(2)重荷载试验:最大试验荷载大于基本荷载,即 $\eta > 1.0$,一般只在特殊情况下才进行重荷载试验,其上限值根据检验要求确定。

(3)轻荷载试验:最大试验荷载小于基本荷载,即 $0.8 \geq \eta > 0.5$,但为了充分反映结构的整体工作和减少量测的误差,要求试验荷载不小于基本荷载的 0.5 倍。

根据上述两点,在计算试验荷载效应时,首先要根据控制截面的设计内力及加载设备的种类,初步确定加载位置、加载等级,以使试验荷载逐级达到该截面的设计内力,实现预定的加载效率,同时,应计算其他控制截面在试验荷载作用下内力,如未超过其设计内力,说明试验荷的加载位置、加载等级有效且安全,如超过其设计内力,则应重新调整试验荷载的加载位置、加载等级,直至找到既可使控制截面达到其加载效率、又确保其他截面在试验荷载作用下不超过其设计内力的加载方式为止。其次,根据最终确定的加载等级、加载位置及加载重量,计算出试验桥梁各级试验荷载作用下的结构行为,包括试验桥梁各应力测试截面的应力应变,各挠度测点的挠度,必要时还要根据试验桥梁的受力特点,计算出各测点的扭角、水平位移等结构反应,以便与实测值进行比较,评价该桥的工作性能。最后,在上述工作的基础上,结合现场实际情况,形成严密可行的加载程序,以便试验时实施。

三、加载方案设计

加载是桥梁静载试验重要的环节之一,包括加载设备的选用,加载、卸载程序的确定以及加载持续时间三个方面。实践证明,合理地选择加载设备及加载方法,对于顺利完成试验工作和保证试验质量,有着很大的影响。

1. 加载设备

桥梁静载试验的加载设备应根据试验目的要求、现场条件、加载量大小和经济方便的原则选用。对于现场静载试验,常用的加载设备主要有三种,即利用车辆荷载加载、利用重物加载、利用专门的加力架加载。

采用车辆荷载进行加载具有便于运输、加载卸载方便迅速等优点,是桥梁静载试验较常用的一种方法。通常可选用重载汽车或利用施工机械车辆。利用车辆荷载加载需注意两点,一是对于加载车辆应严格称重,保证试验车辆的重量、轴距与理论计算的取用值相差不超过5%;二是尽可能采用与标准车相近的加载车辆,同时,应准确测量车轴之间的距离,如轴距与标准车辆差异较大时,则应按照实际轴距与重量重新计算试验荷载所产生的结构内力与结构反应。

重物加载是将重物(如铸铁块、预制块、沙包、水箱等)施加在桥面或构件上,通过重物逐级增加以实现控制截面的设计内力,达到加载效率。采用重物加载时也要进行重量检查,如重物数量较大时可进行随机抽查,以保证加载重量的准确性。采用重物直接加载的准备工作量较大,加载卸载时间较长,实际应用受到一定限制,重物加载一般用于现场单片梁试验、人行桥梁静载试验等场合。

专用加力架一般由地锚、千斤顶、加力架、测力计(力传感器)、支承等组成,如图4-1所示。千斤顶一端作用于加力架上并通过加力架传递给地锚,另一端作用在试验梁上,力的大小由测力计进行监控。一般说来,专用加力架临时工程量大,经济性差,仅适用于单片梁或桥梁局部构件的现场检测。

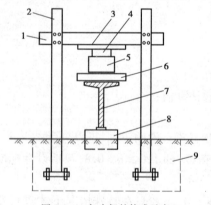

图4-1 加力架的构成示意
1-上横梁;2-拉杆;3-垫板;4-测力计;5-千斤顶;6-分配梁;7-试验梁;8-试验梁支承;9-地锚

2. 加载卸载程序

为使试验工作顺利进行,获得结构应变和变形随荷载增加的连续关系曲线,防止意外破坏,桥梁静载试验应采用科学严密的加载卸载程序。加载卸载程序就是试验进行期间荷载与时间的关系,如加载速度的快慢、分级荷载量值的大小、加载、卸载的流程等等。对于短期试验,加载卸载程序确定的基本原则可归纳如下:

(1)加载卸载应该是分级递加和递减,不宜一次完成。分级加载的目的在于较全面地掌握试验桥梁实测变形、应变与荷载的相互关系,了解桥梁结构各阶段的工作性能,且便于观测操作。因此,《大跨径混凝土桥梁的试验方法》要求,静载试验荷载一般情况下应不少于四级加载,当使用较重车辆或达到设计内力所需的车辆较少时,应不少于三级加载,逐级使控制截面由试验所产生的内力逼近设计内力。采用分级加载方法,每级加载量值的大小和分级数量的多少要根据试验目的、观测项目与试验桥梁的具体情况来确定,必要时减小荷载增量幅度,加密荷载等级。

(2)正式加载前,要对试验桥梁进行预加载。预加载的目的在于消除结构的非弹性变形,并起到演习作用,发现试验组织观测等方面的问题,以便在正式加载试验前予以解决。如检查试验仪器仪表的工作状态,检验试验设备的可靠性,检查现场组织工作与试验人员分工协作方面所存在的问题。此外,对于新建结构,通过预加载可以使结构进入正常工作状态,消除支点沉降、支座压缩等非弹性变形。预加载的荷载大小一般宜取为最大试验荷载的 $1/3 \sim 1/2$,对钢筋混凝土结构还应小于其开裂荷载。

(3)当所检测的桥梁状况较差或存在缺陷时,应尽可能增加加载分级,并在试验过程中密切监测结构的反应,以便在试验过程中根据实测数据对加载程序进行必要的调整或及时终止试验,以确保试验桥梁、量测设备和人员的安全。

(4)一般情况下,加载车辆全部到位、达到设计内力后方可进行卸载,卸载可分 $2 \sim 3$ 级卸载,并尽量使卸载的部分工况与加载的部分工况相对应,以便进行校核。

(5)加载车辆位置应尽可能靠近测试截面内力影响线的峰值处,以便用较少的车辆来产生较大的试验荷载效应,从而节省试验费用与测试时间。同时,加载车辆位置还应尽可能兼顾不同测试截面的试验荷载效应,以减少加载工况与测试工作量,如三跨连续梁中跨跨中截面的加载与中支点截面的加载就可以互相兼顾。此外,对于直线桥跨每级荷载应尽可能对称于桥轴线,以便利用对称性校核测试数据,减少测试工作量。

在上述工作的基础上,根据所确定的加载设备,加载等级、加载顺序与加载位置几个方面,就可以形成一个比较严密的、操作性较强的加载程序,作为正式试验时加载实施的纲领。

3. 加载卸载时间

为减少温度变化对测试结果的影响,加载时间宜选在温度较为稳定的晚 22 时至次日凌晨 6 时之间进行,尤其是对于加载工况较多、加载时间较长的试验。如夜间加载或量测存在困难而必须在白天进行时,一方面要采取严格良好的温度补偿措施,另一方面应采取加载—卸载—加载的对策,同时保证每一加卸载周期不超过 20min 为宜。

每次加载、卸载持续一定时间后方可进行观测,以使结构的反应能够充分地表现出来,如加载后持续的时间较短,则测得的应变、变形值有可能偏小。通常要根据观测仪表所指示的变化来确定加载持续时间,当结构应力、变形基本稳定时方可进行各观测点读数。对于卸载后残余变形的观测,零载持续时间则应适当延长,这是因为结构的残余变形与其承载历史有关,对于新建结构在第一次荷载作用下,常有较大的残余变形,以后再受力,残余变形增加得很少。一般情况下,试验时每级荷载持续时间应不少于 15min 方可进行观测;卸载后观测残余变形、残余应变的时间间隔应不少于 30min。

四、观 测 内 容

桥梁结构在荷载作用下所产生的变形可以分为两大类,一类变形是反映结构整体工作性能的,如梁的挠度、转角、索塔的水平变位等,称之为整体变形;另一类变形是反映结构局部工作状况的,如裂缝宽度、相对错位、结构应变等,这类称之为局部变形。在确定桥梁静载试验的观测项目时,首先应考虑到结构的整体变形,以概括结构受力的宏观行为,其次要针对结构的特点及存在的主要问题,抓住重点,有的放矢,不宜过分庞杂,以能够全面地反映加载后结构的工作状态、解决桥梁的主要技术问题为宜。一般说来,桥梁静载试验观测内容可以分为应变、变形两大类,主要观测内容如下:

(1)桥梁结构控制截面最大应力(应变)的数值及其随荷载的变化规律,包括混凝土表面应变及外缘受力主筋的应力。通常,应力测试以混凝土表面正应力测试为主,一方面测试应变沿截面高度的分布,借以检验中心轴高度计算值是否可信、推断结构的极限强度;另一方面测试应变随试验荷载的变化规律,由此判断结构是否处于弹性工作状态。对于受力较为复杂的情况,还要测试最大主应力大小、方向及其随荷载的变化规律。此外,为了能够全面地反映结构应力分布,常常在结构内部布设应力测点,如钢筋应力测点、混凝土内部应力测点,这类测点须在施工阶段就预埋相应的测试元件。

(2)一般情况下,要观测桥梁结构在各级试验荷载作用下的最大竖向挠度以及挠度沿桥轴线分布曲线。对于一些桥梁结构形式如拱桥、斜拉桥、悬索桥,还要观测拱肋或索塔控制点在试验荷载作用下顺桥向或横桥向的水平位移;对于采用偏载加载方式或对于曲线桥梁,还要观测试验结构变形控制点的水平位移和扭转变形。

(3)裂缝的出现和扩展,包括初始裂缝所处的位置,裂缝的长度、宽度、间距与方向的变化,以及卸载后裂缝的闭合情况。

(4)在试验荷载作用下,支座的压缩或支点的沉降,墩台的位移与转角。

(5)一些桥梁结构如斜拉桥、悬索桥、系杆拱的吊索(拉索)的索力,以及主缆(拉索)的表面温度。

五、测 点 布 置

测点布置应遵循必要、适量、方便观测的基本原则,并使观测数据尽可能地准确、可靠。测点布置可按照以下几点进行:

(1)测点的位置应具有较强的代表性,以便进行测试数据分析。桥梁结构的最大挠度与最大应变,通常是最能反映结构性能的,也试验者最感兴趣的,掌握了这些数据就可以比较宏观地了解结构的工作性能及强度储备。例如简支梁桥跨中截面的挠度最大,该截面上下缘混凝土的应力也最大,这种很有代表性的测点必须设法予以量测。

(2)测点的设置一定要有目的性,避免盲目设置测点。在满足试验要求的前提下,测点不宜设置过多,以便使试验工作重点突出,提高效率,保证质量。

(3)测点的布置也要有利于仪表的安装与观测读数,并便于试验操作。为了便于测试读数,测点布置宜适当集中;对于测试读数比较困难危险的部位,应有妥善的安全措施或采用无线传输设备。

(4)为了保证测试数据的可靠性,尚应布置一定数量的校核性测点。在现场检测过程中,由于偶然因素或外界干扰,会有部分测试元件、测试仪器不能处于正常工作状态或发生故障,影响量测数据的可靠性。因此,在量测部位应布置一定数量的校核性测点,如一个对称截面,在同一截面的同一高度应变测点不应少于 2 个,同一截面应变测点不应少于 6 个,以便判别量测数据的可靠程度,舍去可疑数据。

(5)在试验时,有时可以利用结构对称互等原理来进行数据分析校核,适当减少测点数量。例如简支梁在对称荷载作用下,$L/4$、$3L/4$ 截面的挠度相等,两截面对应位置的应变也相等,利用这一点可适当布置一些测点,进行测试数据校核。

六、测试仪器选择

根据测试项目的需要,在选择仪器仪表时,要注意以下几点:

(1)选择仪器仪表必须从试验的实际情况出发,选用的仪器仪表应满足测试精度的要求,一般情况下要求测量结果的最大相对误差不超过 5%。

(2)在选用仪器仪表时,既要注意环境适用条件,又要避免盲目追求精度,因为精密量测仪器仪表的使用,常常要求有比较良好的环境条件。

(3)为了简化测试工作,避免出现差错,量测仪器仪表的型号、规格,在同一次试验中种类愈少愈好,尽可能选用同一类型或规格的仪器仪表。

(4)仪器仪表应当有足够的量程,以满足测试的要求,试验中途的调试,会增加试验的误差。

(5)由于现场检测的测试条件较差,受外部环境因素的影响较大,一般说来,电测仪器的适应性不如机械式仪器仪表,而机械式仪器仪表的适应性不如光学仪器,因此,应根据实际情况,采用既简便可靠又符合要求的仪器仪表。例如,当桥下净空较大、测点较多、挠度较大时,桥梁挠度观测宜选用光学仪器如精密水准仪,而单片梁静载试验挠度的量测宜采用百分表。

第三节 试验现场组织实施

静载试验现场组织是实现预定的试验方案的重要保证,其内容包括试验前现场准备工作、加载测试工作及现场清理的全部内容。试验组织就是把上述内容按先后顺序互相衔接,形成一个有机、完整、高效率组织计划,并在试验中按照这个计划进行,只有遇到特殊情况或发现异常情况时,才按照加载控制及加载终止的条件予以调整。

一、现场准备及测试工作安排

静载试验现场准备及测试工作包括试验前准备工作、加载测试及试验后现场清理工作。一般说来,试验前准备工作比较庞杂,试验方案的大部分工作都要在加载试验前具体化,要占用全部试验工作的大部分时间。

1. 试验前准备工作

试验前准备工作内容比较多,主要包括以下工作:

(1)为了能够较方便地布置测点、安装仪表或进行读数,必要时要搭设脚手架、使用升降设备或桥梁检测车,搭设的支架应牢固可靠,便于使用,同时注意所搭设的支架不能影响试验对象的自由变形。此外,要在距离测试部位适当的地方搭设棚帐,以供操作仪器使用,还要接通电源或自备发电设备,安装照明设备。

(2)进行仪器仪表、加载设备的检查标定工作。试验出发前应对所携带的仪器仪表、设备进行全面的检查与标定,确保仪器仪表状态良好,并注意无遗漏,同时准备好各类人工记录仪器的记录表格。如采用加力架进行加载,要对加力架强度、刚度、稳定性等方面进行验算,避免加载设备先于试验结构破坏的现象,并进行千斤顶的校验。如使用汽车或重物加载,要采用地磅进行严格地称重,测量加载车辆轴距。

(3)按照试验方案设计的应变测点位置,进行应变测点的放样定位。对于结构表面测点,要进行表面打磨处理或局部改造(如在测点位置局部铲除桥面铺装);对于结构内部测点如钢筋计,则要在施工过程中预埋测试元件。然后,进行应变测试元件的粘贴、编号、防潮与防护处理,连接应变测试元件与数据采集仪,采取温度补偿措施,进行数据采集仪的预调平。对于要进行裂缝观测的试验桥梁,要提前安装裂缝监测仪,必要时用石灰浆溶液进行表面粉刷分格,表面分格可采用铅笔或木工墨斗,分格大小以 20~30cm 见方为宜,以便于观察和查找新出现的裂缝。

(4)按照试验方案设计的变形测点位置,进行变形测点的定位布置。对于采用精密水准仪进行挠度测量,要进行测点标志埋设、测站、测量路线的布设;对于采用全站仪等光学仪器进行水平位移测量,要进行控制基准网、站牌、反光棱镜、测量路线的布设,测量测点的布置要牢靠、醒目,防止在试验过程中移位或破坏;对于采用百分表、千分表或位移计进行变形测量的,根据理论挠度计算值的大小和方向,安装测表并进行初读数调整及测读。

(5)根据预定的加载方案与加载程序,进行加载位置的放样定位,采用油漆或粉笔明确地划出加载的位置、加载等级,以便正式试验时指挥加载车辆或加载重物准确就位。

(6)对于处于运营状态的桥梁,试验准备工作要注意测试元件、测试导线的防护,试验开始前应封闭交通,禁止闲杂人员和非试验用车辆进入。

(7)建立试验领导组织,进行人员分工安排。一般的,根据试验实际情况,设指挥长一人,其下可根据使用的仪器型号、测试项目的情况划分小组,每组由经验丰富的人员担任组长,配备相应的通信联络工具或明确联络方式,以便统一指挥,统一行动。正式开始试验前,指挥长根据试验程序向全体工作人员进行技术交底,交底的内容包括试验测试内容、试验程序、注意事项等,明确所有测试人员的职责,做到人人心中有数。

(8)正式加载前,要进行预加载,以检查仪器的工作状态,消除非弹性变形。预加荷载卸载后,进行零荷载测量,读取各测点零荷载的读数。

2. 试验工作

试验开始前,应注意收集天气变化资料,核查估计试验过程中温度变化情况,落实交通封闭疏解措施,尽可能保证试验在干扰较小的情况下顺利进行。具体试验工作如下:

(1)加载的位置、顺序、重量要准确无误,利用汽车加载时,要有专人指挥汽车行驶到指定位置。

(2)试验时,每台仪器应配备一个以上的观测人员进行观测记录,每级荷载作用下的实测值应与对应的理论计算值进行比较,如有异常情况应立即检查、分析原因,并立即向试验指挥人员汇报,以便试验指挥人员做出正确的判断。

(3)在每级荷载作用下,待结构反应稳定后,不同类别的测试项目(应变、变形、裂缝)应在同一时间进行读数。如某些项目观测时间较长,则应将观测时间较短的项目的读数时间安排在中间进行,以使各测试项目的读数基本同步。

(4)试验进行过程中,注意不要触动测试元件及测量导线,以免引起读数的波动。

3.现场清理

试验完成后,应核查测试数据的完备性,如无遗漏,就可清理现场。现场清理主要包括以下工作:

(1)清理仪器仪表及可重复利用的测试元件,回收测试导线。

(2)拆除脚手架和棚帐,清理现场,以便开放交通。

(3)对于进行了打磨或局部改造的应变测点,要用混凝土或环氧砂浆进行修补。此外,还要拆除变形测量时所埋设的测点标志或临时站点设施。

二、加载控制及终止条件

在静载试验过程中,试验指挥人员应及时掌握各方面的情况,对加载进行控制。既要取得良好的试验效果,又要确保人员、仪器设备及试验桥梁的安全,避免不应有的损失。为此,应注意以下几点:

(1)严格按照预定试验方案的加载程序进行加载,试验荷载的大小,测试截面的内力大小都应由小到大,逐步增加,并随时做好停止加载和卸载的准备。

(2)对于变形控制点、应变控制点应随时观测、随时计算,必要时应对变形、应变控制点的量值变化进行在线实时监控观测,并将测试结果及时报告试验指挥人员。如实测值超过理论计算值较多,裂缝宽度急剧增大或听到异常的声响,则应暂停加载,待查明原因后再决定是否继续加载。

(3)加载过程中应指定专人注意观察结构的薄弱部位是否有新裂缝出现,组合结构的结合面是否出现错位或相对滑移现象,结构是否出现不正常的响声,加载时墩台是否发生摇晃现象等。如发生这些情况应及时报告试验指挥人员,以便采取相应的措施。

(4)试验过程中发生下列情况时应中途终止加载。

①在某一级试验荷载作用下,控制点的应变急剧增大,或某些测点应变处于继续增大的不稳定状态。

②在某一级试验荷载作用下,控制测点的应变或挠度超过规范允许值。

③加载过程中,结构原有的裂缝的长度、宽度急剧增大,或超过规范限值的裂缝迅速增多,对结构的使用寿命造成较大影响。

④发生其他损坏,影响桥梁结构的正常使用或承载能力。

第四节 静载试验数据整理分析

静载试验数据整理分析的直接目的是为了更好地达到预定的试验目的,以便由表及里、去粗存精,对桥梁结构做出相应的技术评价。静载试验数据整理分析包括对现场实测数据进行修正、整理,也包括实测数据的评价方法与评价指标的取用。

一、实测资料整理

试验的原始资料与原始记录是研究试验结果、评价桥梁使用性能与承载能力的主要依据。原始记录是说明试验情况的第一手资料,从整体上看是最可靠的,但也难免是繁琐的、庞杂的,缺乏必要的条理性,不能够集中而明确地说明试验所得到的主要技术结论。因此,在实测资料的整理过程中,要进行去粗存精、去伪存真地加工,这样所得到的综合材料要比原始记录更为清楚地表达了试验主要成果,反映了结构受力状况。同时,在测试数据整理过程中,要重视和尊重原始资料与原始记录,珍惜有用的点滴资料,保持原始记录的完整性与严肃性。此外,对于一些量测方法和量测内容,要按照科学合理的方法进行计算和修正,以获取有价值的数据或进行量测误差分配。

1. 试验原始资料的内容

(1)试验桥梁的检查结果和验算结果。
(2)试验方案及编制说明。
(3)各测试项目的读数记录及结构裂缝分布图。
(4)桥梁结构材料的力学性能试验结果。
(5)荷载试验过程中出现的各种异常情况的记录、照片等。

2. 试验资料整理

一般的,对于处在弹性工作阶段的结构而言,测值等于加载读数减去初读数。在试验完成后,根据试验观测项目及相应的记录表格,就可直接计算出在各级荷载作用下相应的测值,找出各观测项目具有代表性的数据来。在测值计算时,要注意以下几个问题。

(1)测值修正

测值修正是根据各类仪表的标定结果而进行测试数据修正的工作,如机械式仪表的校正系数,电测仪器的率定系数、灵敏系数,电阻应变仪观测导线电阻的影响等。一般说来,仪器仪表的偏差具有系统性,应在试验前设法予以排除,当这类因素对测试值的影响小于1%可不予修正。

(2)测点应力计算

各测点的实测应力可按胡克定律,由实测应变求得,即:

$$\sigma = E \times \varepsilon \tag{4-2}$$

钢材的弹性模量,可根据钢材的种类,采用有关规范或规程的规定值,也可截取试验结构做成试件,通过试验测定该钢种的弹性模量。对于混凝土结构,其弹性模量确定方法有两种,一是按照设计图纸所规定的混凝土标号,采用规范规定值;二是采用无损测试方法,测定试验结构混凝土的实际强度,然后根据实测强度查表求得相应的弹性模量值。前一种方法多用于新建桥梁结构,而后一种方法多用于既有桥梁结构的试验。

当采用千分表、杠杆引申仪、手持应变仪测读应变时,应变值为:

$$\varepsilon = \frac{测值(绝对变位)}{标距} \tag{4-3}$$

采用电测法进行应变测量时,其测试结果(加载读数与初读数之差)即为应变值 ε。一般的,测试截面的纤维应变是由多种应力综合组成,可能包括轴向应变、竖向弯曲应变、水平弯曲应变以及约束扭转应变等。测定这些应力所需要的测点数量和布置方式,随构件的截面形状与试验目的而定。对于单向应力状态,且沿主应力方向布置应变片的情况,正应力即为主应力;对于单向应力状态按主应力方向布置直角应变花的情况,如图4-2a)所示,主应力为:

$$\sigma = \frac{E}{1+\mu}\varepsilon \tag{4-4}$$

式中：ε——应变测读值；

μ——泊松比；

E——混凝土弹性模量。

在平面应力状态下，当主应力方向已知、按主应力方向布置应变片测量应变，测值为 ε_a、ε_b 时，对应的主应力为：

$$\sigma_a = \frac{E}{1-\mu^2}(\varepsilon_a + \mu\varepsilon_b) \tag{4-5}$$

$$\sigma_b = \frac{E}{1-\mu^2}(\varepsilon_b + \mu\varepsilon_a) \tag{4-6}$$

$$\tau_{max} = \frac{E}{2(1+\mu)}(\varepsilon_b - \varepsilon_a) \tag{4-7}$$

在平面应力状态下，当主应力方向未知，采用图4-2b)所示的45°应变花进行应变测量时，主应力为：

$$\sigma_{max} = \frac{E}{2}\left(\frac{\varepsilon_1 + \varepsilon_3}{1-\mu} + \frac{1}{1+\mu}\sqrt{2[(\varepsilon_1 - \varepsilon_2)^2 + (\varepsilon_2 - \varepsilon_3)^2]}\right) \tag{4-8}$$

$$\sigma_{min} = \frac{E}{2}\left(\frac{\varepsilon_1 + \varepsilon_3}{1-\mu} - \frac{1}{1+\mu}\sqrt{2[(\varepsilon_1 - \varepsilon_2)^2 + (\varepsilon_2 - \varepsilon_3)^2]}\right) \tag{4-9}$$

$$\tau_{max} = \frac{E}{2(1+\mu)}\sqrt{2[(\varepsilon_1 - \varepsilon_2)^2 + (\varepsilon_2 + \varepsilon_3)^2]} \tag{4-10}$$

最大主应力与第一片应变片的夹角为：

$$\varphi = \frac{1}{2}\arctan\left(\frac{2\varepsilon_2 - \varepsilon_1 - \varepsilon_3}{\varepsilon_1 - \varepsilon_3}\right) \tag{4-11}$$

平面应力状态主应力方向未知、采用图4-2c)所示的60°应变花进行应变测量时，主应力、剪应力为：

$$\sigma_{max} = E\left[\frac{\varepsilon_1 + \varepsilon_2 + \varepsilon_3}{3(1-\mu)} + \frac{1}{1+\mu}\sqrt{\left(\frac{2\varepsilon_1 - \varepsilon_2 - \varepsilon_3}{3}\right)^2 + \frac{(\varepsilon_2 - \varepsilon_3)^2}{3}}\right] \tag{4-12}$$

$$\sigma_{min} = E\left[\frac{\varepsilon_1 + \varepsilon_2 + \varepsilon_3}{3(1-\mu)} - \frac{1}{1+\mu}\sqrt{\left(\frac{2\varepsilon_1 - \varepsilon_2 - \varepsilon_3}{3}\right)^2 + \frac{(\varepsilon_2 - \varepsilon_3)^2}{3}}\right] \tag{4-13}$$

$$\tau_{max} = \frac{E}{1+\mu}\sqrt{\left(\frac{2\varepsilon_1 - \varepsilon_2 - \varepsilon_3}{3}\right)^2 + \frac{(\varepsilon_2 - \varepsilon_3)^2}{3}} \tag{4-14}$$

最大主应力与第一片应变片的夹角为：

$$\varphi = \frac{1}{2}\arctan\left(\frac{\sqrt{3}(\varepsilon_2 - \varepsilon_3)}{2\varepsilon_1 - \varepsilon_2 - \varepsilon_3}\right) \tag{4-15}$$

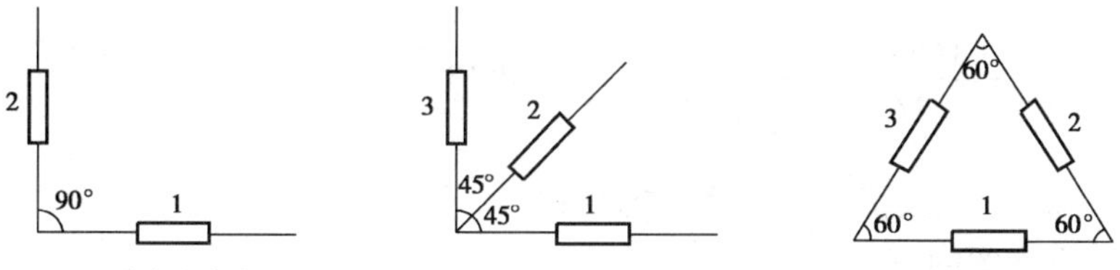

a)直角应变花　　　　b)45°应变花　　　　c)60°应变花

图4-2　常见应变花形式

(3)挠度计算及误差处理方法

当采用精密光学仪器进行变形测量时,应根据测量学的误差理论、处理平差方法及试验所采用的测量路线进行测量误差的调整计算。首先,假定起始点的假设高程,计算各测点在各级试验荷载作用下的假定高程;然后,根据测量线路计算高差闭合差及高差闭合差的容许值,若测量成果的精度符合要求,即可进行高差闭合差的调整,调整方法是将高差闭合差反号,按与各测段的路线长度成正比例地分配到各段高差中,计算出各测点在各级试验荷载作用下的改正高程;最后,将改正高程减去零载时的初始假定高程,即可得出各测点在各级试验荷载作用下的挠度。

(4)支点沉降影响的修正

对于梁式桥,支点沉降会产生刚体位移和转角,测试结果不仅包括弹性挠度,也包括刚体位移,因此,当支点产生沉降时,应修正其对挠度的影响。以图4-3所示的简支梁为例,支点沉降为直线分布,修正量值可按下式计算:

$$\delta(x) = \frac{l-x}{l}a + \frac{x}{l}b \quad (4\text{-}16)$$

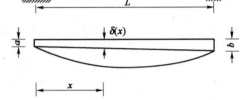

式中:$\delta(x)$——距支点 A 距离为 x 处的修正值;

l——简支梁的跨度;

x——挠度测点到 A 支点的距离;

a——支点 A 的沉降量;

b——支点 B 的沉降量。

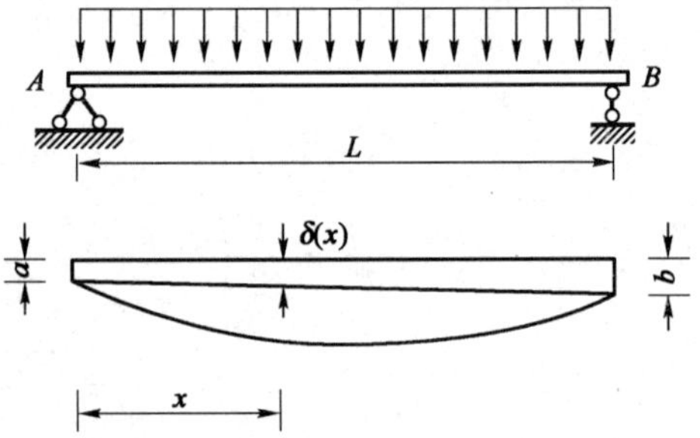

图4-3 考虑支点沉降时梁的挠度修正

(5)荷载横向分布系数的计算

对于由多片主梁组成的桥梁结构,荷载横向分布系数的量测与计算往往是桥梁检测的内容之一。通过对桥梁结构跨中截面各主梁挠度的测定,可以绘制出跨中截面的横向挠度曲线,然后按照荷载横向分布的概念,运用变位互等原理,即可计算出任一主梁的荷载横向分布系数。一般的,各主梁截面尺寸相同,按照横向分布系数的定义:

$$\eta_i = \frac{\omega_i}{\tilde{\omega}_i} \quad (4\text{-}17)$$

式中:ω_i——荷载 P 引起的某一主梁的挠度;

$\tilde{\omega}_i$——荷载 P 均匀分布于全桥宽时所产生的挠度。

同时,荷载横向分布系数也可以用挠度图的面积来定义,如图4-4所示:

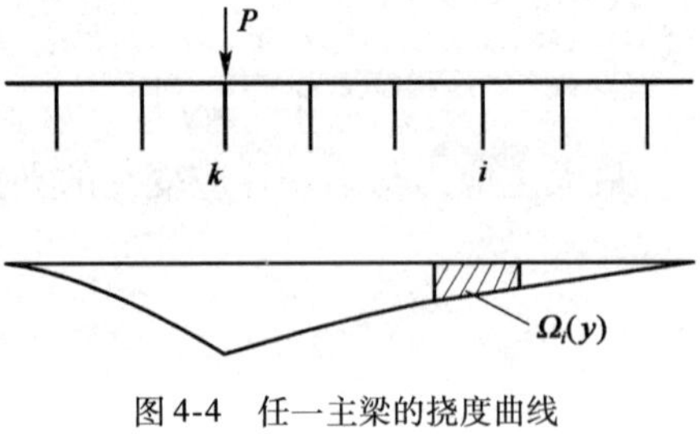

$$\eta_i = \frac{\Omega_i(y)}{\Omega} = \frac{y_i}{\sum y_i} \quad (4\text{-}18)$$

图4-4 任一主梁的挠度曲线

式中:$\Omega_i(y)$——第 i 个主梁范围内挠度图的面积;

Ω——挠度图的总面积;

y_i——第 i 个主梁的挠度。

二、试验曲线整理

1. 荷载-变形曲线的整理

按照试验要求,可以针对各种变形如挠度、转角、应变等绘制荷载-变形曲线,以表达荷载与变形之间的关系。荷载与变形关系能够宏观地说明结构的基本状态和工作性质,说明结构是处于弹性还是弹塑性工作阶段,同时也能反映某些局部现象如结构开裂与否等工作状态等。对于荷载-变形曲线,一般主要有四种类型,如图4-5所示。其中,曲线1是直线,它说明结构处于弹性工作状态,钢结构试验得到这样的结果是正常的,而钢筋混凝土、木结构等具有显著非弹性性质的结构,只有在承受多次正常荷载的反复作用后再测试,才可能达到这样的结果。曲线2表示非弹性工作状态各种材料在初期加载时荷载-变形规律,曲线的斜率反映了结构的非弹性程度。曲线3是曲线2的延伸与极限情况,说明结构出现了屈服现象,如钢筋混凝土结构中钢筋的屈服,在这种情况下,即使荷载不再增加,变形也可能进一步增大。曲线4主要表示卸载情况,表示一种非弹性变形的恢复过程。如果这种现象在加载过程中出现,则说明测试系统或试验结构本身有问题。

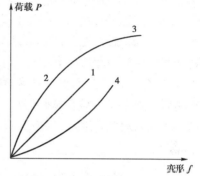

图4-5 常见荷载-变形曲线的类型

荷载-变形曲线的陡缓,代表了试验结构刚度的大小,曲线愈陡,结构刚度也愈大。根据荷载-变形曲线的形状与特征点,可以研究试验结构的工作状态,在试验曲线形状发生特别变化之处,一定与结构中某些特殊的现象相联系,再利用其他实测资料进行综合分析,即可全面把握试验结构的受力行为。

在静载试验时,荷载量级在逐步增大,受加载方式的制约,荷载作用位置也可能会产生变化,加上横向分布的影响,往往难以简单地用荷载-变形曲线来反映结构的线性程度。此时,常采用加载效率-实测响应曲线来反映结构的线性程度,加载效率即控制截面试验荷载效应与该截面设计活载内力之比,通过试验实测数据的回归,来反映结构受力行为的线性程度,如图4-6所示。

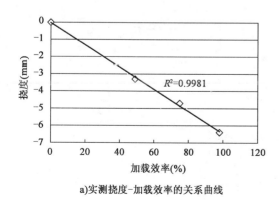
a) 实测挠度-加载效率的关系曲线

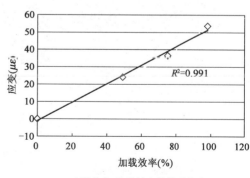
b) 实测应变-加载效率的关系曲线

图4-6 某桥梁实测结构响应-加载效率的关系曲线

2. 结构位置-实测变形曲线

结构位置-实测变形曲线主要有两种,其一是实测变形与试验结构位置曲线,如挠度沿桥轴线的分布曲线、挠度沿桥横向的分布曲线;其二是应变沿截面高度的分布曲线。利用沿桥梁跨径方向将各测点在各级试验荷载作用下实测挠度值连接起来的挠度曲线,可以宏观判断挠度测试结果是否正确,结构反应是否正常,卸载后残余变形如何分布等问题,有些时候还可利用对称性进行检查。利用沿桥梁横截面方向将各测点在各级试验荷载作用下实测挠度值连接起来的挠度曲线,可以进行横向分布系数的计算,进而验证所采用的横向分布计算理论的合理性。图 4-7 所示为某钢筋混凝土箱梁的跨中截面在各级荷载作用下应变沿截面高度分布关系图,由图可以推知,在 A1 ~ A2 工况试验荷载下,截面中性轴的高度分别为 1.040m、1.036m,平均值为 1.038m,可见在各级荷载作用下中性轴的高度变化不大,表明结构在荷载试验过程中处于线弹性受力状态。利用应变沿截面高度的分布曲线,可以检查应变分布是否符合平截面假定,结合面是否产生相对滑移,判断试验结构是否处于弹性工作状态。图 4-8 所示为一装配式钢筋混凝土 T 型梁在试验荷载作用下的桥轴线方向、跨中截面沿横桥向挠度实测曲线,通过上述几条曲线,就可以较为宏观、全面地把握试验结构的受力行为。

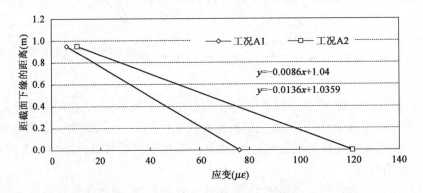

图 4-7 梁体应变沿截面高度变化图

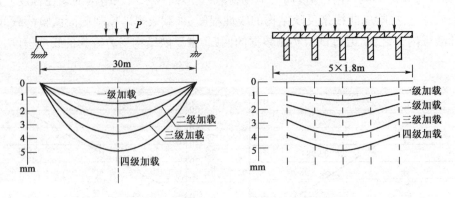

图 4-8 简支 T 梁静载试验实测曲线

3. 理论值-实测值关系曲线

将试验结构在各级荷载作用下的实测值与对应的理论计算值绘制在一起,进行实测值与理论值的比较,进而检验设计计算理论的正确性与合理性。一般说来,各种计算理论都作了一些简化和假设,和实际情况有一定出入,同时也存在其适用范围、适用程度的问题,通过实测值与理论值的比较,不仅可以判断试验结构的使用性能与工作状态,而且可以验证计算理论、为规范的修订与完善积累设计资料,这对于新结构、新材料的推广应用有非常重要的意义。图4-9 所示为某两跨连续梁在试验荷载作用下实测挠度与理论计算挠度的比较图。

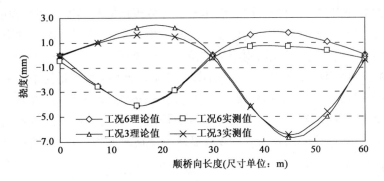

图4-9 某两跨连续梁实测挠度-理论计算挠度比较图

4. 其他曲线

对于钢筋混凝土结构和预应力混凝土结构,在试验过程中,当裂缝出现之后,应按照裂缝的开展情况绘制裂缝分布图,以及特征裂缝形态随试验荷载增加发展变化图,注明裂缝宽度、长度在每级荷载作用下的发展变化情况(图4-10、表4-1),并采用照相方式或采用米格纸将裂缝详细情况记录下来。

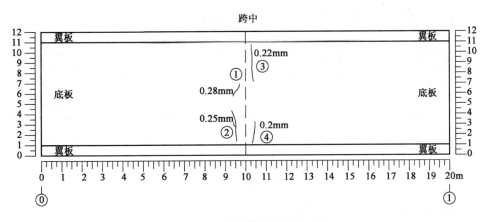

图4-10 某箱梁裂缝分布状况展开图

某箱梁裂缝典型裂缝宽度监测结果(mm)　　　表4-1

裂缝编号	初始	一级加载	二级加载	三级加载	一级卸载	全部卸载
1	0.28	0.30	0.32	0.33	0.27	0.28
2	0.25	0.28	0.29	0.30	0.25	0.24
3	0.22	0.24	0.25	0.26	0.22	0.22
4	0.20	0.21	0.22	0.25	0.22	0.20

除了上述常用的试验曲线和图形外,根据试验类型、荷载性质、变形特点的不同,还可以绘制一些其他的结构试验特征曲线,如试验荷载-支点反力曲线,某些结构局部变形(相对滑移、

挤压)曲线、节点主应力轨迹曲线等。

三、允许限值及评价方法

桥梁结构静载试验结束以后,要从试验结果的分析中对结构性能做出评价。如果试验的目的是为了探索结构内在的某种规律,或者是某一计算理论的准确度或适用程度,就需要对试验结果进行综合分析,找出互有联系的诸变量之间的相互关系,总结出相应的数学表达式或关系表。如果试验属于生产鉴定试验,则应从试验资料的整理分析中,提取充分而必要的数据,对结构的承载能力、使用性能做出判断,进而说明结构安全可靠和满足使用要求的程度。

桥梁结构静载试验的评价指标有两个方面。其一是根据控制测点的实测值与相应的理论计算值进行比较,来说明结构的工作性能和安全储备;其二是将控制测点的实测值与规范规定的允许值进行比较,从而说明结构所处的工作状况。下面对此做一详细说明。

1. 校验系数

所谓校验系数,是指某一测点的实测值与相应的理论计算值的比值。实测值可以是挠度、位移、应变或力的大小,校验系数表达式为:

$$\lambda = \frac{测点的实测值}{测点的理论计算值} \tag{4-19}$$

当 $\lambda = 1$ 时,说明理论值与实测值完全相符。

$\lambda < 1$ 时,说明结构工作性能较好,承载能力有一定富余,有安全储备。

$\lambda > 1$ 时,说明结构的工作性能较差,设计强度不足,不够安全。

通常,桥梁结构的校验系数如表 4-2 所示,可供参考。

桥梁结构静载试验的校验系数 λ 表 4-2

类 别	项 目	校验系数
钢桥	应力	0.75~0.95
	挠度	0.75~0.95
预应力混凝土桥	混凝土应力	0.70~0.90
	钢筋应力	0.70~0.85
	挠度	0.60~0.85
钢筋混凝土桥	混凝土应力	0.60~0.85
	钢筋应力	0.70~0.85
	挠度	0.60~0.85

在大多数情况下,设计理论总是偏于安全的,往往忽略了一些次要因素,故桥梁结构的校验系数往往小于1。然而,安全和经济是相对重要的,过度的安全储备是不必要的,设计时两者应尽可能兼顾。因此,《大跨径混凝土桥梁试验方法》规定,在最大试验荷载作用下,实测挠度、实测应变应满足下式要求:

$$\beta < \frac{W_t}{W_d} \leq \alpha \tag{4-20}$$

式中:W_t——实测弹性反应值;

W_d——相应的理论计算值。

α、β 值与加载效率 η 相关,可参照表 4-3 取值。

α、β 值表　　　　表 4-3

承重结构	β	α				
		$\eta \leq 1.0$	$\eta = 1.1$	$\eta = 1.2$	$\eta = 1.3$	$\eta \geq 1.4$
预应力混凝土与组合结构	0.7	1.05	1.07	1.10	1.12	1.15
钢筋混凝土与圬工结构	0.6	1.10	1.12	1.15	1.17	1.20

注:η 为中间数值时,α 值可直线内插。

同时,对于残余变形,《大跨径混凝土桥梁试验方法》规定,卸载后最大残余变形与该点的最大实测值的比值应满足下式的要求:

$$\frac{W_p}{W_{\max}} \leq \gamma \tag{4-21}$$

式中:γ——残余变形系数,对于预应力混凝土与组合结构,$\gamma = 0.2$,对于钢筋混凝土与圬工结构,$\gamma = 0.25$;

　　　W_p——卸载后最大残余变形的实测值;

　　　$W_{\max}$——该点在试验过程中的最大实测值。

2. 规范允许限值

在设计规范中,从保证正常使用条件出发,对不同结构形式的桥梁分别规定了允许挠度、允许裂缝宽度的限值。在桥梁静载试验中,可以测出桥梁结构在设计荷载作用下控制截面的最大挠度及最大裂缝宽度,二者比较,即可做出试验桥梁工作性能与承载能力的评价。挠度评价指标为:

$$\frac{f'}{l} \leq \left[\frac{f}{l}\right] \tag{4-22}$$

式中:$\left[\frac{f}{l}\right]$——规范规定的允许挠度限值。对于梁式桥主梁跨中,允许限值为 1/600;对于拱桥、桁架桥,允许限值为 1/800;对于梁式桥主梁悬臂端,允许限值为 1/300;

　　　f'——消除支座沉陷等影响的跨中截面最大实测挠度;

　　　l——桥梁计算跨度或悬臂长度。

对于钢筋混凝土桥,裂缝宽度应满足一定限值,即:

正常大气条件下　　　　　　　$\delta_{f\max} \leq 0.2\text{mm}$　　　　　(4-23)

有侵蚀气体或海洋大气条件下　$\delta_{f\max} \leq 0.1\text{mm}$　　　　　(4-24)

对于部分预应力 B 类构件,裂缝宽度采用名义拉应力进行限制,即:

$$\sigma_{hl} \leq [\sigma] \tag{4-25}$$

式中:σ_{hl}——假设截面不开裂的弹性应力计算值,可按照材料力学方法计算;

　　　$[\sigma]$——混凝土名义拉应力限值。

四、试验报告的编制

在对全部试验资料整理与分析的基础上,编制桥梁结构静载试验报告。试验报告内容包括以下各项。

1. 试验概况

试验概况的主要内容包括：试验桥梁的结构形式、跨度、桥宽、设计荷载、构造特点、设计施工概况等。对于鉴定性试验，要说明设计或施工过程中存在的技术问题，以及其对使用性能的影响；对于科学研究性的试验，要说明设计施工中需要解决的问题。

2. 试验目的与依据

根据试验桥梁的特点，要有针对性地说明结构静载试验所要达到的目的与要求，说明试验的依据，试验对象的选取原则等。

3. 试验方案

试验方案包括理论分析计算结果、加载方案及加载程序、观测项目、测点布置、测试人员的组织安排及测试仪器选择等方面。

4. 试验日期及试验过程

主要说明组织桥梁静载试验的起讫日期，加载观测时间的安排及试验准备阶段的情况。此外，还要说明试验过程有无异常情况出现，试验时遇到的特殊问题及解决方法等。

5. 试验主要成果与分析评价

依据桥梁静载试验的观测项目，将理论计算值、实测值及有关的参考限值进行比较，说明理论值与实测值的符合程度以及规范限值的符合性，从而说明试验对象的承载能力与使用性能，以及试验中所发现的新问题。综合实测数据、外观检查等方面的资料，说明试验对象的施工质量及使用性能。对于一些科研性试验，要通过综合分析，说明计算理论的正确性或适用范围，以及存在的尚未解决的问题。如果试验资料丰富，还可以提出经验公式、总结性的观点或参数图表。

6. 技术结论

在对测试资料综合分析的基础上，得出最后的技术结论，并对试验桥梁做出科学的评价。对于存在问题的桥梁结构，还要提出维修养护或加固改建的处理意见或建议。

7. 试验记录、图表、照片的摘录

将试验实测数据，以图表曲线的形式表达出来。对于试验桥梁所存在的各种缺陷，应以照片的形式记录下来。

*第五节　静载试验实例

一、概　　述

某大桥是一座跨江桥梁，全长392m，桥宽12m，其中主桥长200m，为55m+90m+55m变截面预应力混凝土连续梁，采用悬臂浇筑法施工；引桥长192m，分别为3×16m和9×16m钢筋混凝土箱梁,采用现浇法施工,该桥总体布置如图4-11所示。该桥设计荷载为汽车-20级、挂车-100、人群荷载为 $3.5 kN/m^2$,设计纵坡为 0.0%,建成于1995年。近期,由于交通量急剧增长,导致该桥出现了一些病害,如梁体振动较大、线形下挠、桥面铺装层破损等。为了检验该桥承载能力及使用性能,结合现场条件进行了静载试验与桥面线形测量,本着安全、经济的原则,确定试验对象如下:

1. 靠近两侧桥台的16m跨引桥。
2. 主桥三跨(55m+90m+55m)连续梁。

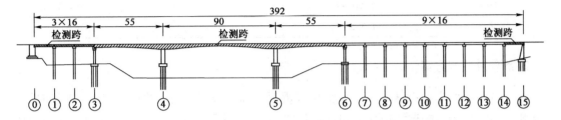

图4-11　某大桥总体布置及检测桥跨示意图(尺寸单位:m)

二、引桥静载试验简介

1. 设计活载内力计算

引桥结构为钢筋混凝土现浇箱梁,其活载内力计算模型为空间杆系结构,梁被划分为16个空间梁单元,截面构造及计算模型如图4-12所示,活载效应计算采用动态规划法加载,计算得出的活载内力如图4-13、表4-4所示。

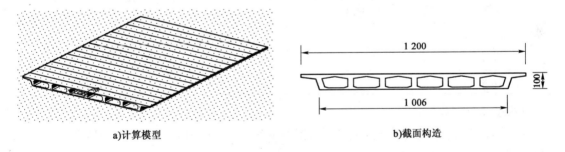

图4-12　引桥计算模型及截面构造(尺寸单位:cm)

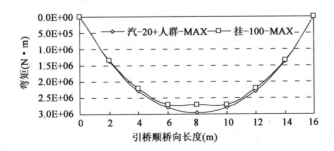

图4-13　引桥活载弯矩包络图

引桥活载弯矩汇总(N·m)　　　　　　　　　　　表4-4

断面位置	汽-20+人群	挂-100	控 制 值
$L/8$	1.36E+06	1.35E+06	1.36E+06
$L/4$	2.29E+06	2.20E+06	2.29E+06
$3L/8$	2.79E+06	2.70E+06	2.79E+06
$L/2$	2.96E+06	2.70E+06	2.96E+06
$5L/8$	2.79E+06	2.70E+06	2.79E+06
$3L/4$	2.29E+06	2.20E+06	2.29E+06
$7L/8$	1.36E+06	1.35E+06	1.36E+06

2. 加载及量测方案

本次试验为鉴定荷载试验,根据《大跨径混凝土桥梁试验方法》的要求,加载效率取值宜在 0.8～1.05 之间。根据结构计算和现场条件,采用 3 辆 33t 的重车进行加载,使跨中截面的正弯矩达到加载效率。为此,试验时将试验跨的跨中截面作为应变测试截面,根据试验荷载的载位布置,可得出试验荷载加载效率计算结果如表 4-5 所示。在试验荷载载位情况下,校核其他截面内力,均未超过其设计内力,说明试验荷载载位有效且安全。

试验荷载加载效率(%)　　　　　　　　　　　表4-5

断面位置	一级加载	二级加载	三级加载
$L/8$	16.5	33.1	62.6
$L/4$	19.6	39.3	72.1
$3L/8$	24.2	48.4	81.4
$L/2$	30.4	60.8	85.5
$5L/8$	35.6	71.3	90.7
$3L/4$	31.9	63.8	79.9
$7L/8$	31.5	62.9	76.5

静载试验程序如下:

(1)将加载汽车过地磅称重,称重结果相差不超过 10kN,如表 4-6 和图 4-14 所示,然后,将加载车辆停放指定区域内。

引桥加载车辆称重的轴重表(kN)　　　　　　　表4-6

车 辆 编 号	1号	2号	3号
总重	335.9	329.0	338.4
前轴重	65.2	64.7	66.2
后轴1重	135.4	132.1	136.1
后轴2重	135.4	132.1	136.1

(2)正式实施试验加载,加载车辆载位如图 4-15 所示,试验加载程序如下:

①加载阶段——使试验跨跨中正弯矩最大

一级加载:一台重车在跨中布置,车后轴距离跨中 1m。

二级加载:一台重车在跨中布置,车后轴距离跨中1m。
三级加载:一台重车在跨中布置,车后轴距离跨中2m。
②卸载阶段
一级卸载:将三级加载的一台汽车撤离。
二级卸载:将一、二级加载的两台汽车撤离。

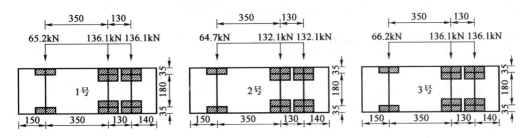

图4-14　1号~3号车辆轴重及轴距分布图(尺寸单位:cm)

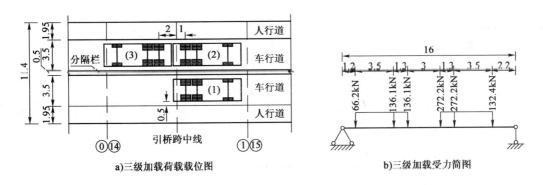

图4-15　引桥试验检测跨三级加载工况(尺寸单位:m)

引桥各试验跨的变形测点布置如图4-16a)所示。每跨设变形测点共计7个,变形测量采用二等水准测量标准,测试精度为0.1mm,基准点设在桥外,量测内容为各级荷载下的变形及卸载后残余变形。选取各试验检测跨跨中截面作为应变量测截面,每个截面布置11个应变测点,如图4-16b)所示,应变量测采用钢弦式应变计,量测内容为各级荷载下的应变及卸载后残余应变。

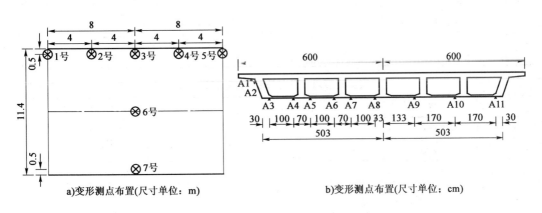

图4-16　引桥变形及应变量测方案

3. 静载试验主要结果及分析评定

（1）挠度

挠度理论计算结果如表4-7所示，试验实测各点挠度如表4-8、表4-9及图4-17所示。在三级加载情况下，0号~1号跨跨中截面最大挠度为6.3mm，14号~15号跨跨中截面最大挠度为6.4mm，对应的理论计算挠度值为7.9mm，试验实测最大挠度与理论计算的比值分别为0.797、0.810（表4-10）；均能满足《大跨径混凝土桥梁试验方法》中 $\beta < \dfrac{S_e}{S_{stat}} \leq \alpha$（$\alpha = 1.05$，$\beta = 0.6$）的要求。

在三级加载试验荷载作用下，试验实测引桥各试验跨最大挠度均满足《公路钢筋混凝土及预应力混凝土桥涵设计规范》中关于梁式桥竖向挠度允许限值 $[f] \leq l/600 = 26.67 \text{mm}$ 的要求。

引桥试验荷载作用下的测点计算挠度值（mm）　　　　表4-7

断面位置	一级加载	二级加载	三级加载
L/4	-1.8	-3.6	-5.5
L/2	-2.7	-5.4	-7.9
L/4	-2.0	-4.0	-5.7

0号~1号跨引桥实测挠度值（mm）　　　　表4-8

测点号	桩号(m)	位置	一级加载	二级加载	三级加载	全部卸载
1	0.0	支点	-0.1	-0.1	-0.1	0.0
2	4.0	1/4跨	-1.3	-2.4	-2.9	-0.1
3	8.0	跨中	-2.0	-4.2	-6.3	-0.3
4	12.0	3/4跨	-0.9	-2.8	-4.1	-0.1
5	16.0	支点	-0.1	-0.1	-0.5	-0.1

14号~15号跨引桥实测挠度值（mm）　　　　表4-9

测点号	桩号(m)	位置	一级加载	二级加载	三级加载	全部卸载
1	0.0	支点	0.2	-0.2	-0.3	0.2
2	4.0	1/4跨	-0.5	-2.7	-3.7	0.1
3	8.0	跨中	-1.9	-4.5	-6.4	-0.4
4	12.0	3/4跨	-0.6	-2.1	-3.4	-0.1
5	16.0	支点	-0.2	0.0	-0.2	-0.3

实测挠度最大值与理论值的比较（mm）　　　　表4-10

测点位置	0号~1号跨中	14号~15号跨中
实测最大挠度值	-6.3	-6.4
理论最大挠度值	-7.9	-7.9
实测/理论	0.797	0.810

（2）应力（应变）测试结果

在试验荷载作用下，试验实测引桥各试验跨应变见表4-11，最大应变值与理论计算最大应变值的比较见表4-12,两者的比值在0.804~0.978之间,均能满足《试验方法》中$\beta < \dfrac{S_e}{S_{stat}} \leq \alpha$ ($\alpha = 1.05, \beta = 0.6$)的要求。

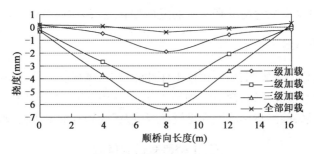

图4-17 引桥14号~15号跨实测挠度曲线

引桥试验跨测点实测应变值($\mu\varepsilon$)　　　　　　　　　　　　表4-11

测 点 位 置	一级加载	二级加载	三级加载	全部卸载
0号~1号跨中底板下缘	36.20	85.18	114.29	1.94
0号~1号跨中腹板上缘	-7.20	-22.87	-31.62	-0.83
14号~15号跨中底板下缘	50.58	99.25	138.89	1.69
14号~15号跨中腹板上缘	-6.57	-18.72	-24.94	-3.34

注:下缘应变为9个测点的平均值。

测点最大应变实测值与理论值的比较($\mu\varepsilon$)　　　　　　　　　　表4-12

测 点 位 置	0号~1号跨跨中底板下缘	0号~1号跨跨中腹板上缘	14号~15号跨跨中底板下缘	14号~15号跨跨中腹板上缘
实测最大应变值	114.22	-89.61	138.85	-85.49
理论最大应变值	142	-103	142	-103
实测/理论	0.804	0.870	0.978	0.830

(3)残余变形(应变)

试验结束前对各试验跨引桥进行了残余变形观测,各试验跨引桥的最大残余挠度与该跨相应的最大挠度的比值、最大残余应变与该跨相应的最大应变的比值均在0.05~0.10之间,如表4-13所示,均满足《大跨径混凝土桥梁试验方法》中$\dfrac{S_p}{S_{tot}} \leq \alpha (\alpha = 0.25)$的要求。

引桥各试验跨测点的最大残余变形(应变)　　　　　　　　　　　　表4-13

测 点 位 置	0号~1号跨中底板下缘	14号~15号跨中底板下缘
实测最大应变值($\mu\varepsilon$)	114.22	138.85
实测残余应变值($\mu\varepsilon$)	7	9
残余/最大	0.06	0.065
实测最大挠度值(mm)	6.3	6.4
实测残余挠度值(mm)	0.3	0.4
残余/最大	0.05	0.06

(4)裂缝

试验开始前,对引桥裂缝进行了普查,在检测跨跨中的底板发现了少数细微的横桥向裂缝,引桥跨中附近腹板则有较多的竖向裂缝,均属受力裂缝,多数裂缝宽度在0.2mm以下,少数裂缝宽度在0.2mm以上。

整个试验加载过程中,在引桥各试验跨各选取了3条典型底板裂缝和典型腹板裂缝,采用裂缝计进行了监测。加载前,6条典型裂缝宽度在0.12~0.20mm之间。监测结果表明:在试验加载过程中底板和腹板裂缝均没有明显的发展变化,且卸载后基本能够恢复原状。

4. 引桥静载试验小结

实测数据及其分析结果表明:引桥梁体工作性能良好,承载能力足够,实测挠度、应变变化所呈现的规律与理论计算情况相符,尚处于弹性工作范围,在试验过程中未见梁体有新裂缝出现,原有裂缝没有明显扩展,检测指标均能满足设计规范及《大跨径混凝土桥梁试验方法》的要求。

三、主桥静载试验简介

1. 设计内力计算

主桥计算模型为空间杆系结构,梁体被划分为200个空间梁单元,活载效应计算采用动态规划法加载,根据规范有关规定可得出各控制截面的活载内力如表4-14所示,弯矩包络图如图4-18所示。

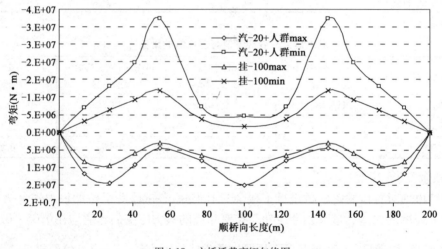

图4-18 主桥活载弯矩包络图

2. 加载及量测方案

试验时用10台汽车作为试验荷载,单车重均在330kN左右。试验时,将试验跨的跨中截面(A-A、B-B)、支点截面(C-C)作为应变测试截面(图4-19)。根据试验荷载的载位布置,可得

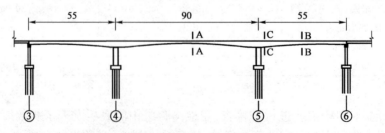

图4-19 主桥应变测试截面示意图(尺寸单位:m)

出试验荷载内力效应及加载效率,如表4-15、表4-16所示。在试验荷载载位情况下,校核其他截面内力,均未超过其设计内力,说明试验荷载载位有效安全。

主桥活载弯矩汇总(N·m) 表4-14

断面位置		汽-20+人群		挂-100		控 制 值	
		max	min	max	min	max	min
3号~4号	3号墩顶	0.00E+00	0.00E+00	0.00E+00	0.00E+00	0.00E+00	0.00E+00
	0.25L	1.19E+07	-6.79E+06	8.36E+06	-3.21E+06	1.19E+07	-6.79E+06
	0.5L	1.43E+07	-1.31E+07	9.44E+06	-6.19E+06	1.43E+07	-1.31E+07
	0.75L	9.22E+06	-1.99E+07	5.95E+06	-9.40E+06	9.22E+06	-1.99E+07
4号~5号	4号墩顶	4.47E+06	-3.25E+07	2.89E+06	-1.20E+07	4.47E+06	-3.25E+07
	0.25L	8.04E+06	-7.31E+06	6.53E+06	-3.84E+06	8.04E+06	-7.31E+06
	0.5L	1.51E+07	-4.48E+06	9.39E+06	-1.59E+06	1.51E+07	-4.48E+06
	0.75L	8.04E+06	-7.31E+06	6.53E+06	-3.84E+06	8.04E+06	-7.31E+06
5号~6号	5号墩顶	4.47E+06	-3.25E+07	2.89E+06	-1.20E+07	4.47E+06	-3.25E+07
	0.25L	9.22E+06	-1.99E+07	5.95E+06	-9.40E+06	9.22E+06	-1.99E+07
	0.5L	1.43E+07	-1.31E+07	9.44E+06	-6.19E+06	1.43E+07	-1.31E+07
	0.75L	1.19E+07	-6.79E+06	8.36E+06	-3.21E+06	1.19E+07	-6.79E+06
	6号墩顶	0.00E+00	0.00E+00	0.00E+00	0.00E+00	0.00E+00	0.00E+00

主桥试验荷载弯矩汇总(N·m) 表4-15

断面位置		一级加载	二级加载	三级加载	四级加载	五级加载
5号~6号	6号墩顶	0.00E+00	0.00E+00	0.00E+00	0.00E+00	0.00E+00
	0.25L	3.40E+06	7.87E+06	5.75E+06	3.71E+06	1.88E+06
	0.5L	6.56E+06	1.22E+07	8.09E+06	4.16E+06	6.24E+05
	0.75L	1.74E+06	2.57E+06	-3.63E+06	-9.59E+06	-1.50E+07
4号~5号	5号墩顶	-4.03E+06	-7.91E+06	-1.58E+07	-2.35E+07	-3.04E+07
	0.25L	-2.54E+06	-4.99E+06	-3.39E+06	-3.44E+06	-4.09E+06
	0.5L	-1.06E+06	-2.07E+06	2.07E+06	8.59E+06	1.42E+07
	0.75L	4.30E+05	8.44E+05	-3.47E+04	-4.39E+05	-5.46E+04
3号~4号	4号墩顶	1.92E+06	3.76E+06	-2.14E+06	-9.47E+06	-1.73E+07
	0.25L	1.48E+06	2.90E+06	-1.67E+06	-7.37E+06	-1.35E+07
	0.5L	9.75E+05	1.91E+06	-1.10E+06	-4.85E+06	-8.89E+06
	0.75L	5.05E+05	9.91E+05	-5.69E+05	-2.52E+06	-4.61E+06
	3号墩顶	0.00E+00	0.00E+00	0.00E+00	0.00E+00	0.00E+00

注:表中带下划线者为截面控制内力。

主桥试验荷载加载效率(%) 表4-16

断面位置		一级加载	二级加载	三级加载	四级加载	五级加载
5号~6号	0.25L	28.6	66.1			
	0.5L	45.9	85.3			
	5号墩顶			48.6	72.3	93.5
4号~5号	0.25L			46.4	47.1	56.0
	0.5L			13.7	56.9	94.0

车辆称重结果如表4-17所示,部分典型加载汽车布置的载位如图4-20~图4-22所示,试验加载的程序如下:

(1)第一加载阶段——使边跨跨中正弯矩最大

一级加载:两台重约330kN的汽车在边跨跨中对称布置,车后轴正对跨中。

二级加载:两台重约330kN的汽车在边跨跨中对称布置,车后轴距离前两台车后轴3m。

(2)第二加载阶段——使中跨跨中正弯矩最大,同时使边跨与中跨间支点负弯矩最大

三级加载:两台重约330kN的汽车在中跨跨中对称布置,车后轴距离跨中9m。

四级加载:两台重约330kN的汽车在中跨跨中对称布置,车前轴距离前两台车后轴3.9m。

五级加载:两台重约330kN的汽车在中跨跨中对称布置,车后轴距离前两台车后轴3m。

(3)卸载阶段

一级卸载:三级加载~五级加载中的6台汽车撤离。

二级卸载:一级加载~二级加载中的4台汽车撤离。

主桥加载车辆称重的轴重表(kN)　　　　表4-17

车 辆 编 号	1号	2号	3号	4号	5号	6号	7号	8号	9号	10号
总重(kg)	336.9	348.0	328.4	340.9	334.9	339.9	338.5	337.4	339.0	334.5
前轴重	65.4	64.5	64.2	66.2	64.9	66.0	66.3	66.4	66.7	65.5
后轴1重	135.8	131.7	132.1	137.4	135.0	136.9	136.1	136.5	136.1	134.5
后轴2重	135.8	131.7	132.1	137.4	135.0	136.9	136.1	136.5	136.1	134.5

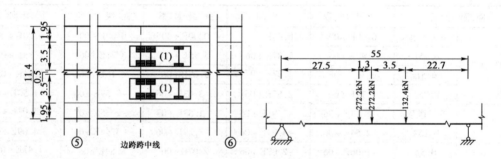

图4-20　一级加载载位图及其受力简图(尺寸单位:m)

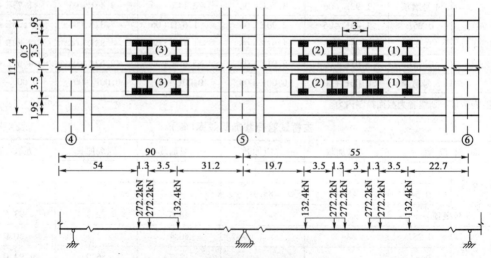

图4-21　三级加载载位图及受力简图(尺寸单位:m)

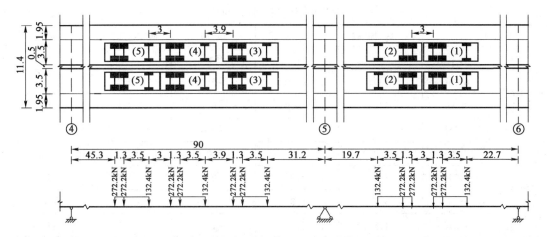

图 4-22 五级加载载位图及受力简图(尺寸单位:m)

变形测点布置如图 4-23 所示,变形测点共计 9 个。量测内容为各级荷载下的变形及卸载后残余变形。应变量测截面布置如图 4-19 所示,分别为中跨跨中截面(A-A)、边跨跨中截面(B-B)、5 号墩顶支点截面(C-C),各应变测点布置如图 4-24 所示,共布置 21 个应变测点,采用钢弦式应变计测量,量测内容为各级荷载下的应变及卸载后残余应变。

图 4-23 主桥变形测点布置示意图(尺寸单位:m)

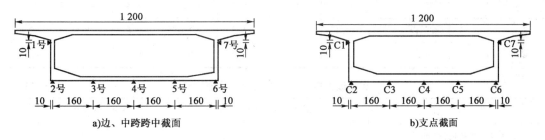

a)边、中跨跨中截面   b)支点截面

图 4-24 主桥测试断面应变测点布置示意图(尺寸单位:cm)

3. 静载试验主要结果及分析评定

(1)挠度

主桥挠度理论计算结果如表 4-18 所示,试验实测挠度如表 4-19 及图 4-25~图 4-28 所示,实测量大挠度值与对应的理论值比较如表 4-20 所示,在五级试验荷载作用下,实测挠度曲线与计算挠度曲线比较如图 4-28 所示,实测主跨跨中截面最大挠度 20.8mm,而对应的理论计算挠度值为 26.0mm,两者的比值 0.80;能满足《大跨径混凝土桥梁试验方法》中 $\beta < \frac{S_e}{S_{stat}} \leq \alpha$($\alpha = 1.05, \beta = 0.7$)的要求。

在五级试验荷载作用下,试验实测主跨跨中最大挠度满足《公路钢筋混凝土及预应力混凝土桥涵设计规范》中关于梁式桥竖向变形允许限值 $[f] \leq l/600 = 150$mm 的要求。

主桥测点计算挠度值（mm） 表 4-18

断面位置		一级加载	二级加载	三级加载	四级加载	五级加载
5号~6号	6号墩顶	0.0	0.0	0.0	0.0	0.0
	0.75L	-3.7	-8.0	-5.3	-2.7	-0.4
	0.5L	-4.8	-9.8	-6.1	-2.5	0.7
	0.25L	-2.7	-5.3	-2.6	-0.1	2.2
4号~5号	5号墩顶	0.0	0.0	0.0	0.0	0.0
	0.75L	3.0	5.9	-0.4	-6.7	-12.4
	0.5L	3.4	6.8	-3.2	-14.7	-26.0
	0.25L	1.5	3.1	-1.7	-7.7	-14.2

主桥实测挠度值（mm） 表 4-19

测点号	位置	一级加载	二级加载	三级加载	四级加载	五级加载	一级卸载	二级卸载
1号	3号墩顶	0.2	0.1	-0.3	-0.6	-0.7	-0.1	-0.4
2号	3号~4号跨中	-1.0	-1.4	0.5	2.5	5.0	-2.1	-1.6
3号	4号墩顶	-0.2	-0.2	-0.5	-0.6	-0.7	-0.1	-0.3
4号	4号~5号跨$L/4$	2.0	3.9	-0.2	-5.1	-10.6	4.7	2.5
5号	4号~5号跨中	3.6	7.1	-0.7	-10.5	-20.8	9.9	5.0
6号	4号~5号跨$3L/4$	3.1	5.5	0.5	-3.8	-9.4	7.8	3.3
7号	5号墩顶	0.0	-0.5	-0.7	0.2	-1.4	-0.3	0.7
8号	5号~6号跨中	-3.4	-9.7	-6.3	-2.0	-0.8	-8.9	-0.4
9号	6号墩顶	-1.4	-1.4	-1.3	-0.3	-0.7	-1.4	-0.1

实测最大挠度值与对应的理论值比较 表 4-20

测点位置	4号~5号跨中	5号~6号跨中
实测最大挠度值(mm)	-20.8	-9.7
理论最大挠度值(mm)	-26.0	-9.8
实测/理论	0.80	0.99

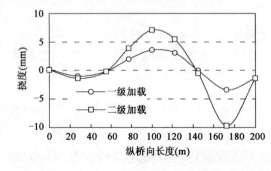

图 4-25 一级加载、二级加载实测挠度曲线

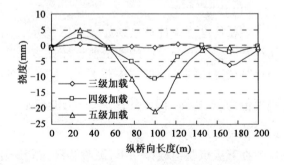

图 4-26 三级、四级、五级加载实测挠度曲线

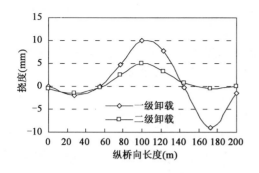

图 4-27　一级、二级卸载实测挠度曲线　　　图 4-28　五级加载实测挠度与计算挠度曲线比较

(2) 应力（应变）

在各级试验荷载作用下，主桥各测点应变理论计算值及实测值如表 4-21、表 4-22 所示，试验实测最大应变值与对应的理论计算值比较如表 4-23 所示，两者的比值在 0.816~1.0 之间，均能满足《大跨径混凝土桥梁试验方法》中 $\beta < \frac{S_e}{S_{stat}} \leq \alpha (\alpha = 1.05, \beta = 0.7)$ 的要求。

主桥各测点应变计算值($\mu\varepsilon$)　　　　表 4-21

测点位置	一级加载	二级加载	三级加载	四级加载	五级加载
边跨跨中底板下缘	31	58	39	20	9
边-中跨间支点底板下缘	-6	-13	-26	-38	-49
中跨跨中底板下缘	-8	-15	15	64	107

主桥各测点应变实测值($\mu\varepsilon$)　　　　表 4-22

测点位置	一级加载	二级加载	三级加载	四级加载	五级加载	一级卸载	二级卸载
中跨跨中底板下缘	-16.5	-28.1	6.246	59.5	107	-51	-32
支座底板下缘	-3.04	-6.52	-0.37	-20.1	-40	0.7	6.8
边跨跨中底板下缘	26.19	48.32	44.22	25.3	8.68	54.4	2.1

注：下缘应变为 5 个应变测点的平均值。

主桥 4 号～6 号跨测点实测最大应变值与理论最大值的比较　　　　表 4-23

断面位置	4 号~5 号跨中底板下缘	5 号支点底板下缘	5 号~6 号跨中底板下缘
实测最大应变值($\mu\varepsilon$)	107	-40	48.32
理论最大应变值($\mu\varepsilon$)	107	-49	58
实测/理论	1.0	0.816	0.833

(3) 残余变形（应变）

试验结束前对该主桥进行了残余变形观测，主跨跨中截面的最大残余挠度为 5.0mm、残余应变为 32$\mu\varepsilon$，与该跨相应的最大挠度 20.8mm、最大应变 107$\mu\varepsilon$ 相比为 0.24 和 0.29；未能满足《大跨径混凝土桥梁试验方法》中 $\frac{S_p}{S_{tot}} \leq \alpha(\alpha = 0.2)$ 的要求。

(4) 裂缝

试验加载前，对主桥进行了裂缝普查，发现在主桥箱梁顶板上有较多的、不连续的顺桥向裂缝，大多数裂缝宽度在 0.2mm 以下，个别裂缝宽度在 0.2mm 以上，属局部弯曲产生的受力裂缝。主跨合拢段附件的箱梁底板上有6条不规则裂缝,裂缝宽度均在0.1mm以下,属混凝土收缩裂缝。

在整个试验加载过程中,对主桥加载跨梁体的底板采用裂缝计进行了监测,监测结果表明:在试验加载过程中,主跨跨中合拢段的既有裂缝未见明显扩展,卸载后裂缝能恢复原状,其他控制部位未产生肉眼可见的新裂缝。

4. 主桥静载试验小结

实测数据及其分析结果表明:该桥工作性能尚好,承载能力足够,实测挠度、应变变化所呈现的规律与理论计算情况相符,基本上处于弹性工作范围,但主跨弹性工作性能较差,残余变形较大。在试验过程中未见梁体有新裂缝出现,试验桥跨的桥墩未产生可观测到的沉降变位,大部分检测指标能满足设计规范及《大跨径混凝土桥梁试验方法》的要求。

四、桥梁线形现状测量

为掌握该桥梁体线形现状,以便后续监测工作开展和把握桥梁线形发展变化态势,在荷载试验完成后,进行了桥梁线形现状测量。测量时,采用二等水准测量标准,假设基点的高程为10.0000m,依次测量各跨控制点的桥面高程,各测点的高程测量结果如表4-24所示。由于该桥设计基准不详,缺少竣工时桥面标高的相关资料,因此,根据测得的该桥现有的桥面相对高程,按照设计纵坡,以0号桥台和以15号桥台的桥面标高作为基准线,得出该桥桥面线形现状如图4-29所示。

各测点的标高测量结果　　　　　表4-24

测点号	位置	到0号桥台距离(m)	高程(m)
基准点	基点	—	10.0000
1	0号桥台顶桥面	0	10.0041
2	1号墩顶桥面	16	10.0058
3	2号墩顶桥面	32	9.9931
4	3号墩顶桥面	48	9.9988
5	3号~4号墩间跨中桥面	76	10.0229
6	4号墩顶桥面	103	10.0107
7	4号~5号墩间1/4跨桥面	126	9.9742
8	4号~5号墩间1/2跨桥面	148	9.9133
9	4号~5号墩间3/4跨桥面	171	9.9440
10	5号墩顶桥面	193	10.0077
11	4号~5号墩间跨中桥面	221	10.0504
12	6号墩顶桥面	248	10.0014
13	7号墩顶桥面	264	10.0261
14	8号墩顶桥面	280	10.0367
15	9号墩顶桥面	296	10.0246
16	10号墩顶桥面	312	10.0269
17	11号墩顶桥面	328	10.0309

续上表

测点号	位置	到0号桥台距离(m)	高程(m)
18	12号墩顶桥面	344	10.024 7
19	13号墩顶桥面	360	10.037 2
20	14号墩顶桥面	376	10.024 0
21	15号桥台顶桥面	392	10.029 4

注：基点高程为假设高程。

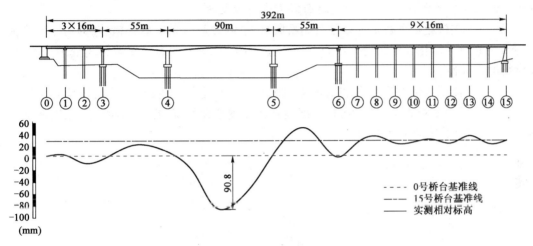

图4-29 桥面线形现状测量结果

测量结果表明，该桥桥面线形现状较差，与设计线形相比差异较大，具体表现为：①主跨跨中下挠比较严重，已成为全桥的最低点，相对于4号、5号墩而言，下挠量值约为94mm；相对于0号、15号台而言，下挠量值分别为90.8mm、116.0mm；②桥面线形不平顺，靠15号桥台一侧引桥标高明显高于另一侧，两侧桥面标高相差在30mm左右。

上述状况已经对行车性能及桥梁结构的使用性能产生了明显的影响，同时也与设计要求偏差较大。由于各墩台顶桥面标高相差不大，可以排除桥梁墩台不均匀沉降这一因素的影响，因此推断其产生上述状况可能的原因有：①施工线形偏差较大；②施工质量较差，收缩徐变较大，导致有效预应力不足；③桥梁经受超载车辆反复作用，导致桥面下沉。

五、结论与建议

通过上述检测工作，并认真审阅该桥的全部设计施工文件，可以得出如下结论和建议：

（1）主桥静载试验表明其工作性能尚好，承载能力足够，基本上处于弹性工作范围，在试验过程中未见梁体有新裂缝出现，结构既有裂缝未见明显扩展，试验桥跨的桥墩未产生可观测到的沉降变位，大部分检测指标能够满足设计规范、《大跨径混凝土桥梁试验方法》及设计荷载等级的要求。

（2）引桥静载试验表明其工作性能良好，承载能力足够，处于弹性工作范围，在试验过程中未见梁体有新裂缝出现，结构既有裂缝未见明显扩展，试验桥跨的墩台未产生沉降，行车性能正常，大部分检测指标能够满足设计规范、《大跨径混凝土桥梁试验方法》及设计荷载等级的要求，但部分裂缝宽度较大，超过了设计规范的允许限值。

（3）线形现状测量结果表明：该桥桥面线形现状较差，主跨跨中下挠比较严重，已成为全桥线形的最低点,桥面线形不平顺,靠15号桥台一侧引桥标高明显高于另一侧。线形现状已对行车性能及桥梁结构的使用性能产生了明显的影响,也与设计要求偏差较大。

综上所述:该桥承载能力足够,能够满足汽车-20级、挂-100荷载等级的要求,使用性能一般,大部分检测指标可以满足《大跨径混凝土桥梁试验方法》及设计规范的要求,可以继续使用。但由于该桥设计荷载等级相对较低、桥面线形现状较差、通行重车较多,其所存在的一些问题须引起重视,并采取如下的维修加固处理措施:

(1)鉴于该桥桥面状况较差,一些检测指标接近上限值,主桥刚度偏小、行车响应较大,建议限制通行车辆的车速和重量,以免既有病害进一步发展。

(2)对于主桥箱梁顶板上的裂缝及引桥腹板上的裂缝,应采取修补措施,即对于宽度大于0.2mm的裂缝采取化学灌浆处理措施;对于宽度小于0.2mm的裂缝采取封闭处理措施,以保证桥梁的耐久性。

(3)鉴于该桥线形发展变化态势不明,因此建议布设永久性观测网点,每年对该桥进行1~2次全面的定期检查与线形监测,根据病害的发展变化情况,在适当时候采取结构加固补强措施,以提高结构的安全储备。

第五章 桥梁动载试验

第一节 动载试验的方法与程序

桥梁结构是承受恒载、车辆荷载、人群荷载等主要荷载的结构物。当车辆以一定速度在桥上通过时,由于发动机的抖动、桥面的不平顺等原因会导致桥梁结构产生振动。此外,人群荷载、风动力、地震力、环境因素的作用也会引起桥梁发生振动。随着交通运输事业的不断发展,一方面,车辆的数量、载重量有了迅速的增长,车辆的行驶速度也有了很大的提高,另一方面,随着新结构、新材料、新工艺的推广应用,桥梁结构逐渐趋向轻型化,而对于大跨度、超大跨度桥梁结构,地震响应、风致振动响应、车桥耦合振动往往是设计施工的控制因素。因此,车辆荷载或其他动力荷载对桥梁结构的冲击和振动影响,已成为桥梁结构设计、计算、施工、运营、维修养护过程中的重要问题之一。

桥梁结构的振动问题,影响因素比较多,涉及的理论比较复杂,仅靠理论或计算分析是不能够满足工程实践的要求,一般多采用理论分析模拟与现场实测相结合的研究方法,因此,振动测试是解决工程结构振动问题必不可少的手段。近二十年来,随着电子计算机普及与自动化技术的发展,振动测试技术取得了极大的进步:一方面表现在风洞试验、模拟地震振动台试验、拟动力试验逐步成为解决工程动力问题的主要手段之一;另一方面表现为工程结构在风荷载、车辆荷载、地震荷载作用下动力反应的现场测试手段也得到了很大的改进。

桥梁结构的动载试验是利用某种激振方法激起桥梁结构的振动,测定桥梁结构的固有频率、阻尼比、振型、动力冲击系数、动力响应(加速度、动挠度)等参量的试验项目,从而宏观地判断桥梁结构的整体刚度与使用性能。桥梁结构的动载试验与静载试验虽然在试验目的、测试内容等方面有所不同,但可以相互补充、相互印证,对于全面分析掌握桥梁结构的工作性能是同等重要的。就试验步骤而言,基本上与静载试验相同,动载试验也要经过准备、试验和分析总结三个阶段。就试验性质而言,动载试验也可分为生产鉴定性和科学研究性试验。一般情况下,动载试验多在现场实际结构上进行测试,也可根据桥梁结构的特点和实际需要在室内进行结构模型的动载试验,如在风洞内进行大跨度桥梁的风致振动试验、在模拟地震振动台上进行桥梁结构的地震响应试验研究等。桥梁结构的动载试验的基本任务大体可归纳为以下几个方面：

(1) 测定结构的动力特性，如测定桥梁结构或构件的自振频率、阻尼特性、振型等。

(2) 测定结构在动荷载作用下的强迫振动响应，如测定桥梁结构或构件在车辆荷载、风荷载作用下的振幅、动应力、加速度等。

(3) 测定动荷载的动力特性，如测定引起结构振动作用力的大小、方向、频率与作用规律等。

桥梁结构的动载试验中，常有大量的物理量如位移、应变、振幅、加速度等，需要进行量测、记录和分析。在静载试验中，可以通过仪器仪表观测而直接获得数据序列。在动载试验中，可通过仪器仪表将振动过程中大量的物理量进行测量并记录下来，这些随时间变化的物理量，一般称为信号，而测得的结果称为数据。根据这些实测数据，可以进行有关振动量之间相互关系的分析。一般说来，动载试验的数据和信号是比较复杂的，具体表现在以下三个方面：

(1) 引起结构产生振动的振源（如车辆、人群、阵风或地震力等）和结构的振动响应都是随时间而变化的，是随机的、不确定的。例如汽车在不平整的桥面上行驶所引起的桥梁振动就是随机的，两次条件完全相同的试验不会量测到相同的动力响应。这种信号虽然可以检测，并得到时间历程曲线，但却不能预测。这类信号服从统计规律，一般用概率统计的方法研究。

(2) 桥梁结构在动荷载作用下的响应不仅与激振源的特性相关，也与结构本身的动力特性密切相关。对于桥梁结构而言，本身就具有无限多个自由度，加上车辆与桥梁结构之间的耦合，其动力特性就更为复杂。

(3) 在动载试验所记录的信号和数据中，常常会夹杂一些干扰因素。干扰信号不同于量测误差，没有一定的规律。因此，必须对动载试验所测得的信号和数据进行科学的分析与处理，从中提取尽可能多的反映桥梁结构振动内在规律的有用信息。

信号的特征可用信号的幅值随时间而变化的数学表达式、图形或表格来表达，这类表达方式我们称之为信号的时域描述，如加速度时程曲线、位移时程曲线等。信号的时域描述比较简单、直观，通过多个测点的时程曲线，可以分析出结构的振幅、振型、阻尼特性、动力冲击系数等参数，但不能明确揭示信号的频率成分和振动系统的传递特性。为此，常对信号进行频谱分析，研究其频率结构及其对应的幅值大小，即采用频域描述，这时，需要把时域信号通过傅立叶变换的数学处理变换为频域信号。时域信号的傅立叶变换就是把确定的或随机的波形分解为一系列简谐波的叠加，以得到振动能量按频率的分布情况，从而确定结构的频率和频率分布特性。

桥梁动载试验是在桥梁处于振动状态下，利用振动测试仪器对振动系统各种振动量进行测定、记录并加以分析的过程。因此，在进行动载试验时，首先应通过激振方法使桥梁处于一种特定的振动状态中，以便进行相应项目的测试。其次，要合理选取测试仪器仪表组成振动测试系统，振动测试系统一般由拾振部分、放大部分和分析部分组成，其原理框图如图5-1所示，这三部分可以由专门仪器配套集成使用，也可组配使用，因此，要根据试验的环境条件和试验的要求，选择组配合理的振动测试系统。仪器组配时除应考虑频带范围外，还要注意仪器间的阻抗匹配问题。再次，要根据测试桥梁的特点，制定测试内容、测点布置和测试方法，例如对于混凝土简支梁桥的动载试验，一般的观测项目有：跨中截面的动挠度、跨中截面钢筋或混凝土的动应变等。又例如要测定某一固有频率的振型时，应将传感器设置在振幅较大的各部位，并注意各测点的相位关系。最后,利用相应的专业软件对采集的数据或信号进行分析,即可得出桥梁结构的频率、振型、阻尼比、冲击系数等振动参量。

在以下各节中,我们将详细地介绍桥梁动载试验的相关问题,主要包括激振方法选取、传感器布置、动力响应测试、动力响应分析与评价方法等。

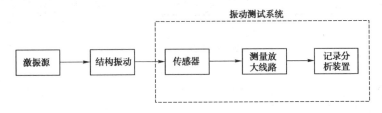

图 5-1 桥梁结构振动测试系统的原理框图

第二节 桥梁结构动力响应的测试

一般来说,根据测试任务及测试对象的不同,动力响应的测试大致可分为两种类型:一种是仅测量测试对象的输出响应,从而求出其相关函数或功率谱密度函数来确定测试对象的动态特性;另一种是同时测量输入和输出,从而求出测试对象的动态特性。不管是那种类型的测试,一般都包括桥梁振动激发、传感器选型与布置、振动响应测试与分析、试验组织等几个方面,具体内容如下。

一、激 振 方 法

桥梁动载试验的激振方法很多,如自振法、强迫振动法、脉动法等,选用时应根据桥梁的类型、刚度和现场条件进行选择,以简单易行、便于测试为原则。通常,多将上述一种或两种方法结合起来,以便激发桥梁结构的振动,全面把握桥梁结构的动力特性。

1. 自振法

自振法的特点是使桥梁产生有阻尼的自由衰减振动,记录到的振动图形为桥梁的衰减振动曲线。为使桥梁产生自由振动,一般常用突然加载和突然卸载两种方法。

突然加载法是在被测结构上急速施加一个冲击作用力,由于施加冲击作用的时间短促,因此,施加于结构的作用实际上是一个脉冲作用。根据振动理论可知,冲击脉冲的动能传递到结构振动系统的时间,要小于振动系统的自振周期,且冲击脉冲一般都包含了零频以上所有频率的能量,它的频谱是连续的。只有被测结构的固有频率与之相同或很接近时,冲击脉冲的频率分量才对结构起作用,从而激起结构以其固有频率作自由振动。采用突然加载法时,应注意冲击荷载的大小及其作用位置,如果要激起桥梁结构的整体振动,则必须在桥梁的主要受力构件上施加足够大的冲击力,冲击荷载的作用位置可按所需结构的振型来确定,如为了获得简支梁的第一振型,则冲击荷载应作用于跨中部位,测第二振型时冲击荷载应施加在跨度的 1/4 处。在现场测试中,当测试桥梁结构整体振动时,常常采用试验车辆的后轮从三角跳车垫块上突然下落对桥梁产生冲击作用,激起桥梁的竖向振动,简称"跳车试验",跳车装置及其产生的典型波形如图 5-2 所示。当测试某一构件(如拉索)的振动时,常常采用锤击方法产生冲击作用。

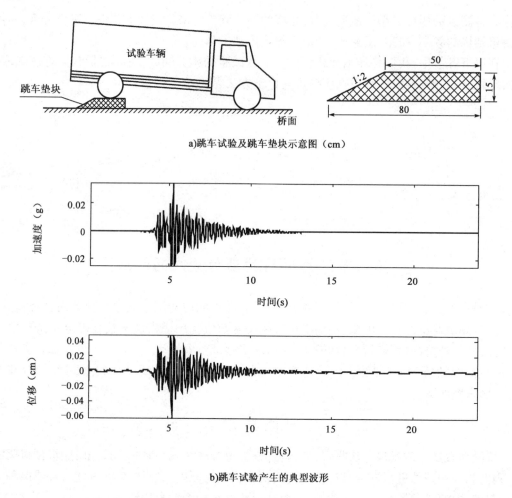

a) 跳车试验及跳车垫块示意图（cm）

b) 跳车试验产生的典型波形

图 5-2　跳车试验及其产生的典型振动波形

突然卸载法是在结构上预先施加一个荷载作用,使结构产生一个初位移,然后突然卸去荷载,使其产生自由振动。为卸落荷载,可通过自动脱钩装置或剪断绳索等方法,有时也专门设计断裂装置,即当预施加力达到一定数值时,在绳索中间的断裂装置便突然断裂,由此激发结构的振动。一般说来,突然卸载法的荷载大小要根据振动测试系统所需的最小振幅计算求出。图 5-3 所示为突然卸载法的激振装置。

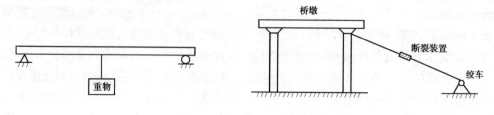

图 5-3　突然卸载法的试验装置

2. 强迫振动法

强迫振动法是利用专门的激振装置,对桥梁结构施加激振力,使结构产生强迫振动,然后逐渐改变激振力的频率而使结构产生共振现象,借助于共振现象来确定结构的动力特性。对于模型结构而言,常常采用激振设备来激发模型振动,常见的激振设备有机械式激振器、电动式激振器。使用时将激振器底座固定在模型上,由底座将激振器产生的交变激振力传递给模型结构。激振器在模型结构上的安装位置、激振频率和激振方向可以根据试验的要求和目的来确定。试验时,连续改变激振器的频率,进行"频率扫描",当激振器的频率与模型的固有频率一致时,模型就会出现第一次共振,第二次共振现象⋯⋯由此即可得到模型的第一阶频率,第二阶频率⋯⋯

对于原型桥梁结构,常常采用试验车辆以不同的行驶速度通过桥梁,使桥梁产生不同程度的强迫振动,简称"跑车试验"。由于桥面的平整度具有一定的随机性,所以由此引起的振动也是随机的,当试验车辆以某一速度通过时,所产生的激振力频率可能会与桥梁结构的某阶固有频率比较接近,桥梁结构便产生类共振现象,此时桥梁各部位的振动响应达到最大值。在车辆驶离桥跨后,桥梁作自由衰减振动。这样,就可从记录到的波形曲线中分析得出桥梁的动力特性。在试验时,根据桥梁结构的设计行车速度,常采用10t重的试验车辆以20km/h、40km/h、60km/h、80km/h的速度进行跑车试验。图5-4所示即为1辆10t重的试验车辆以40km/h的速度驶过跨度为30m混凝土连续梁桥时,跨中截面加速度时程曲线。

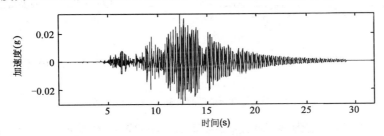

图5-4 车速为40km/h时某连续梁跨中截面加速度时程曲线

3. 脉动法

脉动法是利用被测桥梁结构所处环境的微小而不规则的振动来确定桥梁结构的动力特性的方法。这种微振动通常称之为"地脉动",它是由附近地壳的微小破裂和远处地震传来的脉动所产生的,或由附近的车辆、机器的振动所引发。结构的脉动具有一个重要特性,就是它能够明显地反映出结构的固有频率,因为结构的脉动是因外界不规则的干扰所引起的,具有各种频率成分,而结构的固有频率是脉动的主要成分,在脉动图上可以较为明显地反映出来。如图5-5所示的波形为某桥结构脉动记录曲线,振幅呈有规律的增减,通过频谱分析,即可得出该桥的一阶频率为6.057Hz。

二、传感器选取与布置

一般的,在桥梁结构的动载试验中,人们关心的振动测试参量主要有三个,即结构的动应变、结构振动的幅度和结构振动的加速度。结构的动应变与静应变的测量元件、测量方法基本相同,可以利用静载试验所布置的应变片,不同之处在于需要采用动态应变仪进行量测。桥梁结构振动的幅度宏观反映了荷载的动力作用,动位移与相应的静位移相比较,便可得出桥梁的动力冲击系数,它是衡量桥梁结构整体刚度与行车性能的主要指标。加速度则反映了桥梁动力响应对司机、乘客舒适性的影响,过大的加速度响应会导致司机、乘客的不适。因此,在桥梁动载试验中,通常选用的传感器是加速度传感器和位移传感器,通过位移传感器直接测量桥梁结构的位移时程曲线,进行分析之后可以得出其固有频率、冲击系数和阻尼比。通过加速度传感器直接测量桥梁结构的加速度时程曲线,进行频谱分析后可以得出其固有频率,进行数值积分后可以得到位移时程曲线等。然而,需要说明的是,位移传感器的安装一般需要有固定不动的支架,这对于桥梁、尤其是跨越江河的桥梁往往是难以实现的。为了能够方便准确地测得桥梁结构的动位移,可以采用激光挠度仪或红外挠度仪。

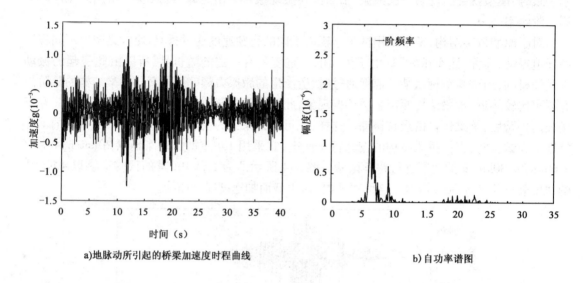

a)地脉动所引起的桥梁加速度时程曲线   b)自功率谱图

图 5-5　某桥结构脉动所产生的加速度时程曲线及其频谱图

传感器的布置要根据结构形式而定,一般要根据动力特性的理论分析结果,按照理论计算得出的振型,在振幅较大的部位布置传感器,以能够测得桥梁结构最大反应(如主跨跨中截面、边跨跨中截面振幅),并较好地勾画出振型曲线为宜。桥梁结构动力特性的计算,目前多利用各种专用桥梁计算软件或通用分析软件进行。

桥梁结构的振型是结构相应于各阶固有频率的振动形式,一个振动系统的振型数目与其自由度数相等。桥梁结构是一具有连续分布质量的体系,也是一个无限多自由度体系,因此其固有频率及相应的振型也有无限多个。但是,对于一般桥梁结构,第一固有频率即基频,对结构动力分析才是最重要的;对于较复杂的动力分析问题,也仅需要前几阶固有频率,因而在实际测试中,一些低阶振型才有实际意义,图 5-6 所示为常见梁式桥的前三阶振型。振型的测试一般是在结构上同时布置许多传感器,传感器的布设位置可根据理论计算结果来确定,这时需保证所有传感器的灵敏度相同,放大器的特性相同。表 5-1 所示为某 5 跨连续梁动力特性理论计算值,根据理论分析结果,该桥动载试验的传感器的布置方式如图 5-7 所示。测出各测点的振动曲线后,比较各测点的振幅、相位便可绘制出振型曲线。

某 5 跨连续梁动力特性理论计算值　　　　　　　　　　　表 5-1

阶　　次	频率(Hz)	周期(s)	振　　型
1	4.39E+00	2.28E-01	竖向正对称
2	6.47E+00	1.55E-01	竖向反对称
3	7.57E+00	1.32E-01	面外水平振动

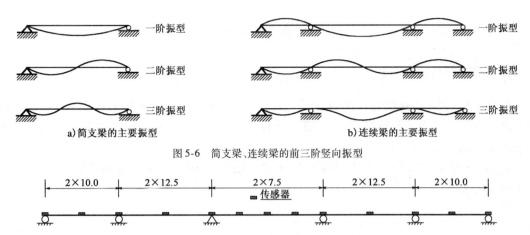

图 5-6　简支梁、连续梁的前三阶竖向振型

图 5-7　某 5 跨连续梁动载试验传感器布置(尺寸单位:m)

三、振动测试系统组成

一般来说,振动测试系统主要由两大部分组成,即拾振传感器与数据采集分析系统,其主要功能如下。

1. 拾振传感器

该部分由传感器(加速度、速度或位移传感器)、导线等组成。振动测试系统中,传感器的选用十分重要,应根据测试对象的振动频率,需要检测的物理量来选用不同种类的传感器。

2. 数据采集分析系统

该部分的作用是将传感器采得的信号放大、转换位模拟信号或数字信号,然后进行记录及分析。大多数的数据采集分析系统都有模拟信号的放大、滤波及数字信号的放大滤波等功能。典型的数据采集分析系统由采样/保持、模拟量/数字量转换及数据采集记录三部分组成。

(1) 采样/保持器

实现信号采样的电路称为采样器,由开关元件及其控制电路所组成。对时间连续的信号进行采样是通过周期脉冲序列的调制来完成的,实际的采样脉冲有一定宽度但通常远小于采样周期。在采样时间内要完成幅值从连续的模拟量到数字量的转换,会对模拟量/数字量转换器提出过高要求,即要求模拟量/数字量转换器有非常高的转换速度。因此,在实际实现采样时,是将采样所得到的时间离散信号通过记忆装置即保持器保持起来,在信号处于保持期间,再进行模拟量/数字量的转换。

(2) 模拟量/数字量(A/D)转换器

A/D 转换器(Analog to-Digital Converter)又叫模拟量/数字量转换器,它是将模拟信号(电压或是电流的形式)转换成数字信号的器件。通常,A/D 转换器中的模拟量多为直流电压信号,A/D 转换器将此直流电压转换为二进制数字量,以便于进行记录与进一步的分析。

(3) 数据采集记录

常用数据采集分析系统的构成模式为:将具有单片机控制的数据采集仪和微型计算机采用通讯的方式联机,组成一套数据采集与分析系统。由于采集部分独立于计算机系统,因此各项性能指标和功能可以设计得很理想。同时,可以通过计算机通讯接口对采集部分进行控制、传送数据,具有较好的互换性,再配以不同的软件,可使整套仪器同时具有多种功能。

四、数据采集

1. 采样定理与采样频率

所谓采样,就是将连续变化的信号转变为时间域的离散信号。采样的核心问题是:信号在时域离散化后会不会丢失信息,即如何选取采样频率,从而保证采样后的离散信号能够准确、不失真地代表原有连续信号。

如图 5-8 所示,设模拟量信号为 $x_a(t)$,采样周期为 t_n,则采样频率为 $f=1/t_n$。采样后的时间离散信号为:

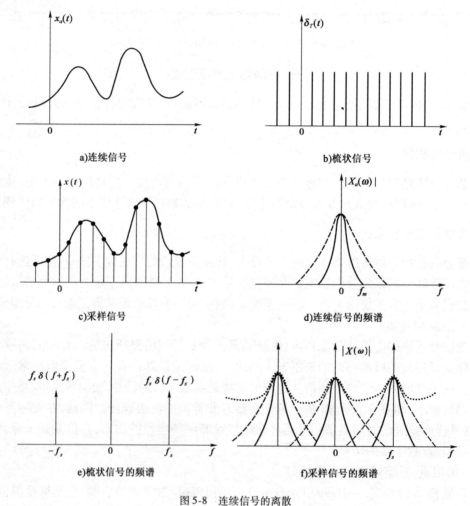

图 5-8 连续信号的离散

$$x(t) = x_a(nt_n) \quad (n = -\infty \cdots -1, 0, 1, \cdots \infty) \tag{5-1}$$

现在我们来分析信号 $x(t)$ 的频谱 $x(\omega)$,并讨论 $x(\omega)$ 能复现原模拟量信号 $x_a(t)$ 的频谱 $x_a(\omega)$ 的条件。物理上,采样过程可以看成是周期为 t_s 的采样脉冲对模拟信号的调制。周期性单位脉冲序列记为 $\delta_s(t)$:

$$\delta_s(t) = \sum_{n=-\infty}^{\infty} \delta(t - nt_s) \tag{5-2}$$

单位脉冲序列形同梳子,又称梳状函数。当原始连续信号 $x_a(t)$ 按采样频率 f 采样后,采样信号 $x(t)$ 可以看成是 $x_a(t)$ 和脉冲序列 $\delta_s(t)$ 的乘积,即:

$$x(t) = x_a(t) \cdot \delta_s(t) = x_a(t) \cdot \sum_{n=-\infty}^{\infty} \delta(t - nt_s) \tag{5-3}$$

单位脉冲序列 $\delta_\xi(t)$ 为周期函数,可按傅里叶级数展开,其傅里叶系数 C_n 为:

$$c_n = \frac{1}{t_s}\int_{-\frac{t_s}{2}}^{\frac{t_s}{2}} \delta_s(t)\mathrm{e}^{-\mathrm{j}\pi\omega ft}\mathrm{d}t = \frac{1}{t_s}\int_{-\frac{t_s}{2}}^{\frac{t_s}{2}} \sum_{n=-\infty}^{\infty} \delta(t - nt_s)\mathrm{e}^{-\mathrm{j}2\pi n}\mathrm{d}t \tag{5-4}$$

在 $|t| \leqslant \frac{t_s}{2}$ 积分区间,只有一个脉冲 $\delta(t)$,故:

$$c_n = \frac{1}{t_s}\int_{-\frac{t_s}{2}}^{\frac{t_s}{2}} \delta(t)\mathrm{e}^{-\mathrm{j}2\pi n f_x^c}\mathrm{d}t = \frac{1}{t_s} = f_s \tag{5-5}$$

由此可得 $\delta_s(t)$ 的傅氏级数的指数形式为:

$$\delta_s(t) = f_s \sum_{n=-\infty}^{\infty} \mathrm{e}^{\mathrm{j}2\pi n f_s t} \tag{5-6}$$

根据傅里叶变换的时移定理,可得 $\delta_s(t)$ 的频谱为:

$$F[\delta_s(t)] = f_s \sum_{n=-\infty}^{\infty} \delta(f - nf_s) \tag{5-7}$$

很明显,只有当 $f = nf_s$ 时,$\delta(0)$ 才取值为 1,即频谱的谱线是离散的,谱线间距为 f_s,如图 5-10e)所示。将式(5-6)代入式(5-3),采样信号可表示为:

$$x(t) = \sum_{n=-\infty}^{\infty} f_s x_a(t) \mathrm{e}^{\mathrm{j}2\pi n f_s t} \tag{5-8}$$

其傅氏变换为:

$$x(\omega) = F[x(t)] = F\left[\sum_{n=-\infty}^{\infty} f_s x_s \mathrm{e}^{\mathrm{j}2\pi n f_s t}\right] = \sum_{n=-\infty}^{\infty} f_s F[x_a(t)\mathrm{e}^{\mathrm{j}2\pi n f_s t}] \tag{5-9}$$

根据傅氏变换的频移定理,上式可写成(注意自变量由 ω 换成 $f = \omega/2\pi$):

$$X(f) = \sum_{n=-\infty}^{\infty} f_s X_a(f - nf_s) \tag{5-10}$$

式中:$x_a(f)$——原始连续信号的频谱,如图 5-8d)所示。

采样信号的频谱 $x(f)$ 如图 5-8f)所示。由此可见,采样信号的频谱包含着原信号频谱及无限个经过平移的原信号频谱(频谱的幅值均乘以常数 f_s),平移量等于采样频率 f_s 及其各次倍频 nf_s。

当连续信号频谱的最大频率 $f_m \leqslant f_s/2$,即 $f_s \geqslant 2f_m$ 时,在 $0 \leqslant f_m$ 频率范围内,采样信号的频谱 $x(f)$ 与原信号频谱完全一样,即采样信号无失真。但是,当 $f_m > f_s/2$ 或 $f_s < 2f_m$ 时,平移谱将与原信号谱重叠,使某些频带的幅值与原始频谱不同,这种现象称为频率混叠,如图 5-8d)所示。频率混叠使采样信号产生失真,造成误差。其物理概念是,采样频率太低,采样点太少,以致不能复现原信号。

不难看出,为了使采样过程不失掉信息,就要求能从采样信号的频谱中取出原信号频谱,以保证能够基本无失真地恢复原信号。这时,采样频率 f_s 与原信号最大频率 f_m 之间必须满足如下关系:

$$f_s \geqslant 2f_m \tag{5-11}$$

这就是采样定律。满足临界条件 $f_s = 2f_m$ 的信号最大频率 f_m 称为折叠频率,记为 f_c,当信号频谱超过 $f_c/2$ 时,将会以此为镜像对称轴折叠回来,造成频谱重叠。

实际采样时,在采样前并不知道信号的最大频率 f_m,这时如何确定采样频率 f_s 就成为问题的关键。我们固然可以假设 f_m 很大，从而确定 f_s。但是，随之带来的问题是由于采样频率太高而产生大量的离散数据，增加所需内存容量，或是在进一步进行数字频分析时，由于频线数有限，造成频率分辨率不足。为此，可以根据动力响应测试任务的需要确定频率范围 f_c，然后对原信号进行低通滤波，限制信号带宽，并由此按采样定律确定采样频率。

2. 量测噪声的抑制

在试验中，测量信号常常受到各种电噪声的干扰，这会导致测试精度降低。电噪声可分为静电噪声、电感噪声、射频噪声、电流噪声、接地回路电流噪声等。电噪声的抑制是数据采集系统设计及使用过程中均应注意的问题，虽然我们不可能完全消除电噪声干扰，但可以尽可能地减少它的影响。一个好的测试系统在设计中已经考虑了噪声的抑制与消除问题。以下仅从现场测试的环节来简要介绍抑制电噪声的方法：

(1)加接交流稳压电源，减少电源电压波动引起的噪声。各测试仪器电源都要尽量直接从总电源(稳压电源)的输出端接出，且功率大的电源接入端口应安排在功率小的仪器的电源接入端口之后，这样可以减少共电源仪器之间由于电流波动造成的相互影响。

(2)测试系统单点接地。单点接地是一个很重要的抑制噪声的措施，单点接地有串联和并联两种接法。并联接法是将所有仪器的接地线都并联地接到同一个接地点，这种方法是比较理想的接地方法(高频电路除外)，但由于需要连很多根接地线，布线复杂，在实际测试中不常用。串联接法是将所有仪器的接地线串接在一起，然后再接到接地点，它布线简单，当各电路电平相差不大时经常采用。

(3)所有电源线和信号传输线应尽可能采用屏蔽线。应注意不要让信号传输线与电源线平行，且应尽可能使它们相互远离隔开。

(4)正在测试记录或分析时，应注意不要变动测试系统中任何仪器的任何开关，否则将产生高额噪声和出现瞬时过载现象，甚至损坏仪器。

(5)应尽量使仪器间的阻抗相互匹配，并使振动测试仪器接地电阻不大于 4Ω。

五、试 验 组 织

桥梁动载试验组织包括试验前现场准备、试验测试、实时分析及现场清理4个方面的工作。试验组织就是把上述工作内容互相衔接，形成一个有机、完整、高效率组织计划，并在试验中按照这个计划进行。动载试验组织虽然内容较少，但仍是试验成功的重要保证。

1. 试验前现场准备工作

(1)出发前应对所携带的仪器仪表、传感器等进行全面的检查与标定，确保仪器仪表状态良好。此外，要在距离测试部位适当的地方搭设棚帐，以供操作仪器使用，还要接通电源，安装照明设备，检查通讯设备的状态。

(2)按照试验方案所定的传感器布置位置，进行放样定位，布置测试导线，采用合适的方法将传感器固定在被测对象上。此外，根据被测结构的动力特性，确定"跳车试验"进行的位置，并做出标记。

(3)对于运营中的桥梁，试验准备工作要注意传感器、测试导线的防护，试验开始前应封闭交通，禁止闲杂人员和非试验用车辆进入。

(4)建立试验领导组织，进行人员分工安排。一般的，根据试验实际情况，设指挥一人，试验车辆导引员一人,测试人员数名,配备相应的通信联络工具或明确联络方式,以便统一指挥,统一行动。

(5)正式试验前,要进行预测试,以检查仪器、仪表、测量线路的工作状态,确定测量放大器的放大系数。

2.试验工作

(1)动载试验的测试内容一般包括地脉动测试、跑车测试、跳车测试三项,试验时,宜从动力响应小的测试项目做起,即先进行地脉动测试、再进行20km/h、40km/h、60km/h跑车试验,最后进行跳车试验,以便根据动力响应的大小及时调整测量放大器的放大系数,避免量测数据溢出。

(2)进行跑车试验时,要较准确控制试验车辆的车速,并根据测试传感器的布置,确定试验车辆行驶途中进行数据采集的起止位置,以免测试数据产生遗漏。

(3)每次测试后,要在现场进行数据回放和频谱分析,并与测试桥梁动力特性的理论计算值进行比较,检查测试数据是否正常,实测频率是否与理论计算值接近。如有异常情况应立即检查、分析原因,必要时应重新进行测试。

(4)试验进行过程中,注意不要触动测试元件及测量导线,以免引起读数的波动。

(5)试验完成后,清理仪器仪表、传感器,回收测试导线,拆除棚帐,清理现场,以便开放交通。

第三节 动测数据分析与评价

桥梁结构的动力特性如固有频率、阻尼系数和振型等,它们只与结构本身的固有性质如结构的组成形式、刚度、质量分布、支承情况和材料性质等有关,而与荷载等其他条件无关,结构的动力特性是结构振动系统的基本特征,是进行结构动力分析所必需的参数。另一方面,桥梁结构在实际的动荷载作用下,结构各部位的动力响应如振幅、应力、位移、加速度等,不仅反映了桥梁结构在动荷载作用下的受力状态,也反映了动力响应对司机、乘客舒适性的影响。桥梁结构的动载试验,就是要从大量的实测数据信号中,揭示桥梁结构振动的内在规律,综合评价桥梁结构的动力性能。

在动载试验中,可获取各种振动量如位移、应力、加速度等的时间历程曲线,由于实际桥梁结构的振动往往很复杂,一般都是随机的。直接根据这样的信号或数据来分析判断结构振动的性质和规律是困难的,一般需对实测振动波形进行分析与处理,以便对结构的动态性能做进一步分析。常用的分析处理方法可以分为时域分析和频域分析两种。时域分析是直接对时程曲线进行分析,可以得出诸如振幅、阻尼比、振型、冲击系数等参数;频域分析是把时域信号通过傅立叶变换的数学处理变换为频域信号,揭示信号的频率成分和振动系统的传递特性,以得到振动能量在频率域的分布情况,从而确定结构的频率和频率分布特性。得出这些振动参量后,就可以根据有关指标综合评价桥梁结构的动力性能。以下就对两种分析方法做一简述。

一、时域分析

在时域分析中,桥梁结构的一些动力参数可以直接在相应的时程曲线上得出,例如,可以在加速度时程曲线上得到各测点加速度振幅,在位移时程曲线上将最大动挠度减去最大静挠度即可得出位移振幅,通过比较各测点的振幅、相位就可得出振型。而另外一些参数如结构阻尼特性、冲击系数则需要对时程曲线进行一些分析处理,简述如下。

1. 桥梁结构阻尼特性的测定

桥梁结构的阻尼特性,一般用对数衰减率 δ 或阻尼比 D 来表示。实测的自由振动衰减曲线如图 5-9 所示,由振动理论可知,对数衰减率为:

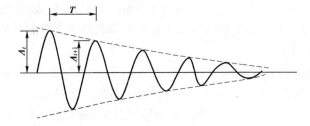

图 5-9　由自由振动衰减曲线求阻尼特性

$$\delta = \ln \frac{A_i}{A_{i+1}} \tag{5-12}$$

式中:A_i 和 A_{i+1}——分别为相邻两个波的振幅值,可以直接从衰减曲线上量取。

实践中,常在衰减曲线上量取 n 个波形,求得平均衰减率:

$$\delta_a = \frac{1}{n} \ln \frac{A_i}{A_{i+n}} \tag{5-13}$$

根据振动理论,对数衰减率与阻尼比 D 的关系为:

$$\delta = \frac{2\Pi D}{\sqrt{1-D^2}} \tag{5-14}$$

由于一般材料的阻尼比都很小,因此,式(5-14)可近似表述为:

$$D = \frac{\delta}{2\Pi} \tag{5-15}$$

图 5-10 所示为跳车试验所产生的自由振动衰减曲线,通过对实测数据的分析,可知该桥的阻尼比为 0.0218。通常,桥梁结构的阻尼比在 0.01~0.08 之间,阻尼比越大,说明桥梁结构耗散外部能量输入的能力越强,振动衰减得越快,反之亦然。

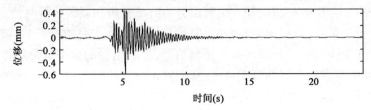

图 5-10　跳车试验产生的结构竖向振动典型波形

2. 冲击系数的确定

动力荷载作用与桥梁结构上产生的动挠度,一般较同样的静荷载所产生的相应的静挠度要大。动挠度与相应的静挠度的比值称为活荷载的冲击系数。由于挠度反映了桥梁结构的整体性能,是衡量结构刚度的主要指标,因此活载冲击系数综合地反映了动力荷载对桥梁结构的动力作用。活载冲击系数与桥梁结构的结构形式、车辆行驶速度、桥面的平整度等因素有关。为了测定桥梁结构的冲击系数,应使车辆以不同的速度驶过桥梁,逐次记录跨中截面的挠度时程曲线,如图 5-11 所示,按照冲击系数的定义有:

$$1 + \mu = \frac{Y_{d\max}}{Y_{s\max}} \tag{5-16}$$

式中:$Y_{d\max}$——最大动挠度值;
$Y_{s\max}$——最大静挠度值。

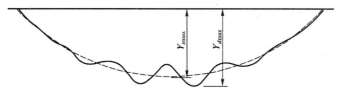

图 5-11 移动荷载作用下简支梁的挠度曲线

如图 5-12a)所示为 1 辆 10t 重的试验车辆以 20km/h 时速通过某预应力混凝土 T 型刚构桥时,T 构牛腿处的动挠度时程曲线,根据实测数据,可得该桥的冲击系数($1+\mu$)为:

$$1 + \mu = \frac{Y_{d\max}}{Y_{s\max}} = \frac{5.576}{5.089} = 1.096$$

对动挠度进行频谱分析,如图 5-12b)所示,从频谱图中可得出该桥第一阶频率为 1.08Hz。

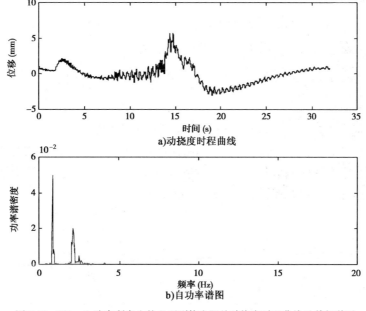

图 5-12 20km/h 跑车所产生的 T 型刚构牛腿处动挠度时程曲线及其频谱图

二、频域分析方法

桥梁结构在风荷载、地震荷载、车辆荷载作用下所产生的振动,都是包含有多个频率成分的随机振动,它的规律不能用一个确定的函数来描述,这种不确定性、不规则性是随机数据共有的特点。随机变量的单个试验称为样本,每次单个试验的时间历程曲线称为样本记录,同一试验的多个试验的集合称为样本集合或总体,它代表一个随机过程。随机数据的不确定性、不规则性是对单个观测样本而言的,而大量的同一随机振动试验的集合都存在一定的统计规律。对于桥梁结构的振动,一般都属于平稳的、各态历经的随机过程,即随机过程的统计特征与时间无关,且可以用单个样本来替代整个过程的研究。随机数据可以用以下所述的几种统计函数来描述。

1. 均值、均方值和均方差

随机数据的均值、均方值和均方差是样本函数时间历程的一种简单平均,它们从不同方面反映了随机振动信号的强度,其表达式分别如下:

均值
$$u_x = E[x(t)] = \lim_{T \to \infty} \frac{1}{T} \int_0^T x(t) \mathrm{d}t \tag{5-17}$$

均方值
$$\psi_x^2 = E[x^2(t)] = \lim_{T \to \infty} \frac{1}{T} \int_0^T x^2(t) \mathrm{d}t \tag{5-18}$$

均方差
$$\sigma_x^2 = E[(x(t) - u_x)^2] = \lim_{T \to \infty} \frac{1}{T} \int_0^T (x(t) - u_x)^2 \mathrm{d}t \tag{5-19}$$

均值反映了随机过程的静态强度,是时间历程的简单算术平均;均方值反映了总强度,它是时间历程平方值的平均;均方差反映了动态强度,是零均值信号的均方值。均值 u_x、均方值 ψ_x^2、均方差 σ_x^2 三者之间的关系为:

$$\psi_x^2 = u_x^2 + \sigma_x^2 \tag{5-20}$$

2. 概率密度函数

各态历经随机振动过程的概率密度函数表示在样本记录中,瞬时数据 $x(t)$ 的值落在某一指定范围 $(x, x+\Delta x)$ 内的概率,如图 5-13 所示,其定义为:

$$p(x) = \lim_{\Delta x \to 0} \left[\frac{prob[x < x(t) < x + \Delta x]}{\Delta x} \right] = \lim_{\Delta x \to 0} \frac{1}{\Delta x} \left[\lim_{T \to \infty} \frac{T_x}{T} \right] \tag{5-21}$$

式中:T——总观测时间;

T_x——在总观测 T 时间内,$x(t)$ 落在 $(x, x+\Delta x)$ 区间内的时间总和。

根据上述定义可知,概率密度曲线 $p(x)$ 下的面积总和等于1,它标志着随机数据落在全部范围内的必然性。概率密度函数与均值、均方值有内在的联系。均值 u_x 等于概率密度曲线下的面积形心的坐标,如图 5-14 所示,它可以由一次矩来计算:

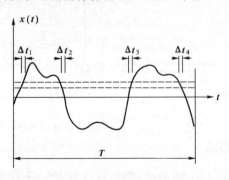

图 5-13　概率密度函数

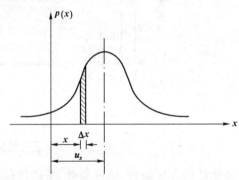

图 5-14　概率密度曲线与均值的关系

$$u_x = \int_{+\infty}^{-\infty} xp(x)\,\mathrm{d}x \qquad (5\text{-}22)$$

均方值 ψ_x^2 可以由二次矩来计算：

$$\psi_x^2 = \int_{+\infty}^{-\infty} x^2 p(x)\,\mathrm{d}x \qquad (5\text{-}23)$$

3. 自相关函数

随机变量的自相关函数是描述一个时刻的变量与另一时刻变量数值之间的依赖关系，对于各态历经随机过程的变量 $x(t)$ 的自相关函数 $R_x(\tau)$ 可以定义为 $x(t)$ 与它的延时 $x(t+\tau)$ 乘积的时间平均，即：

$$R_x(\tau) = \lim_{T\to\infty}\frac{1}{T}\int_0^T x(t)x(t+\tau)\,\mathrm{d}t \qquad (5\text{-}24)$$

自相关函数主要用来确定任一时刻的随机数据对它以后数据的影响程度，$R_x(\tau)$ 的数值大小说明影响程度的大小。因此，可以利用自相关函数来鉴别混淆在随机数据中的周期成分，因为当随机数据在时间间隔很大时，自相关程度趋于零，而周期成分不管时间间隔多大，其自相关函数都变化不大。

4. 功率谱密度函数

对于平稳随机过程，随机变量 $x(t)$ 的功率谱密度定义为样本函数在 $(f,f+\Delta f)$ 频率范围内均方值的谱密度，即：

$$G(f) = \lim_{\Delta f\to\infty}\frac{\psi_x^2(f,f+\Delta f)}{\Delta f} \qquad (5\text{-}25)$$

由式(5-25)得到的功率谱称为单边功率谱。在实际分析时，常采用自相关函数 $R_x(\tau)$ 的傅立叶变换来求得功率谱密度函数，其表达式为：

$$S(f) = \int_{-\infty}^{\infty} R_x(\tau)\mathrm{e}^{-\mathrm{i}2\Pi f\tau}\,\mathrm{d}\tau \qquad (5\text{-}26)$$

由式(5-26)得到的功率谱称为双边功率谱密度函数，也称为自功率谱密度，$S(f)$ 与 $G(f)$ 的关系为：

$$G(f) = 2S(f) \qquad (5\text{-}27)$$

由式(5-26)的逆变换可得：

$$R_x(\tau) = \int_{-\infty}^{\infty} S(f)\mathrm{e}^{\mathrm{i}2\Pi f\tau}\,\mathrm{d}f \qquad (5\text{-}28)$$

当 $\tau = 0$ 时，上式可表示为：

$$R_x(0) = \psi_x^2 = \int_{-\infty}^{\infty} S(f)\,\mathrm{d}f \qquad (5\text{-}29)$$

上式表明，自功率谱密度 $S(f)$ 在整个频率域上的积分就是随机变量的均方值。一般振动的能量或功率与其振幅的平方或均方值成比例，所以功率谱密度反映了随机数据在频率域内能量的分布情况，某个频率对应的功率谱值大，说明该频率在振动过程中占主导地位，由此即可在纷繁的量测数据中分析出结构的固有频率，如图 5-15 所示。因而，在分析随机数据的频率构成时，我们常常利用其自功率谱的分布图形来判断桥梁结构的固有频率，在实际测试中，随机数据的自功率谱计算常采用快速傅立叶变换（FFT）来实现。图 5-16a）所示为某桥跨中截面跳车试验加速度时程曲线,图5-16b)所示为根据加速度时程曲线进行傅立叶变换所得出的加速度自功率谱图,从图上可以看出该桥的第一固有频率为1.888Hz。

目前,在实际测试中,相当一部分动态数据采集仪都具有直接进行频域分析的功能,这样就极大地方便了现场测试分析。图5-17所示就是某桥在跳车试验的实测加速度时程曲线,动态数据采集仪可直接由时域信号分析得出的加速度自功率谱图,得出结构的固有频率为9.96 Hz,这样,就可比较方便的在现场进行分析与评价了。

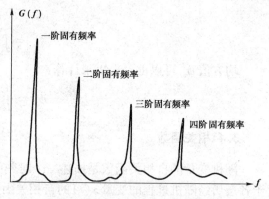

图5-15 自功率谱图与结构的固有频率

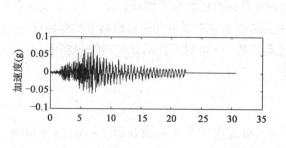

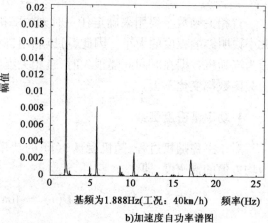

a)加速度时程曲线　　　　　　　　　　b)加速度自功率谱图

图5-16 某桥40km/h跑车试验跨中截面加速度时程曲线及其自功率谱

试验工况:冲击　第1次试验　测点位置:第八跨中心　试验名:冲击7~9　试验号:1　测点号:2　采样频率:99.998 779Hz　光标位置频率:9.960 816Hz

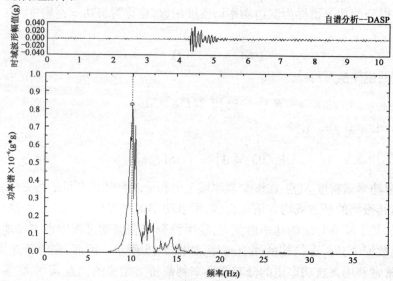

图5-17 某桥跳车试验跨中加速度时程曲线及其频谱图

三、桥梁结构动力性能的分析评价

桥梁结构动力性能的一些参量如固有频率、阻尼比、振型、动力冲击系数以及动力响应的大小,是宏观评价桥梁结构的整体刚度、运营性能的重要指标,也是一些规范评价桥梁安全舒适运营性能的主要尺度。然而,由于桥梁结构动力特性、动力响应的复杂性,加上结构振动对结构疲劳损伤的影响规律尚不够清楚,结构振动响应对使用者(司机、乘客)的舒适性的影响也十分复杂,因而,对于动载试验所测得的加速度、振幅、动位移等参量,目前国内外规范尚无比较系统、全面、可操作的评价指标体系,仅有一些零星的评价指标,如我国铁路检定规范(1978)规定铁路桥梁的振幅不得大于 $L/2.5B$ mm(L 为跨度,B 为桥宽),也有一些研究者采用英国 Sperling 指标、德国 Diekmann 指标或国际标准化组织 ISO2631 指标来评价桥梁结构振动对司机乘客舒适性的影响。

一般认为,桥梁结构的动力特性反映了结构的整体刚度、桥面的平整程度及耗散外部振动能量的能力,过大的动力响应会影响车辆的安全行驶,会导致桥梁结构产生疲劳损伤,会引起司机、乘客的不舒适,应予以设法避免的。同时,由于在计算分析中常常会做出一些假设,忽略了一些次要因素,故桥梁结构的实际刚度大于计算取值、实测频率应大于计算频率。在实际测试中,通常通过以下几个方面来评价桥梁结构的动力性能:

(1)比较桥梁结构频率的理论计算值与实测值,如果实测值大于理论计算值,说明桥梁结构的实际刚度较大,整体性能较好;反之则说明桥梁结构的刚度偏小,可能存在开裂或其他不正常现象。

(2)根据动力冲击系数的实测值来评价桥梁结构的行车性能,实测冲击系数较大则说明桥梁结构的行车性能差,桥面的平整程度不良,反之亦然。

(3)根据实测加速度量值的大小,评价桥梁结构行车的舒适性。根据国际标准化组织 ISO 的研究资料,车辆在桥梁结构行驶时最大竖向加速度不宜超过 $0.065g$(g 为重力加速度),否则就可能会引起司乘人员的不适。

(4)实测阻尼比的大小反映了桥梁结构耗散外部能量输入的能力,阻尼比大,说明桥梁结构耗散外部能量输入的能力强,振动衰减得快;阻尼比小,说明桥梁结构耗散外部能量输入的能力差,振动衰减得慢。但是,过大的阻尼比则说明桥梁结构可能存在开裂或支座工作状况不正常等现象。

第六章 无损检测技术

第一节 概 述

一、混凝土无损检测技术的形成和发展

混凝土的无损检测技术,是指在不影响结构受力性能或其他使用功能的前提下,直接在结构上通过测定某些物理量,推定混凝土的强度、均匀性、连续性、耐久性等一系列性能的检测方法。

早在 20 世纪 30 年代,人们就开始探索混凝土无损检测技术。1930 年首先出现了表面压痕法。1948 年瑞士人施密特(E. Schmid)研制成功回弹仪。1949 年加拿大的莱斯利(Leslie)等运用超声脉冲进行混凝土检测获得成功。60 年代罗马尼亚的费格瓦洛(I. Fǎcǎoaru)提出超声回弹综合法。随后,许多国家也相继开展了这方面的研究工作,制订了有关的技术标准。我国在 20 世纪 50 年代开始引进瑞士、英国、波兰等国的回弹仪和超声仪,并结合工程应用开展了许多研究工作。经过几十年的研究和工程应用,我国研制了一系列的无损检测仪器设备,结合工程实践进行了大量的应用研究,逐步形成了《回弹法检测混凝土抗压强度技术规程》(JGJ/T 23—2001)、《超声回弹综合法检测混凝土强度技术规程》(CECS 02:2005)、《后装拔出法检测混凝土强度技术规程》(CECS 69:94)、《超声法检测混凝土缺陷技术规程》(CECS 21:2000)等技术规程,并由此解决了工程实践中的问题,产生了巨大的社会经济效益。

无损检测技术与常规的混凝土结构破坏试验相比,具有如下一些特点:
(1)不破坏被检测构件,不影响其使用性能,且简便快速。
(2)可以在构件上直接进行表层或内部的全面检测,对新建工程和既有结构物都适用。
(3)能获得破坏试验不能获得的信息,如能检测混凝土内部空洞、疏松、开裂、不均匀性、表层烧伤、冻害及化学腐蚀等。
(4)可在同一构件上进行连续测试和重复测试,使检测结果有良好的可比性。
(5)测试快速方便,费用低廉。
(6)由于是间接检测,检测结果要受到许多因素的影响,检测精度相对低一些。

目前,混凝土无损检测技术主要用于既有结构的强度推定、施工质量检验、结构内部缺陷检测等方面。随着对混凝土制作全过程质量控制要求的不断提高,对既有结构物维修养护的日益重视,无损检测技术在工程建设中会发挥越来越重要的作用。

二、常用无损检测方法的分类和特点

由于混凝土无损检测技术不仅能推定混凝土的强度,而且能够反映混凝土的均匀性、连续性等各项质量指标,因此在新建工程质量评价、已建工程的安全性评价等方面具有无可替代的作用,越来越受到人们的重视。为了便于了解全貌,按检测目的、基本原理分类如下:

1. 混凝土强度的无损检测方法

在工程实践中,需要运用无损检测方法推定混凝土实际强度的情况主要有如下几种:一是在施工过程中,由于管理、工艺或意外事故等原因影响了混凝土质量,或预留试块的取样、制作、养护、抗压试验等不符合有关技术规程或标准的规定,以致预留试件的强度不能代表结构混凝土的实际强度时,可以采用无损检测方法推定混凝土强度,作为混凝土合格性评定及验收依据。二是当需要了解混凝土在施工期间的强度增长情况,以便进行拆模、吊装、预应力筋张拉或放张等后续工序时,可运用无损检测方法连续监测结构混凝土强度的发展,以便及时调整施工进程。同时,无损检测方法也可作为施工过程中质量控制的重要手段。三是对于既有桥梁结构,在使用过程中,有些桥梁已不能满足当前通行荷载的要求,有些桥梁由于各种自然原因而产生不同程度的损伤与破坏,有些桥梁由于设计或施工不当而产生各种缺陷。对于这些桥梁的维修、加固、改建,可通过无损检测方法推定混凝土强度,以便提供加固、改建设计时的基本强度参数和其他设计依据。

混凝土强度的无损检测方法根据其原理可分为非破损法、半破损法、综合法3种。

(1)非破损法

非破损法以混凝土强度与某些物理量之间的相关性为基础,检测时在不影响混凝土任何性能的前提下,测试这些物理量,然后根据相关关系推算被测混凝土的强度。属于这类方法的有回弹法、超声脉冲法、射线吸收与散射法、成熟度法等等。这类方法的特点是测试方便、费用低廉,但其测试结果的可靠性主要取决于混凝土的强度与所测试物理量之间的相关性。

回弹法是采用回弹仪进行混凝土强度测定,属于表面硬度法的一种。其原理是回弹仪中运动的重锤以一定冲击动能撞击顶在混凝土表面的冲击杆后,测出重锤被反弹回来的距离,以回弹值作为与强度相关的指标,来推定混凝土强度的一种方法。

超声波法检测混凝土强度的基本依据是超声波传播速度与混凝土弹性性质的密切关系。在实际检测中,超声声速又通过混凝土弹性模量与其力学强度的内在联系,与混凝土抗压强度建立相关关系并借以推定混凝土的强度。

成熟度法主要以"度时积":

$$M(t) = \sum (T_s - T_0)\Delta t$$

作为推定强度的依据。

式中:$M(t)$——成熟度;

T_0——基准温度;

T_s——时间Δt区间内混凝土的平均温度。

主要用于现场测量控制混凝土早期强度发展状况,一般多作为施工质量控制手段。

射线法主要根据 γ 射线在混凝土中的穿透衰减或散射强度推算混凝土的密实度,并据此推定混凝土的强度。这种方法由于涉及放射线防护问题,目前在国内外应用较少。

(2) 半破损法

半破损法是以不影响构件的承载能力为前提,在构件上直接进行局部破坏性试验,或直接钻取芯样进行破坏性试验。属于这类方法的有钻芯法、拔出法、射击法等。这类方法的特点是以局部破坏性试验获得混凝土强度,因而较为直观可靠。其缺点是造成结构物的局部破坏,需进行修补,因而不宜用于大面积检测。

钻芯法是利用专用钻机,从结构混凝土中钻取芯样以检测混凝土强度或观察混凝土内部缺陷的方法。钻芯法检测混凝土强度具有直观准确的优点,但其缺点是对构件的损伤较大,检测成本较高。因此,一般宜将钻芯法与其他非破损方法结合使用。

拔出法是使用拔出仪器拉拔埋在混凝土表层内的锚固件,将混凝土拔出一锥形体,根据混凝土抗拔力推算其抗压强度的方法。该法分为预埋法和后装法两种,前者是浇筑混凝土时预先将锚杆埋入,后者是在硬化后的混凝土上钻孔,装入(黏结或胀嵌)锚杆。

射击法也称穿透探针法或贯入阻力法,是采用一种称为温泽探针(Windor prode)的射击装置,将硬质合金钉打入混凝土中,根据钉的外露长度作为混凝土贯入阻力的度量并以此推算混凝土强度。钉的外露长度愈多,表明其混凝土强度愈高。这种方法适宜于混凝土早期强度发展情况的测定,也适用于同一结构不同部位混凝土强度的相对比较。该法的优点是测量迅速简便,由于有一定的射入深度(20~70mm),受混凝土表面状况及碳化层影响较小,但受混凝土粗骨料的影响十分明显。

(3) 综合法

所谓综合法就是采用两种或两种以上的无损检测方法,获取多种物理参量,并建立强度与多项物理参量的综合相关关系,以便从不同角度综合评价混凝土的强度。由于综合法采用多项物理参数,能较全面地反映构成混凝土强度的各种因素,因而它比单一物理量的无损检测方法具有更高的准确性和可靠性。目前已被采用的综合法有超声回弹综合法、超声钻芯综合法、超声衰减综合法等等,其中超声回弹综合法已在国内外获得广泛应用。

2. 混凝土缺陷无损检测方法

所谓混凝土的缺陷,是指那些在宏观材质不连续、性能参数有明显变异,而且对结构的承载能力和使用性能产生影响的区域。即使整个结构的混凝土的普遍强度已达到设计要求,这些缺陷的存在也会使结构整体承载力严重下降,或影响结构的耐久性。因此,必须探明缺陷的部位、大小和性质,以便采取切实的处理措施,排除工程隐患。混凝土缺陷的成因十分复杂,检测要求也各不相同。混凝土缺陷现象大致有:内部空洞、蜂窝麻面、疏松、断层(桩)、结合面不密实、裂缝、碳化、冻融、化学腐蚀等。混凝土缺陷的无损检测方法主要有超声脉冲法、脉冲回波法、雷达扫描法、红外热谱法、声发射法等。

超声脉冲法检测内部缺陷分为穿透法和反射法。穿透法是根据超声脉冲穿过混凝土时,在缺陷区的声时、波幅、波形、接收信号的频率等参数所发生的变化来判断缺陷的,因此它只能在结构物的两个相对面上或在同一面上进行测试。目前超声脉冲穿透法已较为成熟,并已普遍用于工程实践,许多国家都已编制了相应的技术规程。反射法则根据超声脉冲在缺陷表面产生反射波的现象进行缺陷判断。由于它不必像穿透法那样在两个测试面上进行,因此对某些只能在一个测试面上检测的结构物(如桩基础、路面等)具有特殊意义,也取得了广泛的工程应用。

脉冲回波法是采用落球、锤击等方法在被测物件中产生应力波,用传感器接收回波,然后采用时域或频域方法分析回波的反射位置,以判断混凝土中缺陷位置的方法。其特点是激励力足以产生较强的回波,因而可检测尺寸较大的构件,如深度达数十米的基桩或厚度较大的混凝土板等。

雷达扫描法是利用混凝土反射电磁波的原理,先向被检测的结构物发射电磁波,在电特性(电容率及导电率)不同的物质界面产生反射波,再根据反射波的性质,分析反射波的影像,便可检测出结构的内部缺陷。其特点是可迅速对被测结构进行扫描,适用于道路、机场等结构物的大面积快速扫测。

红外热谱法是测量或记录混凝土热发射的方法。当混凝土中存在缺陷时,这些有缺陷的部位与正常部位相比,温度上升与下降的状况是不同的,其外表面会产生温度差。所以,从红外线照相机所测得的温度分布图像中,便能推断出缺陷的位置和大小。

声发射法是利用混凝土受力时因内部微小区域破坏而发声的现象,根据声发射信号分析混凝土损伤程度的一种方法,这种方法常用于混凝土受力破坏过程的监视,用以确定混凝土的受力历史和损伤程度。

3. 其他无损检测方法

除了混凝土强度和缺陷检测以外,还有其他一些性能可用无损检测方法予以测定。其他性能主要是指与结构物使用功能有关的各种性能。主要有混凝土碳化深度、保护层厚度、受冻层深度、含水率、钢筋位置与钢筋锈蚀状况、水泥含量、钢结构焊缝质量等。常用的检测方法有共振法、敲击法、磁测法、电测法、微波吸收法、中子散射法、渗透法等。

第二节 回弹法检测混凝土强度

一、回弹法的基本原理

回弹法是采用回弹仪进行混凝土强度测定,属于表面硬度法的一种,其原理是回弹仪中运动的重锤以一定冲击动能撞击顶在混凝土表面的冲击杆后,测出重锤被反弹回来的距离,以回弹值(反弹距离与弹簧初始长度之比)作为与强度相关的指标来推定混凝土强度的一种方法。混凝土表面硬度是一个与混凝土强度有关的量,表面硬度值是随强度的增大而提高的,采用具有一定动能的钢锤冲击混凝土表面时,其回弹值与混凝土表面硬度也有相关关系。所以,混凝土强度与回弹值存在相关关系。回弹法由于其操作简便、经济、快速,在国内外得到广泛的应用。

图 6-1 所示为回弹法的原理示意图。当重锤被拉到冲击前的起始状态时,若重锤的质量等于 1,则这时重锤所具有的势能 e 为:

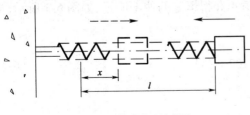

图 6-1 回弹法原理示意图

$$e = \frac{1}{2}E_s l^2 \tag{6-1}$$

式中：E_s——拉力弹簧的刚度系数；

l——拉力弹簧起始拉伸长度。

混凝土受冲击后产生瞬时弹性变形，其恢复力使重锤回弹，重锤被弹回到 x 位置时所具有的势能 e_x 为：

$$e_x = \frac{1}{2}E_s x^2 \tag{6-2}$$

式中：x——重锤反弹位置或重锤回弹时弹簧的拉伸长度。

重锤在弹击过程中所消耗的能量 Δe 为：

$$\Delta e = e - e_x \tag{6-3}$$

将式(6-1)、式(6-2)代入式(6-3)得：

$$\Delta e = \frac{E_s l^2}{2} - \frac{E_s x^2}{2} = e\left[1 - \left(\frac{x}{l}\right)^2\right] \tag{6-4}$$

令

$$R = \frac{x}{l} \tag{6-5}$$

在回弹仪中，l 为定值，故 R 与 x 成正比，称为回弹值。将 R 代入式(6-4)得：

$$R = \sqrt{1 - \frac{\Delta e}{e}} = \sqrt{\frac{e_x}{e}} \tag{6-6}$$

从式(6-6)可知，回弹值 R 是重锤冲击混凝土表面后剩余的势能与原有势能之比的平方根。简言之，回弹值是重锤冲击过程中能量损失的反映。能量损失愈小，说明混凝土表面硬度愈大，其相应的回弹值也就愈高。由于混凝土表面硬度与其抗压强度有一致性的变化关系，因此，回弹值 R 的大小亦反映了混凝土抗压强度的大小。

二、回 弹 仪

1. 回弹仪的类型、构造及工作原理

回弹仪分类如表 6-1 所示，其中，以 N 型应用最为广泛，这种中型回弹仪是一种指针直读的直射锤击式仪器，其构造如图 6-2 所示。使用时，先对回弹仪施压，弹击杆 1 徐徐向机壳内推进，弹击拉簧 2 被拉伸，使连接弹击拉簧的弹击锤 4 获得恒定的冲击能量，如图 6-3 所示，当仪器水平状态工作时，其冲击能量可由下式计算：

$$e = \frac{1}{2}E_s l^2 = 2.207 \quad (J) \tag{6-7}$$

式中：E_s——弹击拉簧的刚度，等于 0.784N/mm；

l——弹击拉簧工作时拉伸长度，等于 75mm。

回弹仪分类　　　　　　　　　　　　　　　　　表6-1

类　别	名　称	冲击能量	主要用途	备　注
L型(小型)	L型	0.735J	小型构件或刚度稍差的混凝土	
	LR型	0.735J	小型构件或刚度稍差的混凝土	有回弹值自动画线装置
	LB型	0.735J	烧结材料和陶瓷	
N型(中型)	N型	2.207J	普通混凝土构件	
	NA型	2.207J	水下混凝土构件	
	NR型	2.207J	普通混凝土构件	有回弹值自动画线装置
	ND-740型	2.207J	普通混凝土构件	高精度数显式
	NP-750型	2.207J	普通混凝土构件	数字处理式
	MTC-850型	2.207J	普通混凝土构件	有专用电脑自动记录处理
	WS-200型	2.207J	普通混凝土构件	远程自动显示记录
P型(摆式)	P型	0.883J	轻质建材、砂浆、饰面等	
	PT型	0.883J	用于低强度胶凝制品	冲击面较大
M型(大型)	M型	29.40J	大型实心块体、机场跑道及公路路面的混凝土	

当挂钩 12 与调零螺钉 16 互相挤压时,使弹击锤脱钩,弹击锤的冲击面与弹击杆的后端平面相碰撞如图 6-4 所示,此时弹击锤释放出来的能量借助弹击杆传递给混凝土构件,混凝土弹性反应的能量又通过弹击杆传递给弹击锤,使弹击锤获得回弹的能量后向后弹回,弹击锤回弹的距离 l' 与弹击脱钩前距弹击杆后端平面的距离 l 之比即回弹值 R,它由仪器外壳上的刻度尺 8 示出,如图 6-2 所示。

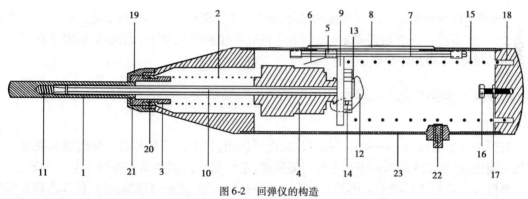

图 6-2　回弹仪的构造

1-弹击杆;2-弹击拉簧;3-拉簧座;4-弹击锤;5-指针块;6-指针片;7-指针轴;8-刻度尺;9-导向法兰;10-中心导杆;11-缓冲压簧;12-挂钩;13-挂钩压簧;14-挂钩销子;15-压簧;16-调零螺钉;17-紧固螺母;18-尾盖;19-盖帽;20-卡环;21-密封毡帽;22-按钮;23-外壳

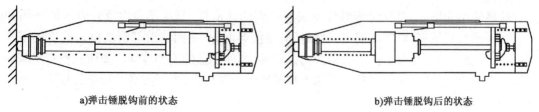

a)弹击锤脱钩前的状态　　　　　　　　　b)弹击锤脱钩后的状态

图 6-3　弹击状态示意图

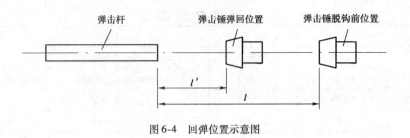

图 6-4　回弹位置示意图

2. 回弹仪的率定

回弹仪使用性能的检验方法一般采用钢砧率定法,即在洛氏硬度 HRC 为 60±2 的钢砧上,将仪器垂直向下弹击,回弹值的平均值应为 80±2,以此作为使用过程中是否需要调整的标准。

试验研究表明,钢砧率定的主要作用为:

(1)当仪器为标准状态时,检验仪器的冲击能量是否等于或接近于 2.207J(N 型),此时在钢砧上的率定值应为 80±2,此值作为校验仪器的标准之一。

(2)能较灵活地反映出弹击杆、中心导杆和弹击锤的加工精度以及工作时三者是否在同一轴线上。若不符合要求,则率定值低于 78,会影响测试值。

(3)转动呈标准状态回弹仪的弹击杆在中心导杆内的位置,可检验仪器本身测试的稳定性。当各个方向在钢砧上的率定值均为 80±2 时,即表示该台仪器的测试性能是稳定的。

(4)在仪器其他条件符合要求的情况下,用来校验仪器经使用后内部零部件有无损坏或出现某些障碍(包括传动部位及冲击面有无污物等),出现上述情况时率定值偏低且稳定性差。

《回弹法检测混凝土抗压强度技术规程(JGJ/T 23—2001)》规定,如率定值不在 80±2 范围内,应对仪器进行保养后再率定,如仍不合格应送校验单位校验。钢砧率定值不在 80±2 范围内的仪器,不得用于测试。

3. 回弹仪的操作、保养及校验

(1)操作

将弹击杆顶住混凝土的表面,轻压仪器,松开按钮,弹击杆徐徐伸出。使仪器对混凝土表面均匀施压,待弹击锤脱钩冲击弹击杆后即回弹,带动指针向后移动并停留在某一位置上,即为回弹值。继续顶住混凝土表面并在读取和记录回弹值后,逐渐对仪器减压,使弹击杆自仪器内伸出,重复进行上述操作,即可测得被测构件或结构的回弹值。操作中注意仪器的轴线应始终垂直于构件混凝土的表面。

(2)保养

仪器使用完毕后,要及时清除伸出仪器外壳的弹击杆、刻度尺表面及外壳上的污垢和尘土。当测试次数较多、对测试值有怀疑时,应将仪器拆卸,并用清洗剂清洗机芯的主要零件及其内孔,然后在中心导杆上抹一层薄薄的钟表油,其他零部件不得抹油。要注意检查尾盖的调零螺丝有无松动,弹击拉簧前端是否钩入拉簧座的原孔位内,否则应送校验单位校验。

(3)校验

目前,国内外生产的中型回弹仪,不一定能保证出厂时为标准状态,因此即使是新的有出厂合格证的仪器,也需送校验单位校验。此外,当仪器超过检定有效期限,或累计弹击次数超过 6000 次,或仪器遭受撞击、损害等情况均应送校验单位进行校验。

三、回弹法测强曲线

我国地域辽阔,各地区材料、生产工艺及气候等均有差异,影响混凝土的抗压强度 f_{cu} 与回弹值 R 的因素非常广泛,如水泥品种、粗骨料、细骨料、外加剂的影响,混凝土的成型方法、养护方法的影响,环境湿度的影响,混凝土碳化及龄期的影响等等。回弹法测定混凝土的抗压强度,是建立在混凝土的抗压强度与回弹值之间具有一定的相关性的基础上的,这种相关性可用"$f_{cu} - R$"相关曲线(或公式)来表示,通常称之为测强曲线。在我国,回弹法测强曲线分为全国统一测强曲线、地区曲线和专用曲线 3 种,以方便测试、提高测试精度,充分考虑各地区的材料差异。3 种曲线制定的技术条件及使用范围如表 6-2 所示。

回弹法测强相关曲线　　　　　表 6-2

名称	统一曲线	地区曲线	专用曲线
定义	由全国有代表性的材料、成型、养护工艺配制的混凝土试块,通过大量的破损与非破损试验所建立的曲线	由本地区有代表性的材料、成型、养护工艺配制的混凝土试块,通过较多的破损与非破损试验所建立的曲线	由与构件混凝土相同的的材料、成型、养护工艺配制的混凝土试块,通过一定数量的破损与非破损试验所建立的曲线
适用范围	适用于无地区曲线或专用曲线时检测符合规定条件的构件或结构混凝土强度	适用于无专用曲线时检测符合规定条件的构件或结构混凝土强度	适用于检测与该构件相同条件的混凝土强度
误差	测强曲线的平均相对误差 $\leq \pm 15\%$,相对标准差 $\leq 18\%$	测强曲线的平均相对误差 $\leq \pm 14\%$,相对标准差 $\leq 17\%$	测强曲线的平均相对误差 $\leq \pm 12\%$,相对标准差 $\leq 14\%$

测强相关曲线一般可用回归方程来表示。对于未碳化混凝土或在一定条件下成型养护的混凝土,可用回归方程表示:

$$f_{cu}^c = f(R) \tag{6-8}$$

式中:f_{cu}^c——回弹法测区混凝土强度值。

对于已经碳化的混凝土或龄期较长的混凝土,可由下列函数关系表示:

$$f_{cu}^c = f(R, d) \tag{6-9}$$

$$f_{cu}^c = f(R, d, t) \tag{6-10}$$

式中:d——混凝土的碳化深度;
　　　t——混凝土的龄期。

如果定量测出已硬化的混凝土构件的含水率,可以采用下列函数式:

$$f_{cu}^c = f(R, d, t, W) \tag{6-11}$$

式中:W——混凝土的含水率。

目前我国应用最广泛的是式(6-9),即采用回弹值和碳化深度两个指标来推定混凝土强度。按全国统一曲线制订的测区混凝土强度换算表见附录 3。

四、检测方法与数据处理

1. 检测准备

检测前,一般需要了解工程名称,设计、施工和建设单位名称;构件名称、编号、施工图及混凝土设计强度等级；水泥品种、标号、出厂厂名；砂石品种、粒径、外加挤或掺和料品种、掺量，以及混凝土配合比等；模板类型，混凝土灌注和养护情况、成型日期；构件存在的质量问题，混凝土试块抗压强度等。

一般的，检测构件的混凝土强度有两类方法，一类是逐个检测被测构件，另一类是抽样检测。逐个检测方法主要用于对混凝土强度质量有怀疑的独立结构或有明显质量问题的构件。抽样检测主要用于在相同的生产工艺条件下，强度等级相同、原材料和配合比基本一致且龄期相近的混凝土构件。被检测的试样应随机抽取不少于同类构件总数的30%，还要求测区总数不少于100个。

2. 检测方法

当了解了被检测的混凝土构件情况后，需要在构件上选择及布置测区。所谓"测区"系指每一试样的测试区域。每一测区相当于试样同条件混凝土的一组试块。行业标准《回弹法检测混凝土抗压强度技术规程（JGJ/T 23—2001）》规定，取一个构件混凝土作为评定混凝土强度的最小单元，至少取10个测区。但对长度小于3m，高度小于0.6m的构件，其测区数量可适当减少，但不应少于5个。测区的大小以能容纳16个回弹测点为宜。测区表面应清洁、平整、干燥，不应有接缝、饰面层、粉刷层、浮浆、油垢、蜂窝麻面等。必要时可采用砂轮清除表面杂物和不平整处。测区宜均匀布置在构件或结构的检测面上，相邻测区间距不宜过大，当混凝土浇筑质量比较均匀时可酌情增大间距，但不宜大于2m；构件或结构的受力部位及易产生缺陷部位（如梁与柱相接的节点处）需布置测区；测区优先考虑布置在混凝土浇筑的侧面（与混凝土浇筑方向相垂直的贴模板的一面），如不能满足这一要求时，可选在混凝土浇筑的表面或底面；测区须避开位于混凝土内保护层附近设置的钢筋和预埋钢板。对于体积小、刚度差以及测试部位的厚度小于100mm的构件，应设置支撑加以固定。

按上述方法选取试样和布置测区后，先测量回弹值。测试时回弹仪应始终与测面相垂直，并不得打在气孔和外露石子上。每一测区的两个测面用回弹仪各弹击8点，如一个测区只有一个测面，则需测16个点。同一测点只允许弹击一次，测点宜在测面范围内均匀分布，每一测点的回弹值读数准确至一度，相邻两测点的净距一般不小于20mm，测点距构件边缘或外露钢筋、钢板的间距不得小于30 mm。

回弹完后即测量构件的碳化深度，用冲击钻在测区表面开直径为15mm的孔洞，其深度应大于混凝土的碳化深度。清除洞中的粉末和碎屑后（注意不能用液体冲洗孔洞），立即用1%的酚酞酒精溶液滴在孔洞内壁的边缘处，碳化部分的混凝土不变色，而未碳化部分的混凝土会变成紫红色，然后用钢尺测量出碳化深度值，应准确至0.5mm。

一般一个测区选择1~3处测量混凝土的碳化深度值，当相邻测区的混凝土质量或回弹值与它基本相同时，那么该测区的碳化深度值也可代表相邻测区的碳化深度值，一般应选不少于构件的30%测区数测量碳化深度值。

3. 回弹值计算

当回弹仪水平方向测试混凝土浇筑侧面时，应从每一测区的16个回弹值中剔除3个最大值和3个最小值，取余下的10个回弹值的平均值作为该测区的平均回弹值，计算公式为：

$$R_m = \frac{\sum_{i=1}^{10} R_i}{10} \qquad (6\text{-}12)$$

式中：R_m——测区平均回弹值，精确至0.1；
　　　R_i——第i个测点的回弹值。

回弹法测强曲线是根据回弹仪水平方向测试混凝土试件侧面的试验数据计算得出的，当回弹仪非水平方向检测混凝土浇筑侧面时，应按下列公式修正：

$$R_a = R_m + R_{a\alpha} \tag{6-13}$$

式中：R_a——修正后的测区回弹值；
　　　$R_{a\alpha}$——测试角度为α的回弹修正值，按表6-3采用。

非水平方向检测时回弹值的修正值 $R_{a\alpha}$　　　　表6-3

R_m 测试角度	+90	+60	+45	+30	-30	-45	-60	-90
20	-6.0	-5.0	-4.0	-3.0	+2.5	+3.0	+3.5	+4.0
30	-5.0	-4.0	-3.5	-2.5	+2.0	+2.5	+3.0	+3.5
40	-4.0	-3.5	-3.0	-2.0	+1.5	+2.0	+2.5	+3.0
50	-3.5	-3.0	-2.5	-1.5	+1.0	+1.5	+2.0	+2.5

当水平方向检测混凝土浇筑顶面或底面时，应按下列公式修正：

$$R_a = R_m + (R_a^t + R_a^b) \tag{6-14}$$

式中：R_a^t——测顶面时的回弹修正值，按表6-4采用；
　　　R_a^b——测底面时的回弹修正值，按表6-4采用。

不同浇筑面上的回弹修正值 R_a^t、R_a^b　　　　表6-4

R_m 测试面	顶面修正值(R_a^t)	底面修正值(R_a^b)	R_m 测试面	顶面修正值(R_a^t)	底面修正值(R_a^b)
20	+2.5	-3.0	40	+0.5	-1.0
25	+2.0	-2.5	45	0	-0.5
30	+1.5	-2.0	50	0	0
35	+1.0	-1.5			

在测试时，如仪器处于非水平状态，同时构件测区又非混凝土的浇灌侧面，则应对测得的回弹值先进行角度修正，再进行顶面或底面修正。

五、混凝土强度的计算

根据行业标准《回弹法检测混凝土抗压强度技术规程》(JGJ/T 23—2001)的规定，用回弹法检测混凝土强度时，除给出强度推定值外，对于测区数小于10个的构件，还要给出平均强度值、测区最小强度值；测区数大于或等于10个的构件还要给出标准差。

1. 测区混凝土强度换算值

测区混凝土强度换算值是指将测得的回弹值和碳化深度值换算成被测构件的测区的混凝

土抗压强度值。构件第 i 个测区混凝土强度换算值($f_{cu,i}^c$),根据每一测区的平均回弹值(R_m)及平均碳化深度值(d_m),查阅由统一曲线编制的"测区混凝土强度换算表(附录3)"得出;有地区或专用测强曲线时,混凝土强度换算值应按地区或专用测强曲线换算得出。

2. 构件混凝土强度的计算

(1) 构件混凝土强度平均值及标准差

结构或构件的测区混凝土强度平均值可根据各测区的混凝土强度换算值计算。当测区数为 10 个及以上时,应计算强度标准差。平均值和标准差应按下列公式计算:

$$m_{f_{cu}^c} = \frac{\sum_{i=1}^{n} f_{cu,i}^c}{n} \tag{6-15}$$

$$S_{f_{cu}^c} = \sqrt{\frac{\sum_{i=1}^{n}(f_{cu,i}^c)^2 - n(m_{f_{cu}^c})^2}{n-1}} \tag{6-16}$$

式中:$m_{f_{cu}^c}$——构件测区混凝土强度换算值的平均值,MPa,精确至 0.1 MPa;

n ——对于单个检测的构件,取一个构件的测区数;对批量检测的构件,取被抽检构件测区数之和;

$S_{f_{cu}^c}$——构件检测混凝土强度换算值的标准差,MPa,精确至 0.01 MPa。

(2) 构件混凝土强度推定值

结构或构件的混凝土强度推定值($f_{cu,e}$)是指相应于强度换算值总体分布中保证率不低于 95% 的结构或构件中的混凝土抗压强度值,应按下列公式确定:

① 当该构件测区数少于 10 个时:

$$f_{cu,e} = f_{cu,\min}^c \tag{6-17}$$

式中:$f_{cu,\min}^c$——构件中最小的测区混凝土强度换算值。

② 当构件测区混凝土强度值中出现小于 10MPa 时:

$$f_{cu,e} < 10.0\text{MPa} \tag{6-18}$$

③ 当该构件测区数不少于 10 个或按批量检测时,应按下列公式计算:

$$f_{cu,e} = m_{f_{cu}^c} - 1.645 S_{f_{cu}^c} \tag{6-19}$$

(3) 对于按批量检测的构件,当该批构件混凝土强度标准差出现下列情况之一时,则该批构件应全部按单个构件检测,即:

① 当该批构件混凝土强度平均值小于 25MPa 时:$S_{f_{cu}^c} > 4.5$ MPa;

② 当该批构件混凝土强度平均值不小于 25MPa 时:$S_{f_{cu}^c} > 5.5$ MPa。

第三节 超声-回弹综合法检测混凝土强度

一、概　述

波动是自然界中普遍存在的一种物质运动形式,机械振动在物体中的传播即为机械波。当机械波的频率在人耳可闻的范围内(20~20000Hz)时,称为可闻声波,低于此范围的称为次声波,而超过 20000Hz 的称为超声波。超声波用于非破损检测,就是以超声波为媒介,获得物体内部信息的一种方法。目前超声波检测方法已应用于医疗诊断、钢材探伤、混凝土检测等许多领域。混凝土超声检测是混凝土非破损检测技术中的一个重要方面,其应用主要有两个方面,一是推定混凝土强度,二是测定混凝土内部缺陷。我国自20世纪50年代开始这项技术的研究,在60年代初即应用于工程检测,发展极为迅速,目前已应用于建筑、水电、交通、铁道等各类工程中,从上部结构的检测发展到地下结构的检测;从一般小构件的检测发展到大体积混凝土的检测;从单一测强发展到测裂缝、测缺陷的全面检测等。随着计算机广泛应用与超声检测技术、仪器设备的发展,混凝土超声检测逐步实现了数据处理、分析自动化,提高了检测技术的准确性和可靠性,将会在土木工程中发挥更大作用。

混凝土超声检测目前主要是采用"穿透法",其基本原理是用一发射换能器重复发射一定频率的超声脉冲波,让超声波在所检测的混凝土中传播,然后由接收换能器将信号传递给超声仪,由超声仪测量接收到的超声波信号的各种声学参数,并转化为电信号显示在示波屏上。研究表明:在混凝土中传播的超声波的波速、振幅、频率和波形等波动参数与所测混凝土的力学参数,如弹性模量、泊松比、剪切模量以及内部应力分布状态有直接的关系,也与混凝土内部缺陷,如断裂面、孔洞的大小及形状的分布有关。因此,当超声波在混凝土中传播后,它携带了有关混凝土的材料性能、内部结构及其组成的信息,准确测定这些声学参数的大小及变化,可以推断混凝土的强度和内部缺陷等情况。

超声仪是超声检测的基本装置。它的作用是产生重复的电脉冲去激励发射换能器,发射换能器发射的超声波在混凝土中传播后被接收换能器接收,并转换成电信号放大后显示在示波屏上。超声仪除了产生、接收、显示超声波外,还具有量测超声波有关参数,如声传播时间、接收波振幅、频率等功能。超声仪可分为非金属超声检测仪和金属超声检测仪两大类。

应用超声波检测混凝土性能时,需要将电信号转换成发射探头的机械振动,再向被测介质发送超声波。超声波在被测介质中传播一定距离后由接收探头接收,并将其转换成电信号后再送入仪器进行处理。这种将声能与电能相互转换的器具称换能器。上述发射探头和接收探头即为超声换能器。常用换能器按波形不同分为纵波换能器与横波换能器,分别用于纵波与横波的测量。目前,一般检测中所用的多是纵波换能器,其中又分为平面换能器、径向换能器以及一发多收换能器。在混凝土超声检测中,应根据结构的尺寸及检测目的来选择换能器。平面换能器用于一般结构的表面对测和平测。径向换能器(增压式、圆环式、一发双收式)则用在需钻孔检测或灌注桩声测管中检测等场合以及水下检测。由于超声波在混凝土中衰减较大,为了使其传播距离较远,混凝土超声检测时多使用频率在200kHz以下的低频超声波。

要使从换能器发出的超声波进入被测体,还必须解决换能器与被测体之间声耦合的问题。采用平面换能器时,由于被测混凝土表面粗糙不平,不论压得多紧,在换能器与被测对象之间仍会有空气夹层存在。由于固体与空气的特性阻抗相差悬殊,当超声波由换能器传播到空气夹层时,超声能量绝大部分被反射而难以进入混凝土。对于接收换能器来说,情况也一样。为此,需要在换能器与混凝土之间加上耦合剂。耦合剂一般是液体或膏体,它们充填于二者之间时,排掉了空气,形成耦合剂层,这样就会使大部分超声波进入混凝土。平面换能器的耦合剂一般采用膏体,如黄油、凡士林等。采用径向换能器在测试孔中测量时,通常用水作耦合剂。一般钻好孔后,应进行孔的冲洗,然后注满清水,将径向换能器置于孔中即可观测。应注意孔中水应尽量不含悬浮物(如泥浆、砂等),因为悬浮物对超声波有较强的散射衰减,影响振幅的测量。

二、混凝土主要声学参数

目前在混凝土超声检测中所常用的声学参数为声速、波形、频率及振幅,简介如下。

1. 声速

声速即超声波在混凝土中传播的速度。它是混凝土超声检测中一个主要参数。混凝土的声速与混凝土弹性性质有关,也与混凝土内部结构(孔隙、材料组成等)有关。一般说来,弹性模量越高,密实性越好,声速也越高。同时,混凝土的强度与它的弹性模量和孔隙率(密实性)有密切关系,因此,对于同种材料与配合比的混凝土,强度越高,声速也越高。当混凝土内部有缺陷时(孔洞、蜂窝等),则该处混凝土的声速将比正常部位低。当超声波穿过裂缝传播时,所测得的声速也将比无裂缝处的声速有所降低。

2. 波形

波形是指在示波屏上显示的接收波波形。当超声波在传播过程中碰到混凝土内部缺陷、裂缝或异物时,由于超声波的绕射、反射和传播路径的复杂化,直达波、反射波、绕射波相继到达接收换能器,它们的频率和相位各不相同。这些波的叠加有时会使波形畸变。因此,对接收波波形的分析研究,有助于对混凝土内部质量及缺陷的判断。

3. 频率和振幅

在超声检测中,由电脉冲激发出的声脉冲信号是复频超声脉冲波,它包含了一系列不同成分的余弦波分量。这种含有各种频率成分的超声波在传播过程中,高频成分首先衰减。因此,可以把混凝土看作是一种类似高频滤波器的介质,超声波越往前传播,其所包含高频分量越少,则主频率也逐渐下降。主频率下降的量值除与传播距离有关外,主要取决于混凝土本身的性质和内部是否存在缺陷等。因此,测量超声波通过混凝土后频率的变化可以判断混凝土质量和内部缺陷、裂缝等情况。

接收波振幅通常指首波,即第一个波前半周的幅值,接收波振幅值反映了接收到的声波的强弱。对于内部有缺陷或裂缝的混凝土,由于缺陷使超声波反射或绕射,振幅也将明显减小。因此,振幅值也是判断混凝土缺陷的重要指标。

由于接收波主频率和振幅值的大小不仅取决于被测混凝土的性质和内部情况,还取决于仪器设备性能、设备状态、耦合状态以及测距的大小,所以很难有统一的度量标准,目前只是作为同条件(同一仪器、同一状态、同一测距)下对比用。

三、超声-回弹综合法测强的影响因素

超声波检测混凝土强度的基本依据是超声波传播速度与混凝土弹性性质有密切关系,而混凝土弹性性质与其力学强度存在内在联系,因此,在实际检测中,可以建立超声声速与混凝土抗压强度相关关系并借以推定混凝土的强度。超声测强以混凝土立方体试块 28 天龄期抗压强度为基准,通过大量试验研究原材料品种规格、配合比、施工工艺等因素对超声检测参数的影响,建立超声测强的经验公式,这样,通过测量超声波声速便可得出混凝土的抗压强度。目前,国内外按统计方法建立的"$f_{cu} - v$"相关曲线基本上采用以下两种非线性的数学表达式:

$$f_{cu} = Av^B \tag{6-20}$$

$$f_{cu} = Ae^{Bv} \tag{6-21}$$

式中：f_{cu}——混凝土抗压强度；

v——超声波声速；

A、B——经验系数。

混凝土强度的综合法检测，就是采用两种或两种以上的单一方法或参数(力学的、物理的或声学的等)联合测试混凝土强度的方法。由于综合法比单一法测试误差小、适用范围广，因此在混凝土的质量控制与检测中的应用越来越多。目前已被采用的综合法有超声-回弹综合法、超声钻芯综合法、超声衰减综合法等，最常用的综合测试方法是超声-回弹综合法。

超声-回弹综合法是指采用超声仪和回弹仪，在结构混凝土同一测区分别测量声时值和回弹值，然后利用已建立起来的测强公式推算该测区混凝土强度的一种方法。与单一的回弹或超声法相比，综合法具有以下特点：

(1)减少混凝土龄期和含水率的影响。混凝土的龄期和含水率对超声波声速和回弹值的影响有着本质的不同：混凝土含水率越大，超声声速偏高而回弹值偏低；混凝土龄期长，超声声速的增长率下降，而回弹值则因混凝土碳化程度增大而提高。因此，二者综合起来测定混凝土强度就可以部分减少龄期和含水率的影响。

(2)可以弥补相互间的不足。一个物理参数只能从某一方面、在一定范围内反映混凝土的力学性能，超过一定范围，它可能不很敏感或不起作用。例如回弹值 R 主要以表层的弹性性能来反映混凝土强度，当构件截面尺寸较大或内外质量有较大差异时，就很难反映混凝土的实际强度。超声声速主要反映材料的弹性性质，同时，由于超声波穿过材料，因而也反映材料内部的信息，但对于强度较高的混凝土(一般认为大于35MPa)，其"$f_{cu} - v$"相关性较差。因此，采用回弹法和超声法综合测定混凝土强度，既可内外结合，又能在较低或较高的强度区间相互弥补各自的不足，能够较确切地反映混凝土强度。

(3)提高测试精度。由于综合法能减少一些因素的影响程度，较全面地反映整体混凝土质量，所以对提高无损检测混凝土强度的精度，具有明显的效果。

1. 影响因素

超声-回弹综合法测定混凝土强度的影响因素，比单一的超声法或回弹法要小。现将各影响因素及其修正方法汇总列于表6-5中。

超声-回弹综合法的影响因素　　　　表6-5

因　素	试验验证范围	影响程度	修正方法
水泥品种及用量	普通水泥、矿渣水泥、粉煤灰 水泥 250~450kg/m³	不显著	不修正
细骨料品种及砂率	山砂、特细砂、中砂;28%~40%	不显著	不修正
粗骨料品种及用量	卵石、碎石、骨灰比:1:4.6~1:5.5	显著	必须修正或制订不同的测强曲线
粗骨料粒径	0.6~2cm;0.6~3.2cm;0.6~4cm	不显著	>4cm 应修正
外加剂	木钙减水剂,硫酸钠,三乙醇胺	不显著	不修正
碳化深度		不显著	不修正
含水率		有影响	尽可能干燥状态
测试面	浇筑侧面与浇筑上表面混凝土及底面比较	有影响	对 v,R 分别进行修正

2. 测强曲线

用混凝土试块的抗压强度与非破损参数之间建立起来的相关关系曲线即为测强曲线。对于超声-回弹综合法来说,即先对试块进行超声测试,然后进行回弹测试,当取得超声声速值v、回弹值R和混凝土强度值f_{cu}之后,选择相应的数学模型来拟合它们之间的关系。综合法测强曲线按其适用范围分为以下3类。

(1)统一测强曲线(全国曲线)

统一测强曲线的建立是以全国许多地区曲线为基础,经过大量的分析研究和计算汇总而成。该曲线以全国经常使用的有代表性的混凝土原材料、成型养护工艺和龄期为基本条件,适用于无地区测强曲线和专用测强曲线的单位,对全国大多数地区来说,具有一定的现场适应性,因此使用范围广,但精度稍差,超声-回弹综合法测区混凝土强度换算表见附录4。

(2)地区(部门)测强曲线

以本地区或本部门通常使用的有代表性的混凝土原材料、成型养护工艺和龄期作为基本条件,制作相当数量的试块进行试验建立的测强曲线。这类曲线适用于无专用测强曲线的工程测试,充分反映了我国地域辽阔、各地材料差别较大的特点,因此,对本地区或本部门来说,其现场适应性和测试精度均优于统一测强曲线。

(3)专用测强曲线

以某一个具体工程为对象,采用与被测工程相同的原材料、配合比、成型养护工艺和龄期,制作一定数量的试块,通过非破损和破损试验建立的测强曲线。这类曲线针对性较强,测试精度较地区(部门)曲线高。

四、检 测 方 法

综合法检测混凝土强度技术,实质上就是超声法和回弹法两种单一测强的综合测试,因此,有关检测方法及规定与前述相同。

1. 检测准备

检测构件时布置测区应符合下列规定:(1)按单个构件检测时,应在构件上均匀布置不少于10个测区。(2)当对同批构件抽样检测时,构件抽样数应不少于同批构件的30%,且不少于4件,每个构件测区数不少于10个。(3)对长度小于或等于2m的构件,其测区数量可适当减少,但不应少于3个。

当按批抽样检测时,凡符合下列条件的构件,才可作为同批构件:(1)混凝土强度等级相同。(2)混凝土原材料、配合比、成型工艺、养护条件及龄期基本相同。(3)构件种类相同。(4)在施工阶段所处状态相同。

每个构件的测区,应满足以下的要求:(1)测区的布置应在混凝土浇筑方向的侧面。(2)测区应均匀布置,相邻两测区的间距不宜大于2m。(3)测区应避开钢筋密集区和预埋钢板。(4)测区尺寸为200mm×200mm,相对应的两个200mm×200mm区域应视为一个测区,测试面应清洁和平整,测区应标明编号。(5)测试面应清洁、平整、干燥,不应有接缝、饰面层、浮浆和油垢,并避开蜂窝、麻面部位,必要时可用砂轮片磨平不平整处。

每一测区宜先进行回弹测试,然后进行超声测试。对非同一测区的回弹值和超声声速值,不能按综合法计算混凝土强度。

2. 测试方法

回弹值的测量与计算在本章第二节已详述，这里不再重复。以下简要介绍超声声速值的测量与计算。

(1) 超声声时值的测量

超声测点应布置在回弹测试的同一测区内。测量超声声时值时，应保证换能器与混凝土耦合良好，测试的声时值应精确至 $0.1\mu s$，声速值应精确至 $0.01 km/s$，超声波传播距离的测量误差应不大于 $\pm 1\%$。在每个测区内的相对测试面上，应各布置3个超声测点，且发射和接收换能器的轴线应在同一直线上，如图6-5所示。

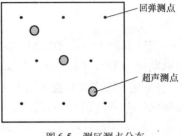

图 6-5 测区测点分布

(2) 声速值的计算

测区声速值应按下式计算：

$$v = \frac{l}{t_m} \quad (6\text{-}22)$$

$$t_m = (t_1 + t_2 + t_3)/3 \quad (6\text{-}23)$$

式中：v —— 测区声速值，km/s；

l —— 超声波检测距离，mm；

t_m —— 测区平均声时值，μs；

t_1, t_2, t_3 —— 分别为测区中3个测点的声时值。

当在混凝土浇注的顶面与底面测试时，由于上表面砂浆较多强度偏低，底面粗骨料较多强度偏高，综合起来与成型侧面是有区别的，此外，浇注表面不平整会使声速偏低，所以进行上表面与底面测试时声速应进行修正：

$$v_\alpha = 1.034 v_i \quad (6\text{-}24)$$

式中：v_α —— 修正后的测区声速值，km/s。

3. 混凝土强度的推定

用综合法检测构件混凝土强度时，构件第 i 个测区的混凝土强度换算值 $f_{cu,i}$，应根据修正后的测区回弹值 R_{ai} 及修正后的测区声速值 v_{ai}，按已确定的综合法相关测强曲线计算。当结构所用材料与制定的测强曲线所用材料有较大差异时，须用同条件试块或从结构构件测区钻取的混凝土芯样进行修正，试件数量应不少于3个。此时，得到的测区混凝土强度换算值应乘以修正系数。修正系数可按下列公式计算：

有同条件立方体试块时：

$$\eta = \frac{1}{n}\sum_{i=1}^{n} f_{cu,i}/f_{cu,i}^c \quad (6\text{-}25)$$

有混凝土芯样试件时：

$$\eta = \frac{1}{n}\sum_{i=1}^{n} f_{cor,i}/f_{cu,i}^c \quad (6\text{-}26)$$

式中：η —— 修正系数；

$f_{cu,i}$ —— 第 i 个混凝土立方体试块抗压强度值；

$f_{cu,i}^c$ —— 对应于第 i 个立方体试块或芯样试件的混凝土强度换算值；

$f_{cor,i}$ —— 第 i 个混凝土芯样试件抗压强度值；

n ——试件数。

构件混凝土强度的推定与本章第二节"回弹法检测混凝土强度"相同,这里不再赘述。

第四节 钢筋混凝土结构缺陷检测

一、概　　述

钢筋混凝土结构的缺陷,是指那些在宏观材质不连续、性能参数有明显变异,而且对结构的承载能力和使用性能产生影响的区域。混凝土结构物,由于设计、施工等原因或受使用环境、自然灾害的影响,在内部可能会存在不密实区域或空洞、钢筋锈蚀等,在外部可能形成蜂窝、麻面、裂缝或损伤层等缺陷,这些缺陷的存在会严重影响结构的承载能力和耐久性。采用简便有效的方法查明混凝土各种缺陷的性质、范围及大小,以便进行技术处理,是工程建设、运营、养护过程中一个重要问题。目前,在诸多混凝土缺陷的无损检测方法中,应用最广泛、最有效的是超声法检测。

1. 超声波检测混凝土缺陷的基本原理

采用超声脉冲波检测混凝土缺陷的基本依据是:利用超声波在技术条件相同(指混凝土原材料、配合比、龄期和测试距离一致)的混凝土中传播的时间(或速度)、接收波的振幅和频率等声学参数的变化,来判定混凝土的缺陷。因为超声脉冲波传播速度的快慢,与混凝土的密实程度有直接关系,对于技术条件相同的混凝土来说,声速高则混凝土密实,相反则混凝土不密实。当有空洞、裂缝等缺陷存在时,破坏了混凝土的整体性,由于空气的声阻抗率远小于混凝土的声阻抗率,超声波遇到蜂窝、空洞或裂缝等缺陷时,会在缺陷界面发生反射和散射,因此传播的路程会增大,测得的声时会延长,声速会降低。其次,在缺陷界面超声波的声能被衰减,其中频率较高的部分衰减更快,因此接收信号的波幅明显降低,频率明显减小或频率谱中高频成分明显减少。再次,经缺陷反射或绕过缺陷传播的超声波信号与直达波信号之间存在相位差,叠加后互相干扰,致使接收信号的波形发生畸变。根据上述原理,在实际测试中,可以利用混凝土声学参数测量值和相对变化综合分析,判别混凝土缺陷的位置和范围,或者估算缺陷的尺寸。

2. 超声波检测混凝土缺陷的方法

超声脉冲波检测混凝土缺陷技术一般根据被测结构的形状、尺寸及所处环境,确定具体测试方法。常用的测试方法大致分为以下几种。

(1)平面测试(用厚度振动式换能器)

对测法:一对发射(T)和接收(R)换能器,分别置于被测结构相互平行的两个表面,且两个换能器的轴线位于同一直线上。

斜测法:一对发射和接收换能器分别置于被测结构的两个表面,但两个换能器的轴线不在同一直线上。

单面平测法:一对发射和接收换能器分别置于被测结构同一表面上进行测试。

(2)测试孔测试(采用径向振动式换能器)

孔中对测:一对换能器分别置于两个对应测试孔中,位于同一高度进行测试。

孔中斜测:一对换能器分别置于两个对应测试孔中,但不在同一高度进行而是在保持一定高程差的条件下进行测试。

孔中平测:一对换能器分别置于同一测试孔中,以一定的高程差同步移动进行测试。

本节将简述混凝土浅裂缝、深裂缝、混凝土匀质性、不密实和空洞区域、两次浇灌混凝土结合面等缺陷的超声波检测方法。

二、混凝土浅裂缝检测

所谓浅裂缝,系指局限于结构表层,开裂深度不大于500mm的裂缝。实际检测时一般可根据结构物的断面尺寸和裂缝在结构表面的宽度,大致估计被测的是浅裂缝还是深裂缝。对一般工程结构中的梁、柱、板和机场跑道等出现的裂缝,都属于浅裂缝。在测试时,根据被测结构的实际情况,浅裂缝可分为单面平测法和对穿斜测法。

1. 平测法

当结构的裂缝部位只具有一个表面可供检测时,可采用平测法进行裂缝深度检测。平测时应在裂缝的被测部位以不同的测距同时按跨缝和不跨缝布置测点进行声时测量。如图6-6所示。首先将发射换能器T和接收换能器R置于被测裂缝的同一侧,并将T耦合好保持不动,以T、R两个换能器内边缘间距l'_i为100mm、150mm、200mm……依次移动R并读取相应的声时值t_i。以l'为纵轴、t为横轴绘制$l'-t$坐标图,如图6-7所示。也可用统计方法求l'与t之间的回归直线式$l' = a + bt$,式中a、b为待求的回归系数。

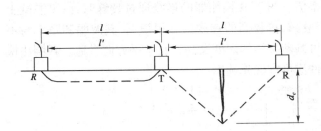

图6-6 单面平测裂缝示意图

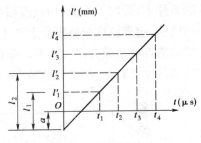

图6-7 平测"时-距"图

每一个测点的超声实际传播距离为:

$$l_i = l'_i + a \tag{6-27}$$

式中:l_i——第i点的超声波实际传播距离,mm;

l'_i——第i点的T、R换能器内边缘间距,mm;

a——"时-距"图中l'轴的截距或回归所得的常数项,mm。

其次,进行跨缝的声时测量。将T、R换能器分别置于以裂缝为轴线的对称两侧,两换能器中心连线垂直于裂缝走向,以$l' = 100$mm、150mm、200mm……,分别读取声时值t_i^0。该声时值便是超声波绕过裂缝末端传播的时间。根据几何关系,可推算出裂缝深度的计算式为:

$$d_{ci} = \frac{l_i}{2}\sqrt{\left(\frac{t_i^0}{t_i}\right)^2 - 1} \tag{6-28}$$

式中:d_{ci}——裂缝深度,mm;

t_i、t_i^0——分别代表测距为l_i时不跨缝、跨缝平测的声时值,μs。

以不同测距取得的d_{ci}的平均值作为该裂缝的深度值d_c,如所得的d_c值大于原测距中任一个l_i,则应该把该l_i距离的d_{ci}舍弃后重新计算d_c值。

以声时推算浅裂缝深度,是假定裂缝中充满空气,声波绕过裂缝末端传播。若裂缝中有水或泥浆,则声波经水介质耦合穿裂缝而过,不能反映裂缝的真实深度。因此检测时,裂缝中不得有填充水和泥浆。当有钢筋穿过裂缝且与T、R换能器的连线大致平行靠近时,则沿钢筋传播的超声波首先到达接收换能器,测试结果也不能反映裂缝的深度。因此,布置测点时应注意使T、R换能器的连线至少与该钢筋的轴线相距1.5倍的裂缝预计深度,如图6-8所示,应使 $a \geq 1.5d_c$。

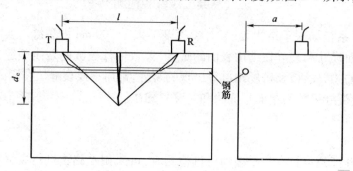

图6-8 平测时避免钢筋影响的措施

2. 斜测法

当结构物的裂缝部位具有两个相互平行的测试表面时,可采用斜测法检测。可按图6-9所示方法布置换能器,保持T、R换能器的连线通过缝和不通过缝的测试距离相等、倾斜角一致的条件下,读取相应的声时、波幅和频率值。当T、R换能器的连线通过裂缝时,由于混凝土不连续性,超声波在裂缝界面上产生很大衰减,接收到的首波信号很微弱,其波幅和频率与不过缝的测点值比较有很大差异。据此便可判断裂缝的深度及是否在水平方向贯通。斜测法检测裂缝深度具有直观、可靠的特点,若条件许可宜优先选用。

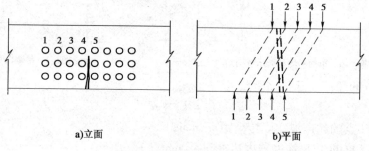

a) 立面   b) 平面

图6-9 斜测裂缝深度示意图

三、混凝土深裂缝检测

所谓深裂缝,系指混凝土结构物表面开裂深度在500mm以上的裂缝。对于水坝、桥墩、大型设备基础等大体积混凝土结构,在浇筑混凝土过程中,由于水泥的水化热散失较慢,混凝土的内部温度比表面高,使结构断面形成较大的温差,当由此产生的拉应力大于混凝土抗拉强度时,便在混凝土中产生裂缝。

1. 测试方法

深裂缝的检测一般是在裂缝两侧钻测试孔,用径向振动式换能器置于测试孔中进行测试。如图6-10所示,在裂缝两侧分别钻测试孔 A、B。应在裂缝一侧多钻一个较浅的孔 C,测试无缝混凝土的声学参数,供对比判别之用。测试孔应满足下列要求:孔径应比换能器直径大 5 ~ 10mm;孔深应至少比裂缝预计深度深 700mm,经试测如其深度浅于裂缝深度,则应加深测试孔;对应的两个测试孔,必须始终位于裂缝两侧,其轴线应保持平行;两个对应测试孔的间距宜为 2m,同一结构的各对应测孔间距应相同;孔中粉末碎屑应清理干净。

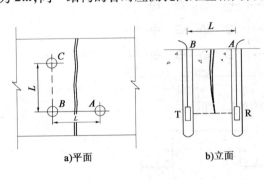

图 6-10 测试孔测裂缝深度

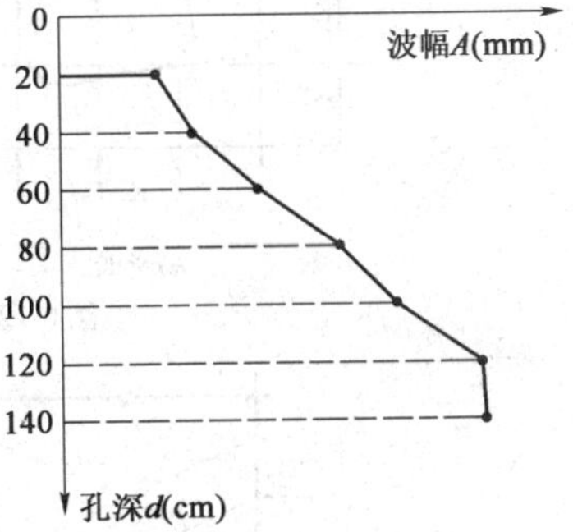

图 6-11 $d - A$ 坐标图

检测时应选用频率为 20 ~ 40kHz 的径向振动式换能器,并在其接线上做出等距离标志(一般间隔 100 ~ 500mm)。测试前要先向测试孔中注满清水作为耦合剂,然后将 T、R 换能器分别置于裂缝两侧的对应孔中,以相同高程等间距从上至下同步移动,逐点读取声时、波幅和换能器所处的深度。

2. 裂缝深度判定

以换能器所处深度 d 与对应的波幅值 A 绘制 $d - A$ 坐标图(图 6-11),随着换能器位置的下移,波幅逐渐增大,当换能器下移至某一位置后,波幅达到最大并基本稳定,该位置所对应的深度便是裂缝深度 d_c。

四、混凝土不密实区和空洞检测

混凝土和钢筋混凝土结构物在施工过程中,有时因漏振、漏浆或因石子架空在钢筋骨架上,导致混凝土内部形成蜂窝状不密实区或空洞。这种结构物内部的隐蔽缺陷,应及时检查出并进行技术处理。

1. 测试方法

混凝土内部的隐蔽缺陷情况,无法凭直觉判断,因此这类缺陷的测试区域,一般总要大于所怀疑的有缺陷区域,或者首先作大范围的粗测,根据粗测情况再着重对可疑区域进行细测。根据被测结构实际情况,可按下列方法布置换能器进行检测。

(1)平面对测

当结构被测部位具有两对平行表面时,可采用对测法,如图 6-12 所示。在测区的两对相互平行的测试面上,分别画出间距为 200 ~ 300mm 的网格,并编号确定对应的测点位置,然后将 T、R 换能器分别置于对应测点上,逐点读取相应的声时(t_i)、波幅(A_i)和频率(f_i),并量取测试距离(l_i)。

(2)平面斜测

结构中只有一对相互平行的测试面或被测部位处于结构的特殊位置,可采用斜测法进行检测。测点布置如图 6-13 所示。

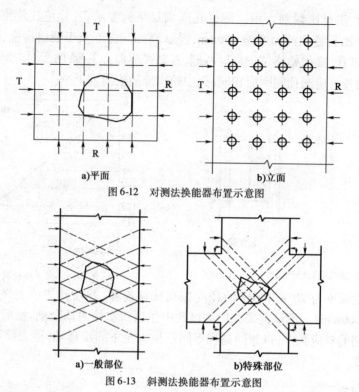

图 6-12 对测法换能器布置示意图

图 6-13 斜测法换能器布置示意图

（3）测试孔检测法

当结构的测试距离较大时，为了提高测试灵敏度，可在测区适当位置钻一个或多个平行于侧面的测试孔。测孔的直径一般为 45～50mm，测孔深度视检测需要而定。结构侧面采用厚度振动式换能器，一般用黄油耦合，测孔中用径向振动式换能器，用清水作耦合剂。换能器布置如图 6-14 所示。检测时根据需要，可以将孔中和侧面的换能器置于同一高度，也可将二者保持一定的高度差，同步上下移动，逐点读取声时、波幅和频率值，并记下孔中换能器的位置。

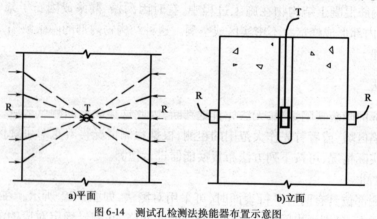

图 6-14 测试孔检测法换能器布置示意图

2. 不密实区和空洞的判定

由于混凝土本身的不均匀性，即使是没有缺陷的混凝土，测得的声时、波幅等参数值也在一定范围内波动。因此，不可能有一个固定的临界指标作为判断缺陷的标准，一般都利用统计方法进行判别。一个测区的混凝土如果不存在空洞、蜂窝区或其他缺陷，则可认为这个测区的混凝土质量基本符合正态分布。虽因混凝土质量的不均匀性,使声学参数测量值产生一定离散,但一般服从统计规律。若混凝土内部存在缺陷,则这部分混凝土与周围的正常混凝土的声学参数必然存在明显差异。

（1）混凝土声学参数的统计计算

测区混凝土声时(或声速)、波幅、频率测量值的平均值(m_x)和标准差(S_x)应按下式计算:

$$m_x = \frac{1}{n}\sum_{i=1}^{n} X_i \tag{6-29}$$

$$S_x = \sqrt{(\sum_{i=1}^{n} X_i^2 - nm_x^2)/(n-1)} \tag{6-30}$$

式中：X_i——第 i 点的声时(或声速)、波幅、频率的测量值;

n——一个测区测点数。

（2）测区中异常数据的判别

将一测区中各测点的声时值由小到大按顺序排列,即 $t_1 \leq t_2 \leq \cdots \leq t_n \leq t_{n+1}$……将排在后面明显大的数据视为可疑,再将这些可疑数据中最小的一个(假定为 t_n)连同其前面的数据按式(6-29)、式(6-30)计算出 m_t 及 S_t 并代入式(6-31),算出异常情况的判断值(X_0):

$$X_0 = m_t + \lambda_1 S_t \tag{6-31}$$

式中：λ_1——异常值判定系数,应按表6-6取值。

把 X_0 值与可疑数据中的最小值 t_n 相比较,若 t_n 大于或等于 X_0,则 t_n 及排在其后的声时值均为异常值;当 t_n 小于 X_0 时,应再将 t_{n+1} 放进去重新进行统计计算和判别。

统计数的个数 n 与对应的 λ_1 值　　　　　　　表6-6

n	14	16	18	20	22	24	26	28	30
λ_1	1.47	1.53	1.59	1.64	1.69	1.73	1.77	1.80	1.83
n	32	34	36	38	40	42	44	46	48
λ_1	1.86	1.89	1.92	1.94	1.96	1.98	2.00	2.02	2.04
n	50	52	54	56	58	60	62	64	66
λ_1	2.05	2.07	2.09	2.10	2.12	2.13	2.14	2.16	2.17
n	68	70	72	74	76	78	80	82	84
λ_1	2.18	2.19	2.20	2.21	2.22	2.23	2.24	2.25	2.26
n	86	88	90	92	94	96	98	100	102
λ_1	2.27	2.28	2.29	2.30	2.30	2.31	2.32	2.32	2.33

同样,将一侧区测点的波幅、频率或由声时计算的声速值由大到小的顺序排列,即 $X_1 \geq X_2 \geq \cdots X_n \geq X_{n+1} \geq$……将排在后面明显小的数据视为可疑,再将这些可疑数据中最大的一个(假定为 X_n)连同其前面的数据按式(6-29)、式(6-30)计算出 m_t 及 S_t 并代入式(6-32),算出异常情况的判断值 X_0。

$$X_0 = m_x - \lambda_1 S_t \qquad (6\text{-}32)$$

把判断值 X_0 与可疑数据中的最大值 X_n 相比较,若 X_n 小于或等于 X_0,则 X_n 及排在其后的各数据均为异常值;当 X_n 大于 X_0,应再将 X_{n+1} 放进去重新进行统计计算和判别。

(3)不密实区和空洞范围的判定

一个构件或一个测区中,某些测点的声时(或声速)、波幅或频率被判为异常值,可结合异常测点的分布及波形状况,判定混凝土内部存在不密实区和空洞的范围。当判定缺陷是空洞时,其尺寸可按下面的方法估算。

如图6-15所示,设检测距离为 l,空洞中心(在另一对测试面上,声时最长的测点位置)距一个测试面的垂直距离为 l_h,声波在空洞附近无缺陷混凝土中传播的时间平均值为 m_{ta},绕空洞传播的时间(空洞处的最大声时)为 t_h,空洞半径为 r。

根据 l_h/l 值和 $(t_h - m_{ta})/m_{ta} \times 100\%$ 值,可由表6-7查得空洞半径 r 与测距 l 的比值,再计算空洞的大致尺寸 r。

如被测部位只有一对可供测试表面,空洞尺寸可用下式计算:

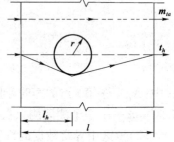

图6-15 空洞尺寸估算原理示意图

$$r = \frac{l}{2}\sqrt{\left(\frac{t_h}{m_{ta}}\right)^2 - 1} \qquad (6\text{-}33)$$

式中:r——空洞半径,mm;

l——T、R 换能器之间的距离,mm;

t_h——缺陷处的最大声时值,μs;

m_{ta}——无缺陷区的平均声时值,μs。

空洞半径 r 与测区 l 的比值   表6-7

x\z\y	0.05	0.08	0.10	0.12	0.14	0.16	0.18	0.20	0.22	0.24	0.26	0.28	0.30
0.10(0.9)	1.42	3.77	6.26										
0.15(0.85)	1.00	2.56	4.06	5.96	8.39								
0.2(0.8)	0.78	2.02	3.17	4.62	6.36	8.44	10.9	13.9					
0.25(0.75)	0.67	1.72	2.69	3.90	5.34	7.03	8.98	11.2	13.8	16.8			
0.3(0.7)	0.60	1.53	2.40	3.46	4.73	6.21	7.91	9.38	12.0	14.4	17.1	20.1	23.6
0.35(0.65)	0.55	1.41	2.21	3.19	4.35	5.70	7.25	9.00	10.9	13.1	15.5	18.1	21.0
0.4(0.6)	0.52	1.34	2.09	3.02	4.12	5.39	6.84	10.3	12.3	14.5	16.9	19.6	19.8
0.45(0.55)	0.50	1.30	2.03	2.92	3.99	5.22	6.62	8.20	9.95	11.9	14.0	16.3	18.8
0.5	0.50	1.28	2.00	2.89	3.94	5.16	6.55	8.11	9.84	11.8	13.8	16.1	18.6

注:表中 $x = (t_h - t_m)/t_m \times 100\%$;$y = l_h/l$;$z = r/l$。

五、两次浇筑的混凝土结合面质量检测

对于一些重要的混凝土和钢筋混凝土结构物,为保证其整体性,应该连续不间断地一次浇

筑完混凝土。但有时因施工工艺的需要或意外因素,在混凝土浇筑的中途停顿的间歇时间超过 3 小时后再继续浇筑;或是既有混凝土结构因某些原因需加固补强,进行第二次混凝土浇筑等。在同一构件上,两次浇筑的混凝土之间,应保持良好的结合,使其形成一个整体,方能确保结构的安全使用。因此,一些结构构件新旧混凝土结合面质量的检测就非常必要,超声波检测技术的应用为其提供了有效途径。

1. 检测方法

超声波检测两次浇筑的混凝土结合面质量一般采用斜测法,通过穿过与不穿过结合面的超声波声速、波幅和频率等声学参数相比较进行判断。超声测点的布置方法如图 6-16 所示。

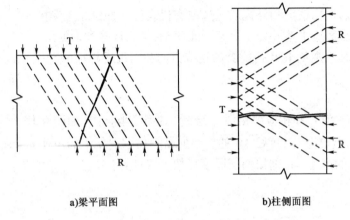

a)梁平面图　　　b)柱侧面图

图 6-16　检测混凝土结合面时换能器布置示意图

布置测点时应注意以下几点:
(1)测试前应查明结合面的位置及走向,以正确确定被测部位及布置测点。
(2)所布置的测点应避开平行超声波传播方向的主钢筋或预埋钢板。
(3)使测试范围覆盖全部结合面或有怀疑的部位。
(4)为保证各测点具有一定的可比性,每一对测点应保持其测线的倾斜度一致,测距相等。
(5)测点间距应根据被测结构尺寸和结合面外观质量情况而定,一般为 100～300mm,间距过大易造成缺陷漏检的危险。

2. 数据处理及判定

两次浇筑的混凝土结合面质量的判定与混凝土不密实区和空洞的判定方法基本相同。把超声波跨缝与不跨缝的声时(或声速)、波幅或频率的测量值放在一起,分别进行排列统计。当混凝土结合面中有局部地方存在缺陷时,该部位的混凝土失去连续性,超声脉冲波通过时,其波幅和频率会明显降低,声时也有不同程度增大。因此,凡被判为异常值的测点,查明无其他原因影响时,可以判定这些部位结合面质量不良。

六、混凝土表面损伤层检测

混凝土和钢筋混凝土结构物,在施工和使用过程中,其表面层会在物理和化学因素的作用下受到损害,如火灾、冻害和化学侵蚀等。从工程实测结果来看,一般总是最外层损伤程度较为严重,越向内部深入,损伤程度越轻。在这种情况下,混凝土强度和超声声速的分布应该是连续的,但为了计算方便,在进行混凝土表面损伤层厚度的超声波检测时,把损伤层与未损伤部分简单地分为两层来考虑。

1. 测试方法

超声脉冲法检测混凝土表面损伤层厚度宜选用频率较低的厚度振动式换能器,采用平测法检测,如图 6-17 所示。将发射换能器 T 置于测试面某一点保持不动,再将接收换能器 R 以测距 l_i = 100mm、150mm、200mm……依次置于各点,读取相应的声时值 t_i。R 换能器每次移动的距离不宜大于 100mm,每一测区的测点数不得少于 5 个。检测时测区测点的布置应满足以下要求:

(1) 根据结构的损伤情况和外观质量选取有代表性的部位布置测区。
(2) 结构被测表面应平整并处于自然干燥状态,且无接缝和饰面层。
(3) 测点布置时应避免 T、R 换能器的连线方向与附近主钢筋的轴线平行。

2. 损伤层厚度判定

以各测点的声时值 t_i 和相应测距值 l_i 绘制"时-距"坐标图,如图 6-18 所示。两条直线的交点 B 所对应的测距定为 l_0,直线 AB 的斜率便是损伤层混凝土的声速 v_1,直线 BC 的斜率便是未损伤层混凝土的声速 v_2,则损伤层厚度可按下式计算:

$$d = \frac{l_0}{2}\sqrt{\frac{v_2 - v_1}{v_2 + v_1}} \tag{6-34}$$

式中:d ——损伤层厚度,mm;
l_0 ——声速产生突变时的测距,mm;
v_1 ——损伤层混凝土的声速,km/s;
v_2 ——未损伤层混凝土的声速,km/s。

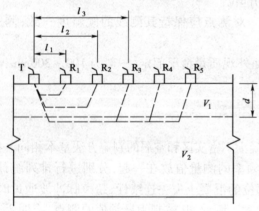

图 6-17 混凝土损伤层检测测点布置

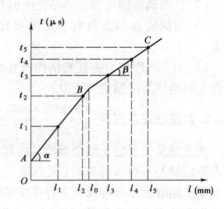

图 6-18 混凝土损伤层检测"时-距"图

七、混凝土匀质性检测

所谓混凝土匀质性检测,是对整个结构物或同一批构件的混凝土质量均匀性的检测。混凝土匀质性检测的传统方法是,在结构物浇筑混凝土现场取样制作混凝土标准试块,以其破坏强度的统计值来评价混凝土的匀质性。应该指出这种方法存在一些局限性,例如试块的数量有限,或因结构的几何尺寸、成型方法等不同,结构物混凝土的密实程度与标准试块会存在较大差异,可以说标准试块的强度很难全面反映结构混凝土质量均匀性。为克服这些缺点,通常采用超声脉冲法检测混凝土的匀质性。超声脉冲法直接在结构上进行检测,具有全面、直接、方便、数据代表性强的优点,是检测混凝土匀质性的一种有效的方法。

1. 测试方法

一般采用厚度振动式换能器进行穿透对测法检测结构混凝土的匀质性。要求被测结构应具备一对相互平行的测试表面,并保持平整、干净。先在两个测试面上分别画出等间距的网格,并编上对应的测点序号。网格的间距大小取决于结构的种类和测试要求,一般为 200～500mm。对于测距较小,质量要求较高的结构,测点间距宜小些。测点布置时,应避开与超声波传播方向相一致的钢筋。

测试时,应使 T、R 换能器在对应的测点上保持良好耦合状态,逐点读取声时值 t_i 并测量对应测点的距离 l_i 值。

2. 计算和分析

混凝土的声速值、混凝土声速的平均值、标准差及离差系数分别按下列公式计算:

$$S_v = \sqrt{(\sum_{i=1}^{n} v_i^2 - n \cdot m_v^2)/(n-1)} \tag{6-35}$$

$$C_v = \frac{S_v}{m_v} \tag{6-36}$$

式中:v_i——第 i 点混凝土声值,km/s;

n——测点数;

m_v——混凝土声速平均值,km/s;

S_v——混凝土声速的标准差,km/s;

C_v——混凝土声速的离差系数。

根据声速的标准差和离差系数(变异系数),可以相对比较相同测距的同类结构或各部位混凝土质量均匀性的优劣。

八、钢筋锈蚀检测

钢筋混凝土在建造过程以及其后的使用过程中,将受到周围环境的荷载、温度、湿度、冻融、海水侵蚀、空气中有害化学物质的影响,使材料的性能衰退减弱、钢筋有效截面面积减小,引起桥梁结构性能的变化和承载力不足,最终使结构构件失效,造成严重的经济损失。

目前主要的钢筋锈蚀无损检测方法有分析法、物理法和电化学法等三类。分析法根据现场实测的钢筋直径、保护层厚度、混凝土强度、碳化深度、氯离子侵入深度及其含量、裂缝数量及宽度等数据,综合考虑构件所处的环境情况推断钢筋锈蚀程度;物理法主要是通过测定钢筋锈蚀引起电阻、电磁、热传导、声波传播等物理特性的变化来反映钢筋锈蚀情况;电化学法是通过测定钢筋/混凝土腐蚀体系的电化学特性来确定混凝土中钢筋锈蚀程度或速率。电化学法具有测试速度快、灵敏度高、可连续跟踪测量等优点,是目前采用较多的检测方法。

半电池电位法基本原理是钢筋混凝土阳极区和阴极区存在着电位差,此电位差使电子流动并导致钢筋腐蚀,因此,可以通过测量钢筋和一个放在混凝土表面的半电池(参比电极)之间的电位差来预测钢筋可能的锈蚀程度。标准半电池电位法测量钢筋腐蚀电位的原理图如图6-19所示。钢筋锈蚀检测,就是通过测量混凝土构件表面的电势分布来判断,如果出现某种电势梯度(电阻率值变化),则可探明锈蚀钢筋的位置及锈蚀程度。

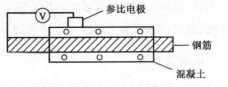

图6-19　标准半电池测量钢筋腐蚀电位的原理图

1. 测试方法

一般采用钢筋锈蚀检测仪进行钢筋锈蚀的检测。先在混凝土结构及构件上布置若干测区,测区面积不宜大于5m×5m,并应按照确定的位置编号,每个测区应采用组矩阵式(行、列)布置测点,依据被测结构及构件的尺寸,宜用10cm×10cm～50cm×50cm划分网格,网格的节点即为电位测点。实际操作中,可在结构上选取50cm×50cm的区域进行检测,每10cm为一个测点,一个区域共6×6=36个测点。当测区混凝土有绝缘涂层介质隔离时,应清除绝缘涂层介质,使测点处混凝土表面平整、清洁。必要时应采用砂轮或钢丝刷打磨,并应将粉尘等杂物清除。

2. 钢筋锈蚀检测结果判定

半电池电位检测结果可采用电位等值线图表示被测结构及构件中钢筋的锈蚀情况性状,其可以较直观地反映不同锈蚀性状的钢筋分布。当采用半电池电位值评价钢筋锈蚀性状时,应根据表6-8进行判断。

半电池电位评价钢筋锈蚀性状的判据　　　　表6-8

电位水平(mV)	钢筋锈蚀性状	电位水平(mV)	钢筋锈蚀性状
> -200	不发生锈蚀的概率>90%	< -350	发生锈蚀的概率>90%
-200 ~ -350	钢筋锈蚀性状不确定		

*第五节　混凝土钻孔灌注桩完整性检测

一、概　述

混凝土钻孔灌注桩是桥梁工程最常用的桩基形式之一。桩基属于地下隐蔽工程,施工技术比较复杂,工艺流程相互衔接紧密,施工时需灌注大量水下混凝土,稍有不慎极易出现缩颈、夹泥、断桩等多种形态复杂的质量缺陷,影响桩身的完整性和桩的承载能力,从而直接影响上部结构的安全。据统计国内外钻孔灌注桩的事故率高达5%～10%。因此,对钻孔灌注桩质量无损检测,具有特别重要的意义。

灌注桩的成桩质量通常应包含两方面内容,一是桩基的承载能力,二是桩身的完整性,桩基的承载能力检验有两种方法,一为静载试验,它具有直接、可靠等优点,但也存在试验费用高、试验过程长等不足;一为高应变检测法(又名大应变法),即根据土动力学和波动理论来推断桩基的承载能力,它具有试验简单、快速、费用低等优点,但可靠性稍差。桩身的完整性检测是通过现场动力试验来判断桩身质量、内部缺陷的一种测试方法,常见的内部缺陷有夹泥、断裂、缩颈、混凝土离析及桩顶混凝土密实性较差等。桩身的完整性检测主要采用低应变检测法(又名小应变法),它具有设备轻便、费用低、检测速度快等优点,目前在国内外已得到广泛的应用。按其所依据的检测原理,常用的方法有反射波法、超声波透射法和机械阻抗法等,目前应用最为广泛的是反射波法。本节将分别介绍这3种方法。

二、反 射 波 法

1. 基本原理

反射波法源于应力波理论,基本原理是在桩顶进行竖向激振,弹性波沿着桩身向下传播,在桩身存在明显波阻抗界面(如桩底、断桩或严重离析等部位)或桩身截面积变化(如缩径或扩径)部位,将产生反射波(如图6-20所示)。经接收、放大滤波和数据处理,可识别来自桩身不同部位的反射信息,据此判断桩身的完整性。

通常,桩被假定为一维弹性杆件,由压缩波传播理论可推得不连续面两侧的波阻抗比为:

$$\alpha = \frac{v_{p2}A_2E_2}{v_{p1}A_1E_1} = \frac{v_{p2}}{v_{p1}} \cdot \frac{\overline{m_2}}{\overline{m_1}} = \frac{v_{p2}\rho_2}{v_{p1}\rho_1} \quad (6\text{-}37)$$

式中:v_{p1}、v_{p2}——分别为不连续面上、下段的弹性波波速;

ρ_1、ρ_2——分别为不连续面上、下段的质量密度;

A_1、A_2——分别为不连续面上、下段的杆件截面积;

E_1、E_2——分别为不连续面上、下段的弹性模量;

$\overline{m_1}$、$\overline{m_2}$——分别为不连续面上、下段的质量。

因此,$v_{p1} \cdot \rho_1$ 及 $v_{p2} \cdot \rho_2$ 为上、下段的阻抗。当 $\alpha = 1$ 时,弹性杆连续,无突变。然后,截面 A 变化(缩、扩颈),或者质量密度 ρ 变化(孔隙、夹泥等),或者弹性波传播速度 v_p 变化(疏松与硬化),都会使 α 不为1,形成不连续面,产生反射。因此,α 的变化可归纳如表6-9所示。

波阻抗比 α 变化情况表　　　　表6-9

α	反射波与入射波的相位	杆的状态	α	反射波与入射波的相位	杆的状态
0	同相	杆端为自由端	>1	反相	$A_2E_2/A_1E_1>1$,扩颈
∞	反相	杆端为固定端	<1	同相	$A_2E_2/A_1E_1<1$,缩颈

其次,由弹性杆件振动理论,可以得到式(6-38)及式(6-39):

$$2f_n L = v_p \quad (两端自由) \quad (6\text{-}38)$$

$$4f_n L = v_p \quad (一端固定) \quad (6\text{-}39)$$

式中:L——桩长;

f_n——桩的固有频率。

当桩的持力层是土层时,可视作二端自由的弹性杆件,只有当桩与新鲜基岩(或微风化)良好固结时,才可视作一端固定。

2. 测试设备

反射波检测系统主要由传感器、信号采集及处理器构成测桩仪设备,弹性波激发设备由各类力锤组成,传感器可选用宽频带的速度型或加速度型传感器,如图6-21所示。

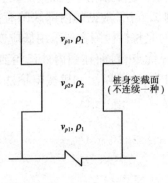

图 6-20 桩身不连续示例

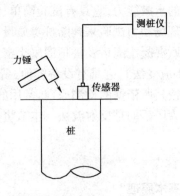

图 6-21 反射波法测桩系统示意图

3. 现场布置与测试

(1) 对于灌注桩,混凝土应达到养护龄期,测试时须将上部的浮浆及松散碎屑清理干净。

(2) 桩头不平整时,应予整平,其面积至少应可放置一个传感器。

(3) 检测前应对仪器设备进行检查,性能正常方可使用。

(4) 激振点宜选择在桩头中心部位。传感器与桩头应采用石膏、橡皮泥或电磁铁紧密连接,避免用手在桩头上按压传感器,导致各种干扰。对于大直径的桩可设置两个或两个以上的传感器。

(5) 根据桩位图及预定的百分比确定被测桩号及位置,并加以标识。检测混凝土灌注桩桩身完整性时,抽测数不得少于该批桩总数的 20%,且不少于 10 根。对混凝土预制桩,抽测数不小于 10%,且不少于 5 根。抽测不合格数超过抽测数的 30% 时,应加倍抽测。被测桩的确定可随机抽样,或参考施工记录抽测有疑问的桩,或按桩的作用抽取,如角桩、边桩等,也可几种方法结合起来确定。

(6) 每一根被检测的桩均应进行两次以上重复测试,重复测试的波形应与原波形具有相似性。出现异常波形应在现场研究,排除影响测试的不良因素后再复测。每根桩检测的波形记录不少于 3 条,以备分析。

4. 检测资料的分析整理

(1) 分析资料前,必须收集到下列资料:工程地质勘察报告、桩的设计资料、非正常桩的施工记录、桩身混凝土强度等级检测报告、压桩试验报告等。

(2) 按式(6-38)即可得:

$$\frac{2L}{t_r} = v_p \tag{6-40}$$

式中:t_r——桩的固有周期,也即桩底反射波到达时间,s;
　　　L——桩身全长,m;
　　　v_p——桩身混凝土波速。

如反射波由不连续面(缺陷)反射时,则式(6-40)可转换成:

$$L' = \frac{1}{2}v_{pm}t'_r \tag{6-41}$$

式中:L'——缺陷的深度,m;
　　　t'_r——缺陷反射波到达时间,s;

v_{pm}——同一工地内多根合格桩桩身的平均值。

由式(6-40),根据相应的混凝土波速 v_p,即可得到桩底反射波到达时间。混凝土强度等级越高,v_p 越大。由于混凝土的骨料、水泥类型不同,相同强度等级的混凝土波速 v_p 有一定离散性。因此,波速与强度等级之间只是参考关系。常用混凝土波速的参考数据如表6-10所示。

混凝土强度等级与压缩波波速近似关系　　表6-10

混凝土强度等级	40	35	30	25	20
v_p (m/s)	>4200	>4000	3800	3200	2600

(3)如波形中有桩底反射波出现,说明该桩未断。如桩底反射波之前无其他反射波出现,说明该桩为完整桩。

(4)如在桩底反射波之前,尚有其他反射波出现,说明桩身存在不连续面。该反射波出现越早,说明不连续面越近桩头。其深度可由式(6-45)求得。每一个反射反映一个不连续面。如几个反射波的时间间隔相等,即为一个面的多次反射。

(5)对不连续面必须加以鉴别。如反射波与激发波同相位,即为缺陷(如缩颈、空洞等),如反向,则为扩颈。判断是否缺陷应结合工程地质资料及施工记录综合分析。

(6)如反射波出现较早,又无桩底反射,则断桩的几率极高。为避免误判,可横向激振,如出现低频振动,即为断桩。

(7)对于钻孔灌注桩,考虑到桩身与承台连接,桩头常有钢筋露出,这对实测波形有一定影响,严重时可影响反射信息的识别。这是因为在桩头激振时,钢筋所产生的回声极易被检波器接收,之后又与反射信息叠加在一起。克服这一因素影响的方法是,将检波器用细砂或细粒土屏蔽起来,使检波器收不到声波信息。

三、超声透射法

钻孔灌注桩超声脉冲检测法的基本原理与超声测缺和测强技术基本相同。但由于被检测的桩埋在土内,而检测只能在地面进行,因此又有其特殊性。

1. 检测方式

为了使超声波能横穿各不同深度的横截面,必须使超声换能器伸入桩体内部。为此,须事先预埋声测管,作为换能器进入桩内的通道。根据声测管埋置的不同情况,可以有3种检测方法,如图6-22所示。

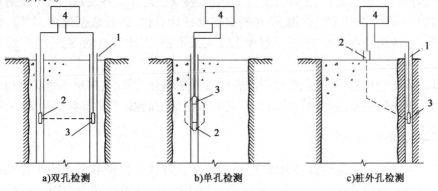

图6-22　钻孔灌注桩超声波检测方式

1-声测管;2-发射换能器;3-接收换能器;4-超声检测仪

(1) 双孔检测

在桩内预埋两根以上管道,把发射换能器和接收换能器分别置于两根管道中。检测时超声脉冲波穿过两管道之间的混凝土,实际检测范围即为超声波从发射到接收换能器所扫过的区域。为了尽可能扩大在桩横截面上的有效检测控制面积,必须使声测管的布置合理。双孔检测时根据两换能器高程的变化,又可分为平测、斜测、扇形扫测等方式。

(2) 单孔检测

在某些特殊情况下,只有一个孔道可供检测使用,这时可采用单孔测量方式。两换能器放置在一个孔中,其间用隔声材料隔离。这时超声波从水中和混凝土中分别绕射到接收换能器,接收信号为从水及混凝土等不同声通路传播而来的信号的叠加,分析这一叠加信号即可获得孔道周围混凝土质量的信息。

运用这一检测方式时,必须运用信号分析技术,排除管中的影响干扰。当孔道内有钢制套管时,不能采用这种方法检测。

(3) 桩外孔检测

当桩的上部结构已施工,或桩内未预埋管道时,可在桩外的土基中钻一个孔作为检测通道。检测时在桩顶放置一较强功率的低频平探头,向下沿桩身发射超声脉冲波,接收换能器由桩外孔中慢慢放下。超声脉冲沿桩身混凝土并穿过桩与测孔之间的土进入接收换能器,逐点测出声时波幅等参数,作为判断依据。这种方式的可测深度受仪器发射功率的限制,一般只能测到 10m 左右。

以上 3 种方式中,双孔检测是桩基超声脉冲检测的基本形式。其他两种方式在检测和结果分析上都比较困难,只能作为特殊情况下的补救措施。

2. 主要设备

目前常用的检测装置有两种。一种是由一般超声检测仪和发射及接收换能器所组成。换能器在声测管内的移动由人工操作,数据读出后再输入计算机处理。这套装置与一般检测装置可通用,但检测速度慢、效率较低。

另一种是全自动智能化测桩专用检测装置,如图 6-23 所示。它由超声发射及接收装置、换能器自动升降装置、测量控制装置、数据处理计算机系统等四大部分所组成。数据处理计算机系统是测控装置的主控部件,具有人机对话、发布各类指令、进行数据处理等功能。它通过总线接口与测量控制装置联系,发出测量的控制命令,以及进行信息交换。升降机构根据指令通过步进电机进行上升、下降及定位等操作,移动换能器至各测点。超声发射和接收装置发射并接收超声波,取得测量数据,传送到数据处理计算机,进行数据处理、存储、显示和打印。由于测试系统由计算机控制,测量过程无需人工干预,因此可自动、迅速地完成全桩测量工作。

在桩基超声脉冲检测中,换能器在声测管内用清水耦合,因此应采用水密式的径向发射和接收换能器。常用的换能器有圆管式或增压式的水密型换能器,其共振频率为 25~50kHz。

3. 超声波检测管的预埋

检测管是桩基超声检测的重要组成部分,它的埋置方式及在横截面上的布置形式将影响检测结果。检测管材质的选择,以透声率最大及便于安装、费用低廉为原则。一般可采用钢管、塑料管和波纹管等,其内径宜为 50~60mm。

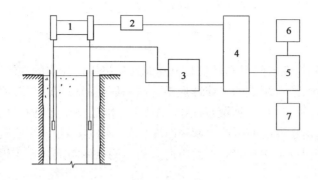

图 6-23　全自动智能化测桩专用检测装置原理框图

1-换能器升降机构；2-步进电机驱动电源；3-超声发射与接收装置；4-测控接口；5-计算机；6-磁带机；7-打印机

检测管的埋置数量和横截面上的布局涉及检测的控制面积。通常有如图 6-24 所示的布置方式，图中阴影区为检测的控制面积。一般桩径小于 1m 时沿直径布置两根，桩径为 1～2.5m 布置三根，呈等边三角形分布；桩径大于 2.5m 时布置四根，呈正方形分布。

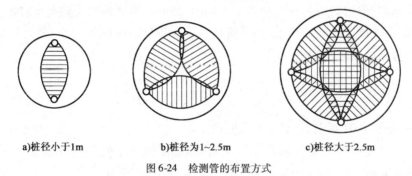

a) 桩径小于 1m　　　b) 桩径为 1~2.5m　　　c) 桩径大于 2.5m

图 6-24　检测管的布置方式

超声波检测管可焊接或绑扎在钢筋笼的内侧，检测管之间应基本上保持平行，不平行度控制在 1‰ 以下。检测管底部应封闭，其接头和底部封口都不应漏浆，接口内壁应保持平整，不应有焊渣等凸出物，以免妨碍换能器移动。

4. 检测数据分析与判断

根据所测得的声学参数判断桩基缺陷是超声脉冲检测法的关键。目前常用的方法有两大类，一类为数值判据法，如概率法、PSD 判据法、多因素概率分析法等，根据测试值经适当的数学处理后，找出一个存在缺陷的临界值作为判断的依据。这种方法能对大量测试数据做出明确的分析和判断，若利用计算机进行，判断会十分迅速，通常用于全面扫测时缺陷有无的判断。另一类为声场阴影区重叠法，即从不同的方向测出缺陷背面所形成的声阴影区，这些声阴影的重叠区即为缺陷的所在位置。这类方法通常用于数值判据法确定缺陷位置后的细测判断，以便详细划定缺陷的区域和性质。下面仅介绍应用较方便的 PSD 判据法，其他方法可参考有关文献。

(1) 判据的形式

鉴于钻孔灌注桩的施工特点，混凝土的均匀性往往较差，超声声时值较为离散。同时，声测管不可能完全保持平行，有时由于钢筋笼扭曲，声测管位移较大，因而导致声时值的偏离。为了消除这些非缺陷因素的影响可能造成的误判，在实际测试中常采用"声时深度曲线相邻两点间的斜率和差值的乘积"作为判断依据，简称 PSD 判据。

设测点的深度为 H，相应的声时为 t，则声时随深度变化规律可用 $t-H$ 曲线表示，设其函数式为：

$$t = f(H) \tag{6-42}$$

当桩内存在缺陷时，在缺陷与完好混凝土界面处超声传播介质的性质产生突变，声时值也相应突变，函数不连续，故该函数的不连续点即为缺陷界面的位置。但在实际检测中总是每隔一定距离检测一点，即深度增量（即测点间距）ΔH 不可能趋向于零，而且由于缺陷表面凹凸不平以及孔洞等缺陷是由于波线曲折而引起声时变化的，所以实测 $t-H$ 曲线在缺陷界面处只表现为斜率的变化。该斜率可用相邻测点的声时差值与测点间距离之比求得，即：

$$S_i = \frac{t_i - t_{i-1}}{H_i - H_{i-1}} \tag{6-43}$$

式中：S_i——第 $i-1$ 测点与第 i 测点之间 $t-H$ 曲线的斜率；

t_i, t_{i-1}——相邻两测点的声时值；

H_i, H_{i-1}——相邻两点的深度（或高程）。

通常，斜率仅能反映测点之间声时值变化的速率。当检测过程中测点间距不同时，虽所求得的斜率可能相同，但所对应的声时差值是不同的，而声时差值是与缺陷大小有关的参数。换言之，斜率只能反映该点缺陷的有无，为了使判据进一步反映缺陷的大小，就必须加大声时差值在判据中的权重。因此判据可写成：

$$K_i = S_i(t_i - t_{i-1}) = \frac{(t_i - t_{i-1})^2}{H_i - H_{i-1}} \tag{6-44}$$

式中：K_i——i 点的 PSD 判据值，其余各项同前。

显然，当 i 点处相邻两点的声时值没有变化或变化很小时，K_i 等于或接近于零；当声时值有明显变化或突变时，K_i 与 $(t_i - t_{i-1})^2$ 成正比，因此 K_i 将大幅度变化。

实测表明，PSD 判据对缺陷十分敏感，而对于因声测管不平行或混凝土不均匀等非缺陷因素引起的声时变化则不敏感，因为这二者都是渐变过程，相邻两测点间的声时差值都很小。因此，运用 PSD 判据可基本上消除声测管不平行或混凝土不均匀等非缺陷因素所造成的影响。

为了对全桩各测点进行判别，首先应将各测点的 K_i 值求出，并绘制"$K_i - H$"曲线进行分析，凡是在 K_i 值较大的地方，均可列为缺陷可疑点，作进一步的细测。

（2）临界判据值及缺陷大小与 PSD 判据的关系

PSD 临界判据值实际上反映了测点间距、声波穿透距离、介质性质、测量的声时值等参数之间的综合关系，该关系随缺陷的性质不同而不同，现分别介绍。

①假定缺陷为夹层

如图 6-25 所示，设混凝土的声速为 V_1，夹层中夹杂物的声速为 V_2，声程为 L（两声测管的中心距离），测点间距为 ΔH（$= H_i - H_{i-1}$）。若测量结果在完好混凝土中的声时值为 t_{i-1}，夹层中的声时值为 t_i，即可推导出遇有声速为 V_2 的夹杂物时，夹层断桩的临界判据值 K_c。

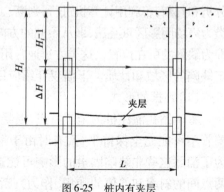

图 6-25 桩内有夹层

因：
$$t_{i-1} = L/V_1, t_i = L/V_2$$

则：
$$K_c = \frac{(t_i - t_{i-1})^2}{H_i - H_{i-1}} = \frac{L^2(V_1 - V_2)^2}{V_1^2 V_2^2 \Delta H} \tag{6-45}$$

若某点 i 的 PSD 判据 K_i 大于该点的临界判据值 K_c，则该点可判为夹层或断桩。

实际测试时，一般 V_1 可取所测桩身混凝土声速的平均值，V_2 则应根据预估夹杂物取样实测。例如，某桩混凝土平均声速 $V_1 = 3700\text{m/s}$，两管间距 $L = 0.5\text{m}$，根据地质条件及施工记录分析，该桩可能形成夹层的夹杂物为砂、砾石的混合物，取样实测 $V_2 = 3210\text{m/s}$，测点间距采用 $\Delta H = 0.5\text{m}$，由式(6-39)可求得该桩产生砂砾夹层的临界判据值 $K_c = 851.037$（将声时值单位化为 $\text{m}/\mu\text{s}$）。因此，当检测结果中，若某点的判据值 K_i 大于 K_c，则该点可判为砂砾夹层。

②假定缺陷为空洞

当桩内缺陷是半径为 R 的空洞时，声波将绕过空洞或折线传播如图 6-26 所示。以 t_{i-1} 代表超声波在完好混凝土中直线传播时的声时值，t_i 代表声波遇到空洞或成折线传播时的声时值，则可导得判据值 K_i 与空洞半径 R 之间的关系式：

因：
$$t_{i-1} = L/V_1, t_i = \frac{2\sqrt{R^2 + (L/2)^2}}{V_1}$$

则：
$$K_i = \frac{4R^2 + 2L^2 - 2L\sqrt{4R^2 + L^2}}{\Delta H V_1^2} \tag{6-46}$$

应用时，将实测 K_i 代入上式，即可解方程求得空洞的半径 R。

③假定缺陷为"蜂窝"或被其他介质填塞的孔洞

假定缺陷为"蜂窝"或被其他介质填塞的孔洞（图 6-27），这时超声波在缺陷区的传播有两条途径。一部分声波穿过缺陷介质到达接收换能器，另一部分沿缺陷绕行。当绕行声时小于穿行声时，可按空洞处理。反之，则缺陷半径 R 与 PSD 判据的关系可按相同的方法求出：

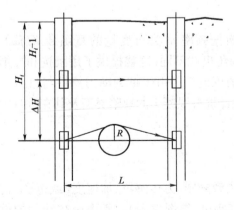

图 6-26　桩内有空洞

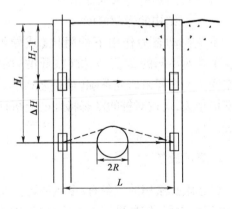

图 6-27　蜂窝状疏松或被泥沙填塞的孔洞

$$K_i = \frac{4R^2(V_1 - V_3)^2}{\Delta H V_1^2 V_3^2} \tag{6-47}$$

式中：V_3——缺陷内夹杂物声速。

大量试验表明：一般蜂窝状疏松区的声速约为密实混凝土声速的 80% ~ 90%，若取 $V_3 = 0.85V_1$，则公式可写成：

$$K_i = \frac{0.125R^2}{\Delta H V_1^2} \tag{6-48}$$

由于声通路有两个途径，只有当穿行声时小于绕行声时，才能用上式计算。通过上述临界判据值以及各种缺陷大小与判据值的关系式，用它们与各点的实测值所计算的判据值作比较，即可确定缺陷的位置、性质与大小。

四、机械阻抗法

1. 基本原理

机械阻抗法适用范围较为广泛，可用于各种工程结构的动力分析。在桩基检测中，机械阻抗法有稳态激振和瞬态激振两种方式，适用于检测桩身混凝土的完整性，推定缺陷类型及其在桩中的部位。

机械阻抗的定义是，作用于某结构物上的力 F 与该结构的响应 S 之比，即机械阻抗 $Z = F/S$，而这种响应既可以是位移、速度，也可以是加速度。如果在桩头施加幅值为 $|F|$ 的正弦激振力时，相应于每一激振频率的弹性波在桩身混凝土中传播速度为 v_p，则 F/v_p 就是机械阻抗 Z，其倒数为机械导纳 N，即：

$$N = 1/Z \tag{6-49}$$

$$N_{(j\omega)} = \frac{v_{p(j\omega)}}{F_{(j\omega)}} \tag{6-50}$$

式中：N——机械导纳；

　　F——对结构施加的作用力；

　　v_p——结构的运动速度。

系统在动态力作用下的阻抗（或导纳）是以激振频率 ω 为自变量的复函数 $Z(j\omega)$ 或 $N(j\omega)$。对不同的 ω 值，阻抗（或导纳）的幅值和幅角也就不同，这就提供了用阻抗和导纳随频率变化的图像来研究系统（如桩基础）动态特性的可能性。由于桩的动力特性与桩身完整性密切相关，通过对桩的动态特性的分析计算，可估计桩身混凝土的缺陷类型及其在桩身中的部位。

2. 测试设备

稳态阻抗法用的设备有：由频率计控制的电磁式激振器、力传感器、加速度（或速度）传感器、电荷放大器、信号采集处理计算机、输出设备（打印机、绘图仪等）。瞬态阻抗法用的设备是将稳态法的激振器换成力棒，如图 6-28 所示。

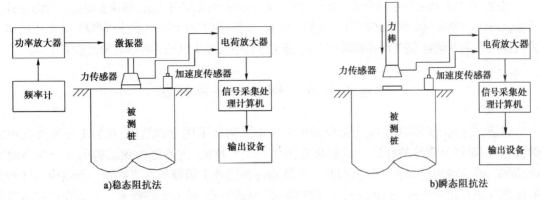

a) 稳态阻抗法　　　　　　　　　　　　b) 瞬态阻抗法

图 6-28　机械阻抗法检测系统基本组成示意图

3. 现场布置与测试

(1) 将桩头清理平整干净，检查仪器设备的工作状态。

(2) 激振点应尽量接近桩顶中心位置，速度或加速度传感器可置于桩顶边缘位置。

(3) 力传感器与桩的接触面必须安置垫块，垫块可由橡胶、塑胶或其他材料组成。

(4) 对于稳态激振，则由频率计调节激振频率，由低到高，将速度（或加速度）以及激振力的信号由数据采集器记录、处理。

(5) 在瞬态激振中，重复测试的次数应大于 4 次。

4. 检测资料的分析整理

机械阻抗法的资料分析主要是对导纳曲线的分析。桩的典型导纳曲线如图 6-29 所示，由图可求得峰与峰之间频率差 Δf，该 Δf 反映了被测桩的固有频率，即 $\Delta f = f_n$，故：

$$f_n = \Delta f = \frac{v_p}{2L} \tag{6-51}$$

由导纳-频率曲线获得 Δf 值后，可由已知的桩长代入，求得 v_p 值，检验 v_p 值与相应强度等级的混凝土波速是否接近。如在合理范围内，即为该桩的波速。

如按上述方法得到的 v_p 值偏大很多，则桩身可能存在断裂现象。桩身越短，其 f_n（也即 Δf）越高，所以，Δf 越大，断裂位置越接近桩头。将该场地桩的平均 v_p 代入，即可获得断裂位置的深度 L'。

如果被测桩的导纳曲线与正常桩的典型曲线有较大出入，则桩身可能出现各种缺陷。如果曲线类似调制波形（图 6-30），则 Δf_2 表示了桩身缺陷处的反射，Δf_1 表示了桩底的反射或桩身更深部位缺陷的反射。如果桩的导纳曲线各峰值逐渐加大或减小，而各峰之间的 Δf 均相等，则桩身横截面可能沿深度方向存在扩大或缩小现象。

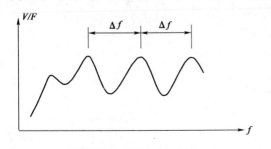

图 6-29　桩的导纳-频率曲线

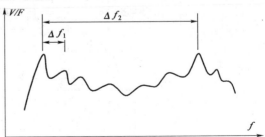

图 6-30　有缺陷桩的导纳-频率曲线示意图

总之,判别桩基质量是一个综合分析过程。在分析中也常用对比法,即从多根桩的检测中找出质量良好的桩的导纳曲线及其判据作为参考标准。同时为了便于进一步分析判断,常事先收集有关桩位处的地质剖面、施工设备和成桩工艺、施工过程中曾发生过的各种事故和处理情况等。

*第六节 钢结构焊缝探伤

目前,公路钢桥或钢-混凝土结合梁桥中的钢结构多采用全焊结构,在加工安装过程中需焊接连接,而焊接质量的好坏直接影响着构件的受力性能,进而影响钢结构的安全性与耐久性,因此,钢结构构件焊接质量的检验工作是确保桥梁施工质量的重要措施。钢结构焊缝的无损探伤方法有超声波探伤、射线探伤、磁粉探伤、浸透探伤、声发射探伤等。下面介绍目前常用的超声波探伤和射线探伤两种方法。

一、超声波探伤

1. 探伤原理

超声波脉冲(通常为 1.5MHz)从探头射入被检测物体,如果其内部有缺陷,缺陷与材料之间便存在界面,则一部分入射的超声波在缺陷处被反射或折射,原来单方向传播的超声能量有一部分被反射,通过此界面的能量就相应减少。这时,在反射方向可以接到此缺陷处的反射波;在传播方向接收到的超声能量会小于正常值,这两种情况的出现都能证明缺陷的存在。在探伤中,利用探头接收脉冲信号的性能也可检查出缺陷的位置及大小。前者称为反射法,后者称为穿透法。

2. 探伤方法

(1)脉冲反射法

图 6-31 所示为用单探头(一个探头兼作反射和接收)探伤的原理图。图中工件指作为工作对象的零部件,可以是单个零件,也可以是固定在一起的几个零件的组合体。脉冲发生器所产生的超声波垂直入射到工件中,当通过界面 A、缺陷 F 和底面 B 时,均有部分超声波反射回来,这些反射波各自经历了不同的往返路程回到探头上,探头又重新将其转变为电脉冲,经接收放大器放大后,即可在荧光屏上显现出来。其对应各点的波形分别称为始波(A')、缺陷波(F')和底波(B')。当被测工件中无缺陷存在时,则在荧光屏上只能见到始波 A' 和底波 B'。缺陷的位置(深度 AF)可根据各波型之间的间距之比等于所对应的工件中的长度之比求出,即:

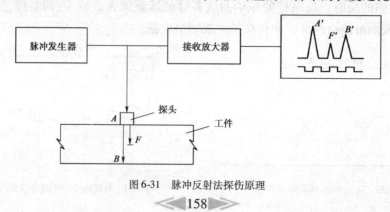

图 6-31 脉冲反射法探伤原理

$$AF = \frac{AB}{A'B'} \times A'F'$$

其中，AB 是工件的厚度，可以测出；$A'B'$ 和 $A'F'$ 可从荧光屏上读出。缺陷的大小可用当量法确定。这种探伤方法叫纵波探伤或直探头探伤。振动方向与传播方向相同的波称为纵波，振动方向与传播方向相垂直的波称为横波。

当入射角不为零的超声波入射到固体介质中，且超声波在此介质中的纵波和横波的传播速度均大于在入射介质中的传播速度时，则同时产生纵波和横波。又由于材料的弹性模量总是大于其剪切模量，因而纵波传播速度总是大于横波的传播速度。根据几何光学的折射规律，纵波折射角也总是大于横波折射角。当入射角取得足够大时，可以使纵波折射角等于或大于90°，从而使纵波在工件中消失，这时工件中就得到了单一的横波。横波入射工件后，遇到缺陷时便有一部分被反射回来，即可以从荧光屏上见到脉冲信号，如图 6-32 所示。横波探伤的定位可采用标准试块调节或三角试块比较法，缺陷的大小可用当量法确定。

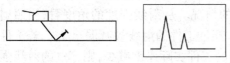

图 6-32 脉冲反射法（横波）波型示意图

(2) 穿透法

穿透法是根据超声波能量变化情况来判断工件内部状况的，它是将发射探头和接收探头分别置于工件的两相对表面。发射探头发射的超声波能量是一定的，在工件不存在缺陷时，超声波穿透一定工件厚度后，在接收探头上所接收到的能量也是一定的。而工件存在缺陷时，由于缺陷的反射使接收到的能量减小，从而断定工件存在缺陷。

根据发射波的不同种类，穿透法有脉冲波探伤法和连续波探伤法两种，如图 6-33 和图 6-34 所示。

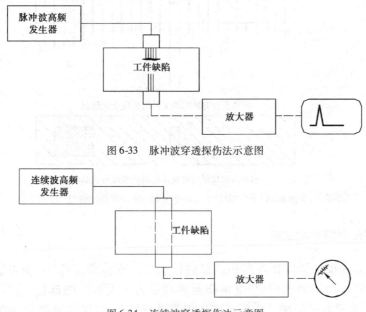

图 6-33 脉冲波穿透探伤法示意图

图 6-34 连续波穿透探伤法示意图

穿透法探伤的灵敏度不如脉冲反射法高，且受工件形状的影响较大，但较适宜检查成批生产的工件。如板材一类的工件，可以通过接收能量的精确对比而得到高的精度，易于实现自动化。

二、射线探伤

射线探伤是利用射线可穿透物质和在物质中有衰减的特性来发现缺陷的一种探伤方法。按探伤所用的射线不同,射线探伤可以分为 χ 射线、γ 射线和高能射线探伤 3 种。由于显示缺陷的方法不同,每种射线探伤又有电离法、荧光屏观察照相法和工业电视法几种。运用最广的是 χ 射线照相法,下面介绍其探伤原理和工序。

1. χ 射线照相法的探伤原理

照相法探伤是利用射线在物质中的衰减规律和对某些物质产生的光化及荧光作用为基础进行探伤的。图 6-35a) 所示,是平行射线束透过工件的情况。从射线强度的角度看,当照射在工件上射线强度为 J_0,由于工件材料对射线的衰减,穿过工件的射线被减弱至 J_c。若工件存在缺陷时,如图 6-35a) 的 A、B 点,因该点的射线透过的工件实际厚度减少,则穿过的射线强度 J_a、J_b 比没有缺陷的 C 点的射线强度大一些。从射线对底片的光化作用角度看,射线强的部分对底片的光化作用强烈,即感光量大。感光量较大的底片经暗室处理后变得较黑,如图 6-35b) 中 A、B 点比 C 点黑。因此,工件中的缺陷通过射线在底片上产生黑色的影迹,这就是射线探伤照相法的探伤原理。

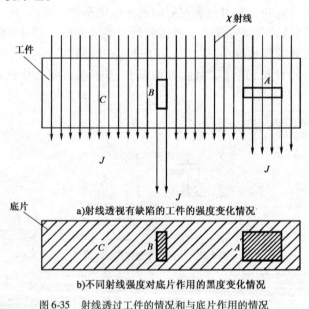

a) 射线透视有缺陷的工件的强度变化情况

b) 不同射线强度对底片作用的黑度变化情况

图 6-35 射线透过工件的情况和与底片作用的情况

2. χ 射线探伤照相法的工序

(1) 确定产品的探伤位置和对探伤位置进行编号。在探伤工作中,抽查的焊缝位置一般选在:①可能或常出现缺陷的位置;②危险断面或受力最大的焊缝部位;③应力集中的位置。对选定的焊缝探伤位置必须按一定的顺序和规律进行编号,以便容易找出翻修位置。

(2) 选取软片、增感屏和增感方式。探伤用的软片一般要求反差高、清晰度高和灰雾少,增感屏和增感方式可根据软片或探伤要求选择。

(3) 选取焦点、焦距和照射方向。照射方向尤其重要,通过多个方向的比较,以选择最佳的透照角度。

(4)暗室处理后,按照相关规程,进行焊缝质量的评定。

*第七节　局部破损检测方法简介

局部破损检测方法,是以不影响构件的承载能力为前提,在构件上直接进行局部破坏性试验,或直接钻取芯样、拔出混凝土锥体等手段检测混凝土强度或缺陷的方法。属于这类方法的有钻芯法、拔出法、射击法、拔脱法、就地嵌注试件法等。这类方法的优点是以局部破坏性试验获得混凝土性能指标,因而较为直观可靠,缺点是造成结构物的局部破坏,需进行修补,因而不宜用于大面积的检测。

在我国,钻取芯样法应用已比较广泛,拔出法近几年发展较快,射击法的研究也已取得较大进展,本节仅对这3种方法进行简介。

一、钻芯法

1. 钻芯法的特点

钻芯法是利用专用钻机,从结构混凝土中钻取芯样以检测混凝土强度或观察混凝土内部质量的方法。用钻芯法检测混凝土的强度、裂缝、接缝、分层、孔洞或离析等缺陷,具有直观、精度高等特点,因而广泛应用于工业与民用建筑、大坝、桥梁、公路、机场跑道等混凝土结构或构筑物的质量检测。但这种方法对构件的损伤较大、检测成本较高,只有在下列情况下才进行钻取芯样检测其强度:

(1)对试块抗压强度的测试结果有怀疑时。
(2)因材料、施工或养护不良而发生混凝土质量问题时。
(3)混凝土遭受冻害、火灾、化学侵蚀或其他损害时。
(4)需检测经多年使用的建筑结构或构筑物中混凝土强度时。
(5)对施工有特殊要求的构件,如机场跑道测量厚度。

另外,对混凝土立方体抗压强度低于10MPa的结构,不宜采用钻芯法检测。因为当混凝土强度低于10MPa时,在钻取芯样的过程中容易破坏砂浆与粗骨料之间的黏结力,钻出的芯样表面变得较粗糙,甚至很难取出完整芯样。

2. 混凝土芯样选取

(1)钻芯位置的选择

钻芯时会对结构混凝土造成局部损伤,因此在选择钻芯位置时要特别慎重。芯样应考虑以下几个因素综合确定:构件受力较小部位;混凝土强度质量具有代表性的部位;便于钻芯机安装与操作的部位。芯样钻取应避开主筋、预埋件和管线的位置,并尽量避开其他钢筋。另外,在使用回弹、超声或综合等非破损方法与钻芯法共同检测结构混凝土强度时,取芯位置应选择在具有代表性的非破损检测区内。

(2)芯样尺寸

应根据检测的目的选取适宜尺寸的钻头,当钻取的芯样是为了进行抗压试验时,则芯样的直径与混凝土粗骨料粒径之间应保持一定的比例关系,一般情况芯样直径为粗骨料粒径的3倍。在钢筋过密或因取芯位置不允许钻取较大芯样的特殊情况下,芯样直径可为粗骨料直径的2倍。为了减少结构构件的损伤程度,确保结构安全,在粗骨料最大粒径限制范围内,应尽量选取小直径钻头。如取芯是为了检测混凝土的内部缺陷或受冻害、腐蚀层的深度等,则芯样直径的选择可不受粗骨料最大粒径的限制。

(3) 钻芯数量的确定

取芯的数量,应根据检测要求而定。按单个构件检测时,每个构件的钻芯数量不应少于3个,取芯位置应尽量分散,以减少对构件强度的影响。对于较小构件,钻芯数量可取2个。

3. 混凝土强度推定

芯样试件的抗压强度等于试件破坏时的最大压力除以截面积,截面积用平均直径计算。我国是以边长150mm的立方体试块作为标准试块,因此,由非标准尺寸圆柱体(芯样)测得的试件强度应换算成标准尺寸立方体试件强度。

芯样试件的混凝土换算强度可按下列公式计算:

$$f_{cu}^c = \alpha \frac{4F}{\pi d^2} \tag{6-52}$$

式中:f_{cu}^c——芯样试件混凝土强度换算值,MPa,精确至0.1MPa;

F——芯样试件抗压试验得到的最大压力,N;

d——芯样试件的平均直径,mm;

α——不同高径比的芯样试件混凝土强度换算系数,可按表6-11选用。

芯样试件混凝土强度换算系数　　　　表6-11

高径比(h/d)	1.0	1.1	1.2	1.3	1.4	1.5	1.6	1.7	1.8	1.9	2.0
系数(α)	1.00	1.04	1.07	1.10	1.13	1.15	1.17	1.19	1.21	1.22	1.24

二、拔 出 法

拔出法是使用拔出仪器拉拔埋在混凝土表层内的锚件,将混凝土拔出一锥形体,根据混凝土抗拔力推算其抗压强度的方法。该法分为两类,一类是预埋拔出法,是浇筑混凝土时预先将锚杆埋入,混凝土硬化后需测定其强度时拔出。另一种是后装拔出法,即在硬化后的混凝土上钻孔,装入(黏结或胀嵌)锚固件进行拔出。拔出法是一种测试结果可靠、适用范围广泛的微破损检测方法。我国从1985年开始进行后装拔出法的研究工作,并已制订了相关的行业规范《后装拔出法检测混凝土强度技术规程》(CECS 69:94)。

1. 预埋拔出法

预埋拔出法是在混凝土表层以下一定距离处预先埋入一个钢制锚固件,混凝土硬化后,通过锚固件施加拔出力。当拔出力增至一定限度时,混凝土将沿着一个与轴线呈一定角度的圆锥面破裂,并最后拔出一个圆锥体。预埋拔出装置包括锚头、拉杆和拔出试验仪的支承环,如图6-36所示。锚头直径为d_2,锚头埋深为h,承力环内径为d_3,拔出夹角

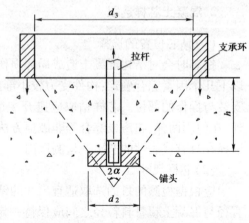

图6-36 拔出试验简图

为 2α。统计表明:当 d_2、h 和 2α 值在一定范围时,混凝土的抗压强度与极限拉拔力之间具有良好的线性关系。

预埋拔出试验的操作步骤可分为:安装预埋件、浇筑混凝土、拆除连接件、用拔出仪拉拔锚头,如图 6-37 所示。当拔出试验达到拉拔力时,混凝土将大致沿 2α 的圆锥面产生开裂破坏,最终有一个截头圆锥体脱离母体。

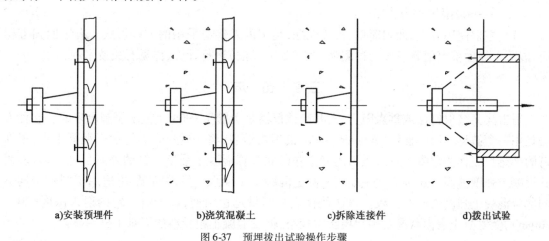

a)安装预埋件　　b)浇筑混凝土　　c)拆除连接件　　d)拔出试验

图 6-37　预埋拔出试验操作步骤

预埋拔出法必须在浇灌混凝土前预先埋设锚头,主要用于混凝土施工控制和特殊混凝土的强度检测,如用于确定拆除模板、支架、施加或放松预应力、停止湿热养护、终止保温的适当时间;也可用于喷射混凝土等特种混凝土的强度检测。

2. 后装拔出法

后装拔出法是在硬化后的混凝土上钻孔,装入(黏结或胀嵌)锚固件进行拔出。这种方法不需要预先埋设锚固件,使用时只要避开钢筋或预埋钢板位置即可。因此,后装拔出法在新旧混凝土的各种构件上都可以使用,适应性较强,检测结果的可靠性也较高。后装拔出法可分为几种,如丹麦的 CAPO 试验法,日本的安装经过改进的膨胀螺栓试验,我国的 TYL 型拔出仪等。各种试验方法虽然并不完全相同,但差异不大。以丹麦的 CAPO 拔出试验为例,试验步骤如图 6-38 所示。试验时先在混凝土检测部位钻一直径 18mm、深 50mm 的孔,在孔深 25mm 处用特制的带金刚石磨头的扩孔装置磨出一环形沟槽,将可以伸张的金属胀环送入孔中沟槽,并使其张开嵌入沟槽内,再将千斤顶与锚固件连接,并施加拉力直至拔出一混凝土圆锥体,用测力计测读其极限抗拔力。

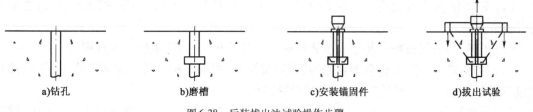

a)钻孔　　b)磨槽　　c)安装锚固件　　d)拔出试验

图 6-38　后装拔出法试验操作步骤

3. 混凝土强度推定

拔出法检测混凝土强度,一个重要的前提就是预先建立混凝土极限拔出力和抗压强度的相关关系,即测强曲线。在建立测强曲线时,一般是通过大量的试验,将试验所得的拔出力和抗压强度按最小二乘法原理进行回归分析。回归分析一般是采用直线回归方程:

$$f_{cu} = A + B \cdot F_p \tag{6-53}$$

式中:A、B——回归系数;
f_{cu}——混凝土立方体试块抗压强度,MPa;
F_p——极限拔出力,kN。

直线方程使用方便、回归简单、相关性好,是国内外普遍采用的方程形式。有了回归方程后,混凝土强度推定值就可按前述测强方法(如回弹法)进行计算,详见有关技术规程。

三、射击法

射击法又名射钉法或贯入阻力法,其测试仪器是美国于1964年最早研制出来的。这种方法是用一个被称作温泽探针(Windor prode)的射击装置,将一硬质合金钉射入混凝土中,根据钉的外露长度作为混凝土贯入阻力的度量并以此推算混凝土强度。钉的外露长度愈多,表明其混凝土强度愈高。这种方法主要用于测定混凝土早期强度发展情况,也适用于同一结构不同部位混凝土强度的相对比较。该法的优点是测量迅速简便,由于有一定的射入深度(20~70mm),受混凝土表面状况及碳化层影响较小,但受混凝土粗骨料的影响十分明显。

1. 基本原理

射击法检测混凝土强度是通过精确控制的动力将一根特制的钢钉射入混凝土中,根据贯入阻力推定其强度。由于被测试的混凝土在射钉的冲击作用下产生综合压缩、拉伸、剪切和摩擦等复杂应力状态,要在理论上建立贯入深度与混凝土强度的相关关系是很困难的,一般均借助于试验方法来确定。

射击检测法的基本原理是:发射枪对准混凝土表面发射子弹,弹内火药燃烧释放出来的能量推动钢钉高速进入混凝土中,一部分能量消耗于射钉与混凝土之间的摩擦,另一部分能量由于混凝土受挤压、破碎而被消耗。如果发射枪引发的子弹初始动能固定,射钉的尺寸不变,则射钉贯入混凝土中的深度取决于混凝土的力学性质。因此测出钢钉外露部分的长度,即可确定混凝土的贯入阻力。通过试验,建立贯入阻力与混凝土强度的试验相关关系,便可据以推定混凝土强度。

2. 主要设备及操作

射击法检测混凝土强度所用设备如下:

(1)发射枪,是引发火药实现射击的装置。火药燃烧后产生气体作用在活塞上,活塞推动射钉射击。

(2)子弹,与发射枪配套使用。按装药量不同分几种型号,应根据需要选用。

(3)射钉,是用淬火的合金钢制成的钉,尖端锋利,顶端平整并带有金属垫圈,便于量测和试验后拔出。钉身上带塑料垫圈,发射时起导向作用。

(4)其他辅助工具如钉锤、挠棍、游标卡尺等,以量测射入深度,将射进混凝土中的钢钉拔出。

操作步骤如下:由发射管口将射钉装入,用送钉器推至发射管底部;拉出送弹器装上子弹,再推回原位;将发射枪对准预定的射击点,把钢钉射入混凝土中;然后用游标卡尺量出钢钉外露部分的长度。量测前应检查钢钉嵌入混凝土中的情况,嵌入不牢的应予废弃,再补充发射。最后利用混凝土抗压强度与射钉外露长度的相关关系式,推算混凝土强度。

*第八节 无损检测实例

一、超声-回弹综合法检测混凝土强度

某混凝土构件出现了宽度 0.2~3.0mm 的裂缝,为探明裂缝成因,检验混凝土质量,采用了超声-回弹综合法测试其混凝土强度。

检测时在该构件两侧面均匀布置 10 个超声-回弹测区,每个测区尺寸为 200mm×200mm。每一测区的两个相对测试面上均匀布置 8 个回弹测点、3 个超声测点,先进行回弹测试,后进行超声测试。测试时将测试面用砂轮片磨机清除杂物和磨平不平整处,并擦净残留粉尘,以保持测试面清洁、平整、干燥。

计算测区回弹值时,从该测区两个相对测试面的 16 个回弹值中,剔除 3 个最大值和 3 个最小值,然后将余下的 10 个回弹值求平均值,得到测区平均回弹值 R_m。测区超声声速值 v 是将超声波传播距离除以 3 个超声测点的平均声时值得到的。由于本次测试回弹仪均处于水平状态,且测试面是在混凝土浇灌的侧面,因而所求得的测区平均回弹值和超声声速值均无需修正,部分测试结果见表 6-12。由于没有专用或地区测强曲线,因此测区混凝土强度换算值叫由附录 4 查得,该构件混凝土强度推定值即为各测区中最小的混凝土强度换算值。经过统计整理,可得该构件混凝土强度推定值为 24.2MPa,基本上达到设计要求。

某构件综合法测强原始记录结果 表 6-12

项目	测区	1	2	3	4	6	7	8	9	10
回弹值	1	33	37	38	42	52	40	36	29	36
	2	30	30	34	38	42	25	32	28	35
	3	38	32	32	28	35	35	32	29	35
	4	29	35	28	43	31	29	32	36	38
	5	36	26	40	35	38	31	33	40	40
	6	40	27	35	34	32	30	38	41	40
	7	41	36	38	33	37	32	37	29	35
	8	29	29	30	36	30	35	43	32	38
	9	32	33	29	29	29	26	49	31	40
	10	31	38	35	45	40	37	32	36	29
	11	36	37	31	30	35	36	38	40	35
	12	40	43	35	37	29	29	34	43	31
	13	43	49	32	32	40	33	32	37	38
	14	36	32	35	30	29	38	37	30	30
	15	37	38	31	36	35	40	30	29	32
	16	34	34	38	31	32	28	29	36	35
	R_m	35.3	34.4	34.8	34.5	35.2	32.7	34.3	33.6	35.7

续上表

项目 测区		1	2	3	4	6	7	8	9	10
超声声时值 (μs)	1	224.4	228.1	237.2	221.3	227.4	224.1	228.5	231.3	233.1
	2	224.8	231.5	234.6	240.6	236.2	227.3	233.3	223.5	227.4
	3	225.9	227.3	232.1	243.2	232.2	233.1	232.4	225.3	231.6
	平均值	225.0	229.0	234.6	235.0	231.9	228.2	231.4	226.7	230.7
测距(mm)		1 000								
声速(km/s)		4.44	4.37	4.26	4.26	4.31	4.38	4.32	4.41	4.33
换算强度(MPa)		28.0	26.1	25.5	25.1	26.5	24.2	25.5	25.6	27.3

二、钢管混凝土拱肋密实性检测

1. 工程概况

某钢管混凝土系杆拱桥,计算跨径为 64.0m,矢跨比为 1/5,矢高为 12.8m。钢管拱肋截面呈圆端形,高 1.60m,宽 1.20m,拱肋内灌注 C50 微膨胀混凝土。在灌注拱肋混凝土时,由于钢管内加劲肋、焊缝、灌注工艺等原因的影响,使钢管与内填混凝土出现脱黏、空隙等缺陷,导致拱肋实际受力性能与设计意图不相符。为确保施工质量,探明混凝土与钢管之间的间隙所处位置及其严重程度,针对该桥钢管混凝土拱肋的实际情况,进行了超声波检测。

2. 测试原理

钢管混凝土超声检测不同于普通混凝土试件或钢筋混凝土构件。由于钢板的存在,使超声波在钢管混凝土中的传播途径比较复杂。当钢管与混凝土之间无空隙存在时,其传播路径是:发射⇒直线穿过钢管壁⇒直线穿过混凝土⇒直线穿过钢管壁⇒接收。由于钢管壁厚度与管径相比很小,可略去管壁厚度不计。这样,当钢管与混凝土之间无空隙存在时,超声波通过给定距离的时间,可以通过波的现场实测速度来预测。当混凝土与钢管壁之间存在间隙时,超声波不能直接穿过间隙,而必须绕过间隙传播,这样,便导致传播时间的增长、波幅衰减幅度的增大、波的相位发生变化。比较无间隙和有间隙两种情况下,超声波通过给定距离的时间差别、相位变化及衰减幅度,便可推断出间隙的存在与否、所处位置及其大小程度。上述判别方法的前提条件是:超声波通过混凝土传播的声时值必须小于直接通过钢管壁绕射的声时值,否则,超声波首波将不穿过混凝土而直接沿钢管壁到达接收探头,就无法判断其内部缺陷。如图 6-39 所示是钢管混凝土无缺陷典型超声波形,波形无畸变,脉冲包络线呈圆弧状,首波频率比沿钢管壁传过来的超声脉冲低。如图 6-40 所示是钢管中混凝土与钢管壁脱离或有空洞时典型超声脉冲波型,由混凝土传过来的脉冲波很难测读首波,或虽能测读,但波形畸变大,首波频率极小。

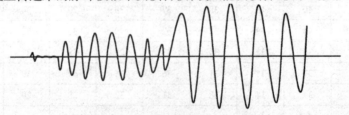

图 6-39 无缺陷钢管混凝土正常波形

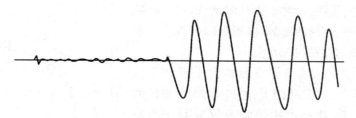

图6-40 有缺陷钢管混凝土畸变波形

3. 测试方法

(1) 全桥拱肋超声测区布置

考虑到该桥拱肋的实际情况,超声检测测区具体布置为:两根吊杆之间和每根吊杆与拱肋相交的端部各设1个测区,拱脚处适当加密增设2个测区。这样,每片拱肋共有25个测区,全桥共布置50个测区,测区具体布置如图6-41所示。

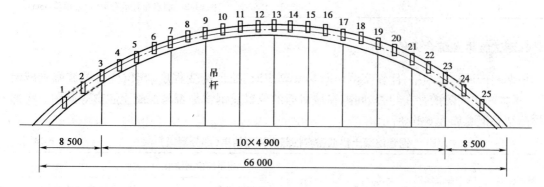

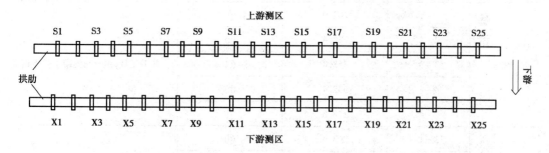

图6-41 测区平面布置示意图(尺寸单位:mm)

(2) 各测区内测点布置

本次测试截面的测点分别布置在钢管顶、底、两侧,一侧发射、一侧接收。每个测试截面布五对测点:1号点位于钢管两侧面的正中,3号点位于钢管上下正中,2号、4号点分别位于3号点两侧的1/8弧长处,除1、2、3、4点对测外,另将2号、4号点对测,如图6-42所示。

(3) 检测方法步骤

①现场测试钢板与混凝土的声速。对于混凝土,在现场选取了与拱肋混凝土同期浇注的标准试块3个,进行了12对点的声速测试,测得混凝土平均声速为4 630 m/s。对于钢管,在现场专门布设了12个声速测点,测得钢的平均声速为5 350 m/s。

②根据各测点路径波距及实测声速,计算各测点路径的理论声时,如表6-13所示。

③采用对测法,逐测区、测点进行测试,通过比较超声波实测声时与理论声时的差异、波形的畸变程度与衰减幅度来判定间隙的存在与否及大小。

④综合声时、波形、相位3个方面参数,评价该测区内填混凝土的密实性,在此基础上,通过对94个测区的测试结果综合分析,评价该桥拱肋内填混凝土的密实性。

各测点波距及理论声时计算值　　表6-13

测点路径	直线传播波距(mm)	理论声时计算值(μs)
1-1	1 200.0	259.1
2-2、4-4	1 509.7	326.1
3-3	1 600.0	345.6
2-4	848.6	183.3

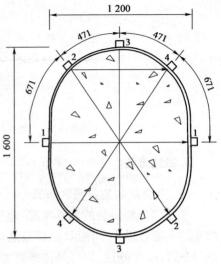

图6-42　测点布置示意图(尺寸单位:mm)

4. 测试结果及综合评价

根据超声波检测结果,比较实测声时与计算声时、波形畸变程度、相位变化及波幅衰减幅度,便可推断出间隙的存在与否、间隙在该截面的位置及钢管是否与混凝土脱离等问题。将部分检测结果汇总如表6-14所示。

钢管混凝土拱肋密实性超声检测结果(部分测区)　　表6-14

测区编号	测点编号	超声波检测结果		超声综合评判结果
		声时(μs)	波形畸变分级	
X2测区	1-1	262.0	Ⓡ	基本正常,钢管与混凝土基本密实
	2-2	322.6	Ⓡ	
	3-3	358.8	Ⓒ	
	4-4	332.4	Ⓡ	
	2-4	178.0	Ⓡ	
X6测区	1-1	263.6	Ⓡ	钢管上部约1/3~1/2弧长范围内与混凝土存在间隙
	2-2	334.8	Ⓡ	
	3-3	380.4	⊗	
	4-4	378.0	⊗	
	2-4	197.2	Ⓡ	
S10测区	1-1	266.8	Ⓡ	钢管上部约1/5弧长范围内与混凝土存在间隙
	2-2	333.2	Ⓒ	
	3-3	361.2	⊗	
	4-4	335.6	Ⓒ	
	2-4	210.8	⊗	

续上表

测区编号	测点编号	超声波检测结果		
		声时(μs)	波形畸变分级	超声综合评判结果
S11 测区	1-1	275.6	ⓒ	钢管与混凝土基本脱开,拱顶局部间隙严重
	2-2	328.4	ⓒ	
	3-3	427.6	⊗⊗	
	4-4	338.0	⊗	
	2-4	210.8	⊗	

注:Ⓡ-波形正常;ⓒ-有小畸变;⊗-畸变较大;⊗⊗-畸变严重

5. 部分实测波形

部分测点实测波形如图6-43、图6-44所示。

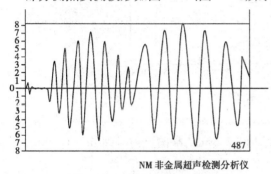

图6-43 X2测区4-4测点实测波形

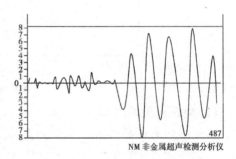

图6-44 S11测区3-3测点实测波形

6. 结论

该钢管混凝土拱肋1/5弧长范围内,普遍存在钢管与混凝土脱空的现象,其中有部分截面空隙占钢管1/3~1/2周长;此外,由于焊缝与钢管内纵横肋的存在,空隙的形状比较复杂、多变,缺乏规律性,且连通性较差,需要采取化学灌浆处理措施。

三、混凝土钻孔灌注桩完整性检测

某试验模型桩共5根,桩长均为5.0m,其中一根为完整桩,另4根在距桩头3.5m处人为设置了一些常见缺陷:离析、缩颈、扩颈、断桩等,模型桩结构如图6-45所示。采用反射波法测试结果如下。

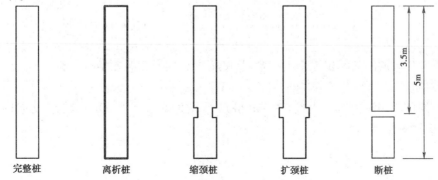

图6-45 模型桩结构示意图

(1)完整桩

完整桩测试结果如图 6-46 所示。已知桩长 $L = 5.0$m,由图中可得桩底反射时间 $t = 2.50$ms,所以:

$$V = \frac{2L}{t} = \frac{2 \times 5.0}{2.5 \times 10^{-3}} = 4000(\text{m/s})$$

即应力波在整桩中平均波速为 4 000m/s。桩头激振信号与桩底反射间无异常信号。

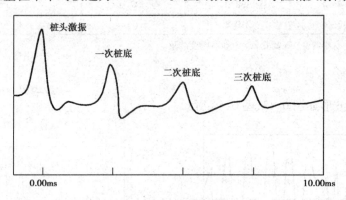

图 6-46　完整桩测试结果

(2)离析松散桩

实测图如图 6-47 所示。由图知整桩反射时间 $t = 2.50$ms,缺陷反射时间 $\Delta t = 1.70$ms。

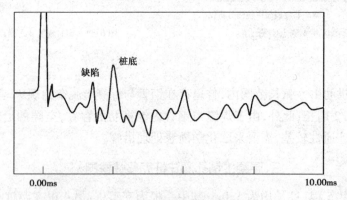

图 6-47　离析松散桩测试结果

计算缺陷位置:

$$\Delta L = \frac{V \cdot \Delta t}{2} = \frac{4000 \times 1.7 \times 10^{-3}}{2} = 3.4(\text{m})$$

计算结果与预设的缺陷位置基本吻合,且缺陷反射信号与激振信号同相。

(3)缩颈桩

实测图如图 6-48 所示。由图知整桩桩底反射时间 $t = 2.50$ms,缺陷反射时间 $\Delta t = 1.60$ms。计算缺陷位置:

$$\Delta L = 1.60 \times 10^{-3} \times 4000/2 = 3.2(\text{m})$$

从图中标明位置处可见缩颈桩缺陷反射信号与桩底反射信号同相。

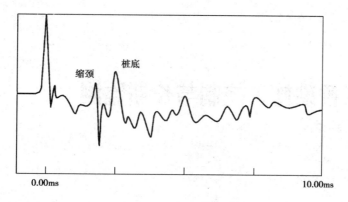

图 6-48　缩颈桩测试结果

(4) 扩颈桩

实测图如图 6-49 所示。由图知整桩桩底反射时间 $t = 2.50\text{ms}$，缺陷反射时间 $\Delta t = 1.65\text{ms}$。计算缺陷位置：

$$\Delta L = 1.65 \times 10^{-3} \times 4\,000/2 = 3.3(\text{m})$$

从图中可见扩颈桩缺陷反射信号与激振信号反向。

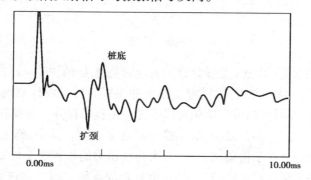

图 6-49　扩颈桩测试结果

(5) 断桩

实测波形如图 6-50 所示。预设的缺陷位置在距桩头 3.5m 处，图中有一个反射时间为 $\Delta t = 1.70\text{ms}$ 的反射信号，而未见 $t = 2.50\text{ms}$ 的桩底反射信号。计算可得桩长为：

$$\Delta L = V \cdot \Delta t / 2 = 4\,000 \times 1.70 \times 10^{-3}/2 = 3.4(\text{m})$$

该桩波形与完整桩的测试波形类似，不同的是根据所测得的波形中桩底反射时间算出的桩长较已知桩长短得较多，这表明该桩为断桩。

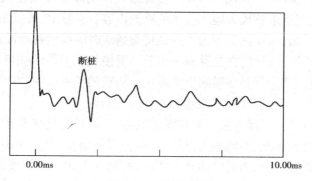

图 6-50　断桩测试结果

第七章 桥梁施工控制与长期监测

第一节 桥梁施工控制的基本概念

一、概　述

设计是工程建设的灵魂,而施工是设计意图实现的关键,好的桥梁设计方案必须要有高水平的桥梁施工技术来支持。另一方面,桥梁施工技术的发展为桥梁设计意图的实现提供了灵活多样的手段,为新结构、新材料的推广应用提供了充分的技术保障。桥梁施工技术包含施工过程计算、施工方法、施工工艺、施工设备、施工控制等诸多内容。其中,施工监测控制是施工技术的重要组成部分,始终贯穿于桥梁施工中,对大跨度桥梁的顺利施工与安全运营至关重要。

桥梁施工,特别是大跨径桥梁的施工,是一个复杂的系统工程。在该系统中,设计图纸是目标,而从开工到竣工整个施工过程中,将会受到许多确定和不确定因素的影响,包括设计计算模式、材料性能参数、施工精度、施工荷载、环境温湿度等诸多方面的因素,这些因素总会使桥梁的实际状态与理想目标状态之间存在一定的差异。因此,在施工过程中如何从受各种因素影响而失真的参数中找出相对真实之值,对桥梁施工受力状况进行实时监测、预测、预警、调整,对设计目标的实现是至关重要的。一般的,上述工作常以现代控制论为理论基础来进行,所以称之为施工监测控制,也可以简称为施工控制。

近10年来,随着桥梁跨径不断增大,人们已普遍认识到施工控制在大跨度桥梁施工过程中的重要作用,施工控制越来越成为施工技术的重要内容。实际上,桥梁施工控制在以前的施工过程中就已被人们采用,如在施工中为了保证桥梁建成时的线型符合设计要求,在有支架施工时总是要在支架上设置预拱度,在悬臂施工中总是要使施工节段的立模(或安装)高程高于设计高程一定数值,这实质上就是在对施工实施比较初级的控制,这些方面处理的好坏不仅体现了施工技术水平高低,而且可能会影响到桥梁结构的安全。

桥梁施工控制不仅是桥梁施工技术的重要组成部分,而且也是技术含量较高、实施难度相对较大的部分。不同结构体系、不同施工方法、不同材料的桥梁,其施工控制技术要求也不一样。以钢桁梁的悬臂架设为例,为最终达到设计高程,通常采用预设拱度的方法来解决,即将先架设的节点预先抬高来考虑后架设节段的影响。由于钢材的匀质性和制造尺寸的相对准确性,预设拱度方法在钢桁梁悬臂拼装过程中较为简便易行。但是,对于同样采用悬臂浇筑法施工的混凝土桥梁就不那么容易,因为混凝土桥梁除了材料特性的离散性外,它还要受温度、湿度、时间等因素的影响,加上各节段混凝土的龄期、强度、持载历史等因素各不相同,这就会造成各节段的内力和变形随着混凝土浇筑过程变化而偏离设计值的现象,甚至出现超过设计允许的内力和变形限值。对这种情况,若不通过有效的施工控制实时监测、及时调整,就势必造成成桥状态的线型、内力状况难以符合设计目标。

桥梁施工控制是确保桥梁施工宏观质量的关键。衡量一座桥梁的施工宏观质量标准之一,就是看其成桥状态的线型以及内力状况是否符合设计要求。对采用多工序、多阶段施工的桥梁上部结构,要求结构各构件内力、高程的最终状态均符合设计要求是不容易的。例如混凝土斜拉桥,悬臂施工时主梁各节段要考虑预抬高以使其高程符合设计要求,同时还要求成桥状态下斜拉索的索力也达到设计要求,但由于斜拉桥是多次超静定结构,主梁高程的调整将影响到斜拉索的索力,某一根斜拉索内力的调整又会影响到主梁高程和邻近斜拉索的索力。因此,如不进行系统有效的监测控制措施,就可能导致内力或桥面线型难以达到设计目标值。例如我国某混凝土斜拉桥,由于种种原因,成桥后主梁线型呈波浪形,不但影响行车舒适,也留下外观缺陷。又如国内外大跨径混凝土连续梁桥、连续刚构桥的梁体跨中下挠现象比较普遍,下挠量值普遍较大,接近了设计规范活载作用下的梁式桥挠度不得大于 $L/600$ 的规定,桥面线型形成了明显的凹槽,导致冲击、振动效应显著增大,不仅影响外观,而且影响结构的行车性能。为此,应对施工过程的各阶段、各工序进行模拟,考虑混凝土徐变、收缩的影响,预先计算出各阶段内力和位移的预计值。将施工中的实测值与预计值进行比较,若相差超过允许的范围即进行调整,并通过对设计参数如混凝土徐变性能的识别和结构内力的优化调整,实现施工作业与施工控制之间的良性循环,最后达到对主梁变形和结构内力双重控制的目的,使各阶段内力和变形达到或接近预计值,确保桥梁的施工质量。

桥梁施工控制又是桥梁建设的安全保证,这一点对于大跨度桥梁更为突出。在施工过程中,由于每一阶段结构的内力和变形目标值是可以预计的,各施工阶段结构的实际内力和变形是可以监测得到的,这样就可以较全面地跟踪掌握施工进程和发展情况。当发现施工过程中监测的实际值与计算的预计值相差过大时,就要进行检查、分析原因,采取及时必要的措施进行调整,以避免重大安全事故的发生。例如,20 世纪初,跨径 548.64m 的加拿大魁北克桥曾在施工中两次发生事故,该桥采用悬臂拼装法施工,当南侧桁架快架设完毕时,突然崩塌坠落,原因是桁架悬臂长度太长(悬臂长度 176.8m),靠近中间墩处的下弦杆受力过大,致使下弦杆腹板丧失稳定而引起全桁架严重破坏。尽管造成事故的原因是设计问题,若当时采用了施工监测控制手段,在内力较大的杆件中布置监控测点,当发现异常现象时,及时停工检查调整,就可能会避免突然崩塌坠落事故的发生。由此可见,为确保大跨度桥梁施工安全,对施工过程进行监测控制是必不可少的。

二、桥梁施工控制与桥梁施工质量控制的关系

桥梁施工质量控制是对施工全过程的各工序进行检查、监督和检验,消除影响工程质量的各种不利因素,使所建造的工程符合设计图纸、技术规范和验收标准的要求。桥梁施工控制是对桥梁施工过程中结构的受力、变形及稳定进行监测控制,使施工中的结构状态处于比较理想的状态,保证施工过程安全和成桥状态(包括内力和线型状态)符合设计、规

范要求。

从上述两者所做的工作和目的来看,桥梁施工控制与桥梁施工质量控制目标是一致的,都是保证桥梁建设质量的手段。桥梁施工质量控制重在"微观控制",而桥梁施工控制重在"宏观调控",是桥梁施工质量控制的补充与提升。以悬臂浇筑施工的预应力混凝土梁桥为例,施工质量控制重在钢筋、钢绞线质量控制,波纹管安装精度控制,模板安装精度控制,混凝土原材料及混凝土拌制质量控制,混凝土浇筑、养护质量控制,混凝土强度检验、预应力张拉控制、管道灌浆质量控制等;而施工控制则是在施工过程中监测结构内力和变形状况,根据已施工完成节段的内力和变形状态,在考虑各种不确定影响因素后,确定下一节段的施工方案是否需要调整,如是否改变预应力束的张拉量值、改变下一节段的立模高程等。可见桥梁施工控制、桥梁施工质量控制属于一个问题的两个方面,施工控制虽不能完全替代质量控制,却为实现质量控制的总体目标提供了基本保障。在小跨径桥梁施工中,往往不单独实施施工控制,而将施工控制的内容包含在施工质量控制中。

三、桥梁施工控制的发展

系统地实施桥梁施工控制的历史并不长。最早较系统地把工程控制论应用到桥梁施工管理中的是日本。20 世纪 80 年代初,日本修建日夜野预应力混凝土连续梁桥时,就建立了施工控制所需的应力、挠度等参数的观测系统,并运用计算机对所测参数进行现场处理,然后将处理后的实测参数进行结构计算分析,最后将分析结果运用于现场进行施工控制。到 20 世纪 80 年代后期,日本在修建 chichby 斜拉桥和 Yokohama 海湾斜拉桥时,成功地利用计算机联网传输技术建立了一个用于拉索索力调整的自动监控系统,实现了施工过程中实测参数与设计值的快速验证比较,对保证施工安全和精度、加快工程进度起到了决定性的作用。此后,日本又研制一个以现场计算机为主的斜拉桥施工控制系统,该系统在 1989 年建成的 Nitchu 桥和 1991 年建成的 Tomei-Ashigara 桥上应用效果良好,其最大特点是在现场完成自动测试、分析和控制全过程,并可进行参数敏感性分析和实际结构行为预测。

在我国,在 20 世纪 50 年代就已注意到施工中结构内力和变形的调控,如 1957 年建成的武汉长江大桥在施工过程中就进行了应力、高程的调整,1982 年,上海泖港大桥(主跨 200m 的斜拉桥)首次根据现代工程控制的基本思想,有效地进行了主梁挠度和索塔塔顶水平位移的施工控制。进入 80 年代后期,随着计算机的普及、自动化监测技术的发展,桥梁施工控制技术在大跨度桥梁建设中获得了广泛的应用,并取得了较好成果。

目前,桥梁施工控制技术已纳入常规施工管理工作中,控制方法已从人工测量、分析与预报,发展到监控、分析、预报、调整的自动化,形成了较完善的桥梁施工控制系统。即便如此,由于影响桥梁施工的因素非常复杂,同时,新结构、大跨度、超大跨度桥梁也对施工控制提出了更高的要求,因此,深入研究桥梁施工控制理论与方法,研制更加合理实用的监测控制软件,开发更加方便、精确的监测仪器设备,建立完善的桥梁施工控制系统仍是桥梁建设事业发展的迫切需要。

第二节 桥梁施工控制的工作内容

桥梁施工控制的任务就是要确保在施工过程中桥梁结构的内力始终处于容许的安全范围内,确保成桥状态(包括成桥线型与成桥结构内力状态)符合设计要求。桥梁施工控制就是在施工过程中对桥梁结构反应进行监测,对施工中出现的误差及时进行纠正,减小结构继续受到误差的影响,使桥梁建成后的内力、线型最大可能地接近理想设计状态。施工控制的三大任务是线型(高程)控制、应力控制及稳定性的控制。施工控制过程是一个预测-施工-量测-识别-修正-预测的循环过程。施工控制的目标是结构建成时达到设计所希望的几何形状和合理的内力状态,并保证结构在施工过程中的安全。桥梁施工控制围绕上述控制任务而展开,不同类型的桥梁,其施工控制工作内容不全相同,但从总体上来看,主要包括以下几个方面。

一、几何(变形)控制

不论采用什么施工方法,桥梁结构在施工过程中总要产生变形。结构的变形受到诸多因素的影响,会使桥梁结构在施工过程中的实际位置(立面高程,平面位置)偏离预期状态,甚至导致桥梁难以顺利合拢,或造成成桥线型与设计目标不符。桥梁施工控制中的几何控制就是使桥梁结构在施工中的实际状态与预期状态之间的偏差控制在容许范围内,成桥线型状态符合设计要求。

与桥梁工程质量的优劣需用其质量检验评定标准来检验一样,施工控制的结果也需有一定的标准,即偏差容许值来评判施工控制的目标实现与否。偏差容许值与桥梁的结构形式、跨径大小、技术难度、施工方法等有关,目前还没有统一规定,常结合具体桥梁的施工控制的需要来确定。同时,为保证几何控制总目标的实现,每道工序的几何控制偏差的允许范围也需事先确定出来。几何控制偏差的允许范围亦即精度目标限值必须同时兼顾施工精度要求、施工操作方便性与可行性两方面,制定的限值既能保证施工精度要求,又能便于施工的实际操作。以悬臂浇灌施工法为例,图 7-1 示意出了施工线型控制偏差的概念,施工线型控制就是要将线型偏差 Δf_i 控制在一个合理的、可接受的范围内。

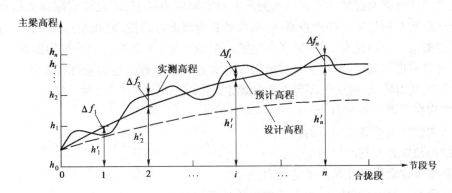

图 7-1 施工线型偏差示意

图中:$h_i(i=1,2,\cdots n)$ 为浇筑 $i+1$ 节段前 i 节段梁体实测高程值;

$h'_i(i=1,2,\cdots n)$ 为浇筑 $i+1$ 节段前 i 节段梁体预计高程值;

$\Delta f_i(i=1,2,\cdots n)$ 为浇筑 $i+1$ 节段前 i 节段梁体线型偏差值。

下面根据一些桥梁施工控制的实例,列出几种主要桥型常见施工控制指标,如表 7-1 ~ 表 7-3 所示。

悬臂浇筑预应力混凝土连续梁桥、连续-刚构桥偏差限值(mm)　　　　表 7-1

控 制 项 目	成桥后线型	合拢相对高差	轴　　线
控制偏差限值	±50	±30	按施工技术规范(JTJ 014—89)执行

混凝土斜拉桥偏差限值(mm)　　　　　　　　　　　　表 7-2

索 塔	控制项目	轴线偏位	倾 斜 度	塔顶高程
	控制偏差限值	±10	<$H/2\ 500$ 且 <30	±10
主梁(悬浇时)	控制项目	轴线偏位	合拢高差	线型
	控制偏差限值	±10	±30	±40
主梁(悬拼时)	控制项目	轴线偏位	拼接高程	合拢高差
	控制偏差限值	±10	±10	±30

悬索桥施工控制偏差限值(mm)　　　　　　　　　　　　表 7-3

索 塔	控制项目	轴线偏位	倾 斜 度	塔顶高程
	控制偏差限值	±10	<$H/2\ 500$ 且 <30	±10
主缆线型	控制项目	基准索高程	基准索股高差	索股高程	主缆高程
	控制偏差限值	±20	±10	±10	±50
索夹安装	控制项目	纵横向偏位	纵向位置	横向扭转
	控制偏差限值	±20	±10	±6
索鞍偏移、高程	控制项目	纵横向位置	高程	中线偏差	高程偏差
	控制偏差限值	±10	±20	±2	±20

注：表 7-2、表 7-3 中 H 为索塔高度。

二、应力控制

桥梁结构在施工过程中以及在成桥状态的受力状况是否与设计相符是施工控制要解决的重要问题之一。通常通过结构应力的监测来掌握实际应力状态，若发现实际应力状态与理论计算应力状态的差别超限就要查找原因，采取必要措施进行调控，使此差异保持在允许范围之内。一旦结构应力超出允许范围，轻者会给结构造成危害，重者将会导致结构破坏。所以，它比变形控制显得更加重要，因此必须对结构应力实施严格监控。应力监测控制的项目和限值一般结合结构受力特点、施工工序等方面来确定，通常包括以下几个方面：

(1)结构在自重下的应力。
(2)结构在施工荷载下的应力。
(3)结构预应力及其产生的应力。
(4)斜拉桥拉索张力及其产生的应力。
(5)悬索桥主缆、吊杆拉力，中下承式拱桥吊杆拉力。
(6)温度应力，特别是大体积基础、墩柱的温度应力。
(7)其他应力，如基础变位、风荷载、雪荷载等引起的结构应力。
(8)施工设备如支架、挂篮、缆索吊装系统等的应力。

三、稳定控制

桥梁结构的稳定性包括抗滑移稳定性与抗倾覆稳定性，也包括受压构件的整体稳定或局部稳定。桥梁结构的稳定性往往关系到桥梁结构的安全，由于结构失稳属于征兆不突出、过程不可逆的破坏形态，因此，它比桥梁的强度有着更加重要的意义。桥梁施工过程中不仅要严格控制变形和应力，而且要严格地控制施工各阶段结构构件的局部和整体稳定。桥梁的稳定安全系数是衡量结构稳定安全的重要指标,目前主要通过稳定分析计算,并结合结构应力、变形情况来综合评定。此外,除桥梁结构本身的稳定性必须得到控制外,施工过程中所用的支架、挂篮、缆索吊装系统等施工设备的稳定性也应满足要求。

一般说来,变形控制、应力控制、稳定控制取得了成效,桥梁施工过程的安全性也就得到了保障,桥梁施工安全控制是上述变形控制、应力控制、稳定控制的综合体现。结构型式不同,直接影响施工安全的因素也不一样,在施工控制中需根据结构形式、施工方法、施工工序、施工荷载等实际情况,确定其施工控制重点。

第三节 桥梁施工控制的理论与方法简介

一、现代控制论简介

控制论作为一门普遍适用的工程方法,在过去的几十年中取得了长足的进展,其发展过程大体上可分为3个阶段。第一代控制理论为经典控制理论,是指20世纪60年代前逐步发展起来的控制理论,其主要研究对象是具有单输入单输出的单变量的线性系统,系统分析的主要工具是传递函数。第二代控制理论是指20世纪60年代以后迅速发展起来的现代控制理论,其研究的对象主要是多输入、多输出的多变量系统,这类系统可以是线性的,也可以是非线性的;可以是定常的,也可以是时变的。系统的数学模型描述主要采用状态方程。第三代控制理论指大系统理论和智能控制理论,大系统的主要特点是包含若干个子系统,如大型电力网、大型通信网、大型交通网、大型土建工程等,这些子系统通过控制中心协调工作,采用多级递阶控制以实现多指标综合最优化。

现代控制理论是在经典控制理论的基础上发展起来的,并形成了很多独立的分支,如反馈控制、最优控制、自适应控制、模糊控制等,目前,应用最广泛的是最优控制理论。一般的,系统是线性的、定常的,具有多个随机的输入输出变量,在进行控制时常常涉及系统状态的最优估计与预报、最优控制向量的大小、系统辨识、参数估计等问题。以较为常用的随机最优控制为例,其控制框图如图7-2所示,控制基本理论可归纳如下。

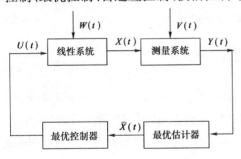

图7-2 随机最优控制实施框图

最优控制问题是在已知系统的状态方程、初始条件以及某些约束条件下,寻求一个最优控制向量,使系统的状态或输出在控制向量作用下满足某种准则或使某一性能指标达到最优值。根据数学模型的不同,最优控制问题可分为确定性的最优控制问题和非确定性的最优控制问题。确定性的最优控制问题是指控制对象的运动规律可以用确定的数学模型来描述,这是现代控制理论中发展较为成熟的一部分,其核心内容是控制对象在性能指标最优的条件下,求解系统控制向量与状态变量之间的变化规律。找到了这个规律,也就找到了实现最优控制的途径。非确定性的最优控制问题也称为随机控制问题。这类问题特点是控制对象的输入与输出量测中均存在随机的噪声干扰,即数学模型中含有随机变量。对于随机最优控制,根据分离原理,控制可以分为确定性最优控制和状态向量的最优估计两部分串联而构成,最优控制器只与状态向量和目标函数有关,而与随机干扰、量测噪声和初始状态无关,最优估计只与随机干扰、量测噪声和初始状态有关,而与控制向量无关。

一般的,线性定常随机最优控制系统的数学描述如下:

状态方程 $\dot{X}(t) = A(t)X(t) + B(t)U(t) + W(t)$ (7-1)

量测方程 $Y(t) = C(t)X(t) + V(t)$ (7-2)

式中:$X(t)$——状态向量;
$\quad U(t)$——控制向量;
$\quad W(t)$——随机干扰;
$\quad Y(t)$——量测向量;
$\quad V(t)$——量测噪声;
$\quad A(t)$——系统特性矩阵;
$\quad B(t)$——控制作用分布矩阵;
$\quad C(t)$——量测矩阵。

控制向量的约束条件: $U(t) \in \bar{U}$ (7-3)

式中:$\bar{U}$——一个封闭的点集合,称为控制域。

初始条件为: $X(t_0) = X_0$ (7-4)

终值条件表示终止时刻 t_f 的状态,它可以是状态空间中的一个确定点,也可以是状态空间中的某一个目标集中的任一点,通常表示为:

$$X(t_f) = X_f \quad (7\text{-}5)$$

指标函数也称性能指标。最优控制实际上是在某个性能指标下的最优控制,对于常见随机最优控制问题,性能指标一般表示为:

$$J = \frac{1}{2}E\left\{\int_{t_0}^{t_f} X^T(t)Q_1 X(t) + U^T(t)Q_2 U(t) \right\}\mathrm{d}t \quad (7\text{-}6)$$

式中:Q_1、Q_2——加权矩阵,反映了控制过程各变量的相对重要性;
$\quad E\{\ \}$——数学期望。

可见随机最优控制就是系统的状态方程在给定初始条件 $X(t_0) = X_0$ 和随机干扰作用下,选择有约束或无约束的控制向量 $U(t)$,使 $X(t)$ 从初始状态出发,在时间区域 $[t_0, t_f]$ 中转移到目标集,并在沿着这条状态轨迹转移过程中,使性能指标取得极值,则称所选择的控制向量 U 为最优控制。一般的,最优控制向量为:

$$U(t) = -L(t)\bar{X}(t) \quad (7\text{-}7)$$

式中:$L(t)$——控制增益矩阵;
$\quad \bar{X}(t)$——状态向量的最优估计值。

即随机最优控制向量是状态向量最优估计值 $\bar{X}(t)$ 的线性函数,可以用简单的线性反馈来实现。一般的,如式(7-2)所示,量测到的状态变量信号总由有用信号 $X(t)$ 和量测噪声 $V(t)$ 混合组成,为此要进行状态向量的最优估计。最优估计值就是要从量测信号中去伪存真,求得最接近真实情况的估计值。

除了上述提及的随机最优控制理论之外,现代控制论的其他一些分支如自适应控制、模糊控制、系统辨识、智能控制等理论也广泛地应用于工程实践,这部分的内容比较庞杂,可参见有关书目。

二、桥梁施工控制方法

桥梁施工控制也具有随机最优控制理论所描述的特征。受环境、材料性能等不确定因素的影响,桥梁施工是一个较为复杂的系统工程,施工过程中结构的受力状态、安全性能和成桥状态是桥梁施工控制的目标,在整个施工过程中,受许多确定和不确定因素的影响,会使实际状态与理想目标状态之间存在一定的差异。因此,对施工状态进行实时监测、预测、调整,从而实现设计目标就成为桥梁施工控制的中心任务。一般的,桥梁施工控制是以现代控制论为理论基础,根据具体结构体系受力特点,将结构内力、结构线型作为状态向量,将拉索索力、预应力钢筋张拉力、立模高程等作为控制向量,考虑环境温湿度、施工荷载等各种随机干扰因素,排除各种测量测试误差,使各阶段结构内力、结构线型及最终成桥状态达到比较理想的状态。桥梁施工控制一般流程如图7-3所示,包含了合理成桥状态的确定、倒退分析、理想施工状态的确定、控制参数辨识、施工偏差分析估计、前进分析、随机干扰影响分析、控制作用分析等方面。

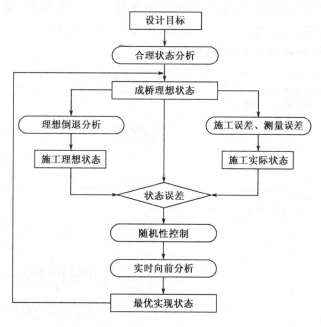

图7-3 桥梁施工控制的一般流程

桥梁结构形式、受力特点、施工方法不同,其施工控制的重点、方法及具体控制内容也不相同,但一般说来,桥梁施工控制主要内容可大致归纳为如下几点:

(1)结构模拟分析。通过结构倒退分析,基于计算参数的最优估计结果,计算出各施工阶段结构的理想目标状态,通过结构前进分析,计算出下一施工阶段(或节段)结构内力、高程的预测值。一般的,结构模拟分析还需根据结构反应的实测值对结构的参数进行识别,不断修正结构计算参数,以确定该桥施工监控的理论参考轨迹。结构模拟分析一般采用专用的桥梁施工控制分析软件或通用分析软件进行。

(2)每一施工阶段(或节段)的结构内力、变形进行监控测量。测量的内容包括结构高程及线型的变化,结构主要截面的应力状态,主要材料试验结果如混凝土的弹性模量、重度等,主要施工设备的重量、作用位置等,对于斜拉桥、系杆拱还包括拉索索力监测。

(3)计算参数识别及结构状态的估计。计算参数识别及结构状态的估计是指从包含有量测误差的监控测量结果中进行状态向量的最优估计,需要估计的计算参数包括混凝土的弹性模量的变化规律、预应力损失、收缩徐变系数、构件日照温差的变化范围等,这些参数的估计可以采用最小二乘法、卡尔曼滤波法、神经网络法等方法。

(4)比较各施工阶段(或节段)的目标状态与实际状态。对桥梁结构反应的实测值与理论值进行分析对比,如果二者的偏差超过事先确定的容许范围,根据前述控制论的基本理论和实际状态监控测量的结果,通过结构模拟分析计算,确定拉索或预应力钢筋张拉力、预抬高量等控制量调整方法和调整量值,以使实际状态与目标状态尽可能接近。

(5)对每一施工阶段(或节段),按照上述流程进行监控测量、状态估计、参数识别、模拟分析、控制量调整,直至桥梁施工完成,使每一施工过程状态及成桥状态均接近目标状态。

以较为简单、常用的预应力混凝土连续梁(连续刚构)为例,其施工监控工作内容、工作流程图如图7-4所示。预应力连续梁桥施工控制就是一个施工、监测、识别、调整、预告、施工的循环过程,其实质就是使施工按照预定的施工高程、理想状态的控制截面应力顺利推进。而实际上不论是理论分析得到的理想状态,还是实际施工都存在误差,所以,施工控制的核心任务就是对各种误差进行分析、识别、调整,对桥梁结构未来施工节段的变形、应力做出预测,并采取有效措施调整、消除各种施工误差的影响。

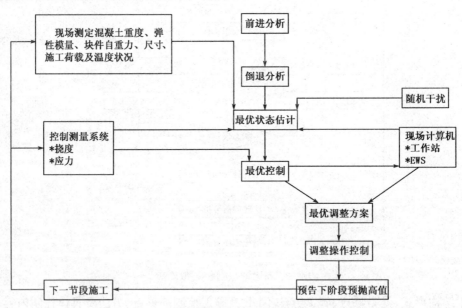

图7-4 预应力连续梁施工监控工作内容、工作流程简图

总的来讲,桥梁施工控制可分为事后控制法、预测控制法、自适应控制法、最大宽容度法等,结合应用实例简述如下。

事后调整控制法是指在施工过程中,对已经施工完成的结构部分进行检查,当结构状态与设计要求不符时,即可通过一定手段对其进行调整,使之达到要求。这种方法仅适用于那些结构内力与线型能够调整的情况,斜拉桥就是其中的一种。事后调整根据具体情况又分两种。一种方法是施工过程中每个施工阶段(或节段)完成后,当发现结构状态与设计不符时,即可通过调整斜拉索力来调整结构状态,然后继续施工,直到施工完成。这种方法工作量很大,并且索力调整本身也较麻烦,调整效果也不一定好。另一种方法是在桥梁结构形成后,检查结构状态,如果与设计不符,再对斜拉索力进行全面的调整。这种方法从理论上讲也是可行的,但存在一定风险,最终的线型、内力不一定能够达到理想状态。所以,事后调整不是一个好的控制方法,只能算是一个补救措施。

预测控制法是指在全面考虑影响桥梁结构状态的各种因素和施工所要达到的目标后,对结构的每一个施工阶段(节段)形成前后的状态进行预测,使施工沿着预定的轨迹进行。由于预测状态与实际状态间免不了存在偏差,某种偏差对施工目标的影响则在后续施工状态的预测予以考虑,以此循环,直到施工完成和获得与设计相符合的结构状态。预测控制法是桥梁施工控制的主要方法。预测控制以现代控制论为理论基础,其预测方法常见的有卡尔曼滤波法、灰色理论法等。

自适应控制法也称为参数识别修正法。它是指在施工过程中,结构的某些设计参数如重度、弹性模量、混凝土的收缩徐变系数、摩阻系数等与实际情况不完全相符,系统不能按设计要求得到符合目标的输出结果,因此,可以通过系统辨识、参数估计,根据桥梁结构变形、应力等方面的实测结果与按照参数的初步估计值的理论计算结果的反复比较,来逐步逼近结构设计计算参数的真实值,不断地修正参数,使实际输出与目标值逼近,从而实现控制意图。图7-5所示为自适应施工控制流程。

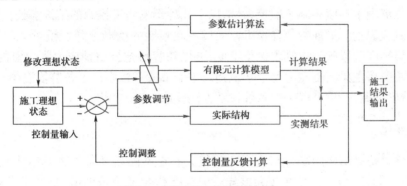

图7-5 自适应施工控制实施框图

三、影响桥梁施工控制的因素

大跨度桥梁施工控制的主要目的是使施工实际状态最大限度地与设计理想状态相吻合。要实现上述目标,就必须全面了解可能使施工状态偏离理想设计状态的所有因素,以便对施工实施有的放矢的有效控制。一般说来,影响桥梁施工控制的因素主要有以下几方面:

1. 结构参数

不论何种桥梁的施工控制,结构参数都是必须考虑的重要因素。结构参数是施工控制中结构施工内力及变形模拟分析的基本资料,其偏差大小直接影响分析结果的准确性。事实上,实际桥梁结构参数一般是很难与设计所采用的结构参数完全吻合的,总是存在一定的偏差,施工控制中如何恰当地计入这些偏差,使结构参数尽量接近桥梁的真实结构参数,是首先需要解决的问题。结构参数主要包括以下几个方面:

(1)结构构件截面尺寸。任何施工都可能存在截面尺寸误差,验收规范中也允许出现不超过限值的误差,而这种误差将直接导致截面特性误差,从而直接影响结构内力、变形等的分析结果。所以,控制过程中要对结构尺寸进行动态取值和误差分析。

(2)材料弹性模量。结构的弹性模量和结构变形有直接关系,对通常遇到的超静定结构来讲,弹性模量对结构变形的分析结果影响较大。但混凝土弹性模量总会与设计采用值存在偏差,所以,在施工过程中要根据施工进度经常性地进行现场抽样试验,特别是在混凝土强度波动较大的情况下,应随时对材料弹性模量的取值进行修正。

(3)材料重度。材料重度是引起结构内力与变形主要因素,施工控制中必须要计入实际重度与设计取值间可能存在的偏差,特别是混凝土材料,不同的集料与不同的钢筋含量都会对重度产生影响,施工控制中必须对其进行准确估计与识别。

(4)材料热膨胀系数。热膨胀系数的准确与否也将对施工控制产生影响,尤其是钢结构要特别注意。

(5)施工荷载。施工荷载对受力与变形的影响在控制分析中是不能忽略的,一定要根据实际情况取值。

(6)预加应力。预加应力是预应力混凝土结构内力与变形控制考虑的重要结构参数,但预加应力值的大小受包括张拉设备、管道摩阻系数、混凝土弹性模量等很多因素的影响,施工控制中要对其取值偏差做出合理估计。同样的道理,斜拉索作为一种广义的预加应力,斜拉索索力直接影响结构变形与受力,掌握各阶段真实索力是非常必要的。

以预应力混凝土连续梁施工监控为例,以上几种影响施工控制的结构参数,可以采用各种办法予以测量或识别。如混凝土弹模可以通过不同龄期的混凝土弹性模量试验获取,施工荷载在进入主梁标准节段施工后基本保持不变,可以较容易把握。预应力张拉值的识别可以根据预应力张拉前后主梁实测应力增量来识别。主梁节段重量则由于各节段混凝土浇筑量差异较大,较难精确把握,但也可以采取参数识别方法获取。

2. 温度变化

温度变化对桥梁结构的受力与变形影响很大。在不同温度条件下对结构状态(应力、变形状态)进行量测,其结果会存在较大差异。温度变化包括季节温差、日照温差、骤变温差等方面相当复杂,而在原定控制状态中又无法预先知道温度实际变化情况,通常在控制实施过程中是将控制理想状态定位在某一特定温度条件下进行模拟分析,在尽可能接近该温度条件、且温度变化较小的情况下(如夜间22:00~凌晨6:00),进行结构状态变形监控测量,而应力监测应采取足够的、同步的温度补偿措施,从而将温度变化不确知性剔除。

3. 混凝土的收缩徐变

对混凝土桥梁结构而言,材料收缩、徐变对结构内力、变形有较大的影响,当采用悬臂浇筑施工时更为突出,这主要是由于悬臂浇筑施工时各节段混凝土龄期、应力水准、加载持续时间相差较大等原因引起的,在施工控制时可采用参数辨识或模型试验方法来确定收缩徐变参数,以便采用较为合理的、符合实际的收缩徐变计算模式。

4. 结构分析计算模型

无论采用什么分析方法和手段,总是要对实际桥梁结构进行简化,建立计算模型。这种简化使分析计算模型与结构实际受力情况之间存在误差,包括各种假定、边界条件处理、模型本身精度等。施工控制时需要在这方面做大量工作,必要时还要进行专门的试验研究,以使计算模型误差所产生的影响减到最低限度。

5. 施工监测测量

监测包括结构温度监测、应力监测、变形监测等,是桥梁施工控制最基本的手段之一。由于测量仪器仪表、测量方法、数据采集、环境条件等因素的影响,施工监测测量结果会存在误差。该误差一方面可能造成结构实际参数、状态与目标值吻合较好的假象,也可能造成将本来较好的状态调整得更差的情况,所以,保证测量的可靠性对施工控制极为重要。在控制过程中,除要从测量仪器设备、方法上尽量设法减小测量误差外,在进行控制分析时还应进行结构状态监控测量结果的最优估计。

6. 施工管理

施工管理好坏不仅直接影响桥梁施工质量、进度,也会影响施工控制的顺利进行。以悬臂浇筑施工的预应力混凝土连续梁、连续刚构桥为例,如果两相对悬臂施工进度存在差别,就必然使两悬臂在合拢前等待不同的时间,从而产生不同的徐变变形,由于徐变变形较难准确估计,所以容易造成合拢困难。此外,施工工艺的好坏又直接影响控制目标的实现,除要求施工工艺必须符合施工规范要求外,在施工控制中尚须计入构件制作、安装等方面的误差。

综上所述,可以将影响施工控制因素大致归纳为客观规律因素、客观随机因素、人为误差因素三大类,如图 7-6 所示。

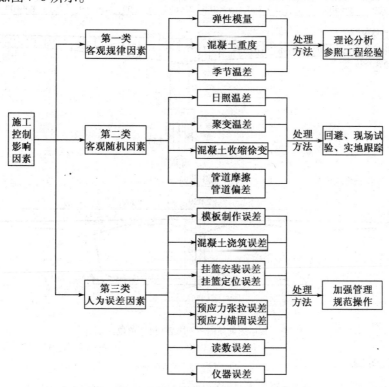

图 7-6 施工控制的影响因素分类

四、桥梁施工控制实例简介

1. 结构概况

某三跨连续梁跨径布置为 73m + 130m + 73m = 276m,支点梁高 7.0m,跨中梁高 3.2m,截面形式为单箱双室,中箱室顶板厚度 25cm,腹板厚度 45~65cm,采用 C55 混凝土。箱梁采用三向预应力体系。除腹板悬臂束采用 19-φ^s15.2 钢绞线外,其余钢束均采用 15-φ^s15.2 钢绞线。悬臂节段施工过程中,对称张拉相应顶板、腹板悬臂预应力钢束;合龙段施工时,先张拉腹板合拢束,再张拉顶板合拢束,最后张拉底板合龙束。

该桥采用挂篮悬臂浇筑法施工,从 12、13 号墩顶对称向南北两岸同步施工。主梁共分为 2 个边跨直线段、3 个合拢段、16 个悬臂施工节段,1~16 号节段采用挂篮悬臂浇筑施工,合拢段采用吊架浇筑施工。12、13 号墩顶 0 号块、边跨直线段采用支架现浇施工,合拢段顺序为先合拢边跨,再合拢中跨,该连续梁立面断面布置如图 7-7 所示。

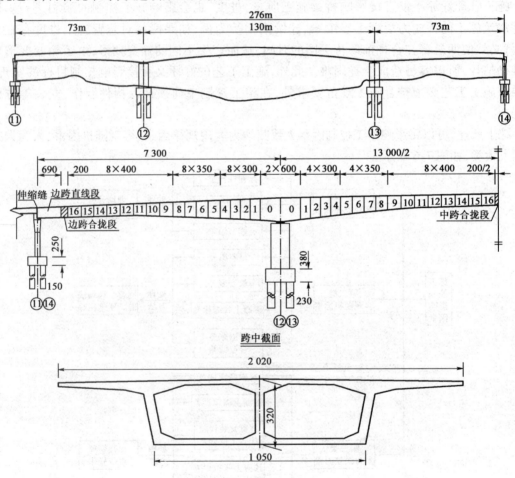

图 7-7 某连续梁立面断面布置(尺寸单位:cm)

2. 施工监控计算

根据该桥实际情况,采用空间杆系有限元模型,按照该桥施工程序,将施工过程中的分析计算划分为 20 个阶段,计算该桥在各施工阶段的内力、应力和变形等,确定出主梁和墩柱关键的部位应力和位移控制参数。然后,根据实际测试结果,识别出该桥结构的设计参数如混凝土容重、强度和弹性模量、挂篮重量等后,根据持载龄期不断修正混凝土弹性模量、徐变系数等计算参数,以成桥理想状态为目标,反复迭代求出各施工阶段的理想状态和控制参数,形成施工控制的预测和期望数据库。

各阶段立模高程的计算按设计高程 + 预拱度(恒载 + 1/2 活载) + 挂篮变形,其中,恒载变形计算充分考虑了混凝土收缩徐变、预应力损失等影响,经详细的分析计算,得出该桥中跨及边跨各节段反拱值计算结果、中跨及边跨各节段立模高程,图 7-8 为梁顶设计高程与立模高程间的关系曲线,然后,根据挂篮变形试验实测结果、考虑各施工梁段重量及临时荷载就可综合确定该节段施工的挂篮变形,再综合变形实测结果、计算值的误差分析等其他影响因素,就可准确确定立模高程。

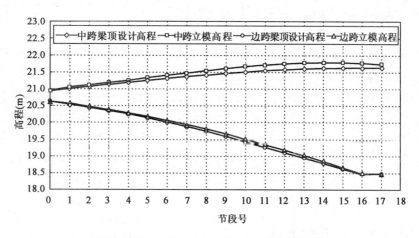

图 7-8 各施工节段设计高程与计算立模高程关系曲线

计算结果表明:该桥在施工过程中,中跨各节段预拱度最大者为 13 号节段,量值为 160mm,边跨各节段预拱度最大者为 10 号及 11 号节段,量值为 61mm,整个施工过程中,中跨 13 号节段累计产生的挠度为 85mm,边跨 11 号节段累计产生的挠度 49mm,悬臂根部箱梁截面顶底板上下缘分别产生 13.9、13.8MPa 的压应力。悬臂根部截面应力计算结果如表 7-4 所示。

悬臂根部截面应力计算结果 表 7-4

阶 段	底板应力(Pa)	顶板应力(Pa)	阶 段	底板应力(Pa)	顶板应力(Pa)
CS0	0.00E+00	0.00E+00	CS11	-7.35E+06	-1.22E+07
CS1	-1.09E+06	-3.38E+05	CS12	-8.49E+06	-1.23E+07
CS2	-1.84E+06	-9.73E+05	2CS13	-9.80E+06	-1.20E+07
CS3	-1.88E+06	-3.66E+06	CS14	-1.12E+07	-1.15E+07
CS4	-2.01E+06	-5.93E+06	CS15	-1.27E+07	-1.10E+07
CS5	-2.36E+06	-7.19E+06	CS16	-1.33E+07	-1.21E+07
CS6	-3.14E+06	-7.24E+06	边跨合拢	-1.39E+07	-1.31E+07
CS7	-3.99E+06	-7.20E+06	中跨合拢	-9.87E+06	-1.38E+07
CS8	-4.62E+06	-8.98E+06	二期恒载、桥面铺装	-1.21E+07	-1.20E+07
CS9	-5.49E+06	-1.01E+07	10 年收缩徐变	-1.07E+07	-1.11E+07
CS10	-6.42E+06	-1.12E+07			

3. 变形监控

变形监测的目的主要是获取、识别已形成的桥梁结构的实际几何形态,其内容包括梁体高程、轴线偏差、结构线型偏差、结构变形或位移等,变形测点布置如图7-9所示。线型、变形监测主要内容包括:

(1)各施工阶段主梁控制截面变形监测。

(2)各施工节段主梁中轴线及结构尺寸监测。

(3)基于实测结果,必要时提出下一阶段施工调整措施和调整参数量值。

(4)合拢前两悬臂端的高程及高差测试,必要时提出具体的合拢调整措施。

(5)两次体系转换施工过程中主梁变形监测。

(6)二期恒载施工所产生的主梁控制截面变形监测。

(7)全部施工完成后全桥主梁线型测试。

三维变形监测采用全站型电子经纬仪按角度交会法或边角交会法进行观测,桥面变形沉降精密水准仪按闭合水准路线实施。在节段施工中,需进行立模、混凝土浇筑前、混凝土浇筑后、预应力张拉前、预应力张拉后的各监测点的高程观测,观测时须在结构温度趋于稳定后方可进行,以便观察各点的挠度的变化历程,保证悬臂端的合龙精度及桥面线型。变形监测观测数据根据不同的观测时段,按静态和动态两种方式进行处理,基准网按静态自由网的方式进行数据处理,并根据相邻两期的观测数据计算各点的位移量,以后各期的观测数据按卡尔曼滤波方法进行数据处理。

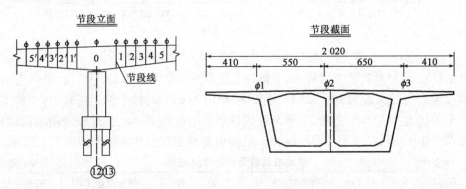

图7-9 变形监控测点布置图(尺寸单位:cm)

4. 控制截面应力监控

根据该桥实际情况、受力特点,选取了该桥11个最不利截面作为应力监测截面,布置72个测点,其中箱梁悬臂根部应力测试截面3号、9号截面布置了9个应力测点(测点4、5、6为收缩徐变应力测点),其他截面各布置6个应力测点,测试元件为钢弦式应变计,以测试桥梁在各种荷载作用下箱梁顶、底板的正应力,具体布置如图7-10所示。应力监测内容主要包括。

(1)各施工阶段主梁及桥墩控制截面应力监控测试。

(2)各施工阶段预应力束张拉所产生的梁体控制截面应力监控测试。

(3)基于实测应力结果,必要时提出下一阶段施工调整措施和调整参数量值。

(4)体系转换所产生的主梁及桥墩控制截面应力测试。

(5)二期恒载施工所产生的主梁及桥墩控制截面应力监控测试。

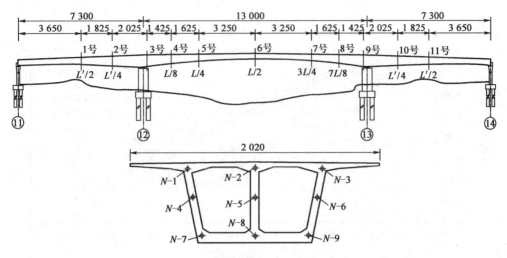

图 7-10 应力监控测点布置图(尺寸单位:cm)

5. 辅助试验测试

辅助试验主要包括混凝土弹性模量、强度测试,钢筋混凝土重度测试,梁体内预应力束张拉摩阻系数、伸长量测试、日温度变化和季节温度变化的测量、施工荷载(挂篮重量、临时堆放材料重量等)测试,梁体高度以及顶板、底板和腹板等几何参数测量,挂篮加载试验等。这些试验测试,是进行参数识别的前提,可结合施工过程进行。辅助试验测试的目的在于提高参数识别准确度与可靠性,使计算参数的不确定性对计算结果的影响减至最小,以便较为准确地预测悬臂施工各阶段结构行为,从而指导施工监控。

6. 监控结果简介

该桥施工阶段各梁段实际线型与预计线型吻合良好,各梁段的偏差处于允许范围,合拢误差小于 5mm,成桥预拱度较为合理,中跨跨中部位预留了 60~90mm 的预拱度,全桥线型总体略高于设计线型,如图 7-11 所示。各控制截面的实测应力变化与理论应力变化趋势吻合较好,相差幅度不大,实测最大应力为跨中截面的顶板应力 13.94MPa,各截面实测应力均未超过混凝土的抗压设计强度,结构处于安全的受力状态,如图 7-12 所示。该桥的施工监控为实现设计目标提供了有效保障。

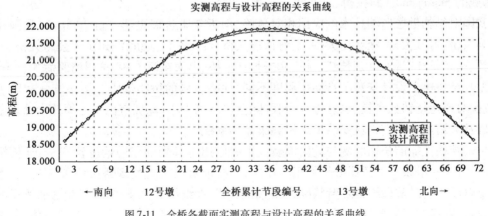

图 7-11 全桥各截面实测高程与设计高程的关系曲线

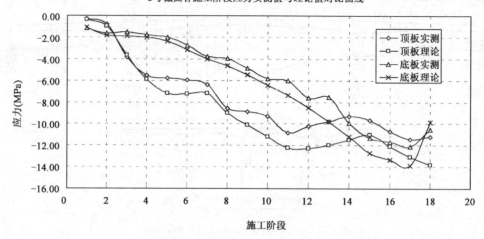

图 7-12　各施工阶段 3 号截面应力实测值与理论值对比曲线

第四节　桥梁结构长期监测与健康诊断技术简介

自从 20 世纪 50 年代以来,人们就意识到大型复杂桥梁安全监测的重要性,早期的监测主要针对桥梁结构的长期变形、基础沉降等几何形态因素,涉及的内容比较单一,技术手段也以测量学方法为主,应用范围也比较小,主要针对桥梁的某些几何变量的测量与分析,从而掌握环境、地质、使用条件、收缩徐变等内外在因素对大型复杂桥梁长期性能的影响规律。

进入 20 世纪 80 年代,随着自动化技术、通信技术的发展,桥梁监测逐步发展到健康状况监测。所谓健康状况监测,就是通过大量传感元件实时采集结构应力、变形、振动、环境等方面的数据,进而进行结构损伤识别、结构状态评价,从而评估结构的健康状况。对结构进行健康状况监测的探索来自于航空航天领域,早在 1979 年,Claus 等人首次将光纤传感器埋入在碳纤维增强复合材料的蒙皮结构中,使材料具有感知应力和判断损伤的能力,这是世界上第一次关于结构健康监测系统的尝试。大跨度桥梁、高层高耸结构是健康监测技术应用的重要对象,目前全世界已有近百座大型复杂桥梁安装了健康监测系统,如美国佛罗里达州的 Sunshine Skyway Bridge 大桥、英国的 Foyle 桥、丹麦的 Faroe 跨海大桥、大贝尔特东桥、墨西哥 Tampico 斜拉桥、挪威的 Skarnsundet 斜拉桥、日本明石海峡大桥等。

我国对结构健康监测技术的应用相对较晚,但近年来进展迅速。自 2000 年,我国在香港的青马大桥、汀九大桥、汲水门大桥、上海徐浦大桥、江阴长江大桥、滨州黄河公路大桥、苏通长江大桥、南京长江二桥、南京长江三桥、润扬长江大桥、上海东海大桥、杭州湾跨海大桥等 30 多座大型复杂桥梁上设计安装了自动化程度不同、性能各异的桥梁健康监测系统。在建筑结构中,我国对奥运场馆如鸟巢、水立方、广州国际会议展览中心、深圳市民中心等几十幢复杂高层建筑以及大跨度空间结构也安装了结构健康监测系统。

桥梁结构性能的长期监测与健康诊断技术的应用将起到确保桥梁运营安全、延长桥梁使用寿命、解决极端条件下桥梁安全使用等作用,同时能够较早地发现桥梁病害、内力状态的不利改变以便于实时掌握桥梁运营状况,及时采取预防性维修养护及状态调整,降低桥梁的维修费用,防止在极端气象条件下(如地震、台风、船舶撞击)出现次生灾害,并避免桥梁大修时关闭交通所引起的重大损失。以下就对桥梁结构内力变位的长期监测与健康诊断系统做一简要介绍。

一、桥梁变位长期监测

在桥梁结构的使用过程中,由于受地质情况、地下水位变化、混凝土收缩、徐变、温度变化、桥梁周边施工、使用荷载增大等种种因素的影响,桥梁结构的基础会产生沉降或变位,内力(应力)也会随之发生变化,桥梁结构的线型或平面位置会产生变化。对于静定结构,这些变化往往引起桥面线型不顺畅,影响行车的舒适性;对于超静定结构,这些变化不仅会引起桥面线型不顺畅,而且会导致桥梁结构实际受力状况改变。就长期监测内容而言,其范围比较广,如超静定结构由于徐变而产生的内力、变形的变化,混凝土结构的裂缝开展情况、桥梁基础的沉降变位、系杆及拉索索力的变化、温度效应等,上述因素的变化对桥梁结构的影响是长期的、严重的,有时甚至会危及桥梁结构的安全使用,因此必须通过相应的监测方法、监测手段,掌握上述因素的变化规律、发展趋势以及其对桥梁结构受力状态、使用性能的影响程度。通常,桥梁基础沉降或桥梁变位监测比较常用,可以在施工阶段布设,也可以在运营过程中布设;而内力(应力)监测则需在施工阶段预埋测试元件,测试与分析也相对复杂一些。以下就对桥梁变位的长期监测的方法作一简要介绍。

目前,对于基础沉降、桥梁线型的监测,一般常采用测量学方法进行。根据实际情况,按照测量学变形观测的基本理论,建立相应的观测网点和测量路线,利用全站仪、精密水准仪、测距仪、GPS 全球定位系统等测量仪器设备,在独立坐标系中,测量桥梁变位控制点的坐标。然后,通过对各次测量所得出的桥梁变位控制点坐标比较,分析判断桥梁结构长期变位的发展趋势;通过结构计算分析,得出由长期变位所产生的结构内力、应力增量。综合上述两个方面及结构受力特点、设计内力、配筋等结构基本情况,就可以宏观判断桥梁结构的安全性能,提出相应的处理措施或建议。在进行基础沉降和桥梁变位的长期监测时,除遵循测量学变形观测的基本原则之外,尚应注意以下几个问题。

1. 控制基准网与桥梁变形控制点布设

控制基准网应由 4~6 个以上的基准点组成,以构成若干个大地三角形。基准点应布置在桥梁以外的适当范围内,并与桥梁变形控制点具有良好的通视条件。在整个监测过程中,应定期对基准网进行检查,确保各基准点固定不变。

桥梁变形控制点的设置应根据桥梁结构的实际情况和观测目的来确定。变形控制点可以是相对高程观测点,可以是平面相对位置观测点,也可以是二者的结合,视桥梁结构具体情况和观测目的而定。一般说来,变形控制点应设在桥梁墩台基础等部位,或设置在桥跨跨中、$L/4$、$3L/4$ 等变形较大的部位,对于斜拉桥、悬索桥,应在索塔身、塔顶设置变形观测点,对于拱桥,应在拱肋(拱圈)的 $L/4$、$L/2$、$L3/4$ 等变形控制点设置观测点。此外,为保证观测精度,尚应设置一些校核测点。变形测点应固定在易于保存的部位,必要时还要采取一些保护措施,以确保其在整个观测过程中相对于桥梁稳定不变。

2. 监测期限与监测安排

桥梁基础沉降和桥梁变位长期监测的时间长度、观测时间间隔、观测安排等方面应根据所监测对象的特点及外部条件来确定。一般说来,监测由地质情况、地下水位变化、混凝土收缩徐变、温度变化等因素引起的桥梁变位时，监测的时间长度应在 1 年以上，以便能够较为准确地分析各影响因素的影响程度，排除一些次要因素。同时，只有确认由上述因素引起的变位已经基本稳定时，监测工作方可终止。监测由桥梁周边施工、使用荷载增大等因素引起的桥梁变位时，监测的时间长度可根据具体情况来确定。对于一些危桥、病桥的长期监测，监测的时间长度宜适当延长。至于监测时间间隔、监测安排，应根据桥梁结构的实际情况、外部条件等方面来统筹考虑，一般的，由变化时限长的影响因素如年温差所引起的变位监测宜安排得稀疏一些，监测时间间隔宜长一些；而那些变化时限较短的影响因素所引起的变位监测宜安排得密集一些，监测时间间隔宜短一些。

3. 量测制度

（1）在整个监测过程中，所采用的仪器设备均应定时进行检查校验。

（2）在整个监测过程中，每次监测均采用相同监测线路，采用同一仪器设备，测量人员应固定不变。

（3）对于监测期限在 1 年以上的情况，量测时间安排应涵盖季节温湿变化、水文变化的各种极端情况。

（4）对于监测期限在 2 年以上的情况，每年相同季度、月份的监测条件应基本相同，以便监测结果的比较分析。

（5）每次测量应在夜间进行，以消除大气折射、温度的影响。

（6）在整个监测过程中，如通过前一阶段的监测，发现监测桥梁的变位有突然变化的态势时，应加密测量次数、增加测点布置。

4. 变形监测实例

某三跨桁架拱桥拓宽时，在旧桥两侧各修建一座新桥，新桥选用了与旧桥相同的跨径布置，旧桥为扩大基础，埋深较浅，新桥为钻孔灌注桩基础，新桥基础距旧桥基础最小距离为 2.0m，可能会对旧桥基础产生不利影响。同时，受现有交通状况及施工场地的制约，在新桥施工全过程中，旧桥不仅要有条件的继续通行车辆，还堆放了大量的施工机械和施工材料。为确保旧桥的安全，提出、完善、检验旧桥运营荷载限制办法，在新桥施工期间对旧桥进行了变位的中长期监测，共进行了 29 期平面变位测量、78 期沉降测量工作。变形监测基准网设置在旧桥的四周，8 个变形测点设置在旧桥的桥墩、桥台上，如图 7-13 所示，为了提高监测精度，基准点与变形测点之间的距离均在 100m 以内，所有平面基准点均采用带有强制归心装置的混凝土监测墩，所有变形测点均安置强制归心装置，并采用铜质标心。

在监测实施时，按照二等变形测量要求，高程基准网布设成闭合水准路线，水平变位测量采用电子全站仪进行监测，确保每期监测的各项技术指标均符合规范要求。此外，为了检核基准网的稳定性，在监测过程中，对基准网进行了 6 次监测，确保基准网稳定不变。

考虑到施工荷载对旧桥各变形监测点影响较大，监测时根据旧桥内力分析计算结果，得出了不均匀沉降、变位的最大限值，提出了新桥施工期间旧桥的通行荷载和施工荷载限制建议。监测结果表明：在新桥施工期间，旧桥运营荷载限制措施是有效的，新桥施工期间旧桥未发现异常情况，各变形监测点的累积最大沉降、最大水平位移量分别为 4.1mm、12.2mm，两墩台之间的累积最大不均匀沉降量为 1.7mm，最大不均匀水平位移为 4.3mm，新桥施工期间对旧桥影响程度不大，旧桥结构是安全可靠的。

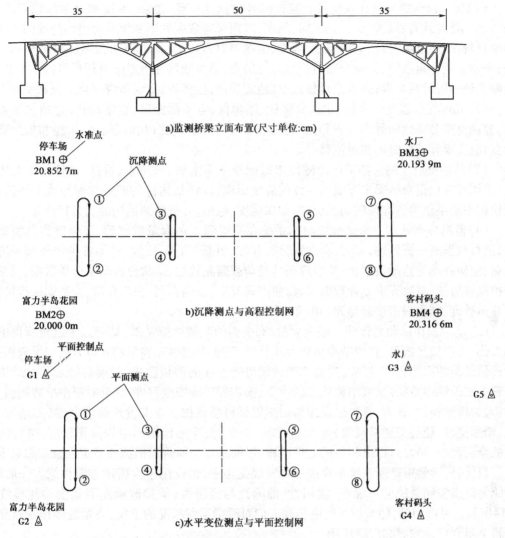

图 7-13 某桥长期监测基准网及变形控制点的布置

二、桥梁健康状况监测诊断简介

所谓桥梁健康诊断系统,是指利用一些设置在桥梁关键部位的传感器、测试元件、测试仪器,实时在线地量测桥梁结构在运营过程中的各种反应,并将这些数据传输给中心控制系统,按照事先确定的评价方法与反应阀值,实时地评价诊断桥梁结构的健康状况,必要时提出相应的处理措施,并在极端情况下(如台风、地震)给出警示信号或处置对策,如关闭交通。目前,桥梁结构健康诊断技术主要用于大跨度重要桥梁,是传统长期监测技术的发展和延伸,它的特点表现在:监测内容比较全面,测试、诊断、评估、预警实现了自动化,能够实时发现桥梁病害或结构状态的不利改变,并采取预防性处理措施。桥梁结构性能的健康诊断技术不仅是保证大跨度桥梁的安全运营的重要手段,而且可以补充、修改、完善大跨度桥梁的设计理论与设计规范,降低大跨度桥梁的维修费用,因此具有重大实用价值。

目前,桥梁健康诊断技术正在迅速发展之中,国内外投入运营的健康诊断系统也各有特色。一般说来,桥梁健康监测诊断系统主要包括以下几个功能模块:

(1) 桥梁荷载源实时在线监控。监控内容包括风荷载、地震、温度和交通荷载等,所使用的传感元件大致有:风速仪,记录风向、风速,进而可有数据处理系统后可得出桥址的风功率谱等统计规律;温度湿度计,记录温度、湿度、温度差时程历史,进而分析温湿度对结构响应的影响;车辆荷载称重系统,记录交通荷载源时程历史,通过数据处理系统分析后可得车辆荷载谱、超限车辆的统计特征等;强震记录仪,记录地震作用;摄像机,记录车流变化情况和交通事故。

(2) 几何变位监测。采用 GPS、位移计、倾角仪、电子测距器、数字相机、全站仪等测试仪器,监测桥梁各部位的静态位置和几何变位,如索塔的水平变位和倾斜度、主缆和加劲梁的线形变化、支座和伸缩缝的相对位移等。

(3) 结构反应监测。如采用压磁传感器记录主缆索股、斜拉索、系杆、吊杆的张力历史变化;采用应变仪记录桥梁主要受力构件的应变历程,以评估构件的疲劳性能与残余寿命;用拾振仪记录桥梁结构各部位的动态反应,如加速度、振幅,分析监测结构的动力特性等。

(4) 监测数据处理。桥梁健康监测系统在采集到上述海量数据后,要根据具体桥梁的特点,进行数据的分析处理,实时、合理地分类存储、更新、筛选、压缩、挖掘各种内外部环境监测数据、结构静动力监测数据、结构边界条件及荷载监测数据、结构分析与逆分析数据、日常巡检养护维修数据、事故灾害处理数据等,以便由表及里、去伪存真、去粗存精,为数据远程传输、动态显示查询、结构损伤诊断与评估服务。

(5) 结构损伤诊断与评估。根据大量的、全面的监测数据结果,结合人工巡查所得出的局部损伤、破损检测结果,利用结构损伤诊断分析方法,按照事先确定的评价方法与反应阀值,实时评估结构的损伤程度、性质,进而判断桥梁可能存在的质量隐患、发展态势及其对结构安全运营造成的潜在威胁,预测结构状态的改变、损伤程度或安全程度,必要时根据反应阀值、提出预警,为桥梁评估、管理、养护以及维修加固提供科学依据。在突发性极端事件(如地震、强台风、船舶撞击、超重交通荷载等)发生后,能够全面、快速地诊断出结构损伤程度,进行结构性能的全面评估,必要时提出相应的处理措施,以便采取交通管制措施或确定维修加固对策。

目前,桥梁健康诊断系统正在进一步发展完善中,也仅用于大跨度重要桥梁。一般的,综合统筹健康监测系统的可靠性、实用性、前瞻性与经济性,桥梁健康监测系统功能模块如图7-14所示。可以相信,随着技术的进步和人们对桥梁运营状况的重视,桥梁健康诊断监测技术必将会得到快速发展和广泛应用。

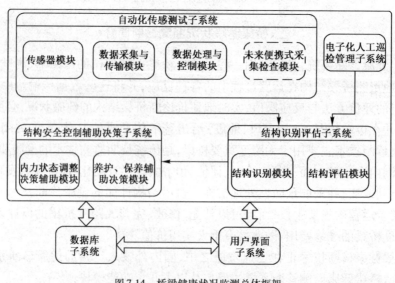

图 7-14 桥梁健康状况监测总体框架

第八章 误差分析与数据处理

第一节 测定值的误差

一、误差的产生与种类

通过试验,可得到表达试验结果的一系列数据,但是,在大多数情况之下,这些未经分析与处理的试验数据往往具有一定的离散性,很难用来说明问题。因此,应根据测试方法和试验对象的性质对测试数据进行分析与处理,使其能最大限度地发挥作用,这在整个试验工作中是十分重要的。

在试验中,由于测试方法、测试仪表、周围环境(如温度、湿度等)、测试人员的熟练程度以及感官条件等因素的影响,使被测量(如应变、应力和位移等)的测定值与其客观存在的真值之间总会有一定的差异存在,这种由多因素影响所造成的测定值与其真值不一致的矛盾,在数值上的表现即为误差:

$$误差 = 测定值 - 真值 \tag{8-1}$$

尽管误差的产生是不可避免的,但是随着科学技术的提高,人们的经验、技巧和专门知识的丰富,在测试过程中误差可被控制得越来越小。对于某些因素引起的误差,可经过周密考虑与必要的准备,在测试过程中加以消除或减小,对于另一些因素引起的误差也可设法估计出它们的大小,然后对量测结果给予修正。对于不能确切估计出大小的误差,也应设法知道它们可能的最大值,据以确定量测结果的可靠程度。

误差根据其性质、特点和产生原因,可分为3类。

1. 系统误差

系统误差是由某固定不变的因素所引起的误差,它的出现具有一定的规律性,例如误差的大小与符号都不变。引起系统误差的主要原因有:

(1)测试仪器未经校准,刻度值偏大或偏小;如砝码未经校准,应变仪的灵敏系数未经校准等。

(2)周围环境的改变,如外界温度、湿度及电磁场的变化等。

(3) 个人的习惯与偏向，如读数常偏高或偏低。

由上可见，系统误差对测值的影响有固定的偏向和一定的规律性，因此可根据误差产生的具体原因采取适当措施予以消除或校正，例如对仪器校准、对环境进行控制、对结果进行修正等。

2. 偶然误差

偶然误差又称随机误差，它是由不易控制的多种因素造成的误差，它的特点是有时大、有时小，有时正、有时负，没有固定的大小和偏向。因此无法在记录数据中将其消除或修正。但在多次重复量测中，它服从统计规律，即可以按概率论的方法给以合理处理。偶然误差的大小决定了测定值的精确度，因此，它是误差理论的研究对象。

3. 过失误差

这种误差的产生是由测试人的过失所引起的，如试验中粗心大意，精神不集中，操作方法不正确，计算错误等。只要认真仔细，正确操作，过失误差是可以避免的。

由此可知，上述第一、三种误差是可以消除的，而第二种误差即偶然误差是无法消除的，但它服从统计规律，因此，误差理论分析就是对偶然误差的规律性进行研究和探讨。

进行误差分析的目的在于解决以下两方面的问题：

(1) 已知个别测定值的误差，如何估计最终试验结果的误差。

(2) 根据试验目的和要求，如何确定个别测量时所需要的精度，也就是采用何种精度等级的仪器才能达到测试的要求。

二、测定值的精确度与准确度

1. 真值与平均值

任何物理量的真值，由于各种条件的限制都是无法测得的，所以，一般说来，真值是未知的。为了使真值这个概念具有现实意义，通常可将真值定义为：在无系统误差和过失误差的条件下，观测次数为无限多时的平均值即为真值。但在实践中不可能观测无限多次，而只能是有限次，对于有限次观测值的平均值只能是近似真值或最佳值，称此最佳值为平均值。

常用的平均值有算术平均值和加权平均值两种，其中算术平均值为最佳值。

(1) 算术平均值

设 $x_1, x_2, \cdots x_n$ 代表各次的观测值，n 表示观测次数，则算术平均值为：

$$\bar{x} = \frac{x_1 + x_2 + \cdots + x_n}{n} = \frac{\sum x_i}{n} \tag{8-2}$$

算术平均值表达了观测值的集中趋势，当观测值符合正态分布时，可以证明，在有限次测定中，算术平均值 $\bar{x}$ 是真值的最佳近似值。观测次数 n 越大，$\bar{x}$ 的精度越高，也越接近真值。然而，当 n 增加到一定程度时，$\bar{x}$ 精度的提高就不显著了，所以在一般的测定中，n 很少大于 10，一般 $n = 3 \sim 5$ 即可。

(2) 加权平均值

设对同一物理量用不同方法去测定，或对同一物理量由不同人去测定，计算平均值时常对比较可靠的数值予以加重平均，称为加权平均。如 $x_1, x_2, \cdots x_n$ 为各次的观测值，$W_1, W_2, \cdots W_n$

代表各观测值的对应权,则加权平均值为：

$$W = \frac{W_1 x_1 + W_2 x_2 + \cdots + W_n x_n}{W_1 + W_2 + \cdots + W_n} \tag{8-3}$$

各观测值的权数,在很多情况下是可以根据经验来确定的,权数越大则说明对应的测定值越可信;反之,权数越小则说明该测定值越不可信。

2．精确度与准确度

精确度是指在某物理量的测试中,多次测量所得数据的重复程度,或者说是向某一中心趋向的集中程度。准确度则指观测值与真值的相符程度,两者越相符,准确度就越高。在一组观测数据中,尽管精确度很高,但准确度不一定很好;反之,若准确度好,则精确度不一定高。精确度与准确度的区别,可用下述打靶的例子来说明。

图 8-1 所示为三个射击成绩,他们射击的目标都是靶心,但结果却不相同。由图可见,A 的射击精度很高,弹着点很集中,可是准确度不够好。B 的射击成绩最差,精确度既不高,准确度也很差。C 的成绩最好,精确度和准确度都很高。

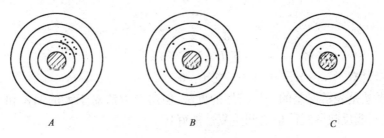

图 8-1 精确度与准确度的示意

A 的精确度高,重复性好,表明偶然误差小,但存在某些系统误差未被发觉,可能是由于枪械的准心没有校正(属于仪器未经校准的原因),可能是对风速估计不准(属环境影响),也可能是瞄准或姿势不正确(个人习惯和偏向)。由此可知,准确度是与系统误差联系在一起的,而精确度则与偶然误差联系在一起。

通常习惯于用误差来说明结果的准确度。设真值为 X,观测值为 x,则：

绝对误差为： $$\Delta x = x - X \tag{8-4}$$

相对误差为： $$\varepsilon = \frac{\Delta x}{X} = \frac{x - X}{X} \approx \frac{x - X}{x} \tag{8-5}$$

绝对误差说明误差的大小,相对误差说明了误差的比重或程度。可见,相对误差能更清楚地表达结果的准确度,相对误差越大则准确度越低。在绝大多数情况下,真值 X 不易得到,因此,绝对误差 Δx 和相对误差 ε 也不能确定。但是,往往可以肯定 Δx 的绝对值不超过某一个最大值 Δx_{max},称为最大绝对误差,用绝对误差表示测定值时,可写成 $x \pm \Delta x_{max}$,而最大相对误差为 $\varepsilon_{max} = \pm \Delta x_{max}/\Delta x$,最大相对误差即通常仪器使用范围的误差。

第二节 测定结果的误差估计

一、多次测量结果的误差估计

由式(8-1)可知：

$$测定值 = 真值 + 误差$$
或
$$测定值 = 真值 + 系统误差 + 偶然误差$$

在多次重复测定中,偶然误差是一随机变量,测定值也是随机变量。因此,可以用算术平均误差和标准差来表示,所用的离散样本即为各次观测值。

1. 算术平均误差

仍以 $x_1, x_2, \cdots x_n$ 表示一组观测值,$\bar{x}$ 为其算术平均值,则算术平均误差为:

$$\delta = \frac{\sum |d_i|}{n} (i = 1, 2, \cdots n) \tag{8-6}$$

式中:n——观测次数;
d_i——观测值与平均值的偏差。

在一组观测值中,观测值与平均值之偏差 d_i 的代数和为零。即:

$$d_1 = x_1 - \bar{x}$$
$$d_2 = x_2 - \bar{x}$$
$$\cdots\cdots$$
$$d_n = x_n - \bar{x}$$

相加则为:$\sum d_i = \sum x_i - n\bar{x}$

根据式(8-2),有:$\sum x_i - n\bar{x} = 0$ $\therefore \sum d_i = 0$

算术平均误差是表示误差的一种较好的方法,但这个方法对于大的偏差和小的偏差同样进行平均,这就不能反映各观测值之间重复性的好坏。

2. 标准误差

标准误差也称为均方根误差,它是衡量测定精度的一个数值,标准误差越小说明测定的精度越高。在有限次数的观测情况下,标准误差为:

$$\sigma = \sqrt{\frac{\sum d_i^2}{n-1}} \tag{8-7}$$

很明显,标准误差反映了观测值在算术平均误差附近的分散和偏离程度,它对于较大或较小的误差反应比较敏感,所以能很好地反映观测值的集中程度(精确度),因而也是一种重要的误差表示方法。

为了使在观测次数不够多时,应用误差理论处理数据有足够的准确度,有人提出在计算标准误差时,引入一个修正系数 c,即:

$$\sigma = c\sqrt{\frac{\sum d_i^2}{n-1}} \tag{8-8}$$

其中,c 的选取与观测次数 n 有关,如表 8-1 所示。由表可看出,当观测次数 n 大于 10 时,不再考虑修正系数 c,所得结果仍相当可靠。

修 正 系 数 c 表 8-1

n	2	3	4	5	6	7	10
c	1.48	1.21	1.14	1.11	1.08	1.06	1.04

3. 或然误差

或然误差γ的意义是指在一组观测值中,若不计正负号,误差大于γ的观测值和误差小于γ的观测值将各占其观测次数的一半,也就是说,落在+γ和-γ之间的观测次数占总观测数的一半,可证明或然误差γ和标准误差σ、算术平均误差δ的关系为:

$$\gamma = 0.6745\sigma = 0.8454\delta \tag{8-9}$$

在表示测定结果时,除了要给出平均值外,还应给出平均值的误差,如用绝对误差表示时:

平均值的算术平均误差: $\bar{x} \pm \delta$

平均值的标准误差: $\bar{x} \pm \sigma$

平均值的或然误差: $\bar{x} \pm \gamma$

测定结果也可用相对误差表示,如:

$$\bar{x} \pm \frac{\delta}{\bar{x}} \times 100\%$$

$$\bar{x} \pm \frac{\sigma}{\bar{x}} \times 100\%$$

$$\bar{x} \pm \frac{\gamma}{\bar{x}} \times 100\%$$

二、多次量测误差的分布

对于大量重复的测定来说,测定值的误差服从统计规律,其概率分布取正态分布形式,则误差的函数形式为:

$$y = \frac{1}{\sqrt{2\pi}\sigma} e^{-\frac{x^2}{2\sigma^2}} \tag{8-10}$$

式中:x——量测的误差;

y——量测误差x出现的概率密度;

σ——标准误差。

图8-2是按上式给出的误差概率密度图,由图中可明显地看出:

(1)小误差比大误差出现的机会多,即小误差的概率大。

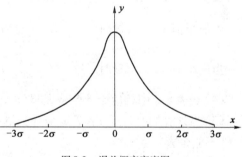

图8-2 误差概率密度图

(2)大小相等而符号相反的误差出现的概率相等,故误差分布曲线对称于纵轴。

(3)极大的正负误差出现的概率非常小,故大误差一般不会出现。

(4)标准误差σ越小,曲线中部升得越高,两旁下降得越快,曲线突起,说明观测值集中;相反,当σ大时,曲线变得越加扁平,说明观测值分散。所以标准误差σ标志着一组数据的观测精度,σ越小则精度越高,σ越大则精度越低。

如欲确定误差在$-x_1$与$+x_1$之间的观测值出现的概率,则应在此区间内将y积分,即:

$$Y = \int_{-x_1}^{x_1} y \, dx \tag{8-11}$$

计算结果表明,误差在$-\sigma$与$+\sigma$之间的概率为68%,在-2σ与$+2\sigma$之间的概率为95%,在-3σ与$+3\sigma$之间的概率为99.7%。一般情况下,99.7%已可认为代表多次量测的全体,因此将 3σ 称为极限误差。如将某一多次量测的物理量记为 $\bar{x} \pm 3\sigma$,则可认为对该物理量所进行的任一次测定,都不会超过该范围。

三、可疑数据的弃取

在对某一量进行多次重复测定时,往往会遇到个别的观测值和其他多数观测值相差较大的情况,这种个别的数据即为可疑数据。对于可疑数据的保留或舍弃,应有一个科学的根据,既不能不加分析地一概保留,也不能草率地一律舍弃。只有在充分确认可疑数据是由于在测试过程中的某些过失或疏忽原因所造成时,才将它舍弃。

根据误差的统计规律,绝对值越大的随机误差,其出现的概率越小,随机误差的绝对值不会超过某一范围。因此可以选择一个范围来对各个数据进行鉴别,如果某个数据的偏差超出此范围,则认为该数据中包含有过失误差,应予以剔除。常用的判别范围和鉴别方法如下。

1. 3σ 方法

如前所述,在多次量测中,误差在 -3σ 与 $+3\sigma$ 之间时,其出现的概率 99.7%,在此范围之外的误差出现的概率只有 0.3%,也就是测量 300 多次才能遇到一次。而对于通常只进行有限次的测量,就可以认为超过 $+3\sigma$ 的误差已不属于偶然误差,而是系统误差或过失误差了,因此,可将这样的测值舍弃。

2. 格拉布斯方法

格拉布斯方法的主要步骤为:

(1) 把试验所得数据从小到大排列: $x_1, x_2, \cdots x_n$。
(2) 选定显著性水平 α(一般 $\alpha = 0.05$),根据 n 及 α 从 $T(n, \alpha)$ 表中求得 T 值。
(3) 计算统计量 T 值。

当最小值 x_1 为可疑时: $$T = \frac{\bar{x} - x_1}{\sigma} \tag{8-12}$$

当最小值 x_n 为可疑时: $$T = \frac{x_n - \bar{x}}{\sigma} \tag{8-13}$$

(4) 查表 8-2 中相应于 n 与 α 的 $T(n, \alpha)$ 值。
(5) 当计算的统计量 $T \geq T(n, \alpha)$ 时,则所怀疑的数据是异常的,应予舍去。当 $T < T(n, \alpha)$ 时,则不能舍去。

这样判定的概率为 $\alpha = 0.05$。相应于 n 及 $\alpha = 1\% \sim 5.0\%$ 的 $T(n, \alpha)$ 值列于表 8-2。

$n、\alpha$ 和 T 值的关系　　　　　表 8-2

α \ T	$n=3$	$n=4$	$n=5$	$n=6$	$n=7$	$n=8$	$n=9$	$n=10$
5.0%	1.15	1.46	1.67	1.82	1.94	2.03	2.11	2.18
2.5%	1.15	1.48	1.71	1.89	2.02	2.13	2.21	2.39
1.0%	1.15	1.49	1.75	1.94	2.10	2.22	2.32	2.41

以上两种方法中,3σ 方法比较简单,但要求较宽,几乎绝大部分数据可不舍弃。格拉布斯方法比 3σ 要严格得多。

四、间接测量时的误差估计

有时,在测试中无法对某一物理量 u 进行直接量测,但对于同它有关的量 x、y、z 可以直接量测,然后根据一定的函数关系计算出所求物理量 u。这时需考虑 x、y、z 的误差对 u 的影响,也就是由直接测量的误差来计算间接测量的误差,并确定误差传递的规律。

设 u 与 x、y、z 的关系为:

$$u = f(x, y, z) \tag{8-14}$$

而 x、y、z 的量测误差分别为 $\Delta x, \Delta y, \Delta z$,由它们所引起 u 的误差为 Δu,则有:

$$u + \Delta u = f(x + \Delta x, y + \Delta y, z + \Delta z) \tag{8-15}$$

由泰勒公式,并略去误差的高次项,得:

$$u + \Delta u = f(x, y, z) + \frac{\partial f}{\partial x}\Delta x + \frac{\partial f}{\partial y}\Delta y + \frac{\partial f}{\partial z}\Delta z \tag{8-16}$$

或

$$\Delta u = \frac{\partial f}{\partial x}\Delta x + \frac{\partial f}{\partial y}\Delta y + \frac{\partial f}{\partial z}\Delta z \tag{8-17}$$

这就是间接测量时误差的一般关系式,称为误差传递公式,对于系统误差和偶然误差都适用。

现考虑在排除系统误差的条件下,标准误差的传递公式。仍设 $u = f(x, y, z)$,按式(8-17)有:

$$\Delta u = \frac{\partial f}{\partial x}\Delta x + \frac{\partial f}{\partial y}\Delta y + \frac{\partial f}{\partial z}\Delta z$$

如果量测的总次数为 n,对于第 i 次则有:

$$\Delta u_i = \frac{\partial f}{\partial x}\Delta x_i + \frac{\partial f}{\partial y}\Delta y_i + \frac{\partial f}{\partial z}\Delta z_i \tag{8-18}$$

将上式两边平方,得:

$$\Delta u_i^2 = \left(\frac{\partial f}{\partial x}\right)^2 \Delta x_i^2 + \left(\frac{\partial f}{\partial y}\right)^2 \Delta y_i^2 + \left(\frac{\partial f}{\partial z}\right)^2 \Delta z_i^2 + 2\left(\frac{\partial f}{\partial x}\right)\left(\frac{\partial f}{\partial y}\right)\Delta x_i \cdot \Delta y_i + \cdots$$

将上式由 1 到 n 求和,考虑到偶然误差的正态分布,正、负误差出现的概率相等,交叉相乘项相互抵消,则有:

$$\sum \Delta u_i^2 = \left(\frac{\partial f}{\partial x}\right)^2 \sum \Delta x_i^2 + \left(\frac{\partial f}{\partial y}\right)^2 \sum \Delta y_i^2 + \left(\frac{\partial f}{\partial z}\right)^2 \sum \Delta z_i^2$$

两边同乘以 $\frac{1}{n-1}$ 并开方,得标准误差:

$$\sigma = \sqrt{\left(\frac{\partial f}{\partial x}\right)^2 \sigma_x^2 + \left(\frac{\partial f}{\partial y}\right)^2 \sigma_y^2 + \left(\frac{\partial f}{\partial z}\right)^2 \sigma_z^2} \tag{8-19}$$

这就是间接测量中误差传递的标准误差公式。上式两端同乘以 0.6745 则得或然误差:

$$\gamma = \sqrt{\left(\frac{\partial f}{\partial x}\right)^2 \gamma_x^2 + \left(\frac{\partial f}{\partial y}\right)^2 \gamma_y^2 + \left(\frac{\partial f}{\partial z}\right)^2 \gamma_z^2} \tag{8-20}$$

五、单次量测的误差估计

在桥梁结构试验中,有时难以对同一测点的测值在同样的加载条件下进行多次重复测定,试验过程不能重演,因而就无法得到测值的算术平均值。这时,需要估计出在单次量测中含有多大偶然性误差,以便确定测试结果的可信程度。

在讨论多次量测的误差分布时,将 3σ 作为极限误差,实际上它是任意选出某一次读数的最大绝对误差 $\Delta x_{\max}$,所以 3σ 可以作为单次量测误差估计的标准。但是,标准误差 σ 无法从单次量测的结果中得到,需由量测系统的各个环节所引起的误差来确定,可根据标准误差式(8-19)得到。为便于应用,将式(8-19)改写为:

$$\sigma = \sqrt{\left[\left(\frac{\partial f}{\partial x}\right)\sigma_x\right]^2 + \left[\left(\frac{\partial f}{\partial y}\right)\sigma_y\right]^2 + \left[\left(\frac{\partial f}{\partial z}\right)\sigma_z\right]^2} \tag{8-21}$$

上式两边同乘3,并令 $d = 3\sigma, d_1 = 3\left(\frac{\partial f}{\partial x}\right)\sigma_x, d_2 = 3\left(\frac{\partial f}{\partial y}\right)\sigma_y, d_3 = 3\left(\frac{\partial f}{\partial z}\right)\sigma_z$,则上式化为:

$$d = \sqrt{d_1^2 + d_2^2 + d_3^2} \tag{8-22}$$

此处 d 可理解为物理量 u 的量测结果的最大绝对误差,而 d_1, d_2, d_3 则分别是 x, y, z 这些环节给总结果(u 的量测结果)带来的最大绝对误差。将上式两端同除以 u,并令 $\delta = \frac{d}{u}, \delta_1 = \frac{d_1}{u}, \delta_2 = \frac{d_2}{u}, \delta_3 = \frac{d_3}{u}$,则得:

$$\delta = \sqrt{\delta_1^2 + \delta_2^2 + \delta_3^2} \tag{8-23}$$

上式的含义是,物理量 u 的量测结果的最大相对误差等于各个环节给这个量测结果所带来的相对误差平方和的开方。

在应用式(8-23)估计单次量测误差时,必须注意以下两点:

(1)各个环节的误差 $\delta_1, \delta_2, \cdots \delta_n$ 是偶然误差或可作为偶然误差处理的。

(2) $\delta_1, \delta_2, \cdots \delta_n$ 必须是表示各个环节给量测结果带来的误差而不是各个环节本身的误差。

对于电测来说,量测系统各个环节可能给量测结果带来的误差有以下几项:贴片工艺引起的误差,应变仪和记录器的误差以及标定误差等。令 $\delta_{工艺}, \delta_{片}, \delta_{仪}, \delta_{记}, \delta_{标}$ 分别表示上述各个环节给量测结果带来的最大相对误差,按式(7-23)可得到单次量测结果的最大相对误差为:

$$\delta = \pm\sqrt{\delta_{工艺}^2 + \delta_{片}^2 + \delta_{仪}^2 + \delta_{记}^2 + \delta_{标}^2}$$

在贴片工艺方面,主要考虑的是应变片轴线与规定方向有偏斜所引起的误差,这是一种偶然误差,一般规定贴片的最大偏斜为 $5°$,其所引起的相对误差为 1%,即 $\sigma_{工艺} = 1\%$。应变片和量测条件方面属于偶然性误差的是应变片的灵敏系数 K,根据包装说明确定,如 $K = 2.02 \pm 1\%$,即 $\delta_{片} = \pm 1\%$。

属于仪器偶然性误差的除标定误差外,还有振幅特性误差 $\delta_{仪1}$,稳定性误差 $\delta_{仪2}$,设仪器的 $\delta_{仪1} = \pm 1\%$,$\delta_{仪2} = 1\%$,则应变仪对测试结果引起的最大相对误差为:

$$\delta_{仪} = \pm\sqrt{\delta_{仪1}^2 + \delta_{仪2}^2} = \pm\sqrt{\left(\frac{1}{100}\right)^2 + \left(\frac{1}{100}\right)^2} = \pm 1.41\%$$

记录器方面属于偶然性误差的有非线性误差 $\delta_{记1}$,记录曲线取值引起的误差 $\delta_{记2}$。设 $\delta_{记1} = 3\%, \delta_{记2} = 2.5\%$,于是:

$$\delta_{记} = \pm\sqrt{\delta_{记1}^2 + \delta_{记2}^2} = \pm\sqrt{\left(\frac{3}{100}\right)^2 + \left(\frac{2.5}{100}\right)^2} = \pm 3.88\%$$

总的标定误差包括:应变仪的标定误差 $\delta_{标1}$,非线性误差 $\delta_{标2}$,以及由记录曲线取值引起的误差 $\delta_{标3}$,设 $\delta_{标1} = \pm 1\%, \delta_{标2} = \pm 3\%, \delta_{标3} = \pm 5\%$,则总的标定误差为:

$$\delta_{标} = \pm\sqrt{\delta_{标1}^2 + \delta_{标2}^2 + \delta_{标3}^2} = \pm\sqrt{\left(\frac{1}{100}\right)^2 + \left(\frac{3}{100}\right)^2 + \left(\frac{5}{100}\right)^2} = \pm 5.92\%$$

最后，将 $\delta_{艺}$，$\delta_{仪}$，$\delta_{仪}$，$\delta_{记}$ 和 $\delta_{标}$ 代入式(8-23)，可得电测法测定应变的最大相对误差为：

$$\begin{aligned}\delta &= \pm\sqrt{\delta_{艺}^2 + \delta_{片}^2 + \delta_{仪}^2 + \delta_{记}^2 + \delta_{标}^2} \\ &= \pm\sqrt{(1\%)^2 + (1\%)^2 + (1.41\%)^2 + (3.88\%)^2 + (5.92\%)^2} \\ &= \pm 7.35\%\end{aligned}$$

第三节 试验曲线与经验公式

经过整理的试验数据，需采用一定的方式表示出来，以供进一步分析与使用。在结构试验中，通过各种仪表测得的数据，反映了试验过程中某些变量之间的相互关系。例如，在进行桥梁结构的静应力测定时，测得的数据直接地反映了施加于桥梁上的荷载数量与构件应力数值之间的相互关系。在通常的桥梁试验中，所测得的挠度值既反映了桥梁结构的综合变形情况，也说明它与施加荷载和结构刚度等有关数值的相互关系。而在桥梁的动载试验中，测定值往往是荷载的大小、车辆行驶速度、振动系统的自振特性等有关数值的相互关系。

因此，常把试验的结果视为某些变量的函数关系的反映，分析测定数据的任务就在于发现和推导这种函数关系，并从函数所反映的各变量之间的规律去理解试验对象在试验过程中反映出来的各种现象的理论依据。由此可见，获取准确的试验数据仅是全部试验工作的一部分内容，更为重要的却往往是这些数据的函数化。

函数关系的表示方式有很多种，如表格法、试验曲线法、经验公式法等。

一、表 格 法

表格法是一种基本的表示方法。利用表格使有关变量的数据系统化，表格法有利于保存试验结果，形式紧凑，便于各数据之间的参考比较。表格的内容只是罗列了在测试范围内符合某种函数关系，而又不能明确表达函数关系的各变量数值。因此，很难根据表格中列出的数值直接判定各变量间的函数关系。所以表格法常作为试验过程中对变量函数关系分析的第一阶段的资料整理。

二、试 验 曲 线

试验曲线表示法是按一定的坐标体系，以变量为横坐标，以其函数为纵坐标，将测得的相应数据作图，再以符合数值规律的曲线连贯这些数据点。曲线表示法简明、直观，可以从曲线上明显看出各变量之间的相互变化规律以及变化趋势，对于在试验中的某些遗漏数据，也可在描绘的曲线中得到弥补。但是仅仅根据试验曲线仍无法对所测结果的函数关系进行解析分析，并且，如从图上直接得到变量所对应的函数值，常会带来相当大的误差。为此，就需要将已描绘的试验曲线公式化。即以一定的数学公式来反映试验曲线所表示的函数关系，以便对试验结果作进一步的分析。

绘制试验曲线经常采用直角坐标。将试验结果按其数值描绘于坐标平面的相应位置，连接这些数据点就得到了试验曲线。根据数据点描绘曲线应注意以下几点：

（1）曲线所经过之处应尽量与所有数据点相近。

(2)由于试验曲线除代表各测点的情况外,还代表测试结果的全貌,因此,曲线不一定要通过每个数据点,尤其两端的数据点。因为测试结果都具有一定的误差,没有必要要求曲线正好通过全部数据点。

(3)曲线应顺直、光滑,曲线一侧的点数应与另一侧的点数大致相同。

应指出,绘制试验曲线必须有足够的数据点。如果数据点过少,则只能将它们直线相连,观其大概的趋势。在绘出曲线以后,就可以大致判断出同曲线相对应的方程式的形式。试验曲线的类型较多,在工程中应用最广的有直线、抛物线、双曲线和指数曲线4种。

三、经 验 公 式

在坐标平面上的任一曲线都对应于一个函数表达式,所以,一般由试验测定值所绘出的曲线,都能用一个确定的公式来表示其对应的函数关系,虽然通常的试验曲线所对应的数学公式不完全准确,总含有一定程度的误差。此外,鉴于试验曲线本身也只是对客观实际的近似模拟,所以与试验曲线对应的这种公式是近似的,是经验公式。

在试验中,以正确的试验方法,精确的测试仪表,经过多次试验所得的数据,应当能够反映一定的有关变量之间的函数关系,这样,各变量之间的变化规律的曲线,就可以用一定的函数式来反映。经验公式的方法能以一个简单的数学式反映试验数据各变量间的全部规律,凡对于公式中所示运算具有意义的任何变量值,都可以算得对应的函数值。更为重要的是可以据此作数学解析,从理论上对各种影响因素进行分析,并对试验范围以外的一些情况进行估计。

建立经验公式的通常作法是根据试验曲线假设一个最简单的方程,将方程中的常数确定后,再用测试数据进行检验,若不满意,则将方程修改后再试,直至获得比较满意的方程式。建立经验公式的一般步骤如下。

(1)测定值的修正。在结构试验中,尤其是对于现场试验,由于试验条件所限,测定值总会存在一定的误差,有时会出现较大的误差而无法进行分析。所有这类数据都会影响试验的正确性,因此,建立经验公式的第一步工作是按照上述的误差分析方法将测定的数据加以分析处理。

(2)绘制试验曲线。在测定值修正后,在选定的坐标上绘制试验曲线,一般说,绘制的曲线应当从测得数据较多的坐标点群穿过,即曲线的两侧数据点的数目应大致相同。

(3)曲线改直。由于曲线方程便于验证与分析,因此,常用改换坐标分度或改换变量的方法使曲线变为直线。在处理曲线改直时,可参考下列几种常用的方法:

①以 x 与 y 绘图。

②以 $\lg x$ 与 y 绘图。

③以 $\lg x$ 与 $\lg y$ 绘图。

④以 x^n 与 y 绘图,$n = 1、2、3$ 等。

(4)估计曲线所反映的函数形式。根据描绘试验曲线,判断和推导变量的函数关系,对于线性的函数关系,一般可由目测直接确定,对于较复杂的函数关系则很难直接估计,这时需根据经验与解析几何原理决定函数关系所具有的形式。

(5)确定已知函数中的常数。在曲线的函数形式确定以后,为建立完整的经验公式,需确定函数式中的常数。由于线性关系函数中常数的确定较为方便,因此,常采用曲线方程直线化的方法,即曲线改直的方法来处理。确定经验公式中常数的方法很多,一般常用的有图解法、选点法、平均法和最小二乘法等,可根据所需精度来选择。

(6)经验公式的检验。由于在确定经验公式时,主要是根据曲线上的有限个点的坐标推算而得,因此所确定的经验公式与试验曲线不会完全相符。这就需要对已确定的经验公式进行检验,一般可将某些变量的测定值代入经验公式,检验其函数值与曲线是否相符,如误差较大,应进行适当的修正,直到满意时为止。

第四节　回归分析方法

回归分析的任务是处理自变量与因变量之间关系,揭示试验结果所反映的各物理量之间的内在规律,找出它们之间的定量表达式——回归方程。例如,用超声法或回弹法检测混凝土强度时,声速 V 和回弹值 R 与混凝土抗压强度 f 随着原材料、养护方法和龄期等的变化而变化,这些变化值,在数学上统称为变量,这些量都属非确定的量。混凝土强度 f 这一变量在某种程度上是随着声速 V 或回弹值 R 的变化而变化,通常称声速 V 或回弹值 R 为自变量,混凝土强度 f 为因变量。从大量的实测数据中发现这种不确定量中的某种规律性称为相关关系。回归分析就是寻求非确定性联系的统计相关关系,找出能描述变量之间关系的定量表达式,去预测、确定因变量的取值,并估计其精确程度。

应用回归分析方法主要研究解决下列问题:

(1)通过回归分析,观察变量之间是否有一定的联系。如存在着联系,选择合适的数学模式对变量之间的联系给以近似描述。

(2)用统计指标说明变量之间关系的密切程度。这些统计指标还可以用来说明回归方程对观察值的拟合程度的好坏。

(3)根据样本资料求得的现象之间的联系形式和密切程度,推断总体中现象之间联系形式和密切程度。

(4)根据自变量的数值,预测或控制因变量的数值,并应用统计推断方法,估计预测值的可靠程度。

通常,应根据试验结果选择适当的回归方程,一般常采用线性回归方程。当所求变量与某一单一量测指标相关时,用一元方程线性回归方程;当所求变量与多项量测指标相关时,则用多元方程线性回归方程。下面简要介绍常用的一元线性、二元线性的回归计算方法。

一、一元线性回归

一元线性回归是指一个因变量 y 只与一个自变量 x 有相关关系,它们之间关系的形态表现为具有直线趋势。令因变量的值为 y,各次检测的结果为 y_i,并令自变量为 x,每次检测的指标值为 x_i,n 为检测总数,则回归方程的系数、相关系数与精度计算公式可归纳如下:

回归方程为:

$$y = a + bx \tag{8-24}$$

1. 系数 a、b

$$a = \bar{y} - b\bar{x}; \qquad b = \frac{L_{XY}}{L_{XX}} \tag{8-25}$$

式中:$\bar{x} = \frac{1}{n}\sum_{i=1}^{n} x_i$;

$$\bar{y} = \frac{1}{n}\sum_{i=1}^{n} y_i;$$

$$L_{XX} = \sum_{i=1}^{n}(x_i - \bar{x})^2;$$

$$L_{XY} = \sum_{i=1}^{n}(x_i - \bar{x})(y_i - \bar{y})。$$

2. 相关系数 r

$$r = \frac{L_{XY}}{\sqrt{L_{XX}L_{YY}}} \tag{8-26}$$

式中，L_{XX}，L_{XY} 的计算同上，L_{YY} 按下式计算：

$$L_{YY} = \sum_{i=1}^{n}(y_i - \bar{y})^2 \tag{8-27}$$

一元线性回归的相关系数 r 在 -1 至 $+1$ 之间变化，$r=0$ 表示不相关，$r>0$ 表示正相关，$r<0$ 负相关。r 趋向于 1 表示相关性加强，当 $r=1$ 时表示完全相关，所有的试验点均与回归方程吻合。

3. 回归方程的精度计算

一元线性回归的相对平均误差 $\bar{\sigma}$ 为：

$$\bar{\sigma} = \frac{\sum_{i=1}^{n}|(y_i - \hat{y}_i)/\hat{y}_i|}{n} \tag{8-28}$$

相对标准误差 σ_t 为：

$$\sigma_t = \sqrt{\frac{\sum_{i=1}^{n}[(y_i - \hat{y}_i)/\hat{y}_i]^2}{n-1}} \tag{8-29}$$

标准误差 σ 为：

$$\sigma = \sqrt{\frac{1}{n-2}\sum_{i=1}^{n}(y_i - \hat{y}_i)^2} = \sqrt{\frac{L_{YY} - L_{XY}b}{n-2}} = \sqrt{\frac{(1-r^2)L_{YY}}{n-2}} \tag{8-30}$$

式中：y_i——试验实测因变量值；

$\hat{y}_i$——某检测指标 x_i 按回归方程计算的计算值；

n——试件数。

其余各项含义同前。

4. 一元线性回归实例

静载试验时，实测挠度、应变往往与加载效率呈线性关系，分析时也常常观察实测挠度、应变往往与加载效率成线性程度来判定结构受力状况，图 8-3 所示为某混凝土连续梁实测挠度与加载效率、实测应变与加载效率的一元线性回归结果，从图中可以看出，结构挠度、应变与加载效率基本呈线性关系，结构基本处于线性工作状态。

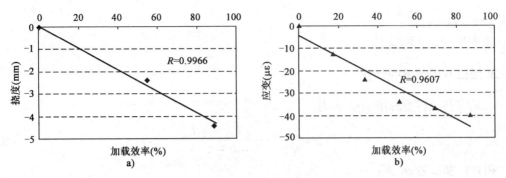

图8-3 某混凝土连续梁实测挠度、实测应变与加载效率的一元线性回归关系

二、二元线性回归

令因变量 y,检测值 y_i;令自变量为 x_1 和 x_2,检测指标值为 x_{1i} 和 x_{2i};n 为检测总数。则回归方程式为:

$$y = a + b_1 x_1 + b_2 x_2 \tag{8-31}$$

现将回归方程的系数、相关系数与精度计算公式归纳如下:

1. 系数 a、b_1、b_2

$$a = \bar{y} - b_1 \bar{x}_1 - b_2 \bar{x}_2 \tag{8-32}$$

$$b_1 = \frac{L_{10} L_{22} - L_{20} L_{12}}{L_{11} L_{22} - L_{12}^2} \tag{8-33}$$

$$b_2 = \frac{L_{20} L_{11} - L_{10} L_{21}}{L_{11} L_{22} - L_{12}^2} \tag{8-34}$$

式中:$\bar{y} = \frac{1}{n} \sum_{i=1}^{n} y_i$;

$\bar{x}_1 = \frac{1}{n} \sum_{i=1}^{n} x_{1i}$;

$\bar{x}_2 = \frac{1}{n} \sum_{i=1}^{n} x_{2i}$;

$L_{11} = \sum_{i=1}^{n} (x_{1i} - \bar{x}_1)^2$;

$L_{22} = \sum_{i=1}^{n} (x_{2i} - \bar{x}_2)^2$;

$L_{12} = L_{21} = \sum_{i=1}^{n} (x_{1i} - \bar{x}_1)(x_{2i} - \bar{x}_2)$;

$L_{10} = \sum_{i=1}^{n} (x_{1i} - \bar{x}_1)(y_i - \bar{y})$;

$L_{20} = \sum_{i=1}^{n} (x_{2i} - \bar{x}_2)(y_i - \bar{y})$。

2. 全相关系数 r' 的求法

$$r' = \sqrt{\frac{b_1 L_{10} + b_2 L_{20}}{L_{00}}} \tag{8-35}$$

式中：$L_{00} = \sum_{i=1}^{n}(y_i - \bar{y})^2$；

其余各项含义同前。

3. 回归方程精度的计算

二元回归分析的标准误差 σ 为：

$$\sigma = \sqrt{\frac{L_{00} - b_1 L_{10} - b_2 L_{20}}{n - k - 1}} \qquad (8\text{-}36)$$

相对标准误差 σ_t 为：

$$\sigma_t = \sqrt{\frac{\sum_{i=1}^{n}[(y_i - \hat{y}_i)/\hat{y}_i]^2}{n-1}} \qquad (8\text{-}37)$$

式中：σ——标准误差；

σ_t——相对标准误差；

k——检测指标个数即自变量个数，对于二元回归 $k = 2$；

其余各项含义同前。

第九章 桥梁日常养护维修

第一节 桥梁常见病害及其成因

随着交通运输事业的蓬勃发展,桥梁的数量迅速增长。在桥梁使用过程中,由于交通量的增长,运营荷载的增大,加上随着服役年限的增长,外界环境对桥梁的侵蚀影响会逐步增大,此外,还有一些桥梁存在着不同的设计或施工先天缺陷,上述因素导致桥梁在使用过程中会出现各种各样的病害,这些病害严重地威胁影响着桥梁的安全、正常使用。了解桥梁的病害特征,加强日常养护、维修,可以保证桥梁的使用安全和功能正常,满足桥梁的耐久性要求。据不完全统计,至 2010 年,我国有公路桥梁 63 万座左右,而存在各种病害、承载能力不适应运营荷载要求的桥梁比例高达 15% 左右。为了可持续发展与节约社会资源,世界各国均将既有桥梁视为一笔巨大的财富,采取各种制度、政策、技术手段,力图通过加强日常维修养护、承载能力评定、适用性评价、加固改造等方法来千方百计地延长既有桥梁的使用寿命。

桥梁维修加固的一般原则是"预防为主,防治结合",使桥梁经常处于完好的技术状态,达到安全、耐久的目的。桥梁维修加固可分为一般性维修和结构性加固。一般性维修如桥面铺装层的维修、油漆涂装更新、裂缝封闭与灌浆处理、支座更换等是桥梁养护的日常内容,按维修规模又可分为小修、中修、大修,其主要目的是保证桥梁结构的使用性能或耐久性不受大的影响。结构性加固如上部结构承载能力加固、地基基础承载力提高等,以弥补桥梁结构先天缺陷、病害发展演变、灾后桥梁结构承载能力受损所带来的承载能力不足,使桥梁恢复或满足新的使用条件下的受力性能与安全要求。桥梁病害处治加固涉及的内容十分广泛,包含了桥梁实际状况的检测鉴定、加固理论与加固技术以及加固方案的比较选择与投资效益的优化等方面。可以说,桥梁病害分析诊断与桥梁维修加固的关系密不可分,是一个问题的两个方面。近 20 年来,随着桥梁服役期的增长,实际运营荷载的不断增大,病桥危桥的数量日益增多,在生产实践需要的推动下,桥梁结构的检测诊断技术、维修加固改造技术得以迅速发展。可以相信,随着管理部门、工程界、学术界对既有桥梁检测与维修加固的重视,必将积极地推动既有桥梁健康、可持续地发挥作用。

一般说来,桥梁的病害大致可分为承载能力不足、使用性能较差、耐久性能不足 3 类。就承载能力不足的病害而言,桥梁病害主要表现为受力裂缝宽度过大,桥梁整体或局部刚度不足,材料强度降低和局部损伤,基础冲刷掏空、变位或不均匀沉降等。就使用性能较差的病害而言,桥梁病害主要表现为变形及振动响应过大,桥面破损,行车性能不佳,伸缩缝破损,支座脱空等。就耐久性能不足的病害而言,桥梁的病害主要是混凝土结构裂缝过大、温度裂缝、收缩裂缝、混凝土碳化深度过大、混凝土发生碱骨料反应、混凝土保护层厚度不足、混凝土表面存在蜂窝麻面,钢结构、钢筋锈蚀,结构或构件局部破损过大等。以上3种病害的发生、发展直接影响桥梁结构的承载能力、使用性能及耐久性能,严重时危及桥梁运营安全,造成重大安全事故。

一、影响桥梁使用性能的病害

1. 桥面不平整,线型不平顺,桥梁振动过大

在车辆轮胎的不断作用下,许多桥梁的桥面铺装层容易破损,特别是使用了数十年以上的旧桥,桥面铺装病害表现为坑凹不平、开裂、破损。例如,一些结构体系如T型刚构、连续梁桥在使用荷载、收缩徐变及预应力损失等综合因素的作用下,跨中桥面下挠,导致桥面线型不平顺;又如在简支梁桥的梁端接头处和悬臂梁挂梁支点处的填缝材料,由于缺乏养护而产生脱落,且易遭受车轮的磨耗,从而出现较大沟槽、引起跳车及临近梁段的振动、加剧构件的疲劳损伤。此外,桥面不清洁,泄水孔堵塞,下雨造成桥面积水、渗漏甚至于冻胀,车辆过桥时泥浆飞溅,不仅会影响使用功能,也会降低耐久性。这些病害如不及时进行维修养护,势必缩短桥梁的使用寿命(图9-1)。

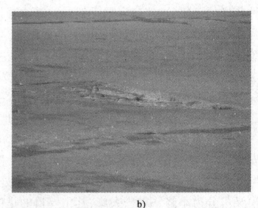

a)   b)

图9-1 桥面坑槽破损

2. 桥头跳车

由于桥头引道刚度相对较低,在车辆荷载作用下容易产生沉降,致使桥面与引道连接处不平整、不顺适,从而使车辆驶过桥头时产生跳车。桥头跳车不但影响车速,降低行车质量,而且影响司乘人员的心理状态,同时跳车产生的附加冲击效应也会影响桥梁使用寿命。

3. 桥下过水不畅,桥面排水性能不良

一些桥梁由于养护不当,导致桥孔淤塞严重,在日常维修养护中又没有及时清理疏浚河道,汛前也很少做泄洪准备,因此汛期一到,桥孔泄洪能力不足,可能出现桥梁被洪水冲垮等问题。另一方面,一些桥梁的排水坡度不够、桥面不清洁或泄水管堵塞,导致雨后桥面积水较多、渗漏甚至于冻胀，桥面积水往往导致车辆过桥时泥浆飞溅，影响车辆行人的正常通过，严重时会加大桥梁的负荷，如遇梁体上缘开裂破损，还会使桥面积水渗透到箱梁内部、导致箱梁积水严重，影响到桥梁的安全性与耐久性。

4. 伸缩缝破损，支座脱空

一些桥梁尤其是中小跨度梁桥，由于构造或维护不当，梁桥的伸缩缝容易出现破损、堵塞、顶死现象，如未能及时处理，最终会丧失伸缩功能，导致桥梁在环境温度作用下会产生附加内力。此外，中小跨度梁桥、斜弯桥的支座出现的脱空、移位、拍击、剪切变形过大、活动支座失去活动能力等病害也比较常见。伸缩缝丧失功能、支座性能不良轻则会导致结构受力行为与设计图式不符，影响到桥梁的使用性能；重则会使梁体产生附加内力或产生内力重分布，影响桥梁安全使用。

5. 栏杆或防撞栏破损、缺失，失去防护功能

栏杆或防撞栏损坏后，如未及时修复，不但影响桥梁的美观，更重要的是使行车或行人产生不安全感，引发交通事故，在一些极端情况下也会造成重大安全事故。此外，人行道或人行搭板存在的一些隐患如搭板搭接构造不当、人行道分隔设施功能不足等也会引发安全事故。桥梁栏杆或防撞栏局部损坏的原因多数是由机动车交通事故造成的，少数是人为损坏或盗窃所致，但均与养护维护不及时有关。

6. 桥梁与道路不匹配

许多桥梁由于建成年限较长，设计标准较低。在道路的改扩建过程中，往往道路拓宽后，而桥梁又没有进行相应的拓宽改造、荷载升级，或与既有道路衔接不够顺畅，如转弯半径过小，导致桥梁与道路等级或线形不匹配，形成瓶颈，既影响通行能力，又增加了行车的危险性，尤其是在夜间行车，容易引发交通事故。

二、影响结构耐久性能的病害

混凝土结构的耐久性是指混凝土结构在自然环境、使用环境及材料内部因素的作用下，在设计要求的目标使用期内，不需要花费大量资金加固处理而保持其安全、使用功能和外观要求的能力。它是钢筋混凝土结构应具有的基本功能之一，是关于可靠性的安全性、适用性与耐久性3个环节中相对比较薄弱的一个环节。耐久性的好坏，决定着结构的使用寿命。大量研究资料和实践表明影响混凝土结构耐久性的因素很多，可分为内部因素和外部因素两大类。内在因素主要为结构构造型式、钢筋保护层厚度和直径的大小、选用的水泥和骨料种类、混凝土的水灰比和密实度等，外在因素主要指环境因素包括冷热、干湿、冻融、化学介质侵蚀等。

早期建设的公路桥梁混凝土强度等级（标号）普遍偏低，施工质量相对较差。通常，基础多采用15号混凝土，上部桥跨结构大量采用20号或25号混凝土，混凝土中水泥用量少，以至于经过十年至数十年的使用，混凝土腐蚀、碳化现象普遍，强度退化严重，加固改造、重新利用价值不大。此外，由于施工质量控制得不够严格，导致结构尺寸偏差过大、混凝土密实性较差，加之保护层厚度不足，导致钢筋锈蚀严重，混凝土构件普遍存在蜂窝、麻面、孔洞的现象，这些病害不仅严重影响着桥梁承载能力，而且对桥梁耐久性也构成严重威胁。

1. 混凝土结构非受力裂缝

混凝土结构非受力裂缝是钢筋混凝土桥梁普遍存在的一种病害。非受力裂缝一般与结构构造不当、混凝土材料质量不佳、施工养护条件不当、施工工艺质量存在缺陷、环境温度变化等因素有关。裂缝是桥梁的重大病害之一,只要裂缝的宽度超出规范允许的范围,就会显著地影响到桥梁的使用寿命和耐久性能,混凝土结构非受力裂缝应引起高度重视,并应根据裂缝宽度的大小,及时进行化学灌浆或表面封闭的措施予以修补。一般说来,结构非受力裂缝的影响因素主要有材料因素、施工因素、环境因素3大类。

(1)材料因素

材料质量差或养护不当会产生裂缝,当水泥质量和品质有问题时,在混凝土浇筑后会产生不规则裂缝(龟裂),如图9-2所示。此外,骨料不适宜也会引起裂缝,当骨料含泥量过大时,随着混凝土的结硬、收缩,出现不规则花纹状裂缝;当骨料是碱骨料或风化骨料时,在混凝土硬化后将出现裂缝,裂缝往往以骨料为中心,在骨料周围出现,有时也有带圆锥形剥离的,如图9-3所示。

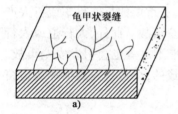 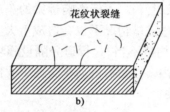 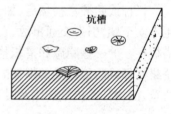

图9-2 混凝土质量问题引起的裂缝　　　　　　　　图9-3 骨料问题

(2)施工质量问题

施工质量、施工工序、施工材料及模板支架不当引起的混凝土裂缝比较普遍,归纳起来,主要有以下几种:

①混凝土搅拌时间过长,运输时间过长,致使混凝土凝固速度加快,在整个结构上产生不规则的细裂缝。

②模板固定不牢固,致使混凝土在浇筑后不久产生与模板移动方向平行的裂缝,如图9-4所示。

③支架不均匀下沉、脱模过早,也会在支点或刚度变化部位等处产生裂缝,如图9-5所示。

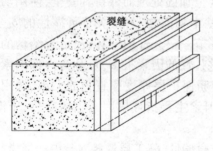 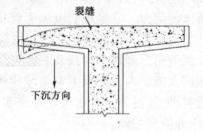

图9-4 模板问题　　　　　　图9-5 支架下沉、脱模过早不均匀下沉引起的裂缝

④接头或接缝部位处理得不好,造成混凝土预制构件装配时,施工接缝处现浇混凝土的新旧混凝土浇筑缝变成通缝(图9-6);或由于支座安装不当,使支点处形成斜裂缝。

⑤混凝土养护不当或失水产生收缩裂缝,这类裂缝常常出现在混凝土刚刚浇筑之后,分布方向比较杂乱,深度较浅,约为钢筋保护层厚度,特别是在风大的天气,空气干燥时浇筑的混凝

土更容易产生裂缝,如图9-7所示。

⑥当振捣不充分或析水多时,在断面高度急剧变化的部位,以及钢筋、导管等保护层小的部位,常因混凝土的沉降,导致在混凝土刚浇筑之后产生较浅的裂缝,通常裂缝沿钢筋或导管方向产生。由于钢筋沉降小,周围混凝土沉降大,所以在钢筋下面形成空隙,如图9-8所示。

⑦大体积混凝土或使用了早强水泥的混凝土,在冬季养生保温不够时,常因水化热作用,构件内部产生量值较大的自平衡应力,在浇筑后2~3天导致混凝土结构中产生裂缝,裂缝经常以直线等间距方式出现,如图9-9所示。

⑧水灰比大的混凝土,由于干燥收缩,在龄期2~3个月内容易产生裂缝。这类裂缝易在开口、角隅等部位产生,特别是当浇筑断面很薄,硬化后经过较长一段时间,更容易产生由于约束引起的混凝土收缩裂缝。对刚架桥等刚度差异较大的结构等,后浇筑桥面板受其他构件的约束、混凝土收缩徐变性能差异较大,也容易产生水平方向的裂缝,如图9-10所示。

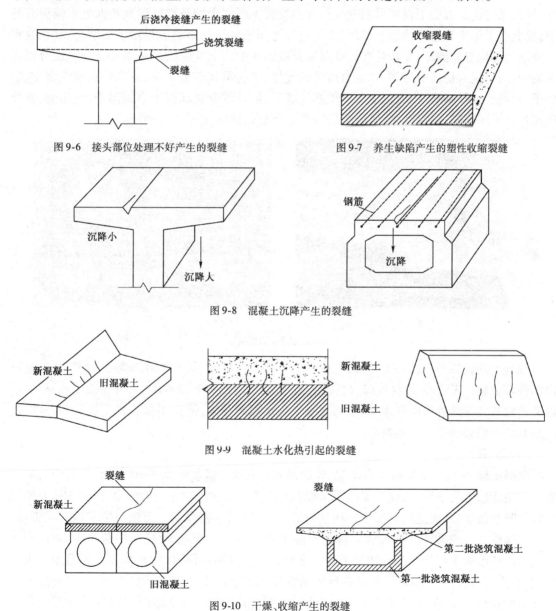

图9-6 接头部位处理不好产生的裂缝　　图9-7 养生缺陷产生的塑性收缩裂缝

图9-8 混凝土沉降产生的裂缝

图9-9 混凝土水化热引起的裂缝

图9-10 干燥、收缩产生的裂缝

(3) 温度环境等外界因素引起的裂缝

温度裂缝与结构体系、结构构造、所处环境等因素相关，产生的原因不同，表现形式也有不同，可能出现在混凝土构件的表层、深层或贯穿整个构件，桥梁构件的表层裂缝的走向一般没有规律性，钢筋混凝土的深层或贯穿裂缝的走向，一般与主筋方向平行或接近于平行，裂缝的宽度受温度变化的影响大，裂缝宽度随温度变化而扩张或闭合，防止或减小温度裂缝比较有效的措施是布置合理的分布钢筋网，选择比较合理的结构形式。此外，钢筋锈蚀后体积膨胀，会使混凝土构件产生顺着钢筋的裂缝，一些桥梁因构造不当也会产生非受力裂缝。

2. 混凝土腐蚀

混凝土的腐蚀是混凝土桥梁的"癌症"，一些使用年限较长的桥梁或结构往往因受压区混凝土腐蚀而破坏。一般来说，混凝土材料是耐水材料，在潮湿环境或水中能保持强度的稳定性，潮湿条件也是混凝土材料早期强度形成和发展不可缺少的条件。但是长期处于潮湿条件下，尤其在干湿交替循环状态下，混凝土的耐久性问题会受到影响。很多桥梁墩台，往往在水位浮动的部位首先破坏，尤其是在具有腐蚀介质的水中。空气中的水和雨水是一种成分很复杂的液体，再混入桥面的污物，常含有溶解的气体、矿物质和有机质等，常见的有酸性物质、氧离子、氯离子、氮、碳酸气、硫化氢及其他酸性离子，以及碱金属和碱土金属离子，这些酸、碱物质超过一定限度时，会侵蚀、损害桥梁的混凝土和金属材料，如图9-11所示。

a)
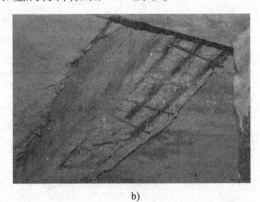
b)

图9-11 混凝土表面腐蚀

混凝土的腐蚀一般都与水有关，主要体现为碱骨料反应、盐腐蚀和冻融3大主要的、不可逆的破坏现象。无论碱-骨料反应、盐腐蚀，还是冻融作用，只要没有水，就可以减缓或避免，所以必须设置完善的桥梁防排水系统，将混凝土与水隔离开来，使其不具备发生反应的条件，就将达到延长桥梁使用寿命的要求。

(1) 碱-骨料反应

混凝土碱-骨料反应是指来自水泥、外加剂和环境中的碱金属离子与砂石等骨料中的活性组分发生膨胀性化学反应，在水泥砂浆与粗集料的界面处生成白色凝胶物质，这种物质在潮湿环境中吸水膨胀，从而造成混凝土结构从内部开始的胀裂，在表面上出现龟裂或地图状裂纹，直至整体性开裂或破坏。这种病害称为混凝土的"癌症"。碱-骨料反应少则几年，多则十几年就可以使混凝土结构承载力明显下降。这种破坏具有不可修复性，具体表现为混凝土表面龟裂、突出、酥松，然后剥离。碱-骨料反应的发生和对混凝土的破坏需要3个条件：混凝土中的高碱性、碎石中的富含碱活性成分以及水。水泥及外加剂中的高碱性，很多地区的砂石资源含有不同程度的碱活性成分,再加上桥梁防水系统的不完善,就构成了碱-骨料反应的必要条件。很多桥梁都发生这种病害。

(2)盐腐蚀

沿海地区,空气中和雨水中都含有一定的氯盐成分,尤其在近海地区浓度更大在寒冷地区的冬季,为消除桥面的冰冻和积雪也广泛地采用喷洒盐水的方法,盐水通过伸缩缝流向墩台,通过桥面系渗透到混凝土的缝隙里,不仅仅引起碱-骨料反应,而且引起盐腐蚀。因为盐水进入混凝土体中达到饱和,当外界环境非常干燥时,混凝土中的水分发生逆向流转,水通过孔隙向外蒸发,盐分浓度增加,又使其向混凝土内部扩散。在干燥条件下,高浓度化冰盐水产生足够高的盐结晶压,造成混凝土的膨胀破坏,比一般的碱-骨料反应更为严重。

(3)混凝土冻融

寒冷地区,有较长的冰冻期,渗入到混凝土中的水结冰又融化,如此反复,使混凝土的裂缝不断扩大,导致结构慢性破坏作用。冻融的结果,加剧了碱-骨料反应和盐腐蚀的破坏作用。混凝土结构是多孔的,在塑性期或硬化初期会因为水分蒸发造成早期开裂。在以后的使用过程中,早期产生的裂缝会随着车辆反复荷载的冲击逐渐扩展。如果没有完善的防水排水系统,带有腐蚀性物质的水就会从孔隙渗入到混凝土中和从裂缝中流入到混凝土中。若是碱性骨料混凝土将产生碱-骨料反应,酸性物质则会对混凝土进行腐蚀。

对于碱-骨料反应、盐的腐蚀、冻融作用应以防止和抑制为主。减少混凝土中的碱含量是解决办法之一,使用低碱水泥、低碱外加剂,可以减缓问题的发生。此外,无论碱-骨料反应、盐腐蚀、还是冻融作用,只要没有水,就可以减缓或避免,所以必须设置完善的桥梁防水排水系统,将混凝土与水隔离开来,使其不具备发生混凝土腐蚀反应的条件,就将达到延长桥梁使用寿命的要求。

3. 混凝土碳化

混凝土的碳化,就是指水泥石中的水化产物与周围环境中的二氧化碳作用生成碳酸盐或其他物质的现象。碳化将直接影响混凝土结构的性质及耐久性。混凝土的碳化是伴随着二氧化碳气体向混凝土内部侵入,溶解于混凝土内部孔隙中的水,形成碳酸再与各水化产物发生碳化反应的一个物理化学过程,混凝土碳化是一个缓慢过程,取决于混凝土的密实性、水泥品种、水化物中氢氧化钙的含量等内部因素以及大气的二氧化碳的浓度、压力、混凝土的湿度等外部因素。一般说来,一座桥梁建成以后,影响碳化的因素就已经确定,为了降低碳化速度就只能从如何保护混凝土不受或少受侵袭来考虑。概括起来,混凝土碳化影响因素主要有水泥品种、混凝土密实度、环境条件3方面。

(1)水泥品种

不同品种的水泥对混凝土的碳化速度影响不同,一般说来矿渣水泥比普通硅酸盐水泥快,普通硅酸盐水泥比早强硅酸盐水泥碳化速度稍快。因为碳化速度与混凝土结构中水泥的氧化钙含量有关,氧化钙含量越大,硬化的水泥石生成的氢氧化钙就越多,吸收二氧化碳的能力越强,碳化的速度就越慢。

(2)混凝土密实度

混凝土的碳化速度与密实度有关,密实度大的碳化速度慢,因为密实度大孔隙就小,进入的二氧化碳就少。加大水泥用量、降低水灰比都可以增加密实性,掺用优质减水剂或引气剂,可以改善混凝土的和易性,减小水灰比,增强密实性,使碳化速度减慢。施工时如果振捣不密实、养护不合理,会造成混凝土内部毛细孔粗大,并相互连通,进入的二氧化碳就多,碳化速度就快。

(3) 环境条件

环境条件恶劣会加速碳化速度。环境湿度对混凝土的碳化速度影响很大,在相对湿度低于25%的空气环境下,混凝土很难碳化,在空气湿度为50%~75%的大气中,混凝土最容易碳化,但在相对湿度大于95%或在水中碳化反而难于进行,这是因为与混凝土中的透气性有关,透气性越大,越容易碳化。另外相同的湿度条件下,温度越高、风速越大,混凝土的碳化速度就越快。

4. 混凝土保护层厚度不足,钢筋锈蚀

钢筋是在混凝土的保护下才能正常发挥受力作用。混凝土是具有碱性的,钢筋在碱性环境中形成钝化膜,阻止金属阳极与电解质的接触,使钢筋难于锈蚀,钝化膜一旦破坏,在有水和氧的条件下就会发生钢筋的氧化锈蚀。一旦混凝土保护层厚度不足或产生裂缝,就破坏了钢筋所处的碱环境,产生了钢筋锈蚀的条件,钢筋锈蚀时体积膨胀,又会进一步促使混凝土保护层脱落,最终导致桥梁结构耐久性能严重削弱,使用寿命大大缩短,如图9-12所示。

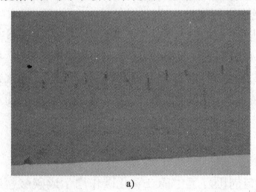 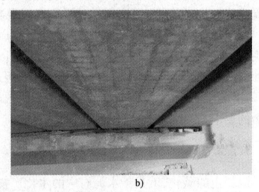

a) b)

图9-12 混凝土保护层厚度不足的典型情况

5. 护坡及锥坡破损,冲刷淘空

墩台是桥梁的重要组成部分,它的耐久性直接决定了桥梁结构的耐久性。墩台基础常见的耐久性病害如混凝土剥落、露筋和裂缝,水流冲刷导致护坡、锥坡破损或淘空,墩台桩基础冲刷严重、埋深不足,桥墩被车辆、船只、漂流物或流冰撞损等,这些病害虽然不一定产生即时的危险,但却对桥梁结构的耐久性与安全性构成严重威胁,应根据墩台基础缺陷的严重程度及施工条件采取不同的方法进行维修,使其处于良好状态。

6. 钢结构、钢—混凝土组合结构表面锈蚀

钢结构、钢-混凝土组合结构在外界环境影响下,其油漆涂装的保护性能会随时间的推移而逐步退化,结构表面会产生锈蚀现象,锈蚀一旦产生,轻者影响观瞻,重者削弱承重构件面积、产生应力腐蚀现象,对结构的耐久性造成较大影响,行之有效的对策是加强巡查、及时维护。

钢筋混凝土桥梁常见的耐久性病害大体可汇总如表9-1所示,其他桥型结构常见的耐久性病害汇总如表9-2所示。

钢筋混凝土桥梁常见的耐久性病害　　　　表 9-1

表观病害特征	病变形态	病变产生原因	病变出现时间	对钢筋锈蚀的影响程度	备注
施工接缝	与构件厚度、高度垂直、表面呈羽状多孔	混凝土浇筑间歇时间超过初凝时间	早期	钢筋可能锈蚀	
露筋	钢筋局部露在混凝土表面	钢筋错位或局部保护层过薄	早期	钢筋锈蚀	病变多产生在箍筋处
疏松剥落	混凝土表层大面积疏松、剥落或露筋	硫酸盐侵蚀	中、后期	钢筋锈蚀或严重锈蚀	
空鼓层裂	敲击混凝土表面有空鼓声	混凝土浇筑质量不良，表面存在蜂窝及空洞	早、中、后期	钢筋可能锈蚀	
锈斑	棕色点状或块状锈斑	混凝土密实性差，或钢筋保护层厚度不足	中、后期	钢筋锈蚀	
顺筋裂缝	沿主筋、分布筋、箍筋位置出现与钢筋平行的裂缝	混凝土密实性差、钢筋保护层厚度不足、盐污染或碱骨料反应开裂	后期	钢筋锈蚀或严重锈蚀	先产生裂缝后引起钢筋锈蚀
胀裂脱落	混凝土保护层呈碎片状胀裂、脱落或露筋	混凝土密实性差，或钢筋保护层厚度不足	后期	钢筋严重锈蚀	

其他桥型结构常见的耐久性病害　　　　表 9-2

桥型	表观病害特征	病变形态	病变产生原因	病变出现时间	对结构的影响程度	备注
钢结构桥	钢结构锈蚀	涂层脱落、表面锈蚀	腐蚀环境、涂层厚度不足、渗漏水、涂装施工质量	早、中、后期	随时间的增长会发展，逐步恶化	钢箱梁桥、钢板梁桥、钢桁梁桥、钢管混凝土拱桥
	钢结构焊接不良	焊缝开裂、焊接不实	施工质量、漏焊、应力集中、高残留应力	早、中期	随时间的增长会发展，严重时导致断裂	
	钢梁桥面铺装	车辙、推拥、开裂、滑移	黏结层材料性能、温度、车载、铺装层厚度	中、后期	对铺装材料及钢桥面板经济耐久性造成影响	
索结构桥	拉索、系杆锈蚀、断裂	钢丝生锈、流淌锈水、锈皮起鼓脱落	套筒灌浆不饱和、灌浆材料离析不凝固、套筒存在裂纹	早、中期	削弱截面，严重时导致拉索断裂	斜拉桥、悬索桥、系杆拱桥、中下承式桥
	索结构锚头锈蚀	锚头螺纹、锚圈、螺栓及孔洞锈蚀、流淌锈水	锚头安装后未及时除锈、涂抹黄油、螺栓松动、腐蚀介质侵入、防护层脱落实效	早、中期	对索结构的锚固可靠性造成较大影响	
圬工桥	砌体表面缺陷	砌缝开裂、灰缝砂浆脱落、松散、边角碎裂	施工质量、材性老化、荷载过大、介质腐蚀	中、后期	随时间的增长发展、恶化，耐久性逐步降低	拱桥、组合结构桥

三、影响桥梁承载力的病害

1. 桥梁结构存在倒塌、成为机构的隐患

桥梁结构的一些体系因赘余度少、构造不当或养护不到位,在使用过程中,病害产生后逐步发展演化,如未能得到及时的处治,病害会逐步演变为严重的隐患,一旦外界因素或使用条件发生变化,就可能丧失整体性,桥梁结构易发展成为机构,严重时发生整体倒塌,例如,砌体桥台在土压力、水压力及车辆荷载作用下丧失整体性,发生桥台倒塌、梁体坠落的事故。又如悬臂梁或T构牛腿因剪切裂缝不断扩展,导致牛腿破坏、挂梁坠落的事故,再如上部结构梁体因支承方式不当、赘余度不足而在偏心荷载作用下侧倾倒塌等等,如图9-13所示。桥梁结构存在倒塌或成为机构的隐患是桥梁最为严重的病害,往往会演变为重大桥梁安全事故。

a)   b)

图9-13 上部结构侧倾倒塌

2. 预制装配式桥梁结构受力的整体性、协同性丧失

预制装配式结构在中小跨度梁桥比较常用,如预制装配式空心板、预制装配式T梁、双曲拱桥等,装配式结构具有施工快捷、量大面广的特点。借助于各种各样的横向连接构造,装配式桥梁结构具有一定的整体受力性能,但由于施工质量不佳、构造方式不当、使用荷载过大等种种原因,在其使用过程中,装配式结构的横向联系逐步削弱,如铰接板梁桥在铰缝处开裂、T梁横隔板连接处开裂,导致装配式桥梁受力的整体性、协同性逐步丧失,距离设计的理想受力状态越来越远,存在整体性差、刚度偏小、承重结构局部开裂、内力重分布比较明显,出现单梁(板/肋)受力现象,导致装配式桥梁的传力途径或传力机理发生变化,承载能力严重下降,病害特征急剧发展。此外,多跨简支梁桥因行车冲击造成伸缩缝处桥面破坏、装配式拱片连接处混凝土断裂或钢筋接头脱开也比较常见。预制装配式桥梁结构受力的整体性、协同性丧失是一种比较常见、危害较大的桥梁病害,普遍存在于预制装配式空心板、预制装配式T梁、双曲拱桥、刚架拱桥等结构中,一般可以通过增大截面、加厚桥面铺装层、加强横向联系等措施予以加固改造。

3. 混凝土结构受力裂缝宽度过大

结构应力超限、受力裂缝宽度过大是混凝土桥梁比较常见的一种病害,受力裂缝出现的原因是混凝土拉应力超过了其抗拉强度,裂缝主要表现为弯曲受力裂缝、弯剪受力裂缝、扭转裂缝、锚下劈裂裂缝等形态,如钢筋混凝土T梁常常因抗弯承重能力不足、正应力超限而产生弯曲受力裂缝,如图9-14所示,又如混凝土箱梁顶板因桥面板弯曲应力过大而产生的顺桥向裂缝,腹板因主拉应力超限而产生的剪切斜裂缝,底板应整体弯曲应力而产生的横桥向裂缝。一般说来,结构应力超限、受力裂缝宽度过大主要与设计安全储备不足、构造配筋不当、使用荷载过大、基础不均匀沉降变位等因素有关,普通钢筋混凝土简支梁(板)桥常见受力裂缝如表9-3所示,预应力混凝土连续(箱)梁桥的常见受力裂缝如表9-4所示,拱式桥梁的常见受力裂缝如表9-5所示。一般说来,这些裂缝在使用荷载反复作用下会逐步扩展,甚至会超过规范限值,不仅导致桥梁承载能力、整体刚度的严重削弱,而且影响到桥梁结构的耐久性能。混凝土结构受力裂缝宽度过大的病害,可采取增大构件截面、施加预应力、粘贴钢板等结构加固补强措施予以消除或控制。

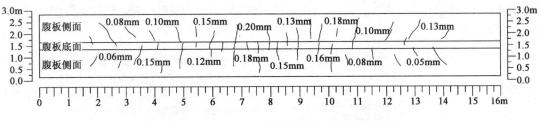

图9-14 某跨度16m的钢筋混凝土简支T梁裂缝展开图

普通钢筋混凝土简支梁(板)桥常见裂缝 表9-3

裂缝种类与发生部位	图 示	主要特征与发生原因
下缘受拉区的竖向裂缝		①裂缝在跨中分布较密(间距约0.1~0.2m),两端逐渐减少;②裂缝大致与主筋垂直,由下翼缘向上发展;③宽度较细,一般在0.05~0.15mm之间;④在试验荷载作用下变化不大,经过较长时间运营已趋稳定;⑤由梁弯曲应力过大引起
腹板斜裂缝		①裂缝间距为0.3~0.5mm,裂缝由几条至几十条不等,分布在支点至L/4的范围,与剪力分布直接相关;②变截面梁斜裂缝在梁中性轴附近宽度最大,向两端发展形成枣核状;等截面梁斜裂缝在主筋附近宽度最大;③由剪切、弯曲、扭转作用产生的主拉应力超限引起
顺主筋方向的纵向裂缝		①裂缝顺主筋方向延伸,长度可能较长;②对结构有很大的危害,破坏钢筋和混凝土的共同作用条件,使钢筋应力骤增;③水分渗入混凝土发生电化学锈蚀作用,钢筋锈蚀膨胀将混凝土胀裂;④保护层过薄或存在蜂窝等质量不良现象
梁端上部裂缝		①由于墩台产生不均匀沉降,使梁端部局部支承压力增大,局部应力过大所致;②裂缝由下往上开裂,严重者宽度可达0.3mm以上;③部分裂缝呈劈裂状
运梁不当引起的梁体裂缝		运送梁时支撑点没有放在梁的两端吊点上,而是偏向跨中,导致临时支承点处产生过大负弯矩而引起开裂

续上表

裂缝种类与发生部位	图示	主要特征与发生原因
梁侧水平裂缝	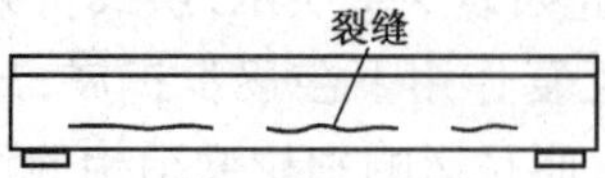	①近似水平方向的分层裂缝;②由施工不当引起,分层灌注,间隔时间过长所致
腹板上不规则竖向裂缝	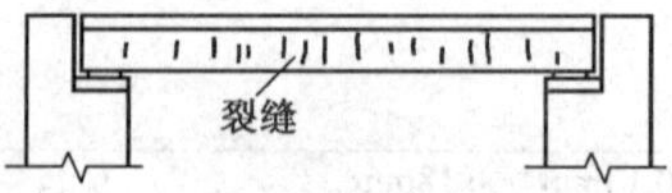	①裂缝宽度一般在0.2mm左右,间距无一定规律;②使用荷载作用下裂缝继续发展,数量增多,随使用时间增长而逐渐停止发展;③构造因素、混凝土收缩和外力作用的综合产物
横隔开裂	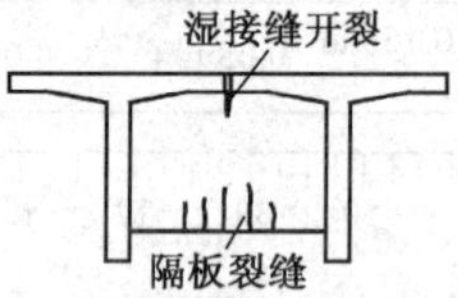	①横隔梁湿接缝开裂由于施工质量不佳、构造不当、荷载过大等因素而引起;②横隔板底部竖向裂缝由于横向联系较差,导致部分梁体单独受力,以及刚度不足等因素所致,裂缝宽度一般在0.05~0.25mm范围

预应力混凝土连续(箱)梁桥的常见裂缝　　　　　表9-4

裂缝种类与发生部位	图示	主要特征与发生原因
连续梁跨中底部和支点顶部竖向裂缝	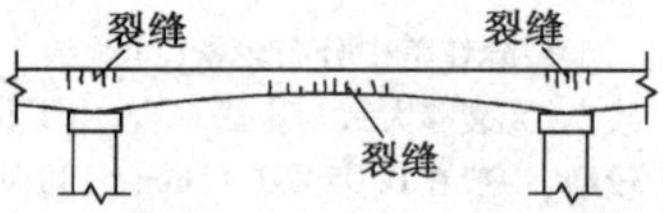	①一般出现在跨中、支点区域,原因在于有效预应力不足、正应力过大、混凝土抗拉能力不足,裂缝宽度一般在0.1~0.2mm范围;②在外荷载反复作用下(汽车动荷载及温度),裂缝可能会扩展
箱梁弯曲裂缝和锚固齿板后横向裂缝	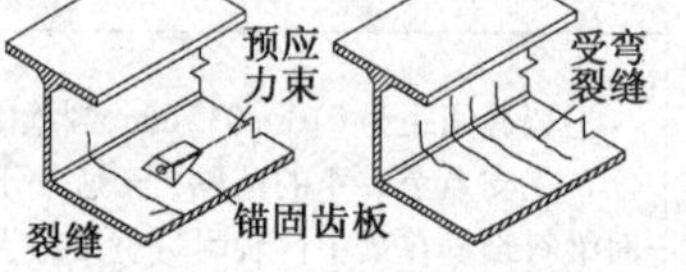	①箱梁弯曲裂缝分布于跨中附近,裂缝数量较多但较细(0.05~0.25mm),为抗弯刚度不足或混凝土的强度较低所致;②箱梁锚固齿板后横向裂缝一般1~3条,裂缝较宽(≥0.25mm),为构造缺陷引起的局部拉应力过大所致
牛腿及挂梁局部裂缝	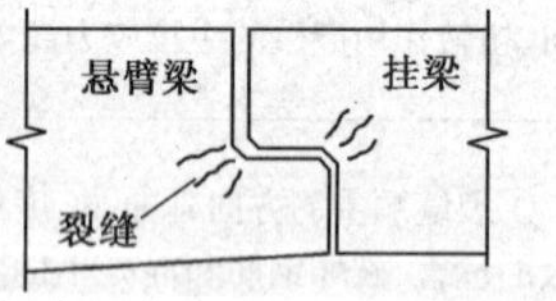	①原因主要是配筋不足,高度偏小,挂梁与牛腿连接不顺形成跳车,在剪力、冲切作用下导致局部主拉应力过大等所致;②裂缝均呈45°斜向角度
预应力梁下翼缘的纵向裂缝	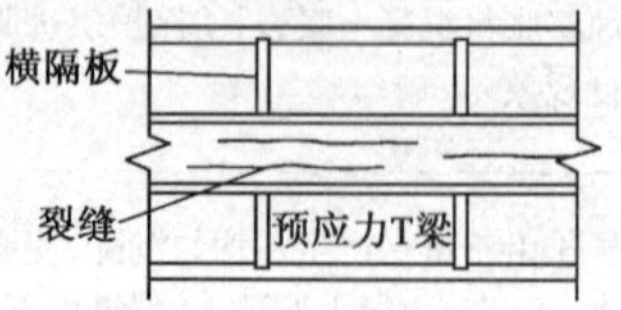	①为预应力梁中较严重的一种裂缝,裂缝一般出现在最外的一排预应力钢束附近,或腹板与下缘交界处,宽度一般为0.05~0.1mm;②成因主要为局部预压应力过大所致,保护层太薄,或施工工艺质量不当引起
先张法梁梁端锚固处的裂缝	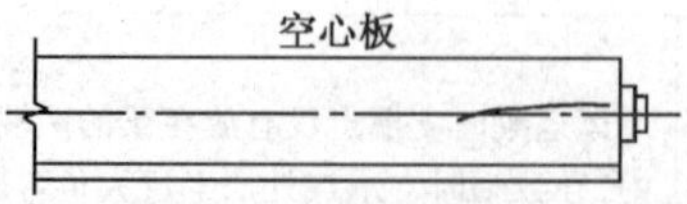	①裂缝均起始于张拉端面,宽度约为0.1mm左右,长度一般有一定的延伸;②由于在两组张拉钢筋之间梁端混凝土处于受力区使梁端易发生水平裂缝;③因锚头处应力集中和锚头产生的楔形作用而使锚头附近产生细小水平裂缝

续上表

裂缝种类与发生部位	图示	主要特征与发生原因
箱梁腹板斜向、水平向裂缝及顶、底板纵向裂缝	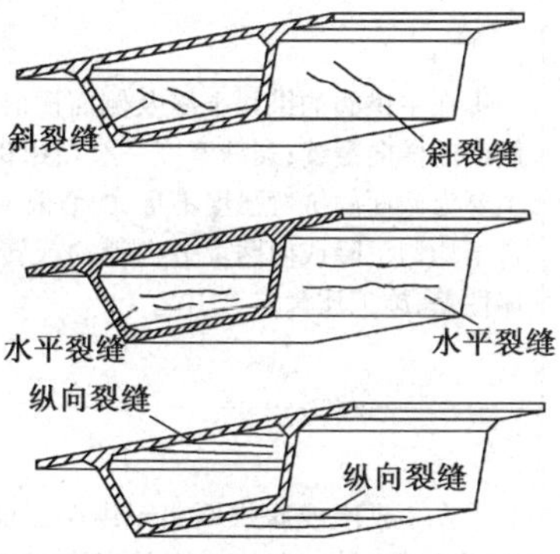 (斜裂缝、水平裂缝、纵向裂缝示意图)	①箱梁腹板斜裂缝一般发生在支点至反弯点间的梁段上,属剪切裂缝,产生原因主要是纵向或竖向预应力不足、腹板厚度偏小,设计、施工方案不当等因素;②箱梁腹板水平向裂缝,主要由箱梁横向弯曲空间效应与内外温差应力使腹板内侧或外侧产生较大的竖向应力、箱梁横向刚度不足、畸变应力影响、竖向预应力不足等原因引起;③箱梁顶、底板梗腋处的纵向裂缝主要为预应力局部应力过大、箱梁的正剪力滞效应考虑不足、偏心荷载下箱梁畸变扭转引起腹板上下端局部应力过大等所致
箱梁横隔板裂缝	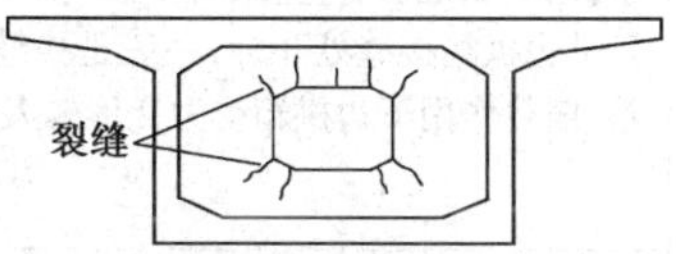 (裂缝示意图)	①发生于箱梁横隔的上下部,裂缝宽度不大,一般小于0.2mm;②产生原因包括箱梁较宽,或横隔板中施加的横向预应力不足或损失过大,或箱梁抗扭能力差等引起
T梁横隔板裂缝	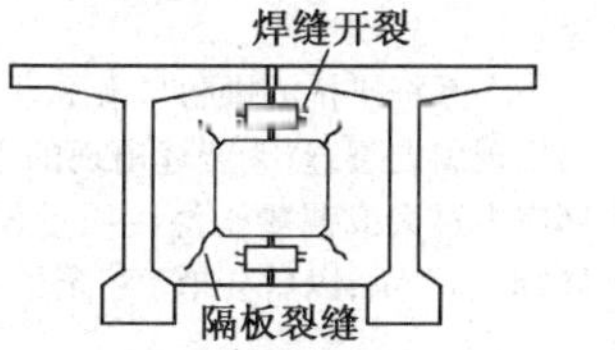 (焊缝开裂、隔板裂缝示意图)	①在梁端及腹板变断面的梁上均有发生,由棱角边缘向上延伸,焊缝开裂;②裂缝宽度一般在0.2~0.3mm范围;③由于偏载、扭转、施工质量等因素引起
后张法梁端或锚固部位的裂缝	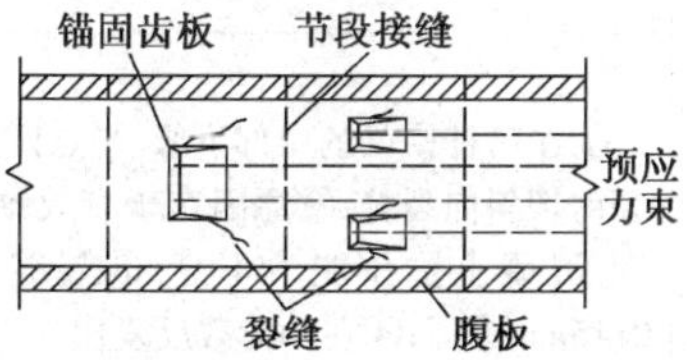 (锚固齿板、节段接缝、预应力束、裂缝、腹板示意图)	①通常发生在梁端或预应力筋的锚固部位,裂缝宽度比较短小,发生在梁端时多与主筋方向一致,在锚固部位时与梁纵轴线方向呈30°~45°;②运营初期发展,但不严重,以后会趋于稳定;③主要为端部或锚固部位应力集中或混凝土浇注质量较差所致

拱式桥梁的常见裂缝　　　　　　　　　　　　　　　表9-5

裂缝种类与发生部位	图示	主要特征与发生原因
刚架拱裂缝	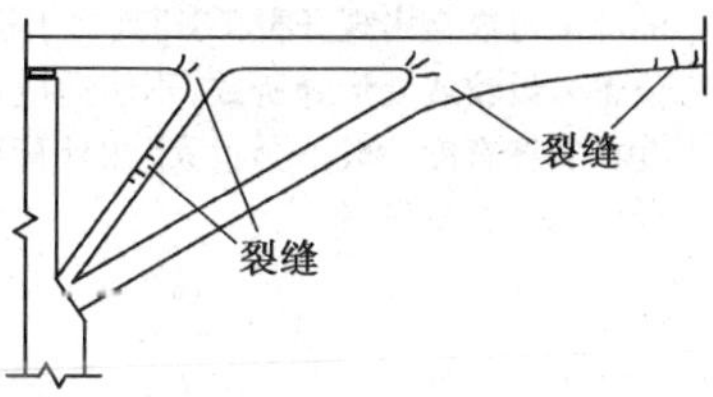 (裂缝示意图)	①刚架拱在跨中实腹断下缘,大、小节点及次拱腿中部反弯区可能会出现裂缝,裂缝宽度一般在0.05~0.25mm范围;②主要是受力裂缝,也与构造不当有关,在外荷载反复作用下,裂缝可能会发生较大的扩展;③裂缝成因包括拱肋截面偏小、构造缺陷、施工质量差及实际荷载大等因素
桁架拱裂缝	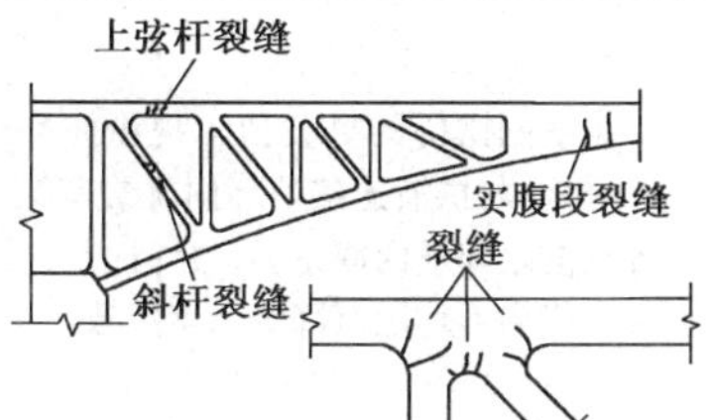 (上弦杆裂缝、实腹段裂缝、斜杆裂缝示意图)	①桁架拱在上弦杆及实腹段跨中附近底面及侧面横向开裂,或下挠过大,表明杆件的有效预加应力不足,或截面高度偏小,普通钢筋配置不足;②斜杆开裂说明拉应力过大,预加应力不足或截面尺寸(配筋)不足;③各杆件节点附近开裂,由于各杆件轴线一般不会相交于一点,且受其他附加应力影响使节点局部应力过大引起开裂

续上表

裂缝种类与发生部位	图示	主要特征与发生原因
空腹式箱（肋）拱顶及拱脚裂缝	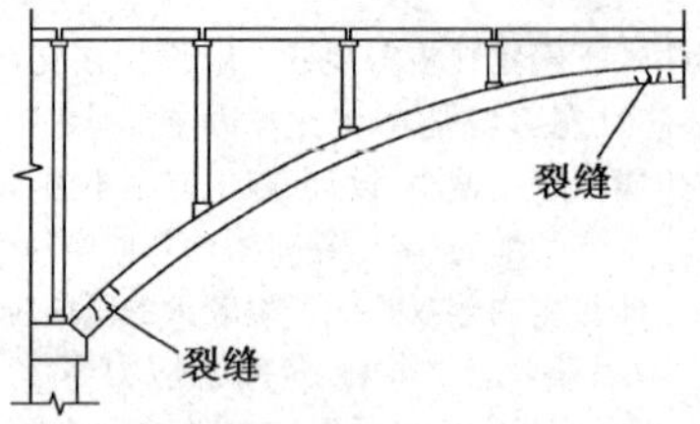	①在主拱圈的拱顶下缘及侧面横向裂缝及拱脚上缘及侧面的横向裂缝；裂缝宽度一般在 0.05～0.2mm 范围；②主要为截面的抗弯强度不足、配筋偏少、拱轴线不合理、墩台不均匀沉降或向路堤方向滑动或转动、超重车影响、整体性差、施工质量差等引起
主拱圈或腹拱圈出现纵向裂缝	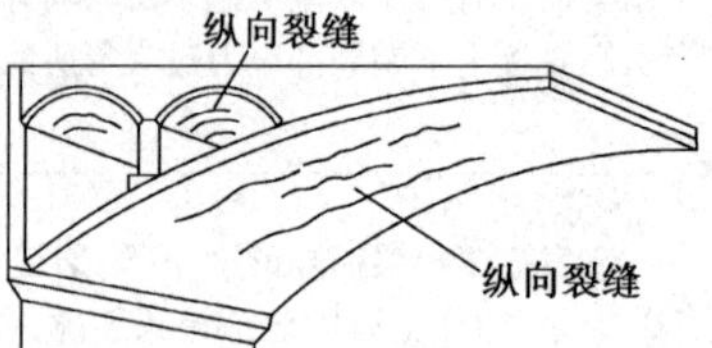	①在主拱圈或腹拱圈出现纵向裂缝；裂缝宽度一般较小；②可能是墩、台基础的上、下游不均匀沉降引起，如果只是边拱箱接缝处开裂，一般是接缝的连接不好，整体性差，偏载作用下边拱箱受力变形较大引起
拱肋与系杆相接部位裂缝	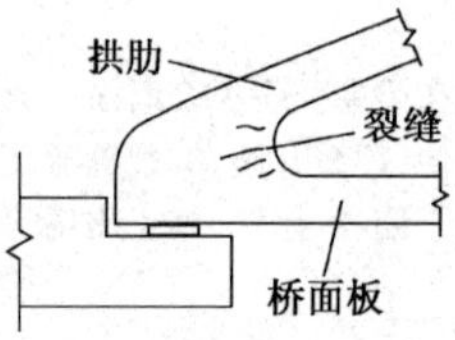	①在系杆拱桥的拱肋与水平系杆（桥面板）相接部位容易出现斜向裂缝；②裂缝出现的主要原因是构造不当、局部应力过大或混凝土浇注质量较差所致；③运营初期发展，但不严重，以后会趋于稳定
吊杆横梁裂缝	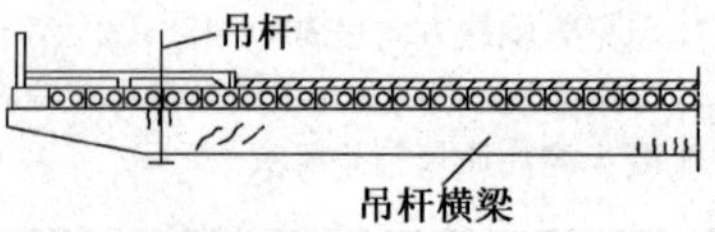	①在吊杆横梁的中部下缘、吊点区域出现竖向弯曲裂缝和剪切斜向裂缝；②原因在于有效预应力不足、正应力过大、混凝土抗拉能力不足；③裂缝宽度一般在 0.05～0.15mm 范围；④在外荷载反复作用下，裂缝可能会有所变化，但不会很严重
空腹式拱桥裂缝	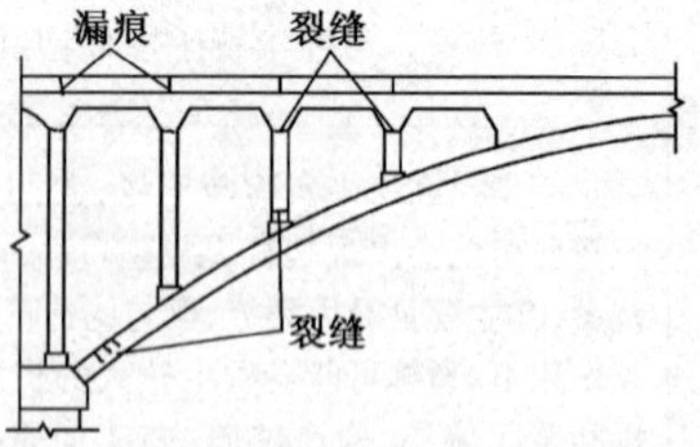	①空腹式钢筋混凝土拱在拱脚、立柱、立柱与拱圈相接的部位可能会出现开裂；②原因在于桥面板在立柱与腹孔位置未设铰或变形缝所致，不能适应环境温度变化所致；③在裂缝宽度一般不会很大，在外荷载及温度作用下，裂缝可能会有所发展
钢筋混凝土双曲拱桥裂缝	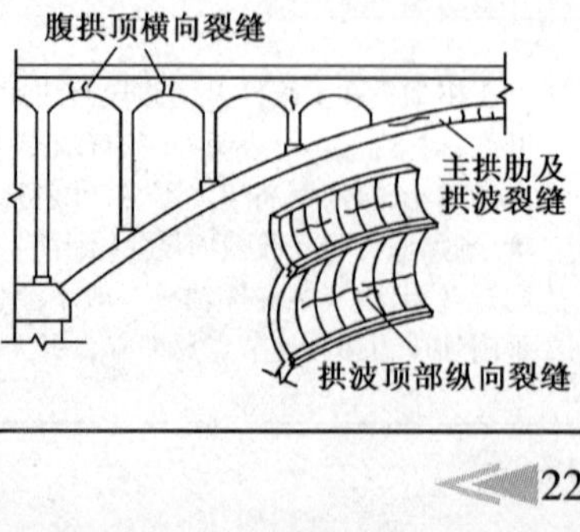	①双曲拱桥的拱波顶出现纵向裂缝、拱波沿桥纵向裂缝、拱肋与拱波连接处环向开裂等裂缝；②裂缝成因多为各拱波之间横向联系弱，整体性差，横截面的组合不合理，墩台横向不均匀沉降等因素所致

4. 结构或构件的损伤疲劳程度严重

钢结构、钢—混凝土组合结构在使用荷载反复作用及外界环境影响下,一些构件如钢箱梁的正交异性(顶)板等可能会因结构活载应力幅度过大导致构件疲劳损伤程度比较突出,甚至出现焊缝裂纹等病害,对钢结构的使用寿命、耐久性与承载能力构成严重威胁。此外,一些桥梁如斜拉桥的斜拉索,系杆拱的系杆、吊杆在使用荷载及外界环境因素的共同作用下,也容易出现系杆、短吊杆的疲劳及应力腐蚀问题,对斜拉桥、系杆拱的安全正常使用构成严重威胁,甚至会酿成重大安全事故。

5. 桥墩基础变位或不均匀沉降,下部结构开裂

墩台是桥梁的重要组成部分,它关系到桥跨结构在平面和高程上的位置,并将荷载传递给地基。墩台的承载力和稳定性在很大程度上决定了桥梁的耐久性。桥梁结构在服役过程中,由于基础工程施工质量不佳、设计存在缺陷、地质情况不良或周边其他工程施工的影响,会导致桥梁墩台产生不均匀沉降或水平位移。桥梁基础不均匀沉降或水平位移说明其地基基础或下部结构的承载能力不足,不仅会导致桥梁线型不顺畅、影响行车性能,而且对于超静定桥梁还会产生比较大的附加内力,改变桥梁结构的设计受力状态,对桥梁的安全运营与正常使用构成明显的威胁。桥梁墩台、桩基础等下部结构由于水流冲刷、船舶(漂浮物)撞击、维护不足而产生的掏空、露筋腐蚀等病害常常威胁到桥梁的安全运营。此外,下部结构墩台基础受上部结构及桥面系传递的荷载、下部地基基础不均匀沉降、滑移、水压力、结构设计、施工质量、温度等诸多因素的影响下,出现了各种各样的影响桥梁承载能力的裂缝病害,部分裂缝开展宽度过大的病害也将严重地影响到桥梁的安全运营。

墩台、基础的缺陷及病害主要有以下几种:

(1)浆砌片石桥台、护坡等部位,由于缺乏维护、加上水流冲刷等原因出现开裂、破损、淘空等情况。

(2)桥台由于侧墙内填土不密实,或采用含水量较大或用渗水不良的土壤,造成填土不均匀沉降和排水不良而发生裂缝,常常引起侧墙与台体的分离;或由于气候条件、流水和流冰的侵蚀造成墩台表面风化剥落,发生桥台侧墙、胸墙倾斜、轻微鼓肚、两侧锥坡和八字翼墙发生鼓肚、沉陷。

(3)扩大基础由于回填不当、排水不畅引起土压力和支承力的变化,导致墩台产生位移、开裂等病害。

(4)桩基础由于桩头残渣清理不净、桩头处理不好,以及桩身各种质量缺陷(如桩顶露筋、夹泥断桩、缩颈离析、桩位偏差),造成桥梁墩台出现各种不同的缺陷和病害表现方式:下沉、开裂、倾斜、滑移等。

(5)下部结构桥墩、桥台由于受到基础不均匀沉降、局部应力集中、设计构造失误、施工质量不佳、混凝土温度收缩、支座损坏后产生的次生内力、水压力及冲刷淘空等因素导致出现了各种结构性裂缝,部分裂缝宽度开展的很宽,成为影响桥梁承载能力的安全隐患。

(6)沉井基础常因开挖方法、地下水处理、减少摩阻方法不好及刃脚部位的封底不严密,造成墩台的缺陷和病害。

(7)其他病害,如混凝土剥离、露筋、桥面漏水、混凝土空洞、蜂窝麻面,以及天然地基上的浅基础被冲刷悬空;灌注和打桩基础受水冲刷、侵蚀等缺陷和病害。

下部结构墩台常见裂缝病害汇总如表9-6所示。

下部结构墩台常见裂缝病害汇总表　　　　　表9-6

裂缝种类与发生部位	图示	主要特征与发生原因
局部应力引起墩帽角隅开裂	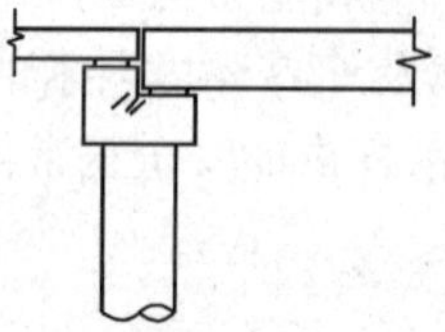	①裂缝多位于墩帽角隅部位及中线附近；②严重时导致部分混凝土剥落露筋；③主要由于局部应力过大所致；④裂缝形态呈30°~45°倾斜状
墩（台）帽裂缝		①裂缝多位于墩（台）帽两个墩柱中部下缘受拉区和墩柱顶部负弯矩受拉区；②墩（台）帽设计抗弯承载能力、结构构造配筋不足所致
桥墩水平裂缝	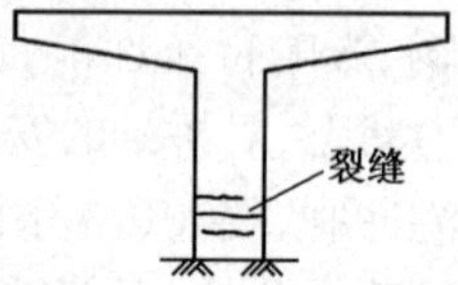	①裂缝呈水平分层状；②多数为施工质量不佳而造成的混凝土灌注或振捣不密实所引起；③当结构的受力形式发生改变（如纵向约束改变）时，则有可能是受到上部结构传来的水平力过大所致
T型墩帽开裂	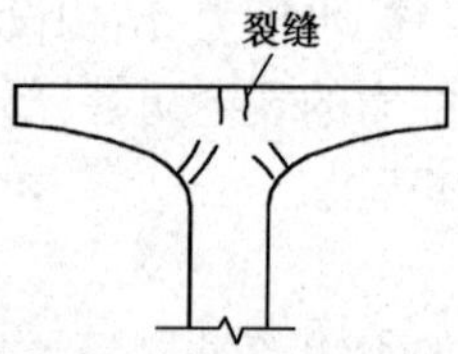	①T型墩帽顶部裂缝主要由于悬臂过长所产生的拉应力所致；②倒角部位斜向裂缝主要由于局部应力集中引起；③其他可能的原因还有：施工质量较差、墩帽结构配筋不足
前墙向桥孔倾斜、两侧出现竖向裂缝	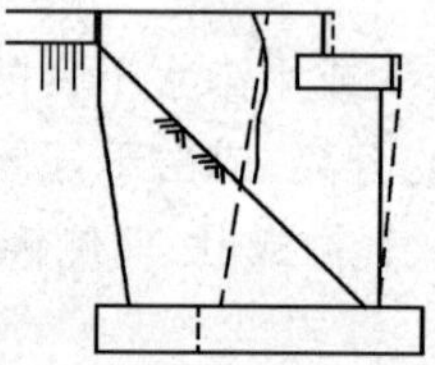	①为下部基础沉降所引起的附加内力所致；②一般呈竖向形态，裂缝宽度一般在0.2~0.5mm范围；③裂缝发生于桥台的截面（刚度）突变处
台帽下开裂	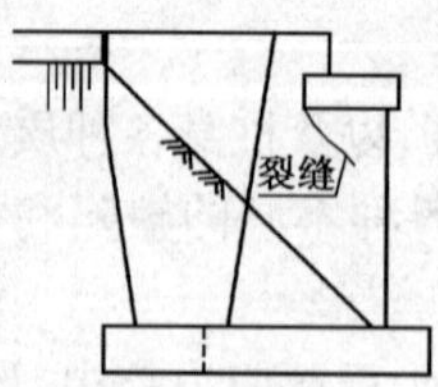	①主要是由于台帽在支承垫石下的钢筋配筋不足所致；②也有可能是受到较大的冲击力引起
台身竖向开裂	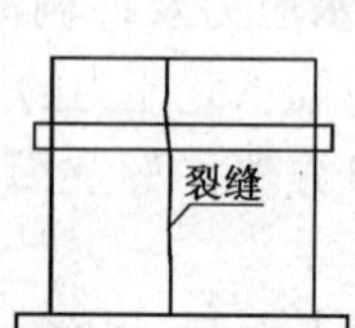	①形态上宽下窄，而且往往有发展趋势；②主要由于基础不均匀沉降、局部应力集中等原因而产生；③其他如大体积混凝土温度收缩、施工质量不佳等因素也可能导致此种裂缝产生

续上表

裂缝种类与发生部位	图　示	主要特征与发生原因
局部应力引起墩帽开裂		①主要是由于局部承压应力过大所致,因上部结构和活载的作用力集中地通过支座(或立柱)传至桥墩,使其周围墩顶其他部位产生拉应力;②也可能是由于支座支承状态不当、支座损坏而引起
基础受冲刷淘空		①基础下被水冲刷而淘空,严重时发生倾斜,使基础受力不均,引起基础横向或竖向开裂或局部塌陷等;②主要是基础埋置深度不够,或不适用采用浅基础,或人为在河中采砂石所致
墩柱倾斜		①墩柱倾斜产生的原因包括地基不均匀沉降、滑移、桩基础未打入持力层或发生断桩、施工质量较差等因素所致;②加固方式可采用增设桩基、增大截面或旋喷加固地基等方法
基础滑动和倾斜		①主要是地基不稳定,摩擦力小,承载力不够,引起不均匀沉降或由于桥台前河床疏浚或台后填土水平压力过大;②地质情况不好时,地基容易失稳,产生塑性流动,推动台身带动基础滑动和倾斜,也可能是由于台后竖向压力过大挤压所致,导致滑动和倾斜

6. 设计荷载等级偏低,结构强度不适应交通需求

由于受经济、技术等方面因素的制约,相当一部分既有桥梁建造时设计荷载等级偏低,存在先天不足,但在使用过程中并未对运营荷载进行有效的限制,加上交通流量日益增大,超重车辆、超载车辆越来越多,导致这些桥梁的病害在使用过程中进一步恶化加剧,发展到一定程度,不仅其使用性能不能满足有关规范规程的要求,而且其承载能力、极限强度往往也不能够适应实际使用荷载的要求,存在比较严重的安全隐患。

在我国,从20世纪50年代以来,随着汽车工业、交通运输业的不断发展,公路桥梁设计荷载标准经历了从汽-10、汽-13、汽-15、汽-20、汽-超20、公路-I级的发展历程,其中汽-20占既有桥梁的多数,以应用最为广泛、设计荷载标准相对较高的汽车-20级设计荷载为例,其车辆荷载效应设计值仅为美国AASHTO的LRFD(Load and Resistance Factor Design)的68%、英国BS5400的BD37/88的60%。另一方面,由于超重车辆日益增多、超载车辆屡禁不绝、各大城市交通日益拥堵等现象,导致我国桥梁超负荷使用这一问题更为严重,既有桥梁"带病工作"、"小马拉大车"现象的普遍存在、既有桥梁普遍存在不同程度的病害。

此外,尚有相当一部分跨河桥、跨线桥存在桥下通航或通车净空不能满足实际需求的现状,由于一些桥梁修建时的技术标准偏低,而城市发展、航运发展较快,对超限船只、超高车辆管理不到位,由此造成目前船舶、车辆撞击桥梁的事故时有发生,给既有桥梁的安全运营带来了潜在的安全隐患。

在桥梁检测评估、病害分析诊断的基础上,对于那些承载能力不足、使用性能较差或耐久性能不满足要求的结构或构件,需要采取有针对性的维修加固。桥梁维修加固可分为一般性养护维修和结构性加固。一般性维修主要针对影响桥梁使用性能、耐久性能的病害,目的是保证桥梁结构的使用性能或耐久性能够达到设计、规范及实际使用要求,如桥面铺装层的维修、油漆涂装更新、裂缝封闭与灌浆处理、支座更换等。当桥梁结构无法满足承载能力、通行能力等方面的要求时,需要对桥梁进行加固或技术改造。桥梁加固改造包括了为提高承载力要求的结构补强,为满足通行能力要求的桥面拓宽,为改善使用性能要求的结构维修,通过病害处治、加固改造以弥补桥梁结构先天缺陷,使用过程中出现的各种病害缺陷以及结构严重受损所造成的承载能力不足,使桥梁恢复和满足新的使用条件下的受力、安全、使用及耐久性要求。

第二节　桥梁日常养护维修的内容与方法

为了满足桥梁的正常运营要求,保持和尽量延长桥梁的使用寿命,对桥梁结构进行经常性的养护维修是非常必要的。桥梁的经常性维修养护,主要工作是对危及桥梁正常使用和耐久性能的病害进行修缮,如对桥面铺装层、伸缩缝、防排水设施、桥梁主体结构的各种缺陷进行维修。在桥梁使用过程中,通过经常性养护维修消除病害,恢复原设计功能,避免小问题演化为大病害,使桥梁经常处于完好的技术状态,达到安全、耐久的目的,由此可见,经常性的养护维修是保证和延长桥梁使用寿命的一项不容忽视的工作。

一、桥梁养护工作的基本要求

(1)桥梁养护工作必须贯彻"预防为主,防治结合"的方针,坚持"养早、养小、养全、养好"的原则,采取经常保养与综合维修相结合的方式,整治既有病害,及时消除危及行车安全的隐患,经常保持结构物或构筑物处于完好状态,保证过往车辆得以安全、平稳、顺畅通行。

(2)桥梁养护应充分依托科技进步成果,建立桥梁养护维修管理系统,全面推行现代化管理;认真执行检查、计划、作业、验收等基本工作制度;大力推广使用国内外有关科研成果,积极采用新技术、新材料、新设备、新工艺。

(3)应逐步提高养护机械化水平,提高生产率,依照操作规程进行相关工程维修,保证各项养护维修工作有序进行,避免对桥梁使用功能产生新的不利影响,如桥面维修不得增加过大的荷载,在桥梁上增加静荷载(风雨篷、广告牌、管线等)必须满足桥梁安全技术要求,经管养部门批准后方可实施。

(4)必须使用经过检验合格的原材料、成品、半成品,桥梁养护维修施工期间应加强质量检验,确保工程质量。

(5)桥梁养护维修作业,必须贯彻文明施工、安全生产的方针。正确处理养护维修作业与交通运输的关系,在保证安全和质量的前提下,尽量不中断交通或少中断交通;重视环境保护,防止环境污染;养护维修工程车辆应使用专门标志,现场养护维修人员应统一着装,并应有安全保护措施。

(6)在养护技术上应做到:

①桥梁的养护维修,首先应符合安全和载重等级的要求,对于达不到安全和承载能力的桥梁,应根据其技术状态确定大修或改建,使其达到载重等级的要求。

②对采用新材料、新结构的桥梁,应制定专项养护方案,并在使用过程中不断积累桥梁技术状况的观测资料,进行动态跟踪管理。

③重视调查研究,针对病害原因采取相应的技术措施,强化科学养护维修管理,坚持"质量否决权"制度。

④列入文物保护范围的桥梁的养护,还应当符合文物部门的有关规定。

二、桥面系养护

1. 桥面铺装

桥面铺装的养护工作内容与基本要求是桥面保持清洁、平顺、无缺损,保证防水、排水系统处于正常工作状况,具体落实到:

(1)经常清扫桥面,保持桥面清洁完整。严禁在桥面上堆置杂物或占为晒场等,以保证车辆过桥时行驶的安全。

(2)铺装平整,无裂损、无坑槽、无明显病害。

(3)桥面在雨后应及时清理,避免雨水积存。

(4)在冬天下雪或结冰后,应及时清除桥面上的冻块或积雪。

(5)桥面铺装出现表面碎裂或脱皮现象,应将破损部分凿除,沿铺装层内钢筋方向凿成方形或矩形,及时修复。损坏面较大者,在桥梁承载能力允许的前提下,可加铺一层沥青混凝土或者将整孔铺装层凿除,重新铺装。

(6)桥面防水层如有损坏也要及时进行修理。维修应按原有桥面高程、纵坡、横坡修复。如出现原桥建设施工误差造成桥面积水、排水不畅时,可局部调整纵、横坡,但由此增加的荷载必须在结构承载能力允许的范围内。

2. 伸缩缝

伸缩缝必须经常养护,及时维修,使其平整顺直、牢固完整、无塞嵌、无漏水,处于完好状态。养护工作的内容与基本要求如下:

(1)嵌入伸缩缝内的杂物应及时清除。

(2)伸缩装置内的密封橡胶条损坏、老化时,应及时更换。

(3)伸缩缝装置出现异常应及时检查,锚固构件及伸缩构件等出现脱焊、裂缝时,应及时修复或更换。

3. 人行道、栏杆和护栏

桥梁人行道、栏杆和护栏必须经常养护,做到栏杆无摇动现象,横杆联结牢固,伸缩缝处水平构件能自由伸缩。如有变形、断裂、缺损现象,应及时按原结构式样恢复。其主要内容是:

(1)钢筋混凝土栏杆和护栏如有裂缝、饰面破损及剥落的应按原饰面修复。轻者可灌注环氧树脂,重者应凿除破损部分,重新修补完整。

(2)金属栏杆应经常清洗,油漆表面应均匀、光滑,无漏漆、脱皮、起皱等现象。对油漆损伤部分进行补涂,根据油漆品种和老化程度进行周期性防腐油饰。

(3)栏杆的垂直度允许误差不得大于3mm,护栏及栏杆在相邻桥孔处的高差不得大于3mm。

（4）人行道改造时应先做好主梁结构防水，具备条件时应在相应位置设置无障碍坡道及盲道。人行道板或人行道铺装、盲道和缘石应完好、平整，当有缺损时，应及时维修或更换。表面铺砌石材的应考虑防滑。

4. 排水设施

排水设施是保护桥梁避免水害的关键之一，必须保证其完好畅通。具体要求是：

（1）桥面泄水孔、排水管应定期检查、清理疏通，保障排水通畅。泄水管下端露出长度不足时，应予以接长，避免桥面积水沿梁侧面下泄。

（2）泄水管损坏要及时修补，接头不牢或脱落要重新接上，损坏严重的要予以更换。

（3）泄水孔改造位置应设置在积水部位，平坡段应加密，并与泄水管连接。桥面泄水孔周围切割规则，尺寸大小一致，其上口混凝土做出坡度，管口应低于水泥混凝土铺装层，管口周围应做防水处理，表面平整无裂纹。

5. 行车道板的维修补强

桥面行车道板直接承受作用于桥面铺装上的荷载并传递分配荷载。行车道板与铺装层、伸缩缝一起，都直接承受汽车车轮荷载的作用，应力集中、冲切现象比较突出，加上行车道板计算跨径较小，故其所受应力变化及冲击影响也较大。因此，可以说行车道板是桥梁主要构件中承受荷载相对较大的构件之一。受过桥车辆的日趋大型化、重型化以及交通量的迅速增长的影响，车辆对桥梁构件的冲击力增加。这样，就使得桥面板处于车轮荷载反复冲击的使用状态，因此，钢筋混凝土桥面板破坏的情况时有发生。

钢筋混凝土行车道板的破坏主要有：裂缝、磨耗、剥离、露筋、锈蚀，严重的还会出现碎裂、脱落、洞穴等。行车道板破坏的原因是多方面的，主要还是设计不当、施工质量不良以及使用中遭受外界过大的荷载作用等。行车道板出现碎裂、脱落等破坏现象后，将直接影响车辆的过桥通行，危及交通安全。

行车道板出现表面碎裂、脱落或洞穴现象后，必须采取局部加固补强的方法进行维修。修复时将破损部分全部凿除，如图9-15和图9-16所示，再浇筑混凝土，并注意加强养护。如桥梁承载能力允许，在行车道板修补后，再加铺一层沥青混凝土。行车道板的碎裂和其他损坏特别严重，混凝土质量或施工状况特别差，就必须采取重新浇筑混凝土行车道板的措施。根据其桥面损坏产生原因的不同，桥面板损坏的修补措施如表9-7所列举。

桥面板损坏的修补措施　　　　　表9-7

序号	损坏原因	修补措施
1	过大的轮载作用	加固行车道板，限制车辆重量
2	过大的冲击作用	桥面铺装、伸缩装置的养护维修
3	设计承载力不足	加固行车道板、重新浇筑混凝土或更换行车道板
4	混凝土质量与施工不良	重新浇筑行车道板或更换行车道板
5	分布钢筋数量不足	加固行车道板
6	由主梁产生负弯矩或拉应力作用	加固行车道板
7	行车道板的刚度不够	加固行车道板（增大行车道板或缩短跨径）
8	行车道板自由边过大的弯矩作用	设置横梁、加固行车道板或重新浇筑部分混凝土
9	由于支撑梁的不均匀下沉而产生的附加弯矩	设置横梁分担主梁的荷载及加固行车道板

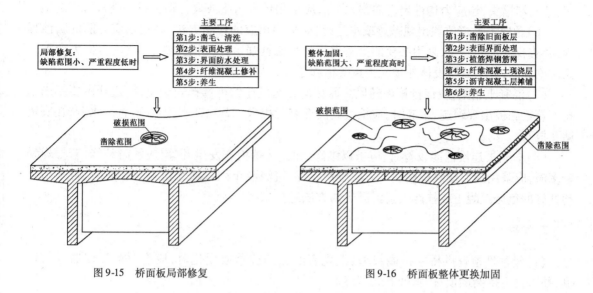

图 9-15 桥面板局部修复　　　　　图 9-16 桥面板整体更换加固

三、上部结构养护维修

1. 钢筋混凝土及预应力混凝土梁桥

（1）当梁板结构裂缝宽度小于 0.15～0.20mm 或表 9-8 规定值时,应采用环氧树脂或聚合物类材料等方法进行封闭处理。

桥梁裂缝限值　　　　　　　　表 9-8

结构类别	裂缝部位	允许最大缝宽(mm)
钢筋混凝土梁	主筋附近竖向裂缝	0.25
	腹板斜向裂缝	0.30
	横隔板与梁体端部	0.50
	支座垫石	0.50
	其他裂缝	0.20
预应力混凝土梁	梁体竖向裂缝	不允许
	梁体纵向裂缝	0.10

注:表中所列除特指外适用于一般条件,对于潮湿和空气中含有较多腐蚀性气体等条件下缝宽限制应要求严格一些。

（2）当裂缝宽度大于 0.15～0.20mm 时,应采用化学灌浆方法进行处理。如裂缝发展严重,应分析原因,进行裂缝危害评估,造成结构承载能力不足时,应通过静载试验、结构检算等于段查明原因,制订加固处理方案。

（3）桥梁构件出现混凝土腐蚀的碱迹、开裂、剥落、钢筋锈胀等现象,应凿去已松动的保护层,直至露出完好的混凝土。清除钢筋锈迹,涂刷防锈剂或阻锈剂,采用环氧或聚合物类修补用材料修补,修补材料必须与原混凝土结合良好,成为一体。凿除混凝土后不得明显降低结构承载力,必要时宜采用分批修补。

（4）预应力混凝土梁板结构出现裂缝,应进行专门检测,分析原因,进行安全性评估。对影响或危害桥梁结构者,应立即采取限载限速措施或封闭交通,并制定加固处理措施。

（5）预应力筋锚固端混凝土开裂、剥落,暴露预应力锚具,应及时对预应力锚具做防腐处理,并封堵锚头,预应力构件出现渗漏、穿孔,应采用环氧树脂或聚合物类材料进行有压封堵。

(6)预应力孔道位置出现碱迹或水迹时,应采用相应的检测方法,确定预应力筋的腐蚀程度,并查找进水的源头,采用必要的措施进行维修或补强。如经检测鉴定,预应力损失严重且无法维修的,应采取增设体外预应力束等措施予以补强或更换。

(7)混凝土箱梁,应保持箱内通风。原结构无通风孔的可选择安全位置、避开主要钢筋钻孔。箱梁底板出现碱迹、水迹时,应检查其内部有无积水。若箱体有积水,应查寻水源,在底板钻孔放水。

(8)横隔板连接性能较差时,应予以维修,如连接钢板若发生开焊,应及时补修,若开焊处较多时,应采用加大横隔板截面等方法维修,当浇筑混凝土困难或无法振捣密实时,可采用流动性好的免振混凝土或挂网喷射混凝土的方法进行维修。

2. 拱桥

(1)经常性检查拱桥主拱圈线型,发现有明显的位移或变化时,应设置测量仪器进行监测,并检查主拱圈拱顶、拱脚处有无裂缝。

(2)注意观测拱脚、墩台有无明显位移或沉降。

(3)混凝土拱桥裂缝限值应符合规定(表9-9)。主拱圈及拱上建筑等结构开裂超过限值时,应进行检测并限载,查明原因,进行处理。

混凝土拱桥裂缝限值　　表9-9

裂缝部位	允许最大缝宽(mm)	其他要求
拱圈横向	0.30	裂缝高小于截面高的一半
拱圈纵向(竖缝)	0.50	裂缝长小于跨径的1/8
拱波与拱肋结合处	0.20	

注:表中所列除特指外适用于一般条件,对于潮湿和空气中含有较多腐蚀性气体等条件下的缝宽限制应要求严格一些。

(4)如发现没有防水层或防水层损坏失效时,应挖开拱上填料重做或在桥面上加铺放水路面,防止桥面水渗漏。

(5)圬工拱桥要注意灰缝的保养,如有脱落应及时修补,如砌块有风化剥落,可喷刷一层1~3cm的M10以上的水泥砂浆,喷浆应分2~3层喷注,每隔一至二日喷一层。必要时,可加布一层钢丝网,以增加喷涂层的强度。

(6)圬工拱桥由于拱圈变形、墩台移动、拱圈受力不对称或基础沉陷等原因,容易产生较深裂缝。圬工拱桥一经开裂,裂缝往往发展较快,严重时危及桥梁的使用与安全,这时可用压注水泥砂浆或其他化学浆材的方法进行修补。

(7)对于整体性能相对较差的多肋式拱桥,当横向联系布置数量不够或刚度、强度不足而产生损坏时,将会使拱桥横向稳定性降低,拱顶、拱脚出现裂缝。常用维修方法是增大拱肋间横向联结系截面、增加横向联结构件数量,使各拱肋的受力变形比较均匀,使单片的拱肋在横向联成整体,从而加强拱肋的横向刚度,避免单肋受力现象的发生。

3. 钢桥

(1)保持各部联结节点、杆件、铆钉、高强螺栓、焊缝的正常状态。对有损伤的联结节点、杆件、铆钉等,应作标记并经常观察其发展状况。及时清除节点和缝隙部分的污垢,使其保持清洁干燥。对于有裂纹的杆件,应及时维修或更换。

(2)为防止桥梁杆件锈蚀,除对局部钢构件进行及时除锈油饰外,还应定期对全桥钢构件进行全面的除锈油饰工作。

(3)检查杆件局部变形。若变形值在规定值范围内,应予以校正或补强。如同一杆件同一部位的变形校正后再次变形,应对此杆件进行更换。要求杆件弯曲率不超过下列规定:压杆为其长度的1/500,拉杆为其长度的1/300,对于超标弯曲杆件,必须及时校直。当钢梁杆件伤损容许限度超过规定(表9-10)时,应及时进行整修、加固或更换。

钢梁杆件损伤容许限度 表9-10

序号	伤损类别		容许限度
1		竖向弯曲	弯曲矢度小于跨度的1/1 000
2		横向弯曲	弯曲矢度小于自由长度的1/5 000,并在任何情况下不超过20mm
3	板梁、纵梁、横梁及工字梁	上盖板局部垂直弯曲	$f<a$ 或 $a<B/4$ d—钢板或钢板束的厚度 B—由腹板至盖板边缘的宽度
4		盖板上有洞孔 腹板上有洞孔	工字梁的洞孔直径小于50mm,板梁小于80mm,边缘完好
5		腹板受拉部位有弯曲	凸出部分直径小于断面高度0.2倍或深度不大于腹板厚度
6		腹板受压部位有弯曲	凸出部分直径小于断面高度0.1倍或深度不大于腹板厚度
7	桁梁	主梁压力杆件弯曲	弯曲矢度小于杆件自由长度的1/1 000
8		主梁拉力杆件弯曲	弯曲矢度小于杆件自由长度的1/500
9		主梁腹杆或连接件弯曲	弯曲矢度小于杆件自由长度的1/300
10		洞孔	洞孔直径小于杆件宽度的0.15倍并不得大于30mm

(4)检查、维护、更换铆钉、螺栓等连接件,使其处于良好的工作状态。不良铆钉的容许限度超过规范规定时,需要对不良铆钉进行有选择的更换。高强螺栓的施工预拉力应符合设计要求,欠拧值或超拧值均不应超过规定值的10%,各种型号的高强螺栓的设计预拉力值符合表9-11的规定。对大型节点,同时更换的数量不得超过该节点螺栓总数的10%,对螺栓少的节点应逐个更换。在一个连接处(或节点)少量更换的螺栓、螺母及垫圈的材质、规格、强度等级应与原桥上使用的相同,不得混用。

高强螺栓的设计预拉力值 表9-11

高强螺栓材质	直径(mm)	设计预拉力(kN)
20MnTiB 40B	M22	200
	M24	230
45号钢	M22	160

4. 钢-混凝土结合梁桥

结合梁日常检查养护除应遵循混凝土梁桥、钢桥的方法外,尚应根据钢－混凝土结合梁的特点,对以下几个方面进行有针对性的养护维修:

(1)桥面板裂缝的检查,重点检查支点负弯矩区桥面板、端部桥面板及剪力钉对应区域的桥面板开裂状况,观察裂缝的方向、宽度、长度、间隔、位置、密度及发展程度等,如裂缝宽度超过限值、渗漏水现象严重,应采取修补裂缝、重做防水层或其他加固维修措施,具体方法同混凝土梁桥。在连续结合梁支座及其附近的桥面板,不应有裂缝和渗漏水。有裂缝和渗漏水部位,应重做防水和封闭裂缝。纵向钢筋失效引起的裂缝,应采取纵向受力加固措施,预应力混凝土桥面板预应力失效产生裂缝应及时修复加固。

(2)桥面板磨损的检查维修。桥面板对结构性能影响较大,如有缺损应及时修补,若发现纵向压裂或压酥现象,应通过承载能力试验或检算,以查明其产生原因是否为抗弯承载力不足,并采取相应的加固措施,保证新旧混凝土共同工作。

(3)剪力钉根部裂纹检查。进入钢箱梁内部检查顶板,严重的裂纹可直接通过上述方法发现,如图 9-17 所示,也可通过检查桥面混凝土及铺装局部变形及开裂来反映剪力钉严重变形开裂状况。对于较大的破碎带,修补时应在无活载状态下进行,桥面板更换应按原设计施工程序卸载。

(4)结合面的检查。检查钢－混凝土结合面有无相对滑移、开裂或掀起现象发生,重点检查区域为支座附近及梁端。钢梁与混凝土桥面板之间的剪力键应完好无损,不得有纵向滑移及掀起,钢结构组合面板支撑处及板肋不应有损坏或变形,连接件附近的混凝土不得有疲劳损坏。如混凝土损坏,可采用剔除损坏混凝土,重新浇筑不低于原桥混凝土标号的混凝土补强。剪力键损坏也可用同样方法,并将剪力键重新焊接在钢梁翼缘之上,维修时应在无活载情况下,错开断面进行。

(5)结构变形的检查。检查桥面线型是否与设计线型一致,如变形超过规定,应检查混凝土弹性模量是否符合要求、徐变是否超过标准、桥面排水是否通畅、施工过程是否达到设计要求。

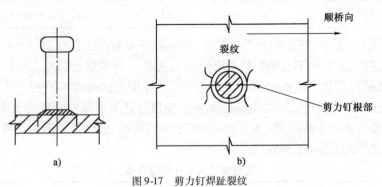

图 9-17 剪力钉焊趾裂纹

5. 系杆拱桥

系杆拱桥兼有拱桥与索结构的特征,其日常检查养护除应遵循拱桥的方法外,尚应根据系杆拱桥的特点,对以下几个方面进行有针对性的养护维修:

(1)系杆拱桥的系杆、吊杆封锚及吊杆锚固区混凝土不得有开裂、腐蚀、剥落等病害,酷暑和严寒季节应加强检查和养护,当发现吊杆锚具有松弛和锈蚀时,应及时维修;发现锚头与横梁吊点密封处存在漏水和积水现象时,应及时检测内部锈蚀和损坏情况,采取相应的处理措施。

（2）柔性系杆的下承式拱桥的拱脚部分、中承式拱桥的边拱混凝土内的预埋钢管、系杆拉索分束穿入预埋钢管的间隙应压注加满防腐油脂。刚性系杆的拉索外包钢管内应压注加满防腐油脂,两端应采用不锈钢罩保护。

（3）吊杆的检查和养护维修、更换的要求同斜拉索,但应特别关注短吊杆的检查与养护,防止在温度作用下出现剪切、挤压等破坏现象。吊杆更换时,应尽量采用易检查、易维护的构造形式。

（4）对主体结构变位进行定期观测,监测内容包括桥面高程、拱肋轴线侧向偏离、墩台不均匀沉降、拱肋矢高等。当发现墩台基础不均匀沉降超过设计允许值时,应由设计部门制定加固调整方案。

（5）拱肋、纵横梁的检查与维护,应根据结构材料的不同,参照钢桥或混凝土梁桥养护方法。

（6）对于大跨度或结构特殊复杂的系杆拱桥,应根据该桥结构特点、施工特点,应在原设计单位指导下编制专门的养护手册,并按养护手册进行日常养护维修。

6. 斜拉桥

（1）应经常观察拉索的振动情况,尤其是风振,并做好风速、风向、雨量、拉索振动状况的观测记录,并检查拉索减振措施的有效性,对失效的减振装置应重新安装或更换。拉索PE防护层不得出现裂缝、老化、剥落鼓起等破损现象,当出现破损现象时,应先检查露丝和钢丝锈蚀情况,如有锈蚀,应先除锈,后清理护层,将老化剥落的PE层去掉,用同样的PE材料,采用热补的方法进行修补。拉索的检查和养护维修要有详细的资料并归档。当拉索损坏情况严重时,应在设计单位指导下适时进行拉索的维修与更换。

（2）塔端锚头、主梁端锚头必须每半年进行一次保养,对在钢梁外侧并有钢盖板罩的锚头应每三年进行一次保养。锚具的锚杯及锚杯外梯形螺纹和螺母不得锈蚀和变形,锚板不得断裂,墩头应无异常。锚固结构的支承垫块不得锈蚀、位移、变形。如锚杯和螺母上的梯形螺纹出现变形、裂缝等,应做进一步探伤、测量索力等技术鉴定后,根据结果定出维修方法进行维修。

（3）当斜拉桥钢筋混凝土或预应力混凝土主梁的裂缝超过规定值或挠度超过设计规定的允许值时,应查明原因,通过计算分析、进行专门设计,采取索力调整等措施予以解决。

（4）按期观测斜拉桥主塔的倾斜和主桥的线形。岸跨有辅墩的斜拉桥,必须对主塔与辅墩的不均匀沉降加强监测,超过设计要求时,必须进行辅墩支座调整,调整应在原设计单位指导下进行。

（5）主塔、梁体等构件的养护视其结构和材料的不同,参照钢桥或混凝土梁桥养护方法。

（6）对于大跨度斜拉桥,应根据该桥特点,应在原设计单位指导下编制专门的养护手册,并按养护手册进行日常养护维修。

7. 悬索桥

（1）悬索桥主缆及吊索不得产生锈蚀。对主缆与吊杆钢索防护应进行经常性检查,发现漆膜损坏(如开裂、碎片)或外裹防水材料分层剥落,应重新清理后油漆或重裹防水层。若缠丝断裂或散开,则应首先查看主缆有无锈蚀,待清洗除锈后,重新缠绕并油漆或包裹防水材料,确保主缆防护层完好,避免水分渗入,使其保持正常工作状态。

(2)索头紧固螺栓不得有松弛和锈蚀,在酷暑和严寒季节更应加强检查和养护,及时拧紧螺栓,保持设计的紧固力,防止螺帽锈蚀无法调整。悬索桥主缆各索股应受力均匀,索股摆动应一致。当吊杆明显摆动时,应调整索夹,并拧紧套筒螺帽。索鞍、缆索股的锚头和吊杆锚头及钢索出口密封处,应经常检查,如发生漏水、积水、脱漆、锈蚀、裂纹、开焊等应及时处理维修。拉索的阻尼垫圈或减振器,不得有漏水和橡胶老化现象,必要时应更换。

(3)主缆应保持设计的正常位置,若主缆垂度超过设计规定值时,应调整主缆长度,如锚锭拉杆长度不够,可在套筒与拉杆螺帽之间加垫圈,严禁截短钢索。当一根拉索内已断裂的钢丝面积占该拉索钢丝总面积的2%时,或钢丝锈蚀面积造成该拉索钢丝总面积损失达到10%~20%时,必须换索。换索前须进行专门设计,并在换索时对主梁的线形通过调整索力进行控制。

(4)定期进行索塔变位观测,若变位超过设计允许值时,必须由设计部门制订加固和调整方案,进行维修。

(5)锚锭的锚锭室门,应定期打开通风和做好排水,保持室内干燥环境。

(6)索塔与加劲梁的检查和养护要求,视其结构和材料的不同,参照钢桥或混凝土梁桥养护方法。

(7)对于大跨度悬索桥,应根据该桥结构特点、施工特点,应在原设计单位指导下编制专门的养护手册,并按养护手册进行日常养护维修。

8. 桥梁支座

一方面,中小跨度梁桥支座容易产生各种病害,需要在养护维修工作中重点关注,另一方面,支座设计寿命一般为20~25年,在桥梁使用期间可能要进行多次更换。支座的检查保养及更换要点如下。

(1)支座检查保养

支座应定期检查和保养,并应符合下列规定:

①支座各部分应每年检查保养一次,检查可用肉眼或放大镜,重点检查橡胶支座有无裂缝、外鼓、变硬、老化、钢板锈蚀等现象。

②支座保持完整、清洁,要扫除垃圾,冬季清除积雪和冰块,保证桥跨结构自由伸缩,支承垫板要平整紧密。

③固定支座每年应检查锚栓牢固程度,支承垫板应平整紧密,并及时拧紧接合螺栓。

④支座的金属部分应定期保养,不得锈蚀。为了防锈,支座各部分除钢辊和滚动面外,其余都要涂刷油漆保护。钢板支座涂抹润滑油前,必须先用钢丝刷或揩布把滚动面揩擦干净。

⑤板式橡胶支座恒载产生的剪切位移应在设计范围内,支座不得产生超过设计要求的压缩变形,橡胶保护层不应开裂、变硬、老化,支承垫石顶面不应开裂、积水,对于产生诸如剪切变形过大、裂缝、外鼓、压溃等老化现象的支座应立即予以更换。进行清洁和修补工作时,应防止橡胶支座与油脂接触。

⑥盆式橡胶支座,固定螺栓不得剪断损坏,应及时拧紧松动的螺母。

⑦球形支座应每年清除尘土、更换润滑油一次。支座地脚螺栓不得剪断,橡胶密封圈不得

龟裂、老化。支座相对位移应均匀,支座高度变化不应超过3mm。每年应对支座钢件(除不锈钢滑动面外)进行油漆防锈处理。

(2)支座更换

中小跨度桥梁因活载所占比例大,在使用过程中支座容易产生各种病害。桥梁支座出现诸如滚动面不平整、支点承压不均匀、性能老化失效等缺陷时,应进行调整和更换。调整时可采用千斤顶把桥梁上部顶起,然后移动调整支座的位置。更换连续梁一联的边支座时,可由梁端起顶;当更换中间支座时,应由相邻两个支点同时起顶,并应符合下列规定:

①板式橡胶支座损坏、失效应即时更换。
②板式橡胶支座出现脱空或不均匀压缩变形应及时进行调整。
③支座的座板翘起、变形、断裂应予更换,焊缝开裂应予维修。
④对需抬高的支座,可根据抬高量的大小垫入钢板或就地浇筑钢筋混凝土垫块。

支座更换前,应在收集和掌握桥梁设计、竣工、养护、运营等方面资料的基础上,进行全桥检查,对结构的可靠性、耐久性,对顶升过程的安全性、可行性进行评估,顶升方案、施工工序及施工工艺应进行专项设计;支座更换过程中,应全过程监测,控制每级顶升高度,避免超过不均匀高差控制限值,并对顶升梁段纵横向设置临时限位装置,每级顶升完成后,应及时垫实。如图9-18所示为某16m简支T梁桥的支座更换设计方案示意图。

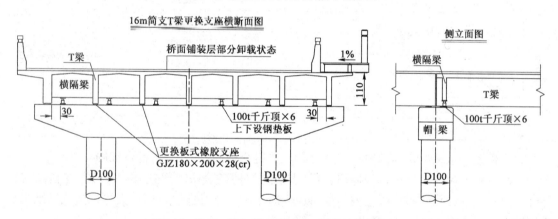

图9-18 某16m简支T梁桥的支座更换设计方案示意图

四、下部结构的养护

墩台是桥梁的重要组成部分,它不仅关系到桥跨结构线型平顺与否、传力途径是否流畅,而且关系到桥梁结构的耐久性能与安全运营。墩台的承载能力不足,或出现下沉、倾斜、位移及转动会引起上部结构的损坏,严重时甚至会造成整座桥梁坍塌,因此,必须加强桥梁墩台、护坡、锥坡的养护。原则上,下部结构的病害如混凝土剥落、露筋和裂缝等,均应根据缺陷的严重程度及施工条件采取不同的方法进行维修,维修技术工艺同上部结构。

1. 墩台

(1)墩台应保持清洁,及时清除其表面的杂草、积土和污物,对于经常受到人为污染的墩台,可设围栏防护,墩台周边的垃圾污物也应做到及时清扫。

(2)砌体表面夹缝脱落,应重新勾缝,表面部分严重风化和损坏应清除损坏部分,并用原结构材料补砌,结合牢固,色泽和质地应与原砌体基本一致。

(3)当混凝土表面发生侵蚀剥落、蜂窝麻面等病害,应及时将周围凿毛洗净,用水泥砂浆抹平。不易用水泥砂浆补牢的,可采用环氧树脂或其他聚合物类材料等性能较好的材料补修。

(4)桥台顶面没有流水坡或坡面凹凸不平,采用聚合物类材料或混凝土填补,并做成横向坡度,以利排水。

(5)当立交桥桥墩靠近机动车道,应在桥墩周边加防护设施。

(6)墩台的维修应按以下原则进行:

①当墩台受水浸、风化剥落深度在钢筋保护层以内时,可采用高强度聚合物类防水材料补修。当剥落深度超过保护层,且损坏面积较大时,应对钢筋进行除锈补强,增设钢筋网与桥台锚固,浇筑高强度聚合物类混凝土予以裹覆。在水位变化频繁处,涂刷高强度聚合物类防水材料防护。

②当墩台由于混凝土收缩徐变、温度影响、局部应力集中及施工不良等原因而产生裂缝时,应视裂缝大小及其产生原因分别采取涂刷环氧树脂、化学灌浆、结构加固补强等处理措施,墩台裂缝限值按照表9-12的规定。

墩台裂缝限值　　　　　　　　　　　　　　　　　表9-12

墩台盖梁		最大允许缝宽(mm)	其他要求
墩台盖梁		0.30	
墩台身	经常受侵蚀性环境水影响 有筋	0.30	不允许贯通墩台身截面的一半
	经常受侵蚀性环境水影响 无筋	0.30	
	常年有水,但无侵蚀性现象 有筋	0.25	
	常年有水,但无侵蚀性现象 无筋	0.35	
	干沟或季节性有水河流	0.30	
	有冻结作用部分	0.20	

③桥台发生水平位移和倾斜,应分析原因,制定合理的加固方案,进行加固。

④桥墩被车辆、船只、流冰等撞损,可将损伤的桩柱凿除松动部分,添加钢筋,立模灌注原等级的混凝土,按原样恢复,或在损伤处将原混凝土凿毛,加设围带,用扩大体积法或纤维织物法使损伤的部位得以加强,并增设防撞警示标志。

⑤连续梁桥墩台不均匀下沉超过设计允许值,应及时调整支座高程,以保证其上部结构合理的受力状态。

2. 基础

基础及地基的完整性、稳定性决定了整座桥梁的使用性能,地基沉降、基础变位危及桥梁安全,必须加强地基基础的养护、维修工作,使之处于良好的工作状态。桥梁的墩台基础沉降和位移,超过其对应的容许限值,应采取相应措施予以加固。基础的维修与加固应符合下列要求:

(1)当基础局部被冲空时,可视情况采取措施:水深在3m以内时,一般可筑草袋围堰或板桩围堰,然后把水抽干;当水难以抽干时,则可浇水下混凝土封底后再抽水。抽水后以砌块或混凝土填补冲空部分,并将周围风化地基用水泥砂浆封闭。水深超过3m以上时,以麻袋盛装干硬性混凝土,通过潜水作业将袋装混凝土分层填塞冲空部分,并注意比基础宽0.2~0.4m。当基础置于风化岩石上,基底外缘已被冲空时,应及时清除表面严重风化部分。当基础周围被冲刷淘空范围较大的,除填补基底被冲空的部位外,应在基础四周采用打梅花桩,桩间用砌石砌平卡紧,或用浆砌片石、混凝土预制块、石笼等,对基础进行防护。

(2)当地基承载力不足,引起墩台基础沉降,要进行加固,具体加固方法见后。

五、其他设施养护

1. 附属设施养护

(1)声屏障应牢固、整洁、有效,发现有松动、破损、变形的,应及时修理或更换。

(2)桥梁、地道的照明设施应完整、牢固。除经常检查外,雨、雪天后应特别检查,如有缺陷或异常应及时维修或更换。

(3)安装景观照明设施不得影响桥梁结构的完整和耐久性,不得影响桥梁养护维修及行车安全,并应设漏电保护装置,专人维护保养。

(4)标志牌包括桥名牌、承载能力标志牌、限速标志牌、限高标志牌、反光标志牌、交通标志牌等应完好无损;标志牌应字体规范、字迹清晰、鲜明。反光膜完整,反光效果符合设计要求,牢固可靠;标志牌应定期清洗,发生弯折、变形、倾斜应尽快修复,损坏或丢失应及时更换或补齐。

(5)防护设施包括:航道灯、航空灯、护栏、安全岛、反光镜、分隔带、限高架、避雷针、爬梯、电梯、开启桥的报警装置等应完好、牢固、稳定、有效,如有缺失损坏,应及时更换修理。避雷针地线附近严禁堆放物品和修建任何设施,禁止挖掉地线覆土,并防止冲刷。

(6)开启桥开启时的声、光等报警设施应保证完好、有效,如有损坏应及时维修、更换,对于报警电力线路应定期保养。

2. 抗震设施养护

(1)桥梁的抗震设施应经常检查和养护,使其各部件(或构件)保持良好的使用性能。在汛期前后,应及时检查抗震设施的工作状态。

(2)当混凝土抗震设施出现裂缝、混凝土剥落及混凝土破碎等病害时,应及时进行养护、修补或更换。

(3)抗震缓冲材料出现变形、损坏、腐蚀老化等病害时,应及时进行维修或更换。

(4)抗震紧固件、连接件松动或残缺时,应及时紧固或补齐,并涂覆防锈层。

(5)型钢、钢板、钢筋制作的支撑、支架、拉杆、卡架等桥梁的抗震加固构件,应定期进行防锈和防腐处理,发现残缺损坏应及时进行维修和更换。

(6)桥梁横纵向联结、限位的装置应完好有效,高强钢丝绳、U形钢棒等阻尼限位装置等应定时进行防锈处理,发现松动时应及时对限位装置进行紧固。

(7)地震发生后,应针对地震造成的抗震设施的破坏情况及时进行修复。

3. 桥头引道养护维修

桥头引道常见缺陷包括:桥面与引道路面衔接处的路面沉陷,桥头搭板破损,交接段引道纵坡与桥面纵坡不一,衔接不顺适,致使桥头产生"跳车";引道路面损坏,产生积水、渗水,出现坑塘,高低不平;引道两边的挡土墙、护栏等产生严重变形、破坏或缺损;挡墙、翼墙、护坡等附属工程发生倾斜、下沉、开裂、位移等现象;护坡、锥坡因受洪水冲刷而发生冲空、坍塌或产缺口等。

桥头引道的维修措施一般包括:采取修整措施,保证引道平整和正常排水;对桥头衔接处下沉的路面填补修理,使之连接平顺,不致产生跳车;对挡墙、护栏等结构物按原结构进行修补或更换;对护坡进行修补;砌体挡墙砌块应牢固稳定,如有松动应及时修补。

第三节 桥梁预防性养护

遵循可持续发展与节约社会资源的基本原则,汲取既有桥梁在使用过程中暴露出来的问题与教训,国内外普遍认为,在新建桥梁时应更加注重桥梁全寿命设计的理念,以便从源头上消除既有桥梁的先天缺陷;在既有桥梁管理维护时,应从加强预防性养护,贯彻"预防为主,防治结合"的方针等方面提升既有桥梁的管理养护技术水平。

一、落实桥梁全寿命设计的理念

长期以来,在桥梁设计时人们一直偏重于结构计算方法的研究,却忽视了对桥梁细部构造、连接部构造等细节的科学处理,对桥梁结构的耐久性重视不够,致使很多桥梁早期就出现了破损、腐蚀等各种病害,达不到设计使用年限要求。在病害桥梁的加固改造时,往往出现只注重承载力极限状态而忽略正常使用极限状态的倾向。在世界范围内,对混凝土耐久性重视、提倡全寿命设计理念始于20世纪70年代末,在我国,学术界、工程界对混凝土桥梁耐久性的重视始于20世纪90年代。混凝土耐久性有内部因素和外部因素,内部因素包括强度、渗透性、保护层厚度、水泥品种、标号及用量、外掺剂等,外部因素有环境温度、湿度、雨雪水、盐水、二氧化碳含量等,此外,施工质量优劣、细部构造设计的缺陷都会加速病害的发生和发展速度,影响桥梁的设计使用寿命。一般情况下,可以从设计、材料、施工质量三个方面入手,在设计方面,可以从完善桥梁细部构造,合理设计防水排水系统,完善寒冷地区混凝土的防冻设计,注重桥梁或构件的可检查性、可维护性、可更换性等方面着手;在材料方面,应优先选用高性能混凝土材料,尽量改善钢筋所处的微观环境,阻断钢筋锈蚀的路径,增强混凝土、钢筋对环境变化的耐受能力等方面着手;在施工方面,可以从改进施工工艺方法,加强施工质量控制等方面着手。通过上述三个方面来全面增强混凝土、钢筋的耐久性能,充分考虑后期检查、维修、改造的实施条件,以延长桥梁的使用寿命,降低桥梁全寿命建造维护成本。

二、重视预防性养护

预防性养护就是在还没有发生明显病害之前就进行养护,目的就是防止的发生,或减缓病害的发展,达到增强耐久性和延长使用寿命的目的。与传统的更正式养护或被动养护不同,预防性养护更加注重养护的前瞻性、预见性,强调"未雨绸缪、提前干预",以达到更好的养护效果,并降低养护成本。事实上,对已建成的桥梁,其内在因素已经定型,设计施工中的缺陷已经存在,为了延长其使用寿命,就必须针对存在的问题或潜在的缺陷进行预防性养护。一般说来,预防性养护具体措施大都简单易行,如封闭裂缝,修补缺损混凝土,对保护层偏薄、环境湿度大的部位进行防水处理,对漏水、渗水部位修理,对伸缩缝进行维护清理,对支座进行定期清理和维护,对钢结构及金属构件表面进行清洁和油漆整饰,对斜拉桥、悬索桥、系杆拱等特殊结构桥梁的锚头进行防腐维护,对泄水口、排水管进行清理疏通,对护坡等附属结构进行维护保养,对污染部位进行清洁清理等方面。通过这些预防性养护措施,及时发现或阻止小病害,减缓相对大一些病害的发展,使得桥梁经常处于完好状况,从而增强桥梁结构的耐久性,延长桥梁结构的使用寿命。一般说来,具体的预防性养护措施如下:

(1)封闭裂缝。
(2)修补缺损混凝土。
(3)清理污染部位。
(4)对保护层偏薄,混凝土孔隙率大,环境湿度大的部位进行防水处理。
(5)对漏水、渗水部位修理。
(6)对伸缩缝的维护、清理。
(7)对雨水泄水口清理和雨水管的疏通。
(8)对支座的清理和维护。
(9)对钢结构及金属构件的清洁和油饰。
(10)对斜拉桥、悬索桥、系杆拱等特殊结构桥梁的锚头维护。
(11)对护坡等附属结构的维护。

三、重视桥梁细部构造设计

细部构造不但关系到桥梁传力途径是否可靠、受力是否合理,而且关系到桥梁结构的耐久性能。耐久性设计不仅体现在材料选取上,而且体现在构造细节与施工工艺上。改进桥梁细部构造、提高桥梁耐久性可从以下几个方面入手:

(1)科学选用混凝土材料。高品质的材料可以减少病害的发生和降低发展速度。为了尽量避免碱骨料反应,要控制水泥、外掺剂的碱含量。在重要桥梁、重要部位使用低碱水泥,低碱外掺剂,必要时加大保护层厚度,根据当地集料的特点控制混凝土的总碱含量。混凝土的配比要合理,减少混凝土的孔隙,以减缓碳化速度。

(2)上部结构应优先选用整体现浇或整体预制的方式。受运输吊装能力的制约,过去修建的桥梁多采用分片预制、分片安装,在装配式桥梁如钢筋混凝土T梁、空心板、双曲拱桥中,预制构件的横向连接,在使用过程中容易发生应力集中、整体性差等问题,过早出现病害及病害发展过快的现象,而现浇结构和先简支后连续结构,梁与梁之间现浇连接的结构相对较轻,所以应优先选用。对于预制安装的结构,也要尽量设计为现浇连接。

(3)改进桥梁重要构件的可检查性、可维修性与可更换性。对于一些桥梁重要构件如梁体、索塔、拉索等,一些细部构造如锚头、支座等,应采用比较易于检查的构造方式,增设检修小车,增强其可检查性,对于一些设计寿命短于桥梁主题设计寿命的构件,如拉索、系杆、吊杆、支座等,应在原桥设计时就充分考虑上述构件维修、更换的操作方式方法,预留更换空间或装置等等。

(4)完善寒冷地区混凝土的防冻设计。寒冷地区冬季处于十分恶劣的冻融环境,雪后融雪使用盐水,形成盐冻融更为严重。所以设计必须对防冻设计提出严格的要求,施工时对混凝土的配比设计严格控制,增强密实度,达到防冻要求。

(5)避免主体结构直接受雨水侵蚀。过去的桥梁设计对此考虑的不全面,雨水常常通过栏杆外侧流向边梁,所以边梁外侧病害最为严重。因此,栏杆外侧构造应设置圆滑的滴水檐,这样既美观又耐久。

(6)设计良好的排水系统。收水口的设计必须保证不但能排桥面水,而且能排沥青铺装的层间水。有很多桥的收水口高程高出水泥混凝土铺装的表面,致使沥青铺装的层间水长时间存留,造成混凝土的水损害,是必须改变的。引水管必须保证泄水通畅,不应存在堵塞现象。

(7)完善防水系统。混凝土的病害是因为外界的水溶液和二氧化碳通过混凝土的孔隙造成的,无论是碱骨料反应、盐腐蚀、冻融还是碳化,如果没有孔隙就没有反应的条件,没有水进入就不会产生上述病害。所以一方面要提高混凝土本身的性能,一方面要加强防护,堵住孔隙,这就要有完善的防水系统。密封剂和涂装材料可以防止水溶液,尤其是化冰盐水的进入,防止混凝土的水损害。桥面防水非常重要,但最关键的是雨水泄水口、伸缩缝,伸缩缝处的梁端部位以及帽梁顶面,下部结构水位浮动处等都要特殊处理。总之,容易遭受水损害的部位都要进行防水处理。

(8)改善钢筋所处的环境。钢筋是在混凝土的保护下才能正常起受力作用。混凝土是具有碱性的,钢筋在碱性环境中形成钝化膜,阻止金属阳极与电解质的接触,使钢筋难于锈蚀,钝化膜一旦破坏,在有水和氧的条件下就会发生钢筋的氧化锈蚀。完好的混凝土可以保护钝化膜,一旦产生病害就破坏了碱环境,产生了钢筋锈蚀的条件,钢筋锈蚀时体积膨胀,又对混凝土产生进一步的破坏,最后导致结构使用寿命的缩短。

四、推广维修的新技术和新工艺

在过去的十多年中,碳纤维粘贴加固工艺、化学灌浆及植筋锚固技术、新旧混凝土界面处理工艺、体外预应力加固技术等技术工艺迅速成熟,得到了广泛使用。今后,针对加固维修技术工艺的快捷性、可靠性、可操作性,原有加固维修技术工艺将不断得以改良与完善,加固维修新材料、新技术、新工艺的研制开发与工程应用将不断得到强化。在这个阶段中,桥梁结构病害特征、加固维修材料、施工方法工艺三方面会进一步相互作用、相互推动,施工条件、施工方法工艺对加固维修材料研制开发的推动作用将日益显著。可以相信,加固维修新材料、新技术、新工艺的涌现、成熟与推广应用必将为既有桥梁病害的维修提供坚实的保障。

第十章 桥梁加固改造

第一节 桥梁加固改造的程序与原则

当桥梁结构因荷载标准提高、原结构承载能力严重削弱、桥面过窄妨碍车辆畅通等原因，无法满足承载能力、通行能力等方面要求时，需要对桥梁进行加固补强或技术改造。就桥梁加固改造技术而言，它包括了满足(恢复)承载力要求的结构补强，满足通行能力要求的桥面加宽，满足使用要求的结构性能改善。常用的加固技术方案有：减轻恒载、增大原承重构件截面、增设新杆件、改善原结构受力体系或加强原结构的整体性等，以达到提高桥梁整体承载能力的目的。

旧桥加固技术改造工作不同于建新桥梁，它是一项技术性很强的工作，一方面要求尽可能不损害原结构，另一方面要求加固补强的部分与原结构成为整体并共同工作。旧桥加固技术改造是一项细致而又极具灵活性的工作，需要考虑的因素和涉及的问题很多，无论是技术改造方案的拟定，还是加固方案的具体实施，其难度往往比新建桥梁大，因此必须慎重处理，在对各种可能的技术改造方案的技术经济效果进行分析比较后，从中选择合理的改造方案，选择可靠简便的施工技术工艺。

一、桥梁加固改造一般程序

桥梁加固一方面要求病害成因的分析诊断全面客观、科学准确，另一方面要求加固处治对策达到"对症下药、药到病除"的效果，并做好既有交通疏解措施，严格遵循相应程序进行。桥梁加固的一般程序为：

(1)收集桥梁的设计、施工、监理等方面的技术资料。
(2)现场病害调查、历次检查检测资料收集与分析。
(3)旧桥的承载能力检定及技术状况的评定，病害原因诊断与分析。
(4)确定加固改造的目的、要求及技术标准。
(5)加固改造、病害处治方案的拟定、论证，完成初步设计。
(6)加固改造初步设计评审。
(7)加固设计计算与施工图设计，工程数量与预算编制，必要时对加固施工工序、施工工艺、施工监测方案再次进行评审论证。

（8）既有交通疏解措施落实。

（9）关键工序检验、施工质量控制与施工监测。

（10）加固效果检验与竣工验收。

二、桥梁加固改造的基本原则

旧桥的病害加固处治应贯彻"防治结合、以防为主"的方针，着力避免"小病不治，酿成大病"。在病害加固处治实施过程中，应做到"有序实施、不留后患"。就具体的桥梁病害处治加固而言，在实施过程中，应遵循以下6项原则。

1. 从实际出发原则

桥梁加固改造前，必须对原有结构系统全面地进行承载能力、使用性能的鉴定，对桥梁结构的各种病害、缺陷等实际状态进行客观准确地把握和评价，对病害成因进行科学全面地分析与诊断。加固设计时的分析计算模式、材料性能指标要尽可能地与实际情况符合，加固方案应充分考虑既有交通的干扰与影响，具备较强的可操作性，加固改造所选用的施工工艺、设备机具应与施工现场实际条件紧密结合，具有较好的可靠性。

2. 消除隐患原则

加固方案设计时，应充分考虑各种长期因素（如温度变化、地基不均匀沉降、腐蚀、冻融、振动等环境原因）对桥梁结构耐久性能及使用性能的不利影响，适度考虑交通流量增大、超重超载车辆、施工荷载等因素对结构受力行为的影响，对其可能造成的损坏或不利影响预先提出对策，避免这些不利因素再次影响加固改造效果，彻底消除旧桥的各种隐患。

3. 全面比较原则

桥梁加固方案的确定，是在全面综合地考虑旧桥结构的病害状况、使用历史、荷载变异、功能要求、加固效果、既有交通状况、加固施工技术条件（施工技术工艺、设备机具、熟练技工等）、一些非技术因素（经济指标、工期长短等）等多方面的因素后，经过多个加固方案的全面比较、反复论证后，优中选优。

4. 预防损坏原则

在加固施工过程中，若发现旧桥结构或构件存在其他新的缺陷或病害时，应立即停止施工，并会同设计单位、监测单位采取有效措施处理后方可继续施工，防止加固改造施工对原有结构造成新的损害。对于存在倾覆、失稳、滑移、倒塌等可能的结构，在加固施工前应采取切实有效的临时加固措施，防止在加固期间产生新的病害或损伤。此外，应尽量不损伤既有结构，保留其具有利用价值的部分，避免不必要的损伤、拆除或更换。

5. 协同受力原则

桥梁加固方案的确定，还应采取有效措施或主动加固对策，充分考虑新旧结构的强度、刚度与使用寿命的均衡与匹配，尽可能地保证新增加的截面和构件与原有结构能够可靠地协同工作、整体受力，共同承担外荷载，使加固后的结构达到安全、可靠、耐久的目标。一般来说，由于桥梁恒载所占比例较大,加固时往往难以采取全面封闭交通或采取其他卸载措施,因此,加固所增加的构件或截面常常只能承受活荷载,因此,要想方设法地在构造上、工序上、工艺上采取措施,尽可能采用主动加固对策,使新增构件或截面承担更多的荷载,适当减轻原有结构或构件的负荷。

6. 有序实施原则

一般说来,桥梁加固施工过程可能包含卸载、加载、协同受力等过程,在这个过程中,结构受力图式、荷载大小及作用位置等都在不断变化中,因此,应严格按照设计所确定的施工工序实施,严格控制施工临时荷载,尽量减小作用在原有结构上的施工荷载,避免在某个阶段产生过载现象,导致对原有结构造成新的损害。

三、桥梁病害处治加固实施要点

(1)桥梁的技术改造与加固工程通常要求在不中断交通或尽量少中断交通的条件下进行施工,因此要求施工工艺简便可靠,施工速度快、工期短,将加固改造对既有交通的干扰与影响减小到最低限度。

(2)桥梁病害加固处治施工时,往往可能对原有结构物、相邻结构或构件产生不利影响,应取切实有效的临时加固措施,防止在加固期间产生新的病害或损伤,尽量减少对原结构的损坏,对于确无利用价值的构件则予以报废、拆除。

(3)加固处治施工中对原有结构的拆除、清理工作量大,工程较繁琐零碎,存在许多不安全、不确定因素,要求设计人员尽最大可能根据实际情况完善设计,要求施工人员更加注意操作安全、施工质量与施工工艺。

(4)加固施工现场狭窄、拥挤,工作条件常常受到原有结构及既有交通的制约与干扰,应合理安排工序,科学调配施工机具材料,做到有条不紊。

第二节 上部结构常用加固方法

早在20世纪50年代,国外就对桥梁结构病害的维修加固方法、施工技术工艺、施工机具开始了系统的研究与应用。经过50年的研究开发与工程实践,桥梁加固维修的施工技术工艺已比较成熟。在过去的十多年中,体外预应力加固技术、碳纤维粘贴加固工艺、化学灌浆及植筋锚固技术、新旧混凝土界面处理工艺等技术工艺迅速成熟,得到了广泛使用。桥梁上部结构常用的加固方法大致有:增大构件截面加固法、粘贴加固法、体外预应力加固法、改变结构体系加固法、增加辅助构件加固法等,对于拱桥,尚可根据其受力特点采取一些专用加固方法,如顶推法。在实施过程中,应充分考虑桥梁实际状况、病害特点及改造需求,综合考虑施工工艺的成熟性、施工工期的合理性、结构构造的可靠性以及对既有交通的干扰影响等方面,采用合理可靠、技术可行、经济简便的加固方案。现将各种常用加固方法简述如下:

一、增大构件截面加固法

目前国内外有相当一部分桥梁,由于修建年代较早、荷载等级偏低,面对不断增加的交通流量与荷载等级,表现出承载能力不足的缺点。主要原因之一是原桥结构截面偏小,不能满足现有荷载等级的要求,对于这部分桥梁可以采用增大构件截面的方法进行加固。增大截面加固法,顾名思义,是采用相同材料或不同材料来加大原结构混凝土截面,达到提高结构承载能力、增大结构刚度的目的。以拱桥为例,当拱脚、拱顶因承载能力不足开裂后,加固拱圈截面的一般程序可采取清洗修补拱背、凿毛处理,在原拱圈中植入钢筋、铺设钢筋网,后浇筑拱圈加厚层,如图10-1所示。这样,不仅加固了拱圈,而且有利于桥梁排水。

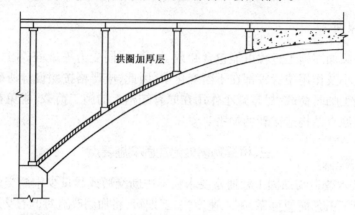

图10-1 加厚拱圈截面加固法

一般说来,增大结构(构件)截面是中小跨度桥梁常用的加固补强方法之一,其优点是可以有效提高结构承载能力、增大结构刚度,缺点是恒载增加较多、新旧材料的受力性能可能会存在差异。增大截面的途径有增加受力主筋、加大混凝土截面、加厚桥面铺装层和喷锚混凝土加固等几种方法。

1. 增大梁肋法

旧桥中有相当一部分是属于多梁(肋)式结构,如装配式T梁桥、钢筋混凝土肋拱桥等。当这类桥梁的承载力、刚度、稳定性和抗裂性能不足时,往往因为原截面高度不够或面积过小,对于这些桥梁的加固,通常是将梁肋的下缘加宽加强,扩大截面,并在新增混凝土截面中增设受力主筋与箍筋,以提高混凝土梁(肋)的有效高度和抗弯承载力,如图10-2所示,从而提高桥梁的承载力。

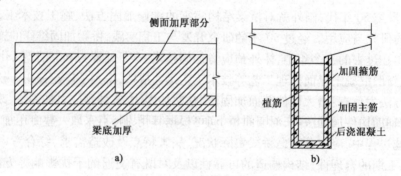

图10-2 钢筋混凝土T梁加大梁肋加固法

在浇筑新混凝土截面时,为了保证新旧混凝土之间有良好的黏结,应将结合部位的旧混凝土表面凿毛,露出骨料,清洗干净,喷涂界面黏结剂,增设剪力连接件或种植短钢筋;其次,应每隔一定距离凿露出主筋,以便通过锚固钢筋将新增加的主筋与原结构中的主筋连接起来,然后,悬挂模板,采用附壁式振捣器,现场浇筑新增加的混凝土。

2. 加厚桥面铺装层法

当既有中小跨度梁桥的承载能力不足、截面过小、刚度不足时,也可根据实际情况将原有桥面铺装层拆除,在桥面板上浇筑一层新的钢筋混凝土补强层,用以提高桥梁的抗弯刚度,这种加固补强方式称为桥面加厚法。其主要目的是增大主梁有效高度和抗压截面、改善桥梁荷载横向分布性能,从而达到提高桥梁整体承载能力,由于这种方法会使梁体自重和恒载弯矩增加较多,可能导致既有结构下缘受拉钢筋应力控制超出规范限值,故这种固方法一般只适用于跨径较小的 T 梁桥或板梁桥,而且在加固前应对梁(板)的受力状况进行详细的分析,在梁(板)下缘应力、裂缝容许的限度内确定桥面的加厚高度。

为了使新旧混凝土有良好的结合,施工时应将既有桥面板表面凿毛洗净,设置剪力连接件或种植短钢筋,用环氧树脂作为胶结层,同时在桥面板上敷设钢筋网,以增强桥面板的整体性和抗压能力,防止新浇筑的混凝土补强层开裂。

对于采用三角垫层的桥面板,可将原三角垫层凿去,代之以与原桥面板结合为整体、共同受力的钢筋混凝土补强层,或用钢筋混凝土补强层取代桥面铺装层,这样在不增加桥梁自重的情况下进行加固补强,效果会更为明显。

3. 喷射混凝土加固法

当既有梁体截面过小,下缘应力超过规范容许值出现裂缝,而桥下净空又允许时,可采用喷射混凝土加固法进行加固,其要点如下:

(1)采用化学灌浆方法修补裂缝。

(2)按照提高承载能力的需要在梁体下缘布设钢筋网,通常可采用两种方法加强新旧混凝土的结合,其一是按一定间距将梁底的保护层凿除、洗净,通过连接钢筋先将部分钢筋沿桥的纵横向焊接到原有主筋上,构成钢筋骨架;其二是钻孔,在梁底植入化学锚固螺栓或剪力连接件,喷涂界面黏结剂。然后根据加固设计计算要求,布设、形成新增的钢筋骨架。新增钢筋骨架的主要作用在于承受活荷载所产生的拉应力及温度应力,减少收缩裂缝,加强喷射混凝土的整体性等。

(3)喷射混凝土的厚度根据设计需要确定,但每次喷护厚度不宜超过 5~8cm,若需加厚,应待前次喷射混凝土结硬后方可再次喷射,以免在重力作用下导致新旧混凝土之间剥离,复喷混凝土时间应视水泥品种、施工时的气温和速凝剂掺量等因素而定。

4. 增焊主筋法

当结构因主筋应力超过容许范围而桥下净空又受到限制,不宜加大截面高度时,可采用只增焊主筋的方法进行加固,其加固要点如下:

(1)增焊主筋。首先凿开梁体的混凝土保护层,露出主筋,将原箍筋切断拉直,再把新增钢筋焊在原主筋上,增焊钢筋的断头宜设在弯矩较小的截面。为减少焊接时的温度应力,采用断续双面焊缝,从跨中向两端依次施焊。

(2)增设箍筋。如果原桥梁的箍筋不足,梁腹出现剪切裂缝,则加固过程中在增设主筋的同时,应在梁的侧面增加箍筋。具体作法是在梁腹上埋入梢钉或化学锚栓,将新增的箍筋固定起来,并把箍筋上端埋入桥面板中。

(3)卸除部分恒载。加固时为了减小原结构的截面应力,使新增加的钢筋充分发挥作用,有条件时应封闭交通、采取多点起顶措施,将梁顶起,或凿除部分桥面铺装,然后再进行加固施工。

(4)恢复保护层。钢筋焊接好并接长后,应重新做好保护层。材料最好是环氧树脂混凝土或微膨胀混凝土。修复保护层通常有三种可供选择使用的方法:涂抹法、压力灌注法、喷护法。

二、粘贴加固法

当桥梁抗弯、抗剪能力不足时,可以采用粘贴钢板、碳纤维布(板)、钢筋、玻璃钢、芳纶纤维布等方法以提高构件的抗弯、抗剪能力,阻止既有裂缝进一步扩展。目前常用的粘贴剂是环氧树脂类材料,常用的粘贴加固方法有粘贴钢板加固法、粘贴碳纤维布(板)加固法,此外,粘贴钢筋加固法、粘贴玻璃钢加固法以及粘贴芳纶纤维布加固法在一些情况下也有应用实例。粘贴加固方法具有能够有效提升结构承载能力、加固施工简便、不影响桥梁净空、对既有交通影响小等优点,但也存在难以改善原有结构应力状况、耐久性能相对较差的缺点,简介如下。

1. 粘贴钢板加固法

梁体外部粘贴钢板加固法是用黏结剂、螺栓将一定厚度的钢板粘贴到构件需要加固的部位上,以提高结构承载力的一种方法。采用粘贴钢板法加固桥梁时,应对桥梁的缺陷和病害进行具体分析,并进行结构计算,根据缺陷和病害发生的部位,设计钢板粘贴的部位,其加固要点如下:

(1)钢板厚度。当用来提高构件的抗弯能力时,应将钢板粘贴在梁(板)受拉侧的表面,如对于钢筋混凝土 T 型梁,将钢板粘贴在腹板底面,必要时增加锚固措施(图10-3),使钢板与混凝土形成整体参与受力,综合考虑钢板的抗腐蚀能力、施工方便性、承载能力提高幅度,钢板的厚度一般在 8～12mm 之间,以适应构件的表面状况。

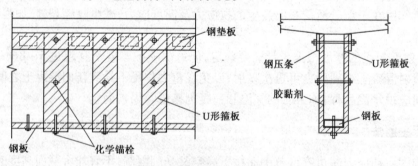

图 10-3　粘贴钢板法加固 T 型梁

(2)表面处理。为了确保粘贴效果,必须对钢板和混凝土的粘贴面进行认真细致的处理。首先应将混凝土表面的破碎部分清除,然后凿毛凿平,使其骨料裸露出来,并用钢丝刷或压缩空气清除浮尘,粘贴钢板前还需用丙酮擦洗数遍。钢板表面也应先用汽油洗去油污,用喷砂法或砂轮打磨除锈,使表面露出光泽,然后再用丙酮擦洗干净,最后在钢板表面涂一层环氧树脂薄浆将其保护起来。

(3)粘贴工艺。先在混凝土表面刷一层环氧树脂类胶浆,然后在钢板上涂一层环氧树脂类胶浆,间隔片刻再在钢板上均匀地铺一层环氧树脂砂浆,一般厚度在 2mm 左右,随即将钢板贴到混凝土表面上,旋紧螺栓进行加压,使多余的胶浆沿板边挤压出来,达到密贴的程度。一般的,为避免钢板与混凝土剥离,每隔30~40cm间距钻孔、梅花形布设螺栓,一方面便于使钢板与混凝土表面密贴,另一方面借助于旋紧螺栓所产生的机械作用力,使钢板与混凝土形成整体。

(4)检查粘贴质量。一般是采用肉眼观察,如发现钢板与混凝土表面之间有空隙的地方,及时填入胶结剂补贴。

(5)防护处理。一种是采取清除钢板表面污染,先涂一层环氧树脂薄浆罩面,然后再涂两层防锈漆在上面进行保护,以后每隔1~2年检查一次防护层的情况,如发现有脱漆的地方及时采取措施进行修补。另一种是采用喷射混凝土在钢板上面喷射一层混凝土保护层,喷射混凝土与原结构组成组合工作体系,克服了钢板补强易于生锈的毛病。

(6)当粘贴钢板用以加固和增加梁的抗剪强度时,钢板应粘贴在梁的侧面,跨缝粘贴。用于粘贴的钢板可以一般是带状的。带状钢板沿垂直于裂缝的方向粘贴、倾斜度一般为45°~60°。梁的上下端应设水平锚固板,以提高端部的锚固强度(图10-4)。

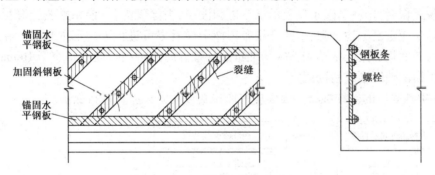

图10-4 粘贴钢板法加固混凝土箱梁腹板

2. 粘贴碳纤维布(板)加固法

粘贴碳纤维布加固是一种新型的结构加固技术,它是利用树脂类黏结材料将碳纤维布粘贴于混凝土表面,借助于碳纤维材料良好的抗拉强度达到增强构件承载能力及刚度的目的。碳纤维拉伸强度一般在2 400~3 400MPa之间,与普通钢板相比,具有拉伸强度高、自重小、化学结构稳定、本身不会受酸碱盐及各类化学介质的腐蚀、耐寒和耐热性良好等优点,是一种性能比较优越的加固补强材料。粘贴碳纤维布补强加固具有施工方便,无需任何夹具、模板,能适应各种结构外形,耐腐蚀及耐久性能好,不增加结构自重等优点,适用于各种形式的钢筋混凝土构件的加固补强,但也存在难以改善原有结构应力状况、黏结材料耐久性尚未经受长时间考验的不足。

碳纤维一般分为布材和片材两种,碳纤维布材质量轻且厚度薄,具有一定柔度,加固方式比较灵活,碳纤维片材具有一定的刚度和方向性。粘贴碳纤维布加固修补结构技术适用于各种结构类型、各种结构部位的加固修补,如梁、板、桥墩、拱肋等结构。粘贴碳纤维布加固施工时,将碳纤维材料用专门配制的树脂或浸渍树脂粘贴在混凝土构件需补强加固部位表面,树脂固化后与原构件形成新的受力复合体,共同工作。粘贴碳纤维布补强加固施工工艺流程如图10-5所示,加固要点如下:

(1)粘贴工艺流程为:卸荷→基底处理→涂底胶→找平→粘贴→保护,即在加固前应对所加固的构件尽可能卸荷,加固后要做好防护层。

(2)基底处理。混凝土表层出现剥落、空鼓、蜂窝、腐蚀等劣化现象的部位应予以凿除,对于较大面积的劣质层在凿除后应用环氧砂浆进行修复。裂缝部位应首先进行封闭处理。用混凝土角磨机、砂纸等机具除去混凝土表面的浮浆、油污等杂质,构件基面的混凝土要打磨平整,尤其是表面的凸起部位要磨平,转角粘贴处要进行倒角处理并打磨成圆弧状($R \geq 10mm$)。用吹风机将混凝土表面清理干净,并保持干燥。

(3)涂底胶。严格按规定比例配置底胶,将主剂与固化剂先后置于容器中,根据现场实际气温决定用量并严格控制使用时间,一般情况下 1h 内用完。用滚筒刷将底胶均匀涂刷于混凝土表面,待胶固化后(固化时间视现场气温而定,以指触干燥为准)再进行下一工序施工,一般固化时间为 2~3d。

(4)找平。混凝土表面凹陷部位应采用专用胶填平,模板接头等出现高度差的部位应采用专用胶填补,以尽量减小高度差。转角处应修补成光滑的圆弧,半径不小于 10mm。

(5)粘贴。按设计要求的尺寸及层数裁剪碳纤维布,除非特殊要求,碳纤维布长度一般应在 3m 之内。调配、搅拌粘贴专用胶,然后均匀涂抹于待粘贴的部位。粘贴碳纤维布,在确定所粘贴部位无误后,用特制滚子反复沿纤维方向滚压,去除气泡,并使粘贴胶充分浸透碳纤维布。多层粘贴应重复上述步骤,待碳纤维布表面干燥后方可进行下一层的粘贴。在最后一层碳纤维布的表面均匀涂抹粘贴胶。碳纤维布沿纤维方向的搭接长度不得小于 100mm,碳纤维端部固定用横向碳纤维或粘钢固定。

(6)保护加固后的碳纤维布。表面应采取抹灰或喷防火涂料进行保护。

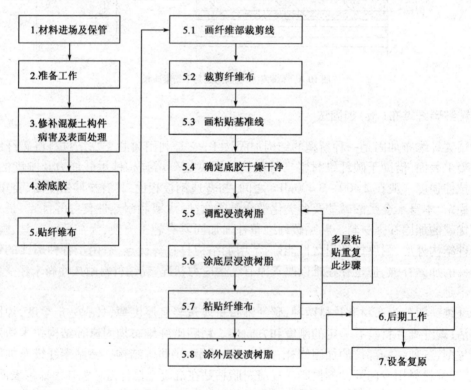

图 10-5 粘贴碳纤维布加固施工工艺流程图

以某钢筋混凝土刚架拱桥拱肋截面加固为例,采用纵向粘贴碳纤维板、横向粘贴碳纤维布的方法,其具体布置、构造方式如图 10-6 所示。

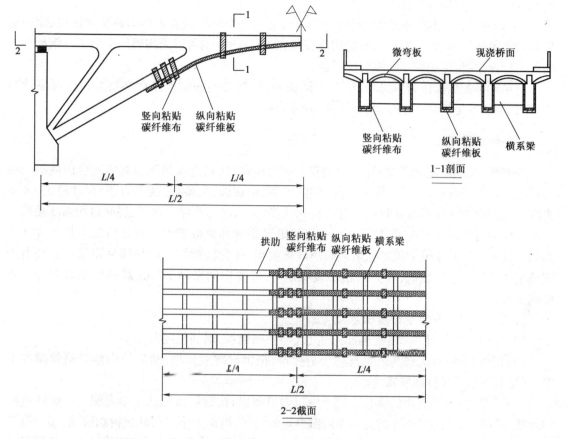

图 10-6 粘贴碳纤维布加固混凝土刚架拱桥

3. 粘贴钢筋加固法

当桥梁结构抗拉强度较低,受拉部位产生裂缝时,为了加强抗弯构件下缘或外侧纤维的抗拉能力,可以采用在受拉部位粘贴钢筋的方法对桥梁进行加固。粘贴钢筋具有与结构物黏附性能较好、加工成型容易、加固效果明显的优点。用于粘贴的钢筋直径不宜过大,以不超过 10mm 为宜,以减小塑脂层的厚度。采用环氧树脂砂浆粘贴,环氧树脂砂浆的厚度以不使钢筋外露为原则,一般在 15~20mm 左右。其加固工艺大体如下:

(1)搭设支架,在支架上设置支承梁和成型模板。

(2)混凝土表面处理。为了获得良好的粘贴效果,必须先对混凝土表面进行认真的处理。混凝土表面要清除破碎部位、凿平凿毛,使骨料露出,用钢丝刷或压缩空气把浮尘清除掉,粘贴前再用丙酮擦洗数遍。

(3)钢筋布设前,应先把钢筋拉直截好,除锈后再用丙酮擦洗干净,放在模板上扎成排栅,或在桥下点焊成排栅再就位。就位前,先在钢筋排栅表面涂一层环氧树脂胶浆,然后再用吊杆临时固定,贴在构件底面上。

(4)粘贴。为了便于脱模,粘贴钢筋前先在模板上铺一层塑料薄膜,再将环氧树脂砂浆均匀地摊铺在模板上,厚度稍大于设计值。粘贴时,在模板与支承梁之间打入木楔,将模板顶起压在构件的底面上,使环氧树脂砂浆压入钢筋的间隙,以便与旧桥结构的混凝土粘为一体。

(5)脱模检查。待环氧树脂砂浆固化后拆除模板,拆模后,应立即对粘贴质量进行检查,发现缺陷,须及时进行修补。

(6)防护处理。同钢板粘贴防护处理方法,通常是先清除钢筋表面的锈斑和污染、涂一层环氧树脂薄浆罩面,然后再涂两层防锈漆在表面进行保护,也可以采用喷射混凝土在钢筋表面喷射一层保护层,保护粘贴的钢筋免锈蚀。

与粘贴钢板加固法、粘贴碳纤维布加固法相比,粘贴钢筋加固法存在诸如加固可靠性稍差、耐久性能不足等缺点,应用场合受到一定限制。

4. 粘贴玻璃钢加固法

玻璃钢(玻璃纤维增强塑料)是以玻璃纤维为增强材料、合成树脂为基体复合而成的一种工程材料。它具有轻质高强、黏结性好、性能可调、耐腐蚀、抗渗好、施工方便、尺寸稳定、表面光滑和与混凝土的线膨胀系数相近等一系列优点,但也存在着弹性模量、层间剪切强度较低等不足。作为桥梁补强材料,最常采用的是聚酯玻璃钢和环氧玻璃钢。通常情况下是在构件表面用环氧树脂粘贴无碱无捻方格玻璃布形成玻璃钢,作为桥梁结构的加固补强层。但是由于玻璃钢的弹性模量比较低,因而在粘贴玻璃钢时,常在中间粘贴 $\phi 5mm$ 高强度钢丝加劲。其加固要点如下:

(1)搭设支架,安装成型模板。

(2)混凝土表面处理:混凝土的表面处理与粘贴钢板、钢筋相同。

(3)钢丝制备:首先将高强钢丝的锈清除掉,把钢丝绑成排栅,然后用丙酮将钢丝擦洗干净,并涂上一层环氧树脂胶浆。

(4)成型:在支架上面的模板上铺上一层塑料薄膜,在塑料薄膜的上面先刷上一层环氧树脂胶浆,铺第一层玻璃布,将其刮平并挤出中间的气泡,再刷上第二层环氧树脂胶浆,铺上第二层玻璃布。铺至厚度的一半时,便把钢丝排栅铺放到上面,并用环氧树脂砂浆填平钢丝排栅间的空隙,刮平后,继续铺设其余几层玻璃布。

(5)起模板:使玻璃钢紧密地粘贴到桥梁构件的表面上,使环氧树脂胶浆从缝隙中溢出来,最后用外层宽玻璃布将溢出来的胶浆包敷在梁的腹板上。

(6)脱模检查:环氧树脂胶浆固化后,再卸除模板,并逐处检查玻璃钢的粘贴质量,如发现没有粘贴好或存在缺陷,应及时进行修补。

(7)防护处理:常见做法是用工具除掉玻璃钢表面的污染,涂上一层环氧树脂薄浆罩面,再在上面涂两层防锈漆保护起来,以后经常检查保护层的情况,如发现有脱漆的地方,就及时进行修补,重新刷上防锈漆,或者采用喷射混凝土作为粘贴的玻璃钢保护层,以较好地保护粘贴的玻璃钢和高强钢丝免受腐蚀和锈蚀。

与粘贴钢板加固法、粘贴碳纤维布加固法相比,粘贴玻璃钢加固法因施工工艺、材料性能等方面的不足,目前应用范围相对较小。

5. 粘贴芳纶纤维布加固法

芳纶纤维具有拉伸强度、弹性模量高,密度低,耐磨、耐冲击、耐化学腐蚀性、抗疲劳好等特点,具有修补补强材料所应有的特性,特别适合于韧性补强和冲击补强。其拉伸强度约是钢板的 5 倍,比重约是钢板的 1/5,柔软性等同于合成纤维,具有良好耐候性、耐水性、耐热性、耐寒性。粘贴芳纶纤维布加固法施工安全,操作简单,其具体施工工序、施工工艺可参照粘贴碳纤维布加固法。

三、体外预应力加固法

对于钢筋混凝土、预应力混凝土梁桥，其病害主要有两种：一种主要表现为强度不足如抗弯强度、抗剪强度不足；另一种主要表现为使用应力过大、梁体开裂、产生过大的下挠变形。对于前者，可以采用加大截面加固法、外包钢板加固法、粘贴碳纤维布加固法等被动加固方法，对于后者，如仍采用上述被动加固方法则难以根除或缓解病害，只能采用体外预加力加固法、改变结构体系加固法等主动加固方法，这一点对于大跨度梁桥如连续梁、连续刚构则更为突出，这是因为大跨度混凝土梁桥因恒载所占比例较大且无法卸载，导致后增加的截面或构件难以有效分担原有恒载产生的内力。

采用体外预加力对钢筋混凝土、预应力混凝土梁桥进行加固，不仅可以有效抵消部分恒载产生的应力、起到卸载的作用、显著提高结构的极限强度，而且能够有效地改变结构的内力分布特征、改善使用应力状况、阻止结构受力裂缝的扩展、防止梁体产生过大的下挠。体外预应力加固法优点是：能够大幅度改善和调整原结构的受力状况，提高结构的刚度，改善抗裂性能，同时其施工对墩台及基础受力状况影响很小，可节省对墩台及基础的加固工作量，对桥梁既有交通影响与干扰也较小。体外预应力加固法既可作为桥梁通过重车的临时加固手段，又是提高桥梁荷载等级的永久性有效措施，因此，在梁桥加固改造时，应尽量采取主动加固对策，以期病害桥梁在极限强度与使用性能两方面都得以改善。

体外预应力是相对体内预应力而言的，体外预应力结构是把预应力筋布置在主体结构构件之外，从力学特征上说，体外预应力索增加了结构的赘余度，其实质是以预加力产生的反弯矩部分抵消外荷载产生的内力，从而达到改善旧桥使用性能并提高其极限承载能力的目的。体外预应力加固法具有加固、卸荷、改变结构内力的三重效果，适用于中小跨径的梁式桥，对于较大跨径的桥梁，采用体外预应力加固法方法加固时宜同时配合其他加固方法进行综合加固，以达到较好的加固效果。体外预应力加固具有如下特点：

（1）能够较大幅度的提高旧桥承载能力，改善旧桥承重构件的应力状态及其分布。加固后所能达到的荷载等级与原桥设计标准及安全储备有关，一般情况下可将原桥承载力提高30%～40%。

（2）体外预应力加固所需设备简单，人力投入少，施工工期短，经济效益明显。

（3）在加固过程中，可以实现不中断交通或短时限制交通。

（4）对原桥损伤较小，不影响桥下净空，不提高桥面高程。

常用的体外预应力材料主要有：精轧螺纹钢筋，钢绞线、成品预应力钢丝束，某些情况下也有采用张拉碳纤维板或软钢丝的工程实践。一般的，体外预应力加固方法主要构造包括高强钢筋、锚固块（锚固装置）、转向块、钢筋减振装置，其中，锚固块（锚固装置）、转向块可以是混凝土构件，也可以钢构件，但必须与原结构连接可靠，并可能减小锚固块、转向块的重量，可能的情况下尽可能利用原结构的既有构造布置如横隔梁（板），以免增加过多的恒载。此外，为增强新增体外束的耐久性与可更换性，最好采用预应力成品束或精轧螺纹钢；为减小体外束的振动、防止其疲劳损伤，应每隔一定间距设置减振限位装置。

一般的，预加力的大小、作用位置、施加方式与张拉程序需要通过对原结构专门、精细的计算来确定，以尽可能使原结构产生较大压应力增量与强度储备、但又不使原结构产生难以承受的应力为宜，必要时还要对锚固块进行局部应力分析。为使原结构应力状况得到有效的改善，体外预应力加固法通常与其他加固方法配合使用，并反复优化施工工序，如对于钢筋混凝土 T

型梁桥采用体外预应力法加固时,可先凿除桥面铺装(卸载)、再施加体外预应力(加载)、最后再施工铺装层并尽可能与T型梁形成整体(加大截面、增强整体性),以使T型梁下缘应力状况及其分布得到较大改善。

对于中小跨度T型梁,如果桥下净空能够满足通车、通航的要求,可采用在梁体下缘设置体外预应力筋或预应力拉杆(图10-7),必要时采用喷射混凝土作为保护层。加固设计时一般采用粗钢筋作为拉杆,两端锚固于梁体端部,中间设置转向构造,通过改变转向块的位置、调整拉杆的布置方式及张拉值来改善正截面抗弯强度及斜截面抗剪强度,从而全面地提高梁的承载能力,一般的,其加固施工主要工序如下:

(1)在梁端顶部设置锚固构造与锚固垫板。
(2)在梁体腹板或横隔梁上设置预应力拉杆的连接构造或转向构造。
(3)待锚固端的混凝土达到了强度要求后,安装拉杆,采取旋紧螺帽、千斤顶或法兰螺盘张拉等方式对拉杆施加预应力。张拉时应注意每片梁上的拉杆应保持均衡、同步对称张拉。
(4)封锚张拉完毕,即用防水砂浆或环氧砂浆填入锚固槽封锚。

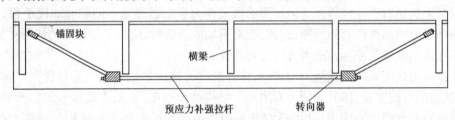

图10-7 下撑式预应力拉杆加固钢筋混凝土T型梁

对于由钢筋混凝土T型梁、钢筋混凝土现浇板、混凝土空心板组成的中小跨度宽桥,常常因宽跨比大而产生横向弯曲,如其整体性差或横向配筋不当,则可能出现顺桥向弯曲裂缝或单板受力现象。此时,可采用增设横桥向预应力的方法予以加固,对于钢筋混凝土T型梁常在横隔板对应位置布设、张拉精轧螺纹钢筋;对于现浇板、空心板多采用分布式无黏结预应力束,并辅以喷射混凝土措施予以防护(图10-8)。

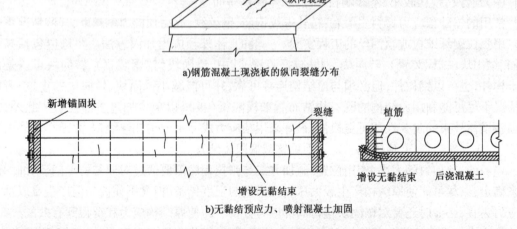

图10-8 横向布设无黏结预应力钢绞线、喷射混凝土加固宽桥

对于大跨度混凝土 T 型刚构、连续梁、连续刚构,梁体下挠、底板腹板开裂是比较常见的病害。对此,可在箱梁内布设纵向预应力束,增设转向、锚固装置,以改善梁体正应力分布、提高抗弯抗剪强度,通常,预应力采用大吨位环氧喷涂无黏结成品束,转向、锚固装置以尽可能利用原有的横隔板为宜(图 10-9)。对于箱梁腹板开裂,可采用精轧螺纹钢筋等预应力材料,在箱梁顶板、底板上设置锚固装置,通过布置在桥面张拉装置,从而使混凝土箱梁桥腹板应力状态得以主动调整,腹板剪切裂缝的扩展得以有效阻止(图 10-10)。

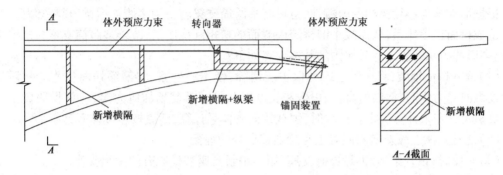

图 10-9　布设纵向预应力束加固混凝土箱梁桥

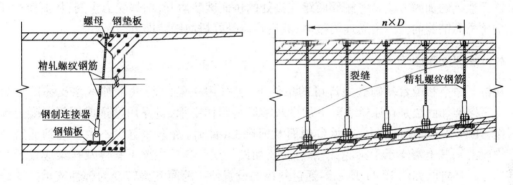

图 10-10　布设竖向预应力筋加固混凝土箱梁腹板

四、改变结构体系加固法

改变结构体系加固旧桥通常是指增设附加构件及其相应构造,或进行技术改造,使桥梁受力体系发生改变,从而改善桥梁的性能,达到提高承载能力的目的。如通过增加纵向连接钢筋将简支梁转换成连续梁,通过增设预应力束等措施将 T 型刚构转换成连续刚构,又如通过增设索塔、斜拉索将混凝土连续梁转换为矮塔斜拉桥,一些情况下,还可以通过在混凝土梁体下增设钢桁架,将原来的梁体部分程度地托起来,以减小梁内应力,达到提高全桥承载力目的。对于拱桥,在条件允许的情况下,可在拱脚增设水平系杆,以减小水平推力、改善拱圈的受力状况,也可通过改变拱上建筑结构构造形式,以使拱上建筑更多地参与结构整体受力等等。

改变结构受力体系的方法多种多样,总体说来加固效果比较突出。按其目的来分,主要有两类,一类是桥梁承载能力尚可、但难以满足通行超重车辆要求的临时加固问题,一类是用来解决桥梁承载能力不足、使用性能较差的永久性措施。但不管是哪一类问题,都必须进行细致系统的分析计算,因为改变了旧桥结构的受力体系后,原结构的一些构件或局部构造往往难以适应新的受力体系或使用条件,可能会出现局部承载能力不足等问题,需要同步进行补强或改造。另一方面,改变结构受力体系往往都需要在桥面或桥下操作,施工期间及竣工后可能会对桥面车辆通行或桥下通航产生一定的干扰或影响,需要反复比选加固方案,确保桥下净空、通行通航要求或泄洪能力,避免产生新的问题或瓶颈。

总的说来,改变结构体系加固法比较复杂,需要针对具体问题进行专门研究、细致分析,目前常用的大致有梁的连续加固、增设八字撑架、梁拱结合及增设斜拉索改造等方法,简介如下:

1. 梁的连续加固法

根据简支梁与连续梁的受力特性,也可将多跨简支梁转变为多跨连续梁,或将多跨简支梁桥改造成桥面连续体系,从而减小旧桥跨中截面的弯矩和挠度值,改善多跨简支梁桥的受力特性,提高旧桥的承载能力。其加固的基本要点如下:

(1)凿开桥面铺装,将梁体上缘的保护层凿除,使主筋外露,将箍筋切断拉直。然后沿梁顶增设纵向受力主筋,钢筋的直径、根数和长度以及是否需要预加应力等,应根据梁体上缘负弯矩量值及分布来计算确定。计算时,恒载按简支体系计算,活载按连续体系计算。

(2)浇筑梁体上缘新增的混凝土和梁端接头处的混凝土。

(3)必要时,顶升梁体、拆除原有支座,用一组新支座替代原有的两组支座。

(4)重新浇筑好桥面铺装层。

桥面连续的加固方法是将相邻两跨连接处的桥面铺装凿开,增焊受力主筋,从而使相邻数跨或全桥桥面铺装的受力主筋连为整体,然后再修补好桥面铺装即可。

2. 八字撑架加固法

在桥下净空和墩台基础受力许可的条件下,可采用在梁(板)底下加八字支撑的方法加固。八字撑架加固法是在原桥主梁下加设八字形斜撑作支承,斜撑用型钢或钢筋混凝土预制件制作,其下端支承在桥墩上、或承台顶面及河床上(此时,桥下净空应不致影响到通航和受漂浮物撞击),其上端支于梁底,中部有时还加设托梁。各片主梁下斜撑及托梁应设置横系梁,以加强整体性,如图10-11所示。通过斜撑的设置使一跨简支梁转变为弹性支承的3跨连续梁,利用结构体系的改变使结构的受力状况得到改善,达到提高原桥承载能力的目的。这种方法亦可用于跨连续梁桥,其加固方法及要点是:

(1)在桥孔梁底下设置斜撑的支撑点,支撑点的位置选择要适当、合理。当原结构为简支时,对支撑点的位置由该部位梁体截面所容许承担的弯矩和剪力决定,要求在恒载与活载组合的情况下此新增支点处不出现超过原有(上缘)配筋所容许的负弯矩,单跨梁则按三跨弹性支承连续梁验算。当原结构为连续梁时,支点位置应通过试算确定,其原则是控制主梁在该点出现的负弯矩与该点未加斜撑前由恒载产生的正弯矩相近,并使所有截面在运营期间的应力均不超过容许值。增加斜撑后,恒载按原有结构受力体系计算,活载按由原有结构受力体系与斜撑组成的框架计算。

(2)如果通过设计计算,发现仅仅依靠调整支撑点的位置已不能满足对该桥加固改造所要求的承载能力时,则在设置八字撑架的同时,还应采取对梁体增设主筋或加厚桥面板等措施加强梁的薄弱截面,进行综合处治。

(3)新增支承处应设置聚四氟乙烯板滑动支座,以保证支座基本无水平剪力,支撑的上下支点均应按活动铰支承来设计细部构造。

(4)必要时,在梁底与撑架之间埋设扁千斤顶,施加一定的支顶力,使新增撑架能够主动分担一定的恒载内力,千斤顶支顶力大小需通过计算确定。

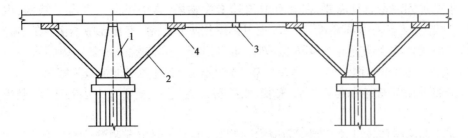

图 10-11 采用八字撑架加固混凝土简支梁
1-原桥墩;2-钢筋混凝土斜撑;3-钢筋混凝土水平撑;4-转向装置

增设撑架法也常常用于既有混凝土箱梁翼板拓宽工程中,此时,撑架的一端支承在箱梁腹板与底板交界的外侧,另一端支承在悬臂翼板的中部。

3. 梁拱组合加固法

当既有梁桥承载能力严重不足、需要较大幅度提高荷载等级时,也可采用将梁式桥转换为拱梁组合体系的加固方法。新增拱肋与既有梁体共同承受荷载的作用,从而提高了承载能力,其主要加固程序如下:

(1)根据加固改造设计需要在既有墩台处补砌墩台,设置拱座。

(2)采用施加预应力的方式使梁体产生一定的上拱度,或用千斤顶将梁体在跨中部位适当顶起,对原桥部分卸载,以减小原结构的恒载应力。预加应力或支顶要适度,避免产生新的病害。

(3)按照设计所确定的工序,装配(现浇)拱肋,浇筑拱上立柱或安装吊杆。

(4)卸除千斤顶或部分拆除预应力索,使新老结构共同作用,由梁式桥转换为拱梁组合体系。

4. 增设拉索加固法

当既有大跨度混凝土 T 型刚构、连续梁、连续刚构承载能力严重不足时,也可根据实际情况,采用在墩顶设置索塔、在梁体适当部位上设置 2~3 对斜拉索,将梁式桥转换为矮塔斜拉桥的加固方法(图 10-12)。其主要加固程序如下:

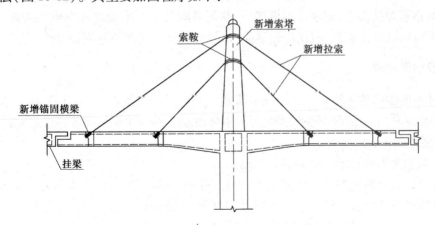

图 10-12 增设斜拉索加固大跨度 T 型刚构桥示意图

（1）根据加固改造设计需要，在既有墩顶处增设索塔，索塔可以是混凝土结构，也可以是钢结构。索塔通常多采用塔梁固结方式，也可以采用加宽桥墩、直接在墩顶接高的构造方式。

（2）在原梁体适当位置增设横隔板（梁）、布置锚固构造，横隔板（梁）、锚固构造可以是现浇混凝土构件，也可以是钢结构，以连接可靠、方便施工、不过多增加恒载为宜。

（3）按照设计所确定的施工工序，安装、张拉斜拉索，斜拉索索力大小要适度，避免产生新的病害。

（4）同步监测梁体挠度及控制截面应力，必要时根据实际情况调整拉索张力。

五、增设辅助构件加固法

在桥梁墩台及地基安全性能好，并具有足够承载能力的情况下，可采用增设新纵梁或横梁的加固方法来提升上部结构的承载力。加固时尽可能加强新增构件与原有构件的连接构造，以利形成整体、共同受力。由于新增主梁可以有效地分担活载作用，使原有梁体中的内力得以减小，由此使加固后的桥梁承载能力和刚度得到有效提高。增设辅助构件加固法对于活载内力占总内力比例较大的中小跨度梁桥、拱桥，具有比较明显的加固效果与经济优势。

1. 增设纵梁

对于结构基本完好而需要提高荷载等级的 T 型梁，可采用增加纵梁的方法加固。具体方式可根据原结构承载能力、加固改造需求与施工方便性灵活选择，如在原纵梁之间增设小纵梁，以形成主次梁共同承担荷载的受力图式，如图 10-13a) 所示，当增设的纵梁位于主梁的一侧或两侧时，则兼有加宽的作用，必要时在新增纵梁与原有 T 型梁之间增设底板，形成箱形截面，或将新增纵梁直接设计成箱梁，形成"以强扶弱"的格局，如图 10-13b)、c) 所示，一般情况下，增设纵梁时多同步采用增强横向联结系或增设横梁的配套措施，以增强原有纵梁、新增纵梁的整体性，改善荷载横向分布，间接提高桥梁的承载力，如图 10-13b)、c)、d) 所示。

在具体实施时，一般在需要增加新的纵梁的位置上将桥面板凿开、切断横隔梁，然后浇筑或安装新增纵梁。普通钢筋混凝土梁桥，可以利用原结构设置悬挂模型板，现场浇筑新增加的纵梁，也可以事先预制好安装就位。对预应力混凝土梁桥，因为桥上无法进行张拉，所以设计需要新增加的纵梁须先预制好，然后吊装就位。为了使新旧结构联结为整体，须将新旧纵梁的横隔梁内的钢筋焊接起来，或预埋钢板焊接，并在横隔梁下部增设贯通全桥宽的连接钢筋，加大横隔梁下缘的混凝土截面，将钢筋包裹起来，最后再整体浇筑桥面混凝土。

2. 增设辅助横梁

对于某些因横向整体性较差而降低了承载能力的装配式梁桥，或对于受力整体较差的双曲拱、桁架拱桥中，某些情况下在加固时可采取增设横梁的办法来加强各纵梁之间的横向联结系，其加固要点如下：

（1）在纵梁上需要新增加横梁的部位钻孔。

（2）设置贯通全桥宽的横向连接钢筋，并将钢筋的两端用螺帽将其锚固在纵梁上。

（3）将纵梁与新增横梁结合处的混凝土表面凿毛，悬挂模板现浇混凝土横梁。

（4）必要时，在新增设的辅助横梁中，设置、张拉预应力筋，以提高新增辅助横梁的强度及抗裂性。

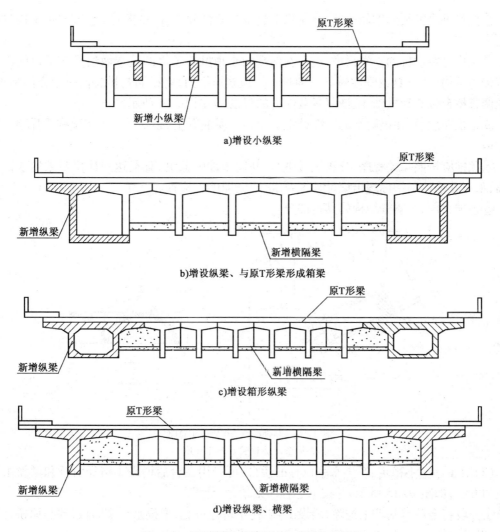

图 10-13　增设纵梁加固混凝土 T 型梁桥示意图

六、其他加固方法

桥梁上部结构加固方法除上述增大构件截面加固法、粘贴加固法、体外预应力加固法、改变结构体系加固法、增加辅助构件加固法 5 种方法之外,一些情况下,还会根据桥梁结构受力特点、病害特征等,采取其他一些加固方法。例如,对于拱桥,如其水平位移过大而导致拱顶开裂,则可采用顶推加固法,又如 T 型刚构桥刚度不足、下挠过大时,在采用体外预应力加固法的同时,也可将桥墩加粗加厚,以增大其抗弯刚度等等。现将其他加固方法简述如下:

1. 拱桥的顶推加固法

拱桥由于设计、施工不当以及地基软弱,引起墩台下沉位移,拱圈及拱上建筑严重开裂时,应加强观测,限载或禁止通行,查明原因,采取加固处理措施。拱桥加固除可采取前述方法外,尚可根据拱桥的受力特点、病害特征采取一些其他加固方法。

(1)对于地基已稳定的桥台,当拱轴线变形较大、承载能力不足时,可采用顶推方法按下述程序调整拱轴线,恢复其承载能力。

①先将拱脚的锚固钢筋切断,并将拱上建筑与桥台分开,使顶推时拱上建筑能随同拱圈自由变形。

②顶推可在拱桥的一端顶推,也可在两端同步顶推。顶推的基本做法是在桥台的拱脚处安装传力结构(钢夹具或刚性横梁),通过千斤顶施加推力,将拱圈自拱脚向跨中方向顶推,以实现调整桥台位移和拱轴线、恢复承载能力的目的,如图 10-14 所示。

③顶推完成后,在拱脚端的空隙处浇筑高强快凝混凝土,必要时也可将顶推千斤顶一并浇筑在内。

④顶推应按照相关程序,分级缓慢进行,并同步加强监测,直至达到计算要求的顶推水平距离,如有其他控制指标超出设计计算要求,应立即停工检查。

⑤顶推完成后,整修结构的其他部分。

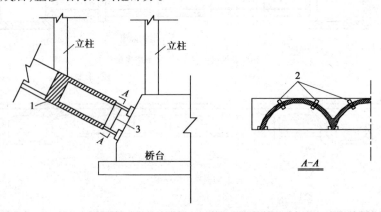

图 10-14 顶推法调整拱轴线示意图
1-横系梁;2-钢横梁;3-千斤顶

(2)对于地基不稳定、产生水平位移的桥台,可采用在台后增设小跨径引桥和增设水平摩阻板的方法,如图 10-15 所示,并按下述程序处治:

①分段将台后路基填土挖除,增设 1~2 孔小跨径桥孔,增设水平摩阻板,并与原桥台连成一体,以抵抗桥台滑移,使桥台不再继续产生水平位移。

②视水平位移大小,必要时采用前述方法,在桥台后布设反力梁、千斤顶,顶推桥台,消除或补偿桥台水平位移所产生的不利影响。

③下部结构处理完成后,再将拱上结构损坏部分加以修理,必要时重铺桥面铺装层。

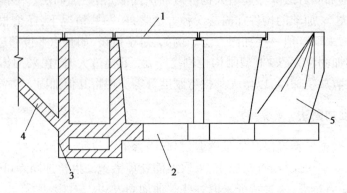

图 10-15 拱桥桥台水平位移整治
1-增设的小跨径引桥;2-水平摩阻板;3-原有拱桥桥台;4-拱圈;5-新增桥台

2. 钢管混凝土的加固补强

钢管混凝土是一种承载能力大、施工方便快捷的结构材料,非常适于受压,常用于钢管混凝土拱桥的拱肋、高桥墩的建设中。由于泵送混凝土材料、施工工艺、温度变化及混凝土收缩等因素的影响,经过一段时间,钢管与内填混凝土之间会存在缝隙,使混凝土与钢管脱开,导致钢管混凝土实际受力状况与设计意图不相符,从而产生安全隐患。对此,常常采取化学灌浆补强处理措施,以恢复钢管与混凝土密贴状态,其主要流程如下:

(1)钻灌浆孔,钻孔位置、数量根据检测结果确定。

(2)通过空压机从所钻的孔压入空气,以灌浆孔的可使用效果,以及钢管与混凝土之间的缝隙大小、贯穿程度,指导后续施工。

(3)根据通风检查结果,定出可使用的灌浆孔,对不通的灌浆孔先进行原孔位清理,如仍不能使用,再在原孔位两侧选择适当部位钻设新的灌浆孔。

(4)在处理或重新钻设完灌浆孔位,安装好灌浆管后,采用适宜的化学浆材,进行压力灌浆,灌浆压力原则上先小后大,逐步加压,并视现场情况加以调整。

(5)在化学浆材固化后,根据检测结果、缝隙情况,进行二次化学灌浆,确保内填混凝土的密实性。

3. 改桥为涵加固法

对于一些跨径较小的混凝土桥梁,在不影响泄洪能力的情况下,可采用改桥为涵的加固方法,原结构受到涵洞填充物的连续支承,承载能力会大幅提高,涵洞的形式可视具体情况,采用圆管涵、拱涵或箱涵等形式(图10-16)。

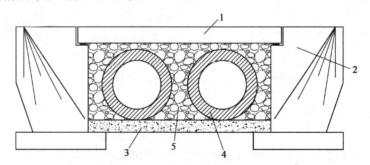

图10-16 改桥为涵加固法示意图

1-原钢筋混凝土简支板;2-原桥台;3-新增钢筋混凝土垫层;4-新增管涵;5-内填浆砌片石垫层

总之,桥梁加固方法的比选,关键在于因地因事制宜、对症下药,选取效果上明显、构造上可靠、施工上可行、经济上合理的加固方案,并尽量采取主动加固对策,以期病害桥梁在极限强度与使用性能两方面都得以改善,并尽可能减小对既有交通的干扰影响。

第三节 墩台基础常用加固方法

通常桥梁下部结构及基础具有足够的承载潜力,足以满足上部结构补强加固所增加的重量以及活荷载对它的要求。如果墩台与基础的承载能力不足,或者上部结构的缺陷、承载能力的降低等是由于墩台与基础的沉降、位移或缺陷等所引起的,则应对原桥墩、桥台及基础进行必要的补强加固。桥梁墩台与基础的补强加固技术,一般通过对桥墩、桥台结构的补强、限制或减小墩台的位移,或增加原基础的承载能力,如采取加桩、增大基础面积等途径进行加固。墩台基础的加固施工工艺与上部结构加固施工有许多相同之处,但也存在一些比较特殊复杂的环节如水下混凝土的施工等。

一、墩台加固方法

1. 箍套加固法

当桥墩、桥台等下部结构承载能力不足、施工质量不好、水流冲刷磨损、风化剥落、排水不良以及其他因素如地震、火灾、船舶和漂浮物撞击等造成损坏、变形、侧移及鼓肚等各种病害时,可以对有缺陷的桥墩、桥台等采取外围浇筑一层钢筋混凝土箍套,或粘贴碳纤维布、芳纶纤维布的方法进行加固补强,其中以钢筋混凝土箍套最为常用。原则上,钢筋混凝土箍套厚度不宜小于10~15cm,并注意通过植入钢筋、布设化学锚栓与原结构形成整体(图10-17)。常用的钢筋混凝土箍套加固方法流程是:

(1)在桥墩桥台或桩基上按一定间距钻孔。
(2)在桥墩桥台上植筋或布设化学锚栓。
(3)布设钢筋网。
(4)布设模板、现浇混凝土对桥墩桥台形成套箍,或采用喷射混凝土法施工。

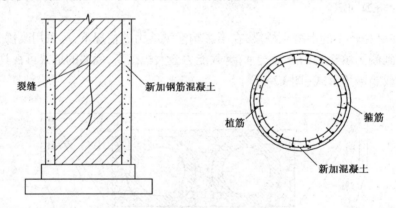

图10-17 钢筋混凝土箍套法加固桥墩

当采用粘贴碳纤维布、芳纶纤维布加固墩台时,其加固要点、粘贴方法可参见前述上部结构粘贴加固法的有关施工方法。

对于水中桩基采用钢筋混凝土箍套法加固时,需布置组合式套筒并逐节下沉后、再布设钢筋网、浇筑混凝土,其施工工序工艺比较复杂,可参见有关书目。

2. 桥台滑移倾斜的处理方法

(1)增设支撑:对因墩台因尺寸不足,难以承受台背压力而往桥孔方向产生倾斜或滑移的埋置式桥台,可采用修筑撑壁法加固。对于单孔小跨径桥台,为防止桥台滑移,可在两台之间加建水平支撑,如采用整跨浆砌片石撑板,或用钢筋混凝土支撑梁进行加固。

(2)增建辅助挡土墙:对于因桥台水平土压力太大而引起的桥台倾斜,应设法减少桥台后壁的土体压力,可在台背新建挡土墙,以增强挡土能力。

(3)减轻荷载法:筑于软土地基上的桥台,常由于填土较高,而受到较大侧向土压力作用,从而使桥台产生前移,甚至发生倾斜。此时,可采取更换台背填土、加厚桥台胸墙等措施来减小土压力。

3. 预应力拉杆加固法

当桥台尚未稳定、桥台与拱上侧墙等结构物已经变形时,可采用设置拉杆或锚索的方法进行调整加固。拉杆可采用预应力索或粗钢筋制作,亦可采用预应力混凝土构件。其加固要点如下:

(1)计算需要施加的水平力大小,根据稳定力矩和倾覆力矩绝对值相等才能保持基底应力均衡的原则,确定拟施加的水平力大小。
(2)据水平力的大小,设计施工立柱、拉索以及地锚梁。
(3)在桥台后墙全宽范围内人工凿除砌体,浇筑混凝土地锚梁。
(4)安装立柱、拉索、拉杆。
(5)逐级张拉拉杆或拉索到位,并加强监测。

4. 桥台帽梁拓宽方法

一些情况下,需要对旧桥进行拓宽,随着上部结构的拓宽,下部结构桥墩、桥台也要随之加宽。当原结构布置有桥台或帽梁时,常常采用接长帽梁(墩台帽)的做法,也可视情况增设新的下部结构。接长帽梁法要点如下(图10-18):

(1)移走或部分移除原上部结构。
(2)对旧帽梁连接端部混凝土进行凿毛,并凿除原帽梁挡块,使新旧混凝土连接表面粗糙、使主要受力钢筋露出,进行植筋,在新旧混凝土连接表面形成剪力连接键,采用焊接和搭接的方式布设钢筋网。
(3)当接长范围较大时,需在帽梁前后侧面布设体外预应力筋,此时帽梁接长部分内需加密钢筋网,并设置螺旋钢筋网、钢板等预埋件。
(4)支模板浇筑接长部分混凝土、形成整体,完成其他辅助工序。

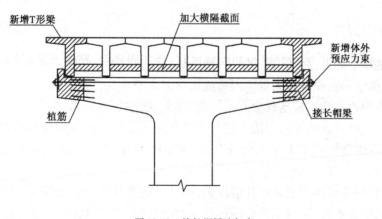

图10-18 接长帽梁法加宽

5. 桥墩加高方法

当桥墩沉降过大、影响到桥下净空,对桥梁正常安全运营构成了严重威胁时,或有些情况下,旧桥的设计高程、桥下净空不能适应新的使用条件,此时就可采用桥墩加高的方法,以满足使用条件。在现有的技术条件下,桥墩加高多采用不移除上部结构、直接顶升加高的施工方法。桥墩顶升加高是一项比较复杂专门的工法,既可以顶升梁体、加高桥墩(帽梁),也可以剪断桥墩后、顶升桥墩、再将桥墩浇筑为整体,视需要顶升的量值而定。但不管采用哪种方法,需要在严格计算的基础上,进行系统全面的设计,采用专业配套的顶升设备,采取周到细致的施工与监测措施。

二、基础加固方法

1. 扩大基础加固法

扩大基础底面积加固法,也称为扩大基础加固法。此方法适用于基础承载力不足或埋深不够,而且墩、台又是砌筑刚性实体基础的情况。扩大基础底面积应由地基承载力计算确定。当地基承载力满足要求、而缺陷仅仅是基础不均匀沉降变形过大时,可采用扩大基础底面积加固的方法,扩大基础承压面以满足地基变形为原则。具体施工方法是:在刚性实体基础周围,加石砌圬工或少筋混凝土,扩大基础承压面。新旧基础应注意置入钢筋、牢固结合,如图10-19所示。

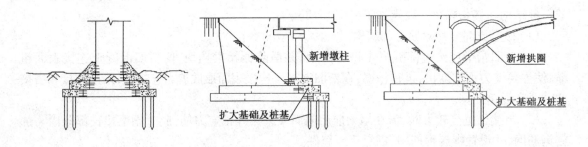

图10-19 扩大基础面积法加固刚性基础

2. 增补桩基加固法

当桥梁桩基础基底下存在软弱下卧层,或基础底面未设置在坚硬的持力层上时;或因桩基础深度不足;或由于水流冲刷过大等原因造成墩台倾斜墩台会产生沉降;或因船舶、漂流物撞击而导致桩端头损伤,此时,桩基础会产生沉降、倾斜、破损等各种病害。对于这一情况,采用增补基桩加固是一种有效的加固方法。增补桩基加固法是原基础周围补加钻孔桩(或打入钢筋混凝土预制桩、钢管柱),扩大原承台或基础、并牢固结合,以此提高基础承载力、增强基础稳定性。

施工时,可在桩基础周围增设钻孔灌注桩,或打入钢筋混凝土桩、钢管柱,将原承台结合部凿除、接长钢筋、扩大承台,将桥墩桥台的部分压力部分传递到新基础上,必要时在新增设的桩头上设置千斤顶、施加适当的支顶力,以利新桩基更好地分担荷载,如图10-20所示。增补桩基加固法有些时候受桥下净空制约,大型钻孔或打桩设备难以进场作业,此时,可采用小型钻孔或打桩设备,先施工若干根小直径桩基,小桩成型(就位)后再浇筑混凝土将其包裹、形成大直径桩基。

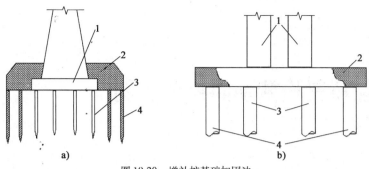

图 10-20　增补桩基础加固法

a)1-原承台;2-新承台;3-原桩基;4-新桩基;b)1-立柱;2-新接承台;3-原桩;4-新加钻孔灌注桩

3. 人工地基加固法

当基础下面的天然地基松软、难以承受基础传来的荷载或上层土壤承载力足够、但在深层存在软弱土层时,可采用人工地基加固法,以提高或改善地基的承载能力。常用的人工地基加固法有砂桩法、注浆法等,具体如下:

(1)砂桩法。当软弱地基层较厚时,将钢管或木桩打入基础周围的软弱土层中,然后将桩拔出,灌入干燥的粗砂,进行捣实,达到提高地基土密实度的目的。

(2)静力压浆法。墩台基础之下,向墩台中心处斜向钻孔或打入压浆管,通过管孔及孔眼,在一定压力下将水泥浆、化学浆等注入土层中,通过浆液凝固,把原有松散土固结为有一定强度和防渗能力的整体,从而加固地基,提高地基承载力,如图 10-21 所示。

(3)高压旋喷注浆法。在墩台基础周边,用钻机将旋喷注浆管置于预计的地基加固深度,借助注浆管的旋转和提升运动,用一定压力从喷嘴中喷射液流,冲击土体,把土和浆液搅拌成混合体,固结后与原基础联成整体,地基承载力得以提高,如图 10-22 所示。

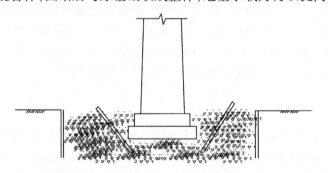
图 10-21　静力压浆法加固地基

图 10-22　高压旋喷注浆法加固地基

附录 1 桥梁检测加固综合实例

一、工程概况

1. 桥梁概况

某桥全桥总长 517m,其中主桥长 245m,为 32.5m + 4×45m + 32.5m 的 6 跨预应力混凝土等高度连续箱梁,箱梁采用单箱单室截面形式,梁高 3m,顶板宽 11m,底板宽 4.8m,顶底板内设高强钢丝预应力束;引桥长 272m,分别为北侧 10×16m 及南侧 7×16m 钢筋混凝土简支 T 梁桥跨,桥面总宽为 12.25m;下部结构为双柱式桥墩,框架桥台,钻孔灌注桩基础;主桥箱梁竖曲线半径 $R = 10\,000\mathrm{m}$,两侧引桥采用 ±3% 的双向纵坡,桥面横向设 1.0% 的单向横坡。

该桥建成于 1983 年,设计荷载标准为"汽车-20 级、挂车-100"。随着交通量的增长,1994 年在该桥上游侧扩建了一幅新桥,并将旧桥桥面拓宽加固改造。拓宽改造后,主桥箱梁和引桥 T 梁翼板加宽 50cm,并增设斜撑加固,取消单侧人行道,并将桥面车行道由原 9.0m(两车道)拓宽为 10.0m(三车道)。大桥现状总体布置图及横断面布置图如附图 1、附图 2 所示。

2. 检测需求

该桥经过近 30 年的运营后,实际交通量显著增大,桥梁长期处于超负荷运营状态,近几年,在桥梁的养护巡查过程中,发现桥梁各部位存在明显的病害,诸如上部承重结构出现受力裂缝、桥面系破损严重、桥梁的振动响应过大等;部分病害对桥梁的运营安全、结构的耐久性及行车的舒适性均造成了严重的影响;为检验该桥的承载能力及使用性能,根据桥型特点、现场条件及病害初步检查结果,对该桥进行了全面系统的检测评估。

二、病害检查及无损检测

1. 病害检查

大桥的外观病害检查与状态评估主要根据《公路桥涵养护规范》(JTG H11—2004)实施;经过详细的病害检查,按照大桥的桥面系、上部结构及下部结构划分对全桥各部件主要病害汇总及部件评级如附表 1 所示。根据表中病害情况及评级结果,该桥总共划分为 14 个主要部

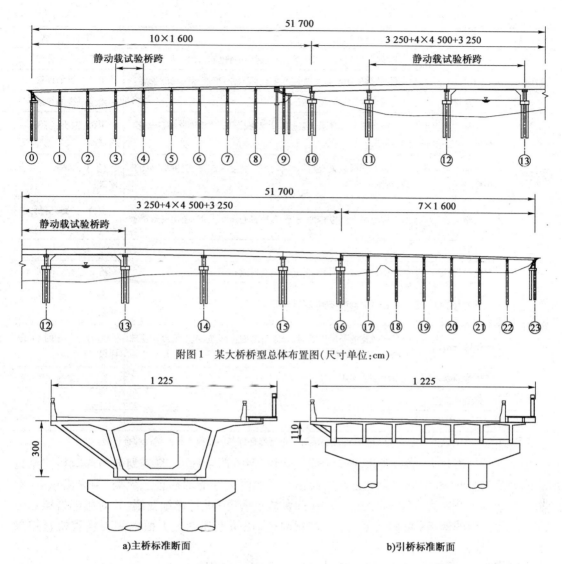

附图1 某大桥桥型总体布置图(尺寸单位:cm)

a)主桥标准断面 b)引桥标准断面

附图2 横断面布置图(尺寸单位:cm)

件,其中被评定为四类(差的)的部件有人行道、栏杆护栏及上部主要承重构件等3项,被评定为三类(较差)的部件有桥面铺装、伸缩缝、支座、锥坡护坡、桥墩及基础等5项,被评定为二类(良好)及一类(完好)的部件有剩余的6项。

全桥各部件主要病害汇总及部件评级表　　附表1

部位划分	部件名称	病害总述	部件评级
桥面系	桥面铺装	全桥混凝土桥面铺装普遍横向及纵向开裂、引桥各墩顶横向开裂、局部坑槽、骨料严重外露	给予三类的评级
	桥头平顺	桥头平顺状况尚好,由于伸缩缝发生变形,存在中度跳车现象	给予二类的评级
	伸缩缝	全桥伸缩缝均出现不同程度的堵塞;部分伸缩缝橡胶带变形损坏严重	给予三类的评级
	人行道	普遍存在开裂、破损病害;人行道悬挑梁部位局部破损露筋严重	给予四类的评级

续上表

部位划分	部件名称	病害总述	部件评级
桥面系	栏杆、护栏	全桥栏杆破损、露筋严重,部分区段栏杆向外倾斜、松动	给予四类的评级
	照明、标志	照明完好,桥头设置桥铭及限载标志牌,车道标线局部脱落	给予二类的评级
	排水设施	桥面排水设施尚属完好	给予一类的评级
上部结构	上部主要承重构件	主桥箱梁开裂严重,裂缝宽度严重超限;引桥T梁裂缝较多,裂缝宽度尚未超限	主桥:四类;引桥:三类;综合:四类
	上部一般承重构件	主桥箱梁横隔梁及斜撑开裂,裂缝宽度未超限;引桥横隔梁开裂,斜撑未开裂	给予二类的综合评级
	支座	主桥支座钢垫板锈蚀,引桥支座普遍压缩变形、老化失效严重	主桥:二类;引桥:三类;综合:三类
下部结构	翼墙、耳墙	—	—
	锥坡、护坡	0#桥台护坡横向开裂,局部掏空形成孔洞	给予三类的评级
	桥台及基础	桥台表面局部破损,轻微露筋	给予二类的综合评级
	桥墩及基础	存在较宽的环形施工缝,盖梁普遍破损露筋,水下承台及基础冲刷、露筋及露骨料严重	给予三类的综合评级
	地基冲刷	全桥地基冲刷现象不明显	给予二类的评级
	调治构造物	—	—
其他	—	—	—

注:①表中"—"代表该桥无此部件;②综合评级表示对于重要部件以其中缺损严重的构件综合评级。

由于该桥规模较大,病害类型较多,根据不同病害的严重程度,将其划分为影响桥梁结构承载能力及安全性能、影响桥梁运营使用及影响结构耐久性能的病害三大类,为突出重点,对影响桥梁结构承载能力及安全性能的病害(简称重点病害)进行详细介绍,并对影响桥梁运营使用及耐久性能的病害(简称其他病害)进行简述,该桥上述两大方面的主要病害检查结果如下。

1)重点病害

(1)主桥箱梁裂缝

主桥10~16号轴各跨箱梁存在严重的影响结构受力及安全性的裂缝病害,包括箱梁腹板及底板横向受力裂缝、箱梁腹板斜向剪切裂缝及顶板中部纵向裂缝,其中尤其以箱梁跨中区域的腹板及底板横向受力裂缝最为严重,其最大裂缝宽度达到1.50mm,已经严重超过规范限值,对桥梁安全运营构成严重威胁。另外箱梁内横隔梁存在竖向裂缝,箱梁外侧翼板加固的斜撑存在横(环)向裂缝,箱梁裂缝病害汇总如附表2所示。

(2)引桥T梁裂缝

引桥各跨16m简支T梁腹板均普遍存在弯曲受力裂缝,最大裂缝宽度0.20mm,大部分裂缝宽度均在0.20mm以下;各跨T梁$L/4$截面附近出现少量弯剪裂缝,最大裂缝宽度0.12mm,尚未超出规范允许限值;各桥跨1号边T梁曾进行过加固改造,边T梁外侧翼板的宽度也加宽了50cm,边梁腹板及翼板也进行了加厚或加宽处理,导致边T梁左腹板跨中附近出现较多的弯曲受力及混凝土收缩综合裂缝,最大裂缝宽度为0.15mm,而边T梁外侧翼板出现较多的内宽外窄的混凝土收缩裂缝。引桥T梁裂缝病害汇总如附表3所示。

主桥箱梁裂缝病害汇总表

附表2

病害类型	病害具体描述	病害示意图
箱梁腹板及底板横向裂缝	11～12号轴与14～15号轴跨中附近箱梁内外侧底板及腹板出现两条明显的横向受弯裂缝，裂缝形态下宽上窄，其中14～15号轴箱梁跨中附近最大裂缝宽度达到1.5mm，远超出规范允许限值，且裂缝已基本沿横向贯通；13～14号轴跨中附近箱梁外侧底腹板出现两条受弯裂缝，裂缝形态下宽上窄，最大缝宽为0.35mm，已超出规范允许限值，但裂缝尚未完全贯通	11号墩 — 12号墩：翼板／腹板 1.40、0.90、0.37／底板 1.00、1.25／腹板 0.50、0.64／翼板；14号墩 — 15号墩：翼板／腹板 0.22、0.90／底板 0.38、1.50／腹板 0.25、0.46／翼板
箱梁腹板斜向剪切裂缝	11～16号轴各跨箱梁靠近支点附近腹板均出现不同程度的斜向剪切裂缝，裂缝形态中宽端窄，最大裂缝宽度为0.38mm，已超出规范允许限值	11号墩 — 12号墩：翼板／腹板 0.22、0.15／底板／腹板 0.12、0.24／翼板；14号墩 — 15号墩：翼板／腹板 0.15、0.12／底板／腹板 0.25、0.18／翼板
箱梁顶板纵向裂缝	10～16号轴箱梁顶板出现数量较多不连续的纵向裂缝，最大裂缝宽度0.18mm，分布于箱梁顶板的横向中部位置，尚未超出规范限值	13号墩 — 14号墩：翼板／顶板 0.12、0.10、0.08、0.20、0.18、0.12、0.15、0.08／翼板
箱梁横隔板竖向裂缝	箱梁内大部分横隔板均存在少量竖向裂缝，最大裂缝宽度0.25mm，已达到规范允许限值	截面图，高300，底宽480，裂缝宽度0.18、0.22、0.10、0.07、0.05
斜撑横(环)向裂缝	10～16号轴箱梁加固翼板的各根斜撑均出现不同程度的横(环)向开裂，斜撑最大裂缝宽度0.12mm，尚未超出规范限值	截面图，高300，底宽480，裂缝宽度0.10、0.10、0.07、0.12、0.05

引桥T梁裂缝病害汇总表　　　　　　　附表3

病害类型	病害具体描述	病害示意图
引桥T梁腹板弯曲受力裂缝	引桥各跨T梁均出现不同程度的受弯裂缝,最大裂缝宽度0.20mm,大部分裂缝宽度均在0.20mm以下,尚未超出规范允许限值	3号墩—2号梁—4号墩（侧面/底面/腹板，宽度0.08、0.20、0.10、0.12、0.16、0.05等）；18号墩—3号梁—19号墩（0.08、0.10、0.05、0.05、0.16、0.13、0.18等）
T梁L/4截面弯剪裂缝	引桥各跨T梁L/4截面附近出现少量弯剪斜向裂缝,最大裂缝宽度0.12mm,尚未超出规范允许限值	3号墩—3号梁—4号墩（0.05、0.12、0.05、0.07、0.06、0.08等）；18号墩—6号梁—19号墩（0.08、0.03、0.10、0.05、0.05、0.08等）
边梁腹板及翼板受力及收缩裂缝	边T梁左腹板跨中附近出现较多的受弯及混凝土收缩综合裂缝,最大裂缝宽度为0.15mm,边T梁外侧翼板出现较多的内宽外窄的混凝土收缩裂缝	18号墩—1号边梁—19号墩（左翼板0.10、0.15、0.08；侧面0.08、0.13、0.10；底面0.06）

2) 其他病害

其他病害为影响桥梁使用性能及耐久性能方面的病害和缺陷,包括梁体表面缺陷、桥面铺装、人行道害、栏杆及护栏、支座及伸缩缝病害等方面,具体如附表4所示。

大桥其他病害汇总表　　　　　　　附表4

病害类型	病害具体描述
梁体混凝土表面缺陷	主桥箱梁、引桥T梁梁体及下部结构墩台混凝土表面存在不同程度的破损、露筋,蜂窝麻面,被车船刮损等缺陷
墩台混凝土表面缺陷	下部墩台盖梁普遍存在破损露筋,个别墩柱存在较宽的环形施工缝,水下承台及基础冲刷、露筋及露骨料严重
桥面铺装病害	全桥混凝土桥面铺装普遍存在横向及纵向开裂,引桥各墩顶横向开裂、局部坑槽、骨料严重外露
人行道病害	全桥人行道板大面积开裂、破损、残缺；人行道悬挑梁部位局部破损露筋严重
栏杆及护栏病害	全桥钢筋混凝土栏杆20%以上破损、露筋锈蚀,其中11~12号轴栏杆向外倾斜及局部破损、松动
支座病害	主桥10~16号轴大部分氯丁橡胶支座钢垫板锈蚀严重;引桥T梁板式橡胶支座普遍存在压缩变形严重、老化失效的严重病害
伸缩缝病害	0号、16号、23号轴伸缩缝出现不同程度的堵塞;0号轴伸缩缝橡胶带变形损坏破损严重;10号、16号人行道部位伸缩缝橡胶带变形脱落

3)技术状况评定

根据《公路桥梁养护规范》(JTG H11—2004)的有关规定,对该桥全桥技术状况评定结果如附表5所示,经综合评定,全桥技术状况评分 D_r 为44.21,技术状况等级评定为三类(较差),根据桥梁实际病害及规范规定,需要进行大修加固处理,并酌情实施交通管制。

全桥技术状况等级评定表　　　　　　　　　　　附表5

序 号	部 件 名 称	推荐权重 W_i	评定标度 R_i	技 术 状 况
1	锥坡、护坡	1.05	3	较差
2	桥台及基础	24.21	2	良好
3	桥墩及基础	25.26	3	较差
4	地基冲刷	8.42	2	良好
5	支座	3.16	3	较差
6	上部主要承重构件	21.05	4	差的
7	上部一般承重构件	5.26	2	良好
8	桥面铺装	1.05	3	较差
9	桥头平顺	3.16	2	良好
10	伸缩缝	3.16	3	较差
11	人行道	1.05	4	差的
12	栏杆、护栏	1.05	4	差的
13	照明、标志	1.05	2	良好
14	排水设施	1.05	1	完好
桥梁总体评分:		44.21	技术评定等级:	三类(较差)
总体养护措施			进行大修加固,酌情进行交通管制	

注:将该桥缺损部件权重5分按其他部件原有权值的比例进行分配,即推荐权重=原有权重×100/95

2. 无损测试

1)回弹法测试混凝土强度

根据《回弹法检测混凝土抗压强度技术规程》(JGJ/T 23—2001),采用回弹法对该桥主桥箱梁、引桥T梁及下部桥墩盖梁混凝土强度进行检测,本次检测按批量检测桥梁构件,每种构件挑选10个回弹测区,每个测区尺寸约为200mm×200mm,测区的大小以能容纳16个回弹测点为宜。

混凝土强度的推定步骤:采用统一测强曲线,得出各回弹测区的混凝土强度换算值、标准差及混凝土强度推定值。各测区混凝土强度测试结果如附表6所示。

大桥各测区混凝土强度值测试结果(MPa)　　　　　　　　　　　附表6

测试构件	测 区	1	2	3	4	5	6	7	8	9	10
主桥箱梁	混凝土强度换算值	57.6	52.5	47.0	49.0	47.6	51.3	54.5	43.6	54.1	45.5
	平均强度换算值	50.3		标准差		4.46		强度推定值		42.9	
引桥T梁	混凝土强度换算值	49.1	43.1	41.5	51.3	50.9	40.9	42.6	45.6	41.7	50.7
	平均强度换算值	45.7		标准差		4.32		强度推定值		38.6	
桥墩盖梁	混凝土强度换算值	44.4	46.1	41.8	48.8	43.5	40.8	36.9	40.8	41.4	40.0
	平均强度换算值	42.5		标准差		3.37		强度推定值		36.9	

混凝土强度检测结果表明,主桥箱梁、引桥 T 梁及桥墩盖梁各测区的混凝土强度推定值分别为 42.9MPa、38.6MPa 及 36.9MPa。

2）混凝土碳化深度检测

对于各回弹区域,在混凝土表面凿开直径为 15mm 的孔洞,清除洞中的粉末和碎屑后,立即用 1% 的酚酞酒精溶液滴在孔洞内壁的边缘处,然后用塞尺测量碳化深度值,准确至 0.5mm。该桥混凝土测区碳化深度测试结果如附表 7 所示。检测结果表明,各测试构件测区的混凝土平均碳化深度在 4.5～7.5mm 的范围。

混凝土碳化深度及保护层厚度测试结果　　　　　　　　　　　附表 7

构件名称	碳化深度（mm）	保护层厚度（mm）	碳化深度/保护层厚度
箱梁腹板	5.0	38.9	0.13
箱梁底板	6.0	23.3	0.26
T 梁腹板	4.5	31.3	0.14
横隔梁	5.5	23.8	0.23
桥墩盖梁	7.5	45.8	0.16

3）钢筋保护层厚度测试

钢筋的混凝土保护层厚度主要测试结果如附表 7 所示。保护层厚度检测结果表明,该桥箱梁及 T 梁腹板、桥墩盖梁的混凝土保护层厚度满足规范要求,箱梁底板及引桥横隔梁的混凝土保护层厚度不满足规范要求。

4）钢筋直径及分布测试

对全桥上、下部结构 18 个测区进行了钢筋的直径及分布测试,测试结果表明：该桥各测区混凝土结构内钢筋分布和直径基本满足设计及规范要求。

5）钢筋锈蚀状况测试

采用自然电位法、通过钢筋锈蚀分析仪检测钢筋锈蚀状况,主要测试结果如附表 8 所示。钢筋锈蚀状况检测结果表明：该桥箱梁底板测区钢筋出现轻度锈蚀,桥墩盖梁测区钢筋出现中度锈蚀,其他箱梁底板、T 梁腹板及引桥横隔梁的测区钢筋无明显锈蚀。

桥梁各测区的钢筋锈蚀电位　　　　　　　　　　　附表 8

测区名称	箱梁腹板	箱梁底板	T 梁腹板	横隔梁	桥墩盖梁
钢筋自然电位值（mV）	－165	－212	－178	－155	－251
锈蚀状况	无明显锈蚀	轻度锈蚀	无明显锈蚀	无明显锈蚀	中度锈蚀

注：①所有测位均位于混凝土表面完好部位。
　　②钢筋锈蚀电位取值同一测位各测区计算值的最高值。

三、静动载试验

1. 主桥静动载试验

1）设计活载内力计算

大桥主桥为六跨预应力混凝土等高度连续箱梁,建立了主桥的空间梁单元有限元计算模型,模型共划分为 161 个节点和 160 个梁单元,如附图 3 所示。采用动态规划加载法进行桥梁的设计活载及试验荷载内力、试验荷载反应和自振特性的分析计算。主桥设计活载弯矩包络图如附图 4 所示。

a) 主桥整体计算模型　　　　　　b) 计算模型节段大样

附图3　主桥六跨连续梁计算模型

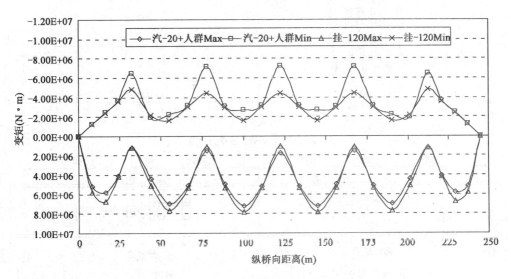

附图4　主桥设计活载弯矩包络图

2) 静载试验方案

(1) 加载效率

根据大桥的外观病害检查结果、分析计算结果及现场条件选取了大桥的11~13号轴两跨作为主桥静载试验对象,如附图1所示。经详细的分析计算,采用5辆总重350 kN重车、分8个阶段加载,加载方式为单次逐级递加到最大荷载,然后逐级卸到零级荷载,以使3个控制截面的加载效率达到要求。在5台重车试验荷载作用下,控制截面控制内力值及加载效率如附表9、附图7所示。

控制截面试验弯矩及加载效率(N·m)　　　　　　　附表9

控制截面	截面位置	加载级别	加载目的	设计值	试验值	加载效率(%)
A—A	11~12号跨中	1~3	最大正弯矩	6.96E+06	6.32E+06	90.8
B—B	12号轴支点	3~5	最大负弯矩	−7.19E+06	−6.29E+06	87.5
C—C	12~13号跨中	6~8	最大正弯矩	7.21E+06	6.42E+06	89.0

(2) 加载程序

加载汽车布置的载位及加载受力如附图5所示,试验荷载的加载程序如下:

①工况一:使11~12号跨中截面处正弯矩达到加载效率。

1级加载:一台重350kN重车在11~12号跨中偏载布置,车后轴距离跨中3.0m。

2级加载:一台重350kN重车在11~12号跨中偏载布置,车后轴位于跨中线。

3级加载:一台重350kN重车在11~12号跨中居中布置,车后轴距离跨中3.0m。

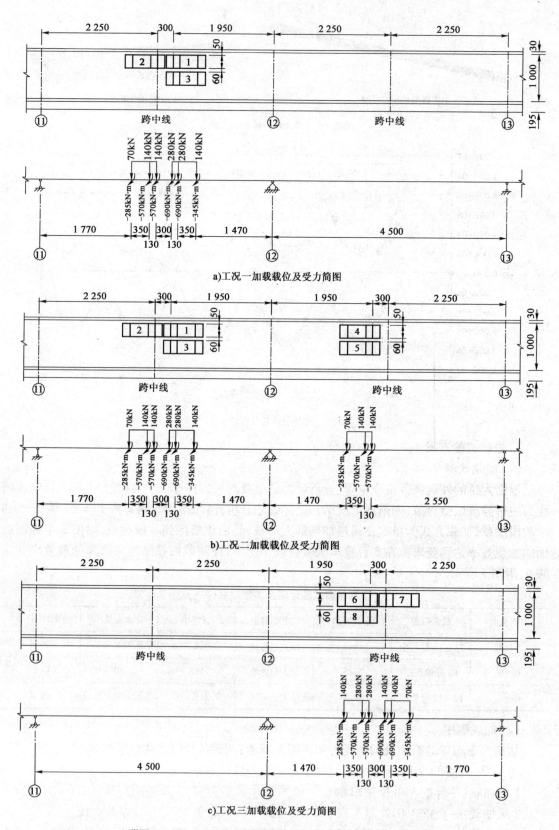

附图5 工况一~工况三试验加载载位及受力简图(尺寸单位:cm)

②工况二:使 12 号支点截面处负弯矩达到加载效率。

4 级加载:一台重 350kN 重车在 12~13 号跨中偏载布置,车后轴距离跨中 3.0m。

5 级加载:一台重 350kN 重车在 12~13 号跨中居中布置,车后轴距离跨中 3.0m。

③工况三:使 12~13 号跨中截面处正弯矩达到加载效率。

6 级加载:依次撤离工况 1~3 的 3 辆重车,保留阶段 4 所加的一台重车。

7 级加载:一台重 350kN 重车在 12~13 号跨中偏载布置,车后轴位于跨中线。

8 级加载:一台重 350kN 重车在 12~13 号跨中居中布置,车后轴距离跨中 3.0m。

④卸载阶段。

阶段 9:将 12~13 号跨中加载的 3 辆重车依次撤离。

(3)量测方案

试验内容包括梁体挠度测试和应变测试两个方面,挠度测试截面选取试验桥跨的跨中、$L/4$ 及支点等关键截面,共计布设 13 个变形测点,如附图 6 所示,挠度测量采用二等水准测量,测试精度为 0.1mm。应变测试选取 11~12 号跨中、12 号支点及 12~13 号跨中等 3 个截面,每个截面布置 7 个应变测点,应变测试方案如附图 7 所示,应力测试采用钢弦式应变计。量测内容为各级试验荷载下的相对变形、相对应变及卸载后的残余值。

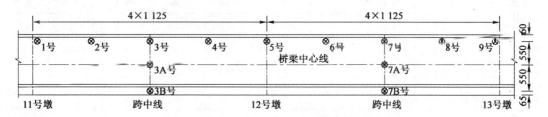

附图 6　主桥变形测点布置(尺寸单位:cm)

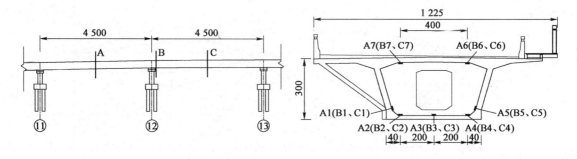

附图 7　主桥应变测点布置(尺寸单位:cm)

3)静载试验结果

(1)挠度测试结果

各加载阶段满载时挠度实测值与理论值对比如附表 10 所示。各满载阶段实测和理论挠度对比曲线如附图 8 所示。各加载阶段满载阶段下,11~12 号桥跨主要测点挠度校验系数在 0.82~1.37 的范围,不能满足《大跨径混凝土桥梁的试验方法》要求;12~13 号桥跨主要测点挠度校验系数在 0.50~0.75 的范围,能够满足《大跨径混凝土桥梁的试验方法》中 $\beta < S_e/S_{stat} \leq \alpha$ ($\alpha = 1.05, \beta = 0.70$) 的要求。

满载阶段各试验桥跨实测跨中最大挠度值分别为 7.2mm 和 4.4mm,均能满足《公路钢筋混凝土及预应力混凝土桥涵设计规范》关于梁式桥竖向挠度允许限值$[f] \leq L/600 = 75mm$的要求。

主桥挠度实测值与理论值比较(mm)　　　　　　　附表10

测点编号	截面位置	工况一(3级加载)			工况二(5级加载)			工况三(8级加载)		
		实测值	理论值	校验系数	实测值	理论值	校验系数	实测值	理论值	校验系数
1号	11号墩顶	-0.7	0		-0.7	0		0.1	0	
2号	L/4	-3.9	-3.6	1.08	-3.3	-2.9		0.6	0.9	
3号	L/2	-7.2	-6.1	1.18	-6.2	-4.9	1.27	1.4	1.3	
3A号		-5.4	-5.3	1.02	-4.8	-4.2	1.14	1.3	1.5	
3B号		-3.7	-4.5	0.82	-3.2	-3.5	0.91	1.8	1.6	
4号	3L/4	-4.9	-4.1	1.2	-4.1	-3.0	1.37	1.0	1.2	
5号	12号墩顶	-1.0	0		-0.9	0	—	-0.1	0	
6号	L/4	0.6	1.2		-0.8	-1.2	0.67	-2.9	-4.2	0.69
7号	L/2	0.6	1.6		-1.3	-2.2	0.59	-4.4	-6.2	0.71
7A号		2.2	1.5		-1.0	-1.9	0.53	-3.7	-5.5	0.67
7B号		2.5	1.3		-0.8	-1.6	0.5	-2.4	-4.8	0.5
8号	3L/4	0.3	0.9		-0.8	-1.3		-2.7	-3.6	0.75
9号	13号墩顶	-0.6	0		-0.7	0		0	0	

注：挠度实测值为已考虑残余值的弹性挠度值。

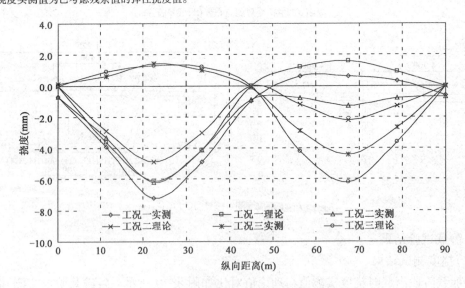

附图8　各满载阶段实测挠度曲线与理论挠度曲线对比

(2)应变测试结果

各加载阶段满载时应变实测值与理论值对比如附表11所示。各加载阶段满载阶段下，A截面各主要测点应变校验系数在0.71~0.91的范围，B截面各主要测点应变校验系数在0.57~0.86的范围，C截面各主要测点应变校验系数在0.67~0.79的范围，均能满足《大跨径混凝土桥梁的试验方法》中 $\beta < S_e/S_{stat} \leq \alpha$（$\alpha=1.05, \beta=0.70$）的要求。

主桥应变实测值与理论值比较（$\mu\varepsilon$）　　　　附表11

截面	测点位置	工况一(3级加载)			工况二(5级加载)			工况三(8级加载)		
		实测值	理论值	校验系数	实测值	理论值	校验系数	实测值	理论值	校验系数
A-A	梁底板上缘	51	56	0.91	36	47		-8	-12	
	梁顶板下缘	-15	-21	0.71	-12	-17		6	5	
	梁腹板下部	38	46	0.83	20	39		-7	-10	
B-B	梁底板上缘	-34	-32		-40	-55	0.73	-14	-33	
	梁顶板下缘	7	12		18	21	0.86	8	12	
	梁腹板下部	-20	-27		-26	-46	0.57	-16	-28	
C-C	梁底板上缘	-5	-12		16	23		44	56	0.79
	梁顶板下缘	3	5		-7	-8		-14	-21	0.67
	梁腹板下部	-5	-10		12	19		36	47	0.77

注：应变实测值为已考虑残余值的弹性应变值。

(3) 残余应变和变形

试验结束前对检测桥跨进行了残余变形和残余应变观测，11~12号桥跨跨中截面的最大残余挠度 -0.2mm、最大残余应变 -3$\mu\varepsilon$，与该跨跨中相应的最大挠度 -7.4mm、最大应变 48$\mu\varepsilon$，残余值与相应的最大值的绝对值比值分别为0.03和0.06，均能满足《大跨径混凝土桥梁的试验方法》中 $S_p/S_{tot} \leq \alpha_l$（$\alpha_l=0.2$）的要求。

(4) 裂缝情况

试验前选择了长度及宽度较大的几条主要裂缝进行了参数和状态测试，在整个试验加载过程中，采用裂缝计及裂缝测宽仪对被监测裂缝进行适时监测，监测结果表明：在试验过程中，检测桥跨未产生肉眼可见的新裂缝出现，箱梁既有裂缝宽度发生了明显的扩展，卸载后少部分宽度过大的裂缝短期内未能复原。

4) 动载试验结果

(1) 试验内容及方法

动载试验用一辆100kN的汽车以跳车和跑车的方式为激振源，采用DASP动态信号采集分析仪、加速度传感器及电荷放大器等仪器进行数据的采集和分析。动态测试的加速度传感器布设于主桥11~13号桥跨的 $L/2$ 和 $L/4$ 等截面。

(2) 测试结果

该桥主桥动力特性试验结果如附表12所示，综合动载试验各测试阶段结果，主桥实测阻尼比 ξ 为0.0086~0.0261，测试值处于同类型桥梁常值范围偏低区间。实测一阶自振频率为3.17Hz，而对应的理论计算一阶频率为3.31Hz。各动载测试阶段实测频率均小于理论计算值，表明主桥的实际刚度偏弱，振动响应偏大，行车性能较差。

主桥动力特性试验结果　　　　附表12

测试阶段	理论值	地脉动	跳车	20km/h跑车	40km/h跑车
自振频率(Hz)	3.31	3.27	3.03	3.22	3.17
阻尼比 ξ(%)	—	0.86	2.61	2.46	1.76

2. 引桥静动载试验

1）设计活载内力计算

大桥引桥为16m跨径普通钢筋混凝土T梁,建立了引桥的空间梁单元有限元计算模型,模型共划分为102个节点和189个梁单元。采用动态规划加载法进行桥梁的设计活载及试验荷载内力、试验荷载反应和自振特性的分析计算。引桥单片梁控制截面设计活载弯矩汇总如附表13所示。

引桥单片T梁控制截面设计活载弯矩（N·m）　　　　附表13

截　面	汽-20+人群	挂-100	控　制　值
$L/4$	4.69E+05	5.32E+05	5.32E+05
$L/2$	6.18E+05	7.36E+05	7.36E+05
$3L/4$	4.72E+05	5.35E+05	5.35E+05

2）静载试验方案

（1）加载效率

根据大桥的外观病害检查结果、分析计算结果及现场条件选取了大桥的3~4号桥跨作为引桥静载试验对象,如附图1所示。经分析计算,采用3辆总重300 kN重车、分3级加载,加载方式为单次逐级递加到最大荷载,然后逐级卸到零级荷载,从而使跨中截面的加载效率达到要求。在设计荷载等级汽车-20级、挂车-100及3台重车试验荷载作用下,各片T梁满载阶段下控制截面内力及加载效率如附表14所示。

T梁跨中截面弯矩及加载效率（N·m）　　　　附表14

T梁编号	设　计　值	试　验　值	加载效率（%）
1号	7.36E+05	6.62E+05	89.9
2号		5.39E+05	73.2
3号		4.49E+05	61.0
4号		3.44E+05	46.7

（2）加载程序

加载的试验荷载程序如下：

1级加载：一台重300kN重车在3~4号跨中偏载布置,车后轴距离跨中1.5m。

2级加载：一台重300kN重车在3~4号跨中偏载布置,车后轴距离跨中1.5m。

3级加载：一台重300kN重车在3~4号跨中居中布置,车后轴距离跨中1.5m。

卸载阶段：将3~4号跨中加载的3辆重车依次撤离。

（3）量测方案

试验内容包括梁体挠度测试和应变测试两个方面,挠度测试截面选取试验桥跨的跨中、$L/4$及支点等关键截面；应变测试选取3~4号跨中截面,在各片T梁底布置应变测点。量测内容为各级试验荷载下的相对变形、相对应变及卸载后的残余值。

3）静载试验结果

（1）挠度测试结果

加载阶段满载时挠度实测值、理论值及主要测点挠度校验系数汇总如附表15所示。满载阶段下,3~4号桥跨主要测点挠度校验系数在0.72~0.93的范围,能够满足《大跨径混凝土桥梁的试验方法》中 $\beta < S_e/S_{stat} \leq \alpha$ ($\alpha = 1.05, \beta = 0.70$) 的要求。

满载阶段各试验桥跨实测跨中最大挠度值分别为 5.6mm，均能满足《公路钢筋混凝土及预应力混凝土桥涵设计规范》关于梁式桥竖向挠度允许限值 $[f] \leq L/600 = 26.7$mm 的要求。

3 级加载挠度实测值、理论值及校验系数汇总　　　　　　　　　附表 15

测点编号	截面位置	实测值(mm)	理论值(mm)	校验系数
1 号		-0.9	0.0	—
2 号	$L/4$	-4.1	-4.4	0.93
3 号	$L/2$	-5.6	-6.4	0.88
4 号	$3L/4$	-4.0	-4.6	0.87
5 号	4 号墩顶	-0.5	0.0	—

(2) 应变测试结果

加载阶段满载时应变实测值、理论值及校验系数汇总如附表 16 所示。在满载阶段下，跨中截面各测点应变校验系数在 0.46 ~ 0.90 的范围，能满足《大跨径混凝土桥梁的试验方法》中 $\beta < S_e/S_{stat} \leq \alpha$ ($\alpha = 1.05, \beta = 0.70$) 的要求。从主梁应变测点的实测值与理论值对比数据可以看出，各片 T 梁的横向整体性较差，单梁受力现象明显。

3 级加载应变实测值、理论值及校验系数汇总　　　　　　　　　附表 16

测点编号	测点位置	实测值($\mu\varepsilon$)	理论值($\mu\varepsilon$)	校验系数
1 号	跨中 1 号梁底	112	188	0.60
2 号	跨中 2 号梁底	155	173	0.90
3 号	跨中 3 号梁底	113	159	0.71
4 号	跨中 4 号梁底	89	138	0.64
5 号	跨中 5 号梁底	49	106	0.46
6 号	跨中 6 号梁底	39	74	0.53
7 号	跨中 7 号梁底	24	42	0.57

(3) 残余应变和变形

试验结束前对检测桥跨进行了残余变形和残余应变观测，11 ~ 12 号桥跨跨中截面的最大残余挠度 0.1mm、最大残余应变 $4\mu\varepsilon$，与该跨跨中相应的最大挠度 -5.5mm、最大应变 $159\mu\varepsilon$，残余值与相应的最大值的绝对值比值分别为 0.02 和 0.03，均能满足《大跨径混凝土桥梁的试验方法》中 $S_p/S_{tot} \leq \alpha_l$ ($\alpha_l = 0.2$) 的要求。

(4) 裂缝情况

裂缝监测结果表明，在试验过程中，检测桥跨未产生肉眼可见的新裂缝出现，但梁体既有裂缝宽度均有所扩展，最大裂缝宽度均未超出规范限值，但卸载后绝大部分裂缝宽度能够恢复原状。

4) 动载试验结果

引桥 3 ~ 4 号桥跨动力特性试验结果如附表 17 所示，综合动载试验各测试阶段结果，引桥实测阻尼比 ξ 为 0.007 2 ~ 0.017 1，测试值处于同类型桥梁常值范围偏低区间。实测一阶自振频率为 7.42Hz，而对应的理论计算一阶频率为 7.68Hz。各动载测试阶段实测频率均小于理论计算值，表明主桥的实际刚度偏弱，振动响应偏大，行车性能一般。

引桥动力特性试验结果　　　　　　　　　　　　　　　附表17

测试阶段	理论值	地脉动	跳车	20km/h跑车	40km/h跑车
自振频率(Hz)	7.68	7.57	7.03	7.47	7.42
阻尼比 ξ(%)	—	0.88	1.71	1.64	0.72

四、检测评定结论及建议

通过对该桥进行系统全面的检查、检测工作,并仔细审查该桥的全部设计竣工、历史改造加固及其他养护资料,可得出以下结论与建议:

(1)外观检查结果表明:该桥外观总体状况较差,根据《公路桥涵养护规范》(JTG H11—2004),全桥技术状况评分 Dr 为 44.21,总体技术状况等级评定为三类(较差)。桥梁各部件中,被评定为四类(差的)病害非常严重的部件有人行道、栏杆护栏及上部主要承重构件等 3 项;被评定为三类(较差)病害较为严重的部件有桥面铺装、伸缩缝、支座、锥坡护坡、桥墩及基础等 5 项,被评定为二类(良好)及一类(完好)的部件有其他 6 项。根据规范及桥梁实际病害情况,需要对大桥进行大修加固处理。

(2)无损检测结果表明:①各混凝土构件测区的强度推定值在 36.9~42.9MPa 的范围;②各构件混凝土表面的平均碳化深度在 4.5~7.5mm 的范围,主桥箱梁底板及引桥横隔梁的混凝土保护层厚度不满足规范要求,其他构件测区保护层厚度满足规范要求;③各测区混凝土结构内钢筋分布和直径基本满足设计及规范要求;箱梁底板测区钢筋出现轻度锈蚀,桥墩盖梁测区钢筋出现中度锈蚀,其他构件测区钢筋无明显锈蚀。

(3)主桥静载试验测试数据表明:主桥的挠度校验系数超过《大跨径混凝土桥梁的试验方法》的限值,试验过程中既有裂缝明显扩展,裂缝宽度严重超出规范限值,刚度明显不足,强度储备偏低,主要检测指标不满足规范要求,主桥的承载能力及正常使用性能不能满足汽车-20级和挂车-100设计荷载等级的要求。

(4)引桥静载试验测试数据表明:引桥的静力工作性能尚可,检测指标基本满足规范的要求,在试验过程中既有裂缝有所扩展,但裂缝宽度均未超过规范限值,结构基本处于线性工作状态,桥梁的承载能力和正常使用性能基本能满足汽车-20级和挂车-100的设计荷载等级的要求,但其横向整体性较差,承载潜力偏低。

(5)动载试验测试数据表明:主桥及引桥的实际刚度均较弱,均属于偏小阻尼振动,振动响应偏大,行车性能较差。

综上所述:该桥承载能力不满足汽车-20级和挂车-100设计荷载等级的要求,使用性能及耐久性较差,其技术状况评定为三类较差状态,桥梁上部承重结构等主要部件存在非常严重的病害;鉴于该桥位于重要路段,交通繁忙,重车较多,为此,建议采取如下大修加固措施:

(1)鉴于该桥承载力不足,病害比较严重,且桥面系状况较差,行车响应大,建议立即采取限载及限速措施,以免既有病害的进一步恶化。

(2)对主桥采用布设体外预应力束、增大截面及粘贴钢板等方法进行加固,以恢复主桥的承载能力;对引桥 T 梁采用粘贴钢板的方法进行加固,加固前对梁体裂缝采用表面封闭或化学灌浆的方法进行修补。

(3)对桥梁其他病害,诸如结构混凝土表明缺陷、桥面铺装开裂坑槽、伸缩缝损坏、支座变形锈蚀、人行道板破损、栏杆护栏破损露筋等病害进行大修处理,以保证桥梁的正常使用功能及耐久性能。

五、加固维修方案

1. 加固设计原则及标准

1)加固设计原则

根据该桥原设计荷载标准、实际病害情况及耐久性要求,加固设计主要从恢复该桥上部结构承载能力恢复入手,遵循利于养护,在满足设计承载力、强度、刚度、必要的安全储备前提下,使该桥的使用性能及耐久性能得到全面的恢复。加固设计的基本原则有以下4点:

(1)保证结构病害得到妥善处理,保证上部结构承载能力恢复到设计荷载标准。

(2)充分考虑方案的有效性、合理性及经济性,同时考虑结构的承载潜能。

(3)尽量减少对既有交通的影响,充分考虑疏导方案对工程本身、社会及环境的影响。

(4)兼顾结构加固后的耐久性、使用舒适性及整体外观。

2)加固设计标准

由于该桥桥龄较老,承载能力不足,病害较严重,桥梁技术状况较差,桥梁改造拓宽后实际活载有所增加,对该桥加固设计维持原设计荷载标准"汽车-20级、挂车-100"不变。加固方案重在恢复该桥承载能力及使用性能,提高桥梁的安全储备与耐久性能。

2. 病害成因分析

1)主桥箱梁裂缝

(1)主桥箱梁底板及腹板跨中部位较宽的横向裂缝病害,主要为预应力损失、预应力锚固齿板部位构造缺陷及超载等因素造成。

(2)主桥箱梁腹板近支点部位斜裂缝,为桥梁改造后实际荷载偏大、箱梁腹板抗剪承载力不足等因素引起。

(3)箱梁顶板纵向不连续裂缝,为顶板未设横向预应力及腹板间距过大造成顶板横向局部受弯、横向承载力不足所致。

(4)箱梁横隔板及斜撑出现的裂缝病害为箱梁顶板承载力不足导致局部应力过大所致。

(5)引起上述严重的裂缝病害的原因还包括施工质量及原材料性能的退化等因素。

2)引桥T梁裂缝

(1)T梁出现的各种受弯裂缝及弯剪裂缝,应为桥梁改造后实际荷载偏大、横向联系较差及原材料性能的退化等因素所致。

(2)引桥T梁外侧斜撑出现的裂缝病害为T梁翼板拓宽引起的局部应力过大所致。

(3)引起T梁裂缝病害的原因还包括施工质量及原材料性能的退化等因素。

3)其他病害

(1)主桥箱梁、引桥T梁及下部墩台混凝土表面缺陷病害,主要为桥龄较老、材料性能的退化、施工质量及车船撞击等因素所致。

(2)引起其他病害(铺装层、伸缩缝、支座、栏杆护栏及人行道板)的主要成因包括:在长期超载负荷下的疲劳负载、上部结构出现的裂缝对桥面板的反射作用、施工质量、温度作用、材性退化及缺乏必要的维修养护等综合作用。

3. 主桥加固计算

1)计算参数

遵循上述加固原则,根据病害产生承压,经过反复比较,综合加固效果、加固技术工艺、经济造价等多方面的因素,主桥加固方案采用:增设体外预应力束+增大腹板截面+底板粘贴钢板+顶板粘贴碳纤维布。为全面准确地分析该桥加固前后的受力性能,建立了该桥的空间杆系有限元计算模型,主要的计算参数如附表18所示。

主要计算参数　　　　　　　　　　　　　　　　　　附表18

设计参数	活载	汽-20(按实际车道布置考虑),挂-100,人群荷载3.5kN/m²
	温度	按整体温升20℃,整体温降20℃,温度梯度15℃考虑其温度效应
材料参数	预应力筋	原桥顶板及底板采用 YB—255—64 标准 $24\times\varphi5$ 高强钢丝 $R_y^b=1600$ MPa,$E=2.1\times10^5$ MPa;张拉控制应力 $\sigma_k=0.75R_y^b$
	体外预应力	拟采用 $12\times\varphi^s15.24$ 钢绞线成品索,$R_y^b=1860$ MPa,$E=1.95\times10^5$ MPa;张拉控制应力 $\sigma_k=0.60R_y^b$,按6束布置考虑
	普通钢筋	按换算截面考虑
	混凝土	原箱梁结构为50号混凝土,新增横隔及腹板增大截面部分采用C40混凝土
	桥面铺装	体外束张拉期间,凿除原桥面铺装层8~18cm混凝土桥面,张拉体外束后,按双向横坡设置C40混凝土桥面铺装

2)计算内容

按《公路钢筋混凝土及预应力混凝土桥涵设计规范》组合Ⅰ~Ⅲ进行承载能力极限状态内力的荷载组合,计算内容包括以下3个方面:

(1)加固前后承载能力极限状态验算。

(2)加固前后结构内力(应力)计算。

(3)加固前后梁体挠度计算。

3)计算结果

(1)加固前后承载能力极限状态验算

按该桥原设计规范(JTJ 023—85)进行承载能力极限状态内力的荷载组合,按照箱梁的配束、配筋进行加固前后截面极限承载力验算,验算结果如附表19、附表20所示。验算结果表明:加固前在组合Ⅰ、组合Ⅲ情况下,支点处负弯矩不满足小于相应的抗弯承载能力,不满足规范要求。加固后跨中、支点截面的抗弯能力大幅提高,抗剪承载能力也有所提升,结构安全储备大大增强。

正截面抗弯极限承载能力验算(N·m)　　　　　　　　　附表19

加固前/后	截面位置	组合Ⅰ	组合Ⅱ	组合Ⅲ	抗弯承载能力	是否满足规范
加固前	跨中	3.00E+07	2.54E+07	2.92E+07	4.51E+07	满足
	支点附近	4.65E+07	3.84E+07	4.56E+07	4.52E+07	不满足
加固后	跨中	3.05E+07	2.60E+07	2.97E+07	7.95E+07	满足
	支点附近	4.75E+07	3.94E+07	4.66E+07	4.96E+07	满足

斜截面抗剪极限承载能力验算(N)　　　　　　　　　　　　　　　　　附表20

加固前/后	截面位置	组合Ⅰ	组合Ⅱ	组合Ⅲ	抗剪承载能力	是否满足规范
加固前	支点附近	6.55E+06	5.60E+06	6.41E+06	8.47E+06	满足
加固后	支点附近	6.57E+06	5.60E+06	6.57E+06	8.58E+06	满足

(2)加固前后应力计算结果比较

加固前后最大、最小正应力及最大主拉应力计算结果如附表21所示。计算结果表明：加固后，箱梁正截面在各种荷载组合作用下处于全受压状态；在最不利荷载组合作用下，第一主应力最大值出现在距支点1.1m梗腋处(顶板倒角部位)，距支点1.1~3.0m范围内梗腋第一主应力由3.23MPa减小到0.83MPa。

加固前后应力状态比较(MPa)　　　　　　　　　　　　　　　　　附表21

	最大正应力	最大主拉应力	最小正应力
位置	12号支点附近箱梁上缘	14~15号跨跨中附近箱梁下缘	12~13号跨跨中附近箱梁下缘
加固前应力	3.84	3.23	-10.0
位置	12号支点附近箱梁上缘	12号支点附近附近箱梁下缘	12~13号跨跨中附近箱梁下缘
加固后应力	-0.72	0.83	-7.5

注：表中应力以拉为正、以压为负。

(3)加固后梁体挠度变化

根据计算结果，在体外预应力等加固补强措施的作用下，主桥各跨箱梁跨中均发生了一定程度的上挠，最大上挠量在主桥的第2跨、第5跨，量值为5.16mm，最小上挠量在边跨，量值为4.12mm，加固所采用的措施能够在一定程度上抑制结构的下挠，对预应力损失所引起的下挠变化趋势予以缓解。

(4)加固计算小结

①加固前，在承载能力极限状态下，箱梁跨中截面抗弯承载力及斜截面抗剪承载力能够满足规范要求，但支点附近抗弯承载力不能满足规范要求；加固后，在体外束的共同作用下抗弯、抗剪极限承载力均能满足规范要求。

②加固前，在承载能力极限状态下，箱梁抗剪承载能力虽然大于相应的剪力组合结果，但截面尺寸不能满足规范关于抗剪截面上限值的要求，腹板厚度偏小；加固后，能够满足抗剪截面上限值的要求。

③加固前，在正常使用极限状态短期效应组合下，正截面最大正应力及斜截面最大主拉应力均不能满足预应力混凝土构件抗裂要求；加固后，截面最大正应力、最大主拉应力均明显减小，箱梁正、斜截面均能满足预应力混凝土构件抗裂要求。

④加固后各跨跨中梁体能够上抬约4~5mm，加固所采取的措施能在一定程度上抑制结构的下挠，且使得梁体的下挠变化趋势也有所缓解。

⑤综合考虑采用张拉体外预应力束、增大截面、粘贴钢板、粘贴碳纤维复合材料等加固措施进行的加固计算结果表明：桥梁加固后各项指标均能达到预期的目标，结构受力性能显著改善，强度及应力储备明显加强，并有效地增强了结构耐久性能。

4. 加固设计要点

1) 主桥箱梁加固

为根治该桥病害,恢复原设计荷载标准,经详细的加固计算,采用增设体外预应力的方式对箱梁进行主动加固,以有效解决箱梁抗弯抗剪承载能力不足的现状,另外需要采用相应的加固补强配套措施处治箱梁其它各种裂缝及箱梁截面不足等缺陷,具体加固要点如下:

(1) 利用箱梁内横隔梁作为转向及锚固构件,增设体外预应力束对主桥6跨箱梁进行加固,预应力束采用环氧喷涂无黏结预应力成品索,并对箱梁原有横隔梁根据局部验算结果进行了加厚与补强,预应力束的数量根据计算结果确定为布设6束$12 \times \varphi_s 15.24$成品索,钢绞线张拉控制应力$\sigma_k = 0.60 f_{pk}$,各束预应力成品索张拉力187t,箱梁体外预应力加固方案如附图9所示。

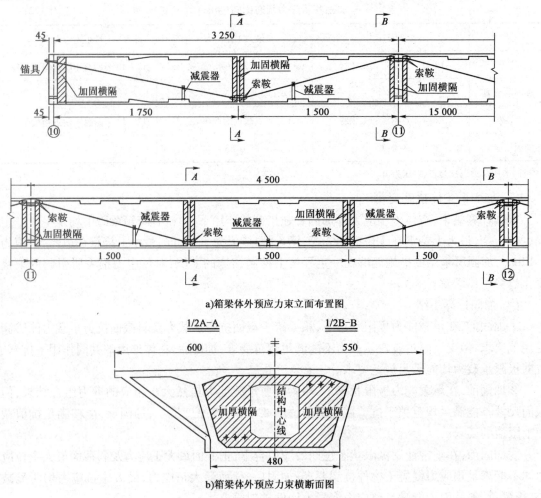

附图9 箱梁体外预应力加固方案(尺寸单位:cm)

(2) 对箱梁腹板斜向剪切裂缝采用加厚腹板混凝土截面(10cm厚C40钢筋混凝土)进行加固,箱梁腹板增大截面加固方案如附图10所示。

(3) 对箱梁顶板中部纵向裂缝采取粘贴碳纤维布的方式予以加固,具体方法是:箱梁顶板横向粘贴两层碳纤维布,并在纵向设置一层碳纤维布予以紧固,粘贴材料采用专业配制的改性

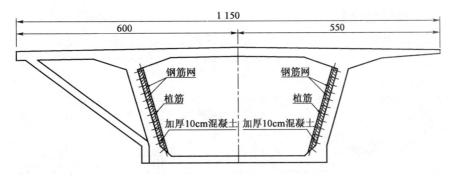

附图10　腹板增大截面加固方案(尺寸单位:cm)

环氧树脂胶黏剂进行粘贴,横向箱梁顶板粘贴碳纤维布加固方案如附图11所示。

(4)对箱梁底板横向裂缝采取粘贴钢板法进行加固,具体方法是:箱梁底板纵向粘贴8mm厚钢板条,并在粘贴范围内设置"U"形钢箍,"U"形箍采用6mm厚钢板,采用专业配制的改性环氧树脂胶黏剂进行粘贴,并采用化学锚栓对钢板压实紧固,箱梁底板粘贴钢板加固方案如附图11所示。

(5)主桥箱梁的加固次序:表面缺陷处治→修补裂缝→加固横隔板→腹板增大截面→布置并张拉体外束→粘贴钢板、碳布加固底板和顶板。

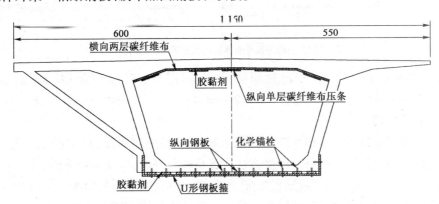

附图11　底板粘贴钢板+顶板粘贴碳纤维布加固方案(尺寸单位:cm)

2)主桥箱梁外侧斜撑加固

根据检测结果,引桥T梁外侧斜撑未发现裂缝,而主桥箱梁外侧斜撑均出现了裂缝,但绝大多数裂缝宽度均在0.15mm以下,因此先对既有斜撑表面裂缝采用表面封闭法进行修补,然后在原有斜撑之间各增设一道斜撑,采用植筋法对两头进行连接,加密后的斜撑间距由5m变为2.5m一道。加密斜撑加固法能有效增强主桥箱梁翼板的整体受力性能,主桥箱梁外侧斜撑加固(加密)方案如附图12所示。

3)引桥T梁加固

针对引桥T梁裂缝较多、整体性差、承载潜力偏低的现状,采用粘贴钢板法对引桥T梁进行加固补强:在跨中区域的T梁底部粘贴8mm厚钢板,并在粘贴范围内设置U形钢箍,U形箍采用6mm厚钢板,粘贴材料采用专业配制的改性环氧胶黏剂进行粘贴,并采用化学锚栓对钢板压实紧固,引桥T梁粘贴钢板加固方案如附图13所示。

4)结构表面裂缝修补

在桥面铺装层凿除卸载后,主桥箱梁增设体外预应力束、增大截面、粘贴钢板、碳纤维布加

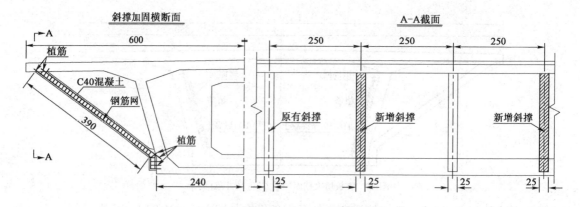

附图12 主桥箱梁外侧斜撑加固(加密)方案(尺寸单位:cm)

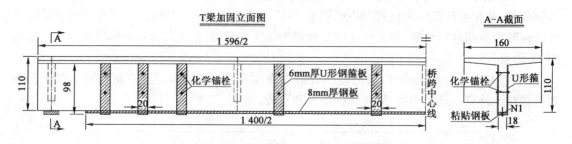

附图13 引桥T梁粘贴钢板加固方案(尺寸单位:cm)

固之前,对主要承重结构(箱梁、T梁、横隔梁、斜撑等)混凝土表面出现的裂缝分别采用表面封闭法($w<0.20mm$)和"壁可法"注浆($w\geqslant0.20mm$)修补混凝土表面出现的裂缝。

5)其他病害维修

对其他影响桥梁使用性及耐久性的病害和缺陷,包括桥面铺装、人行道板、栏杆及护栏、支座及伸缩缝病害等部件进行维修。维修方法大致是:对于病害或缺损严重的病害,采取局部或整体更换的方式维修;对于病害或缺损程度一般或缺损面积较小时,原则上采用高一等级的相同材料或采用树脂类聚合物补强材料进行修补。具体维修内容要点如下:

(1)桥面铺装更换。为改善桥面行车舒适性及外观状况,改善桥面线型,缓解活载冲击力,对旧桥原面混凝土铺装层全部凿除,并采用C40混凝土进行重新铺装。桥面铺装更换后恒载有所减小,能够一定程度上抵消上部结构箱梁加固材料增加的恒载。

(2)伸缩缝更换。为改善桥面行车舒适性及外观状况,改善桥头平顺,缓解活载冲击力。拟对旧桥原10号轴、16号轴采用rBdx—160型梳齿型伸缩缝进行更换,采用D80毛勒伸缩缝更换和增设0号台、23号台及5号轴、20号轴墩位处的旧伸缩缝。

(3)人行道板及栏杆更换。鉴于该桥人行道栏杆破损严重,拟对旧桥人行道栏杆进行彻底更换,具体方案是采用轻型不锈钢栏杆予以整体更换,以适度减轻桥面恒载,缓解上部结构负荷。此外,对旧桥全部外侧人行道板予以更换,更换方案是拆除旧道板后,采用预制道板(8cm厚C30钢筋混凝土板)重新铺设。

(4)混凝土防撞护栏及人行道挑梁维修。对桥面系混凝土防撞护栏及人行道挑梁进行仔细排查;对各部位混凝土表面出现的局部混凝土露筋、剥落、破损等病害采用水泥砂浆进行修复处理。

（5）支座更换与维修。对引桥 T 梁变形严重、基本失效的板式橡胶支座予以全部更换；对主桥氯丁橡胶支座钢垫板锈蚀严重的病害，采取对钢垫板除锈并进行表面防腐处理的措施。

5. 交通及施工组织方案

根据桥梁的现状（分左右幅，且周边路网发达）及实际病害情况，为保证加固施工质量及加固效果，缩短施工工期，加固施工组织及交通疏导的方案为全封闭施工，总工期约为五个半月，该桥的加固施工流程如附图 14 所示。

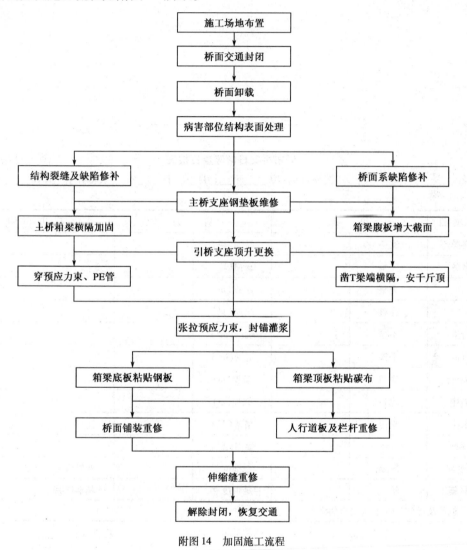

附图 14　加固施工流程

*附录2 桥梁检查相关表格

城市桥梁日常巡查日报表　　　　　　　　　　　　　　　　附表22

桥名：_____　巡视日期：20____年____月____日____午　星期____天气_____

检查项目	状　　况		病　　害		病害说明	
桥名牌	完整		缺损(块)			
限载牌	完整		缺损(块)			
栏杆	完整		缺损(m)			
端柱	完整		缺损(只)			
人行道	平整		坑塘(m^2)			
车行道	平整		坑塘(m^2)			
机非隔离栏	完整		缺损(m)			
伸缩缝	完整		缺损(m)			
泄水孔	畅通		堵塞(只)			
扶梯	完整		缺损(m^2)			
结构变异	有、无		部位		变异情况	
桥、桥区施工	有、无		是否违章		基本情况	
其他危及行车、行船行人安全的病害						

巡查人：_____

公路桥梁经常性检查记录表　　　　　　　　　　　　　　　　附表23

(公路管理机构名称)：

线路编码		线路名称		桥梁桩号	
桥梁编码		桥梁名称		养护单位	
部件名称	缺损类型		缺损范围		养护意见
桥面铺装					
桥头跳车					

续上表

部件名称	缺损类型	缺损范围	养护意见
伸缩缝			
泄水孔			
桥面清洁			
人行道、缘石			
栏杆、护栏			
照明、灯柱			
翼墙			
锥坡			
桥头排水沟			
桥头人行台阶			
其他			
负责人		记录人		检查日期	

公路桥梁定期检查记录表　　　　　　　　　附表 24

(公路管理机构名称):

1. 线路编码		2. 线路名称		3. 桥位桩号	
4. 桥梁编码		5. 桥梁名称		6. 下穿通道名	
7. 桥长(m)		8. 主跨结构		9. 最大跨径	
10. 管养单位		11. 建成年月		12. 上次大中修日期	
13. 上次检查日期		14. 本次检查日期		15. 气候	

16.部件号	17.部件名称	18.评分(0~5)	19.特别检查	20.维修范围	21.维修方式	22.维修时间	23.费用(元)
1	翼墙						
2	锥坡						
3	桥台及基础						
4	桥墩及基础						
5	地基冲刷						
6	支座						
7	上部承重结构						
8	桥面铺装						
9	伸缩缝						
10	人行道						
11	栏杆、护栏						
12	照明、标志						
13	排水设施						
14	调治构造物						
15	其他						

续上表

| 24.总体状况评定等级 | | 25.桥面清洁 状况评分 | | 26.保养、小修 状况评分 | |

27.经常性养护建议：

| | 28.记录人 | | | 29.负责人 | | 30.下次检查时间 | |

31.缺损说明

部件号	部件名称	缺损位置	缺损状况（类型、性质、范围、程度）	照片或简图（编号/年）
1	翼墙、耳墙			
2	锥坡、护坡			
3	桥台及基础			
4	桥墩及基础			
5	地基冲刷			
6	支座			
7	上部主要承重结构			
8	上部次要承重结构			
9	桥面铺装			
10	桥头跳车			
11	伸缩缝			
12	人行道			
13	栏杆、护栏			
14	照明、标志			
15	排水设施			
16	调治构造物			
17	其他			

附录3 回弹法测区混凝土强度换算表

回弹法测区混凝土强度换算表　　　　　　附表25

| 平均回弹值 R_m | 测区混凝土强度换算值(MPa) |||||||||||||
| | 平均碳化深度值 d_m (mm) |||||||||||||
	0	0.5	1.0	1.5	2.0	2.5	3.0	3.5	4.0	4.5	5.0	5.5	≥6.0
20.0	10.3	10.1	—	—	—	—	—	—	—	—	—	—	—
20.2	10.5	10.3	10.0	—	—	—	—	—	—	—	—	—	—
20.4	10.7	10.5	10.2	—	—	—	—	—	—	—	—	—	—
20.6	11.0	10.8	10.4	10.1	—	—	—	—	—	—	—	—	—
20.8	11.2	11.0	10.6	10.3	—	—	—	—	—	—	—	—	—
21.0	11.4	11.2	10.8	10.5	10.0	—	—	—	—	—	—	—	—
21.2	11.6	11.4	11.0	10.7	10.2	—	—	—	—	—	—	—	—
21.4	11.8	11.6	11.2	10.9	10.4	10.0	—	—	—	—	—	—	—
21.6	12.0	11.8	11.4	11.0	10.6	10.2	—	—	—	—	—	—	—
21.8	12.3	12.1	11.7	11.3	10.8	10.5	10.1	—	—	—	—	—	—
22.0	12.5	12.2	11.9	11.5	11.0	10.6	10.2	—	—	—	—	—	—
22.2	12.7	12.4	12.1	11.7	11.2	10.8	10.4	10.0	—	—	—	—	—
22.4	13.0	12.7	12.4	12.0	11.4	11.0	10.7	10.3	10.0	—	—	—	—
22.6	13.2	12.9	12.5	12.1	11.6	11.2	10.8	10.4	10.2	—	—	—	—
22.8	13.4	13.1	12.7	12.3	11.8	11.4	11.0	10.6	10.3	—	—	—	—
23.0	13.7	13.4	13.0	12.6	12.1	11.6	11.2	10.8	10.5	10.1	—	—	—
23.2	13.9	13.6	13.2	12.8	12.2	11.8	11.4	11.0	10.7	10.3	10.0	—	—
23.4	14.1	13.8	13.4	13.0	12.4	12.0	11.6	11.2	10.9	10.4	10.2	—	—
23.6	14.4	14.1	13.7	13.2	12.7	12.2	11.8	11.4	11.1	10.7	10.4	10.1	—

续上表

平均回弹值 R_m	测区混凝土强度换算值(MPa) 平均碳化深度值 d_m(mm)												
	0	0.5	1.0	1.5	2.0	2.5	3.0	3.5	4.0	4.5	5.0	5.5	≥6.0
23.8	14.6	14.3	13.9	13.4	12.8	12.4	12.0	11.5	11.2	10.8	10.5	10.2	—
24.0	14.9	14.6	14.2	13.7	13.1	12.7	12.2	11.8	11.5	11.0	10.7	10.4	10.1
24.2	15.1	14.8	14.3	13.9	13.3	12.8	12.4	11.9	11.6	11.2	10.9	10.6	10.3
24.4	15.4	15.1	14.6	14.2	13.6	13.1	12.6	12.2	11.9	11.4	11.1	10.8	10.4
24.6	15.6	15.3	14.8	14.4	13.7	13.3	12.8	12.3	12.0	11.5	11.2	10.9	10.6
24.8	15.9	15.6	15.1	14.6	14.0	13.5	13.0	12.6	12.2	11.8	11.4	11.1	10.7
25.0	16.2	15.9	15.4	14.9	14.3	13.8	13.3	12.8	12.5	12.0	11.7	11.3	10.9
25.2	16.4	16.1	15.6	15.1	14.4	13.9	13.4	13.0	12.6	12.1	11.8	11.5	11.0
25.4	16.7	16.4	15.9	15.4	14.7	14.2	13.7	13.2	12.9	12.4	12.0	11.7	11.2
25.6	16.9	16.6	16.1	15.7	14.9	14.4	13.9	13.4	13.0	12.5	12.2	11.8	11.3
25.8	17.2	16.9	16.3	15.8	15.1	14.6	14.1	13.6	13.2	12.7	12.4	12.0	11.5
26.0	17.5	17.2	16.6	16.1	15.4	14.9	14.4	13.8	13.5	13.0	12.6	12.2	11.6
26.2	17.8	17.4	16.9	16.4	15.7	15.1	14.6	14.0	13.7	13.2	12.8	12.4	11.8
26.4	18.0	17.6	17.1	16.6	15.8	15.3	14.8	14.2	13.9	13.3	13.0	12.6	12.0
26.6	18.3	17.9	17.4	16.8	16.1	15.6	15.0	14.4	14.1	13.5	13.2	12.8	12.1
26.8	18.6	18.2	17.7	17.1	16.4	15.8	15.3	14.6	14.3	13.8	13.4	12.9	12.3
27.0	18.9	18.5	18.0	17.4	16.6	16.1	15.5	14.8	14.6	14.0	13.6	13.1	12.4
27.2	19.1	18.7	18.1	17.6	16.8	16.2	15.7	15.0	14.7	14.1	13.8	13.3	12.6
27.4	19.4	19.0	18.4	17.8	17.0	16.4	15.9	15.2	14.9	14.3	14.0	13.4	12.7
27.6	19.7	19.3	18.7	18.0	17.2	16.6	16.1	15.4	15.1	14.5	14.1	13.6	12.9
27.8	20.0	19.6	19.0	18.2	17.4	16.8	16.3	15.6	15.3	14.7	14.2	13.7	13.0
28.0	20.3	19.7	19.2	18.4	17.6	17.0	16.5	15.8	15.4	14.8	14.4	13.9	13.2
28.2	20.6	20.0	19.5	18.6	17.8	17.2	16.7	16.0	15.6	15.0	14.6	14.0	13.3
28.4	20.9	20.3	19.7	18.8	18.0	17.4	16.9	16.2	15.8	15.2	14.8	14.2	13.5
28.6	21.2	20.6	20.0	19.1	18.2	17.6	17.1	16.4	16.0	15.4	15.0	14.3	13.6
28.8	21.5	20.9	20.2	19.4	18.5	17.8	17.3	16.6	16.2	15.6	15.2	14.5	13.8
29.0	21.8	21.1	20.5	19.6	18.7	18.1	17.5	16.8	16.4	15.8	15.4	14.6	13.9
29.2	22.1	21.4	20.8	19.9	19.0	18.3	17.7	17.0	16.6	16.0	15.6	14.8	14.1
29.4	22.4	21.7	21.1	20.2	19.3	18.6	17.9	17.2	16.8	16.2	15.8	15.0	14.2
29.6	22.7	22.0	21.3	20.4	19.5	18.8	18.2	17.5	17.0	16.4	16.0	15.1	14.4
29.8	23.0	22.3	21.6	20.7	19.8	19.1	18.4	17.7	17.2	16.6	16.2	15.3	14.5

续上表

平均回弹值 R_m	测区混凝土强度换算值(MPa) 平均碳化深度值 d_m (mm)												
	0	0.5	1.0	1.5	2.0	2.5	3.0	3.5	4.0	4.5	5.0	5.5	≥6.0
30.0	23.3	22.6	21.9	21.0	20.0	19.3	18.6	17.9	17.4	16.8	16.4	15.4	14.7
30.2	23.6	22.9	22.2	21.2	20.3	19.6	18.9	18.2	17.6	17.0	16.6	15.6	14.9
30.4	23.9	23.2	22.5	21.5	20.6	19.8	19.1	18.4	17.8	17.2	16.8	15.8	15.1
30.6	24.3	23.6	22.8	21.9	20.9	20.2	19.4	18.7	18.0	17.5	17.0	16.0	15.2
30.8	24.6	23.9	23.1	22.1	21.2	20.4	19.7	18.9	18.2	17.7	17.2	16.2	15.4
31.0	24.9	24.2	23.4	22.4	21.4	20.7	19.9	19.2	18.4	17.9	17.4	16.4	15.5
31.2	25.2	24.4	23.7	22.7	21.7	20.9	20.2	19.4	18.6	18.1	17.6	16.6	15.7
31.4	25.6	24.8	24.1	23.0	22.0	21.2	20.5	19.7	18.9	18.4	17.8	16.9	15.8
31.6	25.9	25.1	24.3	23.3	22.3	21.5	20.7	19.9	19.2	18.6	18.0	17.1	16.0
31.8	26.2	25.4	24.6	23.6	22.5	21.7	21.0	20.2	19.4	18.9	18.2	17.3	16.2
32.0	26.5	25.7	24.9	23.9	22.8	22.0	21.2	20.4	19.6	19.1	18.4	17.5	16.4
32.2	26.9	26.1	25.3	24.2	23.1	22.3	21.5	20.7	19.9	19.4	18.6	17.7	16.6
32.4	27.2	26.4	25.6	24.5	23.4	22.6	21.8	20.9	20.1	19.6	18.8	17.9	16.8
32.6	27.6	26.8	25.9	24.8	23.7	22.9	22.1	21.3	20.4	19.9	19.0	18.1	17.0
32.8	27.9	27.1	26.2	25.1	24.0	23.2	22.3	21.5	20.6	20.1	19.2	18.3	17.2
33.0	28.2	27.4	26.5	25.4	24.3	23.4	22.6	21.7	20.9	20.3	19.4	18.5	17.4
33.2	28.6	27.7	26.8	25.7	24.6	23.7	22.9	22.0	21.2	20.5	19.6	18.7	17.6
33.4	28.9	28.0	27.1	26.0	24.9	24.0	23.1	22.3	21.4	20.7	19.8	18.9	17.8
33.6	29.3	28.4	27.4	26.4	25.2	24.3	23.3	22.6	21.7	20.9	20.0	19.1	18.0
33.8	29.6	28.7	27.7	26.6	25.4	24.4	23.5	22.8	21.9	21.1	20.2	19.3	18.2
34.0	30.0	29.1	28.0	26.8	25.6	24.6	23.7	23.0	22.1	21.3	20.4	19.5	18.3
34.2	30.3	29.4	28.3	27.0	25.8	24.8	23.9	23.2	22.3	21.5	20.6	19.7	18.4
34.4	30.7	29.8	28.6	27.2	26.0	25.0	24.1	23.4	22.5	21.7	20.8	19.8	18.6
34.6	31.1	30.2	28.9	27.4	26.2	25.2	24.3	23.6	22.7	21.9	21.0	20.0	18.8
34.8	31.4	30.5	29.2	27.6	26.4	25.4	24.5	23.8	22.9	22.1	21.2	20.2	19.0
35.0	31.8	30.8	29.6	28.0	26.7	25.8	24.8	24.0	23.2	22.3	21.4	20.4	19.2
35.2	32.1	31.1	29.9	28.2	27.0	26.0	25.0	24.2	23.4	22.5	24.6	20.6	19.4
35.4	32.5	31.5	30.2	28.6	27.3	26.3	25.4	24.4	23.7	22.8	24.8	20.8	19.6
35.6	32.9	31.9	30.6	29.0	27.6	26.6	25.7	24.7	24.0	23.0	22.0	21.0	19.8
35.8	33.3	32.3	31.0	29.3	28.0	27.0	26.0	25.0	24.3	23.3	22.2	21.2	20.0
36.0	33.6	32.6	31.2	29.6	28.2	27.2	26.2	25.2	24.5	23.5	22.4	21.4	20.2

续上表

平均回弹值 R_m	测区混凝土强度换算值(MPa) 平均碳化深度值 d_m(mm)												
	0	0.5	1.0	1.5	2.0	2.5	3.0	3.5	4.0	4.5	5.0	5.5	≥6.0
36.2	34.0	33.0	31.6	29.9	28.6	27.5	26.5	25.5	24.8	23.8	22.6	21.6	20.4
36.4	34.4	33.4	32.0	30.3	28.9	27.9	26.8	25.8	25.1	24.1	22.8	21.8	20.6
36.6	34.8	33.8	32.4	30.6	29.2	28.2	27.1	26.1	25.4	24.4	23.0	22.0	20.9
36.8	35.2	34.1	32.7	31.0	29.6	28.5	27.5	26.4	25.7	24.6	23.2	22.2	21.1
37.0	35.5	34.4	33.0	31.2	29.8	28.8	27.7	26.6	25.9	24.8	23.4	22.4	21.3
37.2	35.9	34.8	33.4	31.6	30.2	29.1	28.0	26.9	26.2	25.1	23.7	22.6	21.5
37.4	36.3	35.2	33.8	31.9	30.5	29.4	28.3	27.2	26.5	25.4	24.0	22.9	21.8
37.6	36.7	35.6	34.1	32.3	30.8	29.7	28.6	27.5	26.8	25.7	24.2	23.1	22.0
37.8	37.1	36.0	34.5	32.6	31.2	30.0	28.9	27.8	27.1	26.0	24.5	23.4	22.3
38.0	37.5	36.4	34.9	33.0	31.5	30.3	29.2	28.1	27.4	26.2	24.8	23.6	22.5
38.2	37.9	36.8	35.2	33.4	31.8	30.6	29.5	28.4	27.7	26.5	25.0	23.9	22.7
38.4	38.3	37.2	35.6	33.7	32.1	30.9	29.8	28.7	28.0	26.8	25.3	24.1	23.0
38.6	38.7	37.5	36.0	34.1	32.4	31.2	30.1	29.0	28.3	27.0	25.5	24.4	23.2
38.8	39.1	37.9	36.4	34.4	32.7	31.5	30.4	29.3	28.5	27.2	25.8	24.6	23.5
39.0	39.5	38.2	36.7	34.7	33.0	31.8	30.6	29.6	28.8	27.4	26.0	24.8	23.7
39.2	39.9	38.5	37.0	35.0	33.3	32.1	30.8	29.8	29.0	27.6	26.2	25.0	24.0
39.4	40.3	38.8	37.3	35.3	33.6	32.4	31.0	30.0	29.2	27.8	26.4	25.2	24.2
39.6	40.7	39.1	37.6	35.6	33.9	32.7	31.2	30.2	29.4	28.0	26.6	25.4	24.4
39.8	41.2	39.6	38.0	35.9	34.2	33.0	31.4	30.5	29.7	28.2	26.8	25.6	24.7
40.0	41.6	39.9	38.3	36.2	34.5	33.3	31.7	30.8	30.0	28.4	27.0	25.8	25.0
40.2	42.0	40.3	38.6	36.5	34.8	33.6	32.0	31.1	30.2	28.6	27.3	26.0	25.2
40.4	42.4	40.7	39.0	36.9	35.1	33.9	32.3	31.4	30.5	28.8	27.6	26.2	25.4
40.6	42.8	41.1	39.4	37.2	35.4	34.2	32.6	31.7	30.8	29.1	27.8	26.5	25.7
40.8	43.3	41.6	39.8	37.7	35.7	34.5	32.9	32.0	31.2	29.4	28.1	26.8	26.0
41.0	43.7	42.0	40.2	38.0	36.0	34.8	33.2	32.3	31.5	29.7	28.4	27.1	26.2
41.2	44.1	42.3	40.6	38.4	36.3	35.1	33.5	32.6	31.8	30.0	28.7	27.3	26.5
41.4	44.5	42.7	40.9	38.7	36.6	35.4	33.8	32.9	32.0	30.3	28.9	27.6	26.7
41.6	45.0	43.2	41.4	39.2	36.9	35.7	34.2	33.3	32.4	30.6	29.2	27.9	27.0
41.8	45.4	43.6	41.8	39.5	37.2	36.0	34.5	33.6	32.7	30.9	29.5	28.1	27.2
42.0	45.9	44.1	42.2	39.9	37.6	36.3	34.9	34.0	33.0	31.2	29.8	28.5	27.5
42.2	46.3	44.4	42.6	40.3	38.0	36.6	35.2	34.3	33.3	31.5	30.1	28.7	27.8

续上表

平均回弹值 R_m	测区混凝土强度换算值(MPa) 平均碳化深度值 d_m(mm)											
	0	0.5	1.0	1.5	2.0	2.5	3.0	3.5	4.0	4.5	5.0	5.5	≥6.0
42.4	46.7	44.8	43.0	40.6	38.3	36.9	35.5	34.6	33.6	31.8	30.4	29.0	28.0
42.6	47.2	45.3	43.4	41.1	38.7	37.3	35.9	34.9	34.0	32.1	30.7	29.3	28.3
42.8	47.6	45.7	43.8	41.4	39.0	37.6	36.2	35.2	34.3	32.4	30.9	29.5	28.6
43.0	48.1	46.2	44.2	41.8	39.4	38.0	36.6	35.6	34.6	32.7	31.3	29.8	28.9
43.2	48.5	46.6	44.6	42.2	39.8	38.3	36.9	35.9	34.9	33.0	31.5	30.1	29.1
43.4	49.0	47.0	45.1	42.6	40.2	38.7	37.2	36.3	35.3	33.3	31.8	30.4	29.4
43.6	49.4	47.4	45.4	43.0	40.5	39.0	37.5	36.6	35.6	33.6	32.1	30.6	29.6
43.8	49.9	47.9	45.9	43.4	40.9	39.4	37.9	36.9	35.9	33.9	32.4	30.9	29.9
44.0	50.4	48.4	46.4	43.8	41.3	39.8	38.3	37.3	36.3	34.3	32.8	31.2	30.2
44.2	50.8	48.8	46.7	44.2	41.7	40.1	38.6	37.6	36.6	34.5	33.0	31.5	30.5
44.4	51.3	49.2	47.2	44.6	42.1	40.5	39.0	38.0	36.9	34.9	33.3	31.8	30.8
44.6	51.7	49.6	47.6	45.0	42.4	40.8	39.3	38.3	37.2	35.2	33.6	32.1	31.0
44.8	52.2	50.1	48.0	45.4	42.8	41.2	39.7	38.6	37.6	35.5	33.9	32.4	31.3
45.0	52.7	50.6	48.5	45.8	43.2	41.6	40.1	39.0	37.9	35.8	34.3	32.7	31.6
45.2	53.2	51.1	48.9	46.3	43.6	42.0	40.4	39.4	38.3	36.2	34.6	33.0	31.9
45.4	53.6	51.5	49.4	46.6	44.0	42.3	40.7	39.7	38.6	36.4	34.8	33.2	32.2
45.6	54.1	51.9	49.8	47.1	44.4	42.7	41.1	40.0	39.0	36.8	35.2	33.5	32.5
45.8	54.6	52.4	50.2	47.5	44.8	43.1	41.5	40.4	39.3	37.1	35.5	33.9	32.8
46.0	55.0	52.8	50.6	47.9	45.2	43.5	41.9	40.8	39.7	37.5	35.8	34.2	33.1
46.2	55.5	53.3	51.1	48.3	45.5	43.8	42.2	41.1	40.0	37.7	36.1	34.4	33.3
46.4	56.0	53.8	51.5	48.7	45.9	44.2	42.6	41.4	40.3	38.1	36.4	34.7	33.6
46.6	56.5	54.2	52.0	49.2	46.3	44.6	42.9	41.8	40.7	38.4	36.7	35.0	33.9
46.8	57.0	54.7	52.4	49.6	46.7	45.0	43.3	42.2	41.0	38.8	37.0	35.3	34.2
47.0	57.5	55.2	52.9	50.0	47.2	45.2	43.7	42.6	41.4	39.1	37.4	35.6	34.5
47.2	58.0	55.7	53.4	50.5	47.6	45.8	44.1	42.9	41.8	39.4	37.7	36.0	34.8
47.4	58.5	56.2	53.8	50.9	48.0	46.2	44.5	43.3	42.1	39.8	38.0	36.3	35.1
47.6	59.0	56.6	54.3	51.3	48.4	46.6	44.8	43.7	42.5	40.1	38.4	36.6	35.4
47.8	59.5	57.1	54.7	51.8	48.8	47.0	45.2	44.0	42.8	40.5	38.7	36.9	35.7
48.0	60.0	57.6	55.2	52.2	49.2	47.4	45.6	44.4	43.2	40.8	39.0	37.2	36.0
48.2	—	58.0	55.7	52.6	49.6	47.8	46.0	44.8	43.6	41.1	39.3	37.5	36.3
48.4	—	58.6	56.1	53.1	50.0	48.2	46.4	45.1	43.9	41.5	39.6	37.8	36.6

续上表

平均回弹值 R_m	测区混凝土强度换算值(MPa) 平均碳化深度值 d_m(mm)											
	0	0.5	1.0	1.5	2.0	2.5	3.0	3.5	4.0	4.5	5.0	5.5	≥6.0
48.6	—	59.0	56.6	53.5	50.4	48.6	46.7	45.5	44.3	41.8	40.0	38.1	36.9
48.8	—	59.5	57.1	54.0	50.9	49.0	47.1	45.9	44.6	42.2	40.3	38.4	37.2
49.0	—	60.0	57.5	54.4	51.3	49.5	47.5	46.2	45.0	42.5	40.6	38.8	37.5
49.2	—	—	58.0	54.8	51.7	49.8	47.9	46.6	45.4	42.8	41.0	39.1	37.8
49.4	—	—	58.5	55.3	52.1	50.2	48.3	47.1	45.8	43.2	41.3	39.4	38.2
49.6	—	—	58.9	55.7	52.5	50.6	48.7	47.4	46.2	43.6	41.7	39.7	38.5
49.8	—	—	59.4	56.2	53.0	51.0	49.1	47.8	46.5	43.9	42.0	40.1	38.8
50.0	—	—	59.9	56.7	53.4	51.4	49.5	48.2	46.9	44.3	42.3	40.4	39.1
50.2	—	—	—	57.1	53.8	51.9	49.9	48.5	47.2	44.6	42.6	40.7	39.4
50.4	—	—	—	57.6	54.3	52.3	50.3	49.0	47.7	45.0	43.0	41.0	39.7
50.6	—	—	—	58.0	54.7	52.7	50.7	49.4	48.0	45.4	43.4	41.4	40.0
50.8	—	—	—	58.5	55.1	53.1	51.1	49.8	48.4	45.7	43.7	41.7	40.3
51.0	—	—	—	59.0	55.6	53.5	51.5	50.1	48.8	46.1	44.1	42.0	40.7
51.2	—	—	—	59.4	56.0	54.0	51.9	50.5	49.2	46.4	44.4	42.3	41.0
51.4	—	—	—	59.9	56.4	54.4	52.3	50.9	49.6	46.8	44.7	42.7	41.3
51.6	—	—	—	—	56.9	54.8	52.7	51.3	50.0	47.2	45.1	43.0	41.6
51.8	—	—	—	—	57.3	55.2	53.1	51.7	50.3	47.5	45.4	43.3	41.8
52.0	—	—	—	—	57.8	55.7	53.6	52.1	50.7	47.9	45.8	43.7	42.3
52.2	—	—	—	—	58.2	56.1	54.0	52.5	51.1	48.3	46.2	44.0	42.6
52.4	—	—	—	—	58.7	56.5	54.4	53.0	51.5	48.7	46.5	44.4	43.0
52.6	—	—	—	—	59.1	57.0	54.8	53.4	51.9	49.0	46.9	44.7	43.3
52.8	—	—	—	—	59.6	57.4	55.2	53.8	52.3	49.4	47.3	45.1	43.6
53.0	—	—	—	—	60.0	57.8	55.6	54.2	52.7	49.8	47.6	45.4	43.9
53.2	—	—	—	—	—	58.3	56.1	54.6	53.1	50.2	48.0	45.8	44.3
53.4	—	—	—	—	—	58.7	56.5	55.0	53.5	50.5	48.3	46.1	44.6
53.6	—	—	—	—	—	59.2	56.9	55.4	53.9	50.9	48.7	46.4	44.9
53.8	—	—	—	—	—	59.6	57.3	55.8	54.3	51.3	49.0	46.8	45.3
54.0	—	—	—	—	—	—	57.8	56.3	54.7	51.7	49.4	47.1	45.6
54.2	—	—	—	—	—	—	58.2	56.7	55.1	52.1	49.8	47.5	46.0
54.4	—	—	—	—	—	—	58.6	57.1	55.6	52.5	50.2	47.9	46.3
54.6	—	—	—	—	—	—	59.1	57.5	56.0	52.9	50.5	48.2	46.6

续上表

平均回弹值 R_m	测区混凝土强度换算值(MPa) 平均碳化深度值 d_m (mm)												
	0	0.5	1.0	1.5	2.0	2.5	3.0	3.5	4.0	4.5	5.0	5.5	≥6.0
54.8	—	—	—	—	—	—	59.5	57.9	56.4	53.2	50.9	48.5	47.0
55.0	—	—	—	—	—	—	59.9	58.4	56.8	53.6	51.3	48.9	47.3
55.2	—	—	—	—	—	—	—	58.8	57.2	54.0	51.6	49.3	47.7
55.4	—	—	—	—	—	—	—	59.2	57.6	54.4	52.0	49.6	48.0
55.6	—	—	—	—	—	—	—	59.7	58.0	54.8	52.4	50.0	48.4
55.8	—	—	—	—	—	—	—	—	58.5	55.2	52.8	50.3	48.7
56.0	—	—	—	—	—	—	—	—	58.9	55.6	53.2	50.7	49.1
56.2	—	—	—	—	—	—	—	—	59.3	56.0	53.5	51.1	49.4
56.4	—	—	—	—	—	—	—	—	59.7	56.4	53.9	51.4	49.8
56.6	—	—	—	—	—	—	—	—	—	56.8	54.3	51.8	50.1
56.8	—	—	—	—	—	—	—	—	—	57.2	54.7	52.2	50.5
57.0	—	—	—	—	—	—	—	—	—	57.6	55.1	52.5	50.8
57.2	—	—	—	—	—	—	—	—	—	58.0	55.5	52.9	51.2
57.4	—	—	—	—	—	—	—	—	—	58.4	55.9	53.3	51.6
57.6	—	—	—	—	—	—	—	—	—	58.9	56.3	53.7	51.9
57.8	—	—	—	—	—	—	—	—	—	59.3	56.7	54.0	52.3
58.0	—	—	—	—	—	—	—	—	—	59.7	57.0	54.4	52.7
58.2	—	—	—	—	—	—	—	—	—	—	57.4	54.8	53.0
58.4	—	—	—	—	—	—	—	—	—	—	57.8	55.2	53.4
58.6	—	—	—	—	—	—	—	—	—	—	58.2	55.6	53.8
58.8	—	—	—	—	—	—	—	—	—	—	58.6	55.9	54.1
59.0	—	—	—	—	—	—	—	—	—	—	59.0	56.3	54.5
59.2	—	—	—	—	—	—	—	—	—	—	59.4	56.7	54.9
59.4	—	—	—	—	—	—	—	—	—	—	59.8	57.1	55.2
59.6	—	—	—	—	—	—	—	—	—	—	—	57.5	55.6
59.8	—	—	—	—	—	—	—	—	—	—	—	57.9	56.0
60.0	—	—	—	—	—	—	—	—	—	—	—	58.3	56.4

注:本表系按全国统一曲线制定。

附录 4 超声—回弹综合法测区混凝土强度换算表

超声-回弹综合法测区混凝土强度换算表（卵石）　　　附表 26-1

	3.80	3.82	3.84	3.86	3.88	3.90	3.92	3.94	3.96	3.98	4.00	4.02	4.04	4.06	4.08	4.10
24.0					10.0	10.0	10.1	10.2	10.2	10.3	10.4	10.5	10.5	10.6	10.6	10.7
25.0	10.5	10.6	10.7	10.7	10.8	10.9	10.9	11.0	11.1	11.1	11.2	11.3	11.3	11.4	11.5	11.6
26.0	11.4	11.5	11.5	11.6	11.7	11.7	11.8	11.9	12.0	12.0	12.1	12.2	12.2	12.3	12.4	12.5
27.0	12.2	12.3	12.4	12.5	12.5	12.6	12.7	12.8	12.8	12.9	13.0	13.1	13.2	13.3	13.3	13.4
28.0	13.1	13.2	13.3	13.4	13.5	13.5	13.6	13.7	13.8	13.9	14.0	14.1	14.1	14.2	14.3	14.4
29.0	14.1	14.1	14.2	14.3	14.4	14.5	14.6	14.7	14.8	14.9	15.0	15.1	15.1	15.2	15.3	15.4
30.0	15.0	15.1	15.2	15.3	15.4	15.5	15.6	15.7	15.8	15.9	16.0	16.1	16.2	16.3	16.4	16.5
31.0	16.0	16.1	16.2	16.3	16.4	16.5	16.6	16.7	16.8	16.9	17.0	17.1	17.2	17.3	17.5	17.6
32.0	17.0	17.1	17.2	17.3	17.5	17.6	17.7	17.8	17.9	18.0	18.1	18.2	18.3	18.5	18.6	18.7
33.0	18.1	18.2	18.3	18.4	18.5	18.7	18.8	18.9	19.0	19.1	19.2	19.4	19.5	19.6	19.7	19.8
34.0	19.1	19.3	19.4	19.5	19.6	19.8	19.9	20.0	20.1	20.3	23.4	20.5	20.6	20.8	20.9	21.0
35.0	20.3	20.4	20.5	20.7	20.8	20.9	21.0	21.2	21.3	21.4	21.6	21.7	21.8	22.0	22.1	22.2
36.0	21.4	21.5	21.7	21.8	22.0	22.1	22.2	22.4	22.5	22.7	22.8	22.9	23.1	23.2	23.4	23.5
37.0	22.6	22.7	22.9	23.0	23.2	23.3	23.5	23.6	23.7	23.9	24.0	24.2	24.3	24.5	24.6	24.8
38.0	23.8	23.9	24.1	24.2	24.4	24.6	24.7	24.9	25.0	25.2	25.3	25.5	25.6	25.8	25.9	26.1
39.0	25.0	25.2	25.3	25.5	25.7	25.8	26.0	26.1	26.3	26.5	26.6	26.8	27.0	27.1	27.3	27.5
40.0	26.3	26.5	26.6	26.8	27.0	27.1	27.3	27.5	27.6	27.8	28.0	28.2	28.3	28.5	28.7	28.8
41.0	27.6	27.8	27.9	28.1	28.3	28.5	28.6	28.8	29.0	29.2	29.4	29.5	29.7	29.9	30.1	30.3
42.0	28.9	29.1	29.3	29.5	29.6	29.8	30.0	30.2	30.4	30.6	30.8	31.0	31.2	31.3	31.5	31.7
43.0	30.3	30.5	30.6	30.8	31.0	31.2	31.4	31.6	31.8	32.0	32.2	32.4	32.6	32.8	33.0	33.2
44.0	31.6	31.8	32.1	32.3	32.5	32.7	32.9	33.1	33.3	33.5	33.7	33.9	34.1	34.3	34.5	34.7
45.0	33.1	33.3	33.5	33.7	33.9	34.1	34.3	34.6	34.8	35.0	35.2	35.4	35.6	35.9	36.1	36.3
46.0	34.5	34.7	35.0	35.2	35.4	35.6	35.9	36.1	36.3	36.5	36.7	37.0	37.2	37.4	37.7	37.9
47.0	36.0	36.2	36.5	36.7	36.9	37.2	37.4	37.6	37.9	38.1	38.3	38.6	38.8	39.0	39.3	39.5
48.0	37.5	37.7	38.0	38.2	38.5	38.7	39.0	39.2	39.4	39.7	39.9	40.2	40.4	40.7	40.9	41.2
49.0	39.0	39.3	39.5	39.8	40.0	40.3	40.5	40.8	41.1	41.3	41.6	42.8	42.1	42.3	42.6	42.8
50.0	40.6	40.9	41.1	41.4	41.7	41.9	42.2	42.4	42.7	42.3	43.2	43.5	43.8	44.0	44.3	44.6

续上表

	4.12	4.14	4.16	4.18	4.20	4.22	4.24	4.26	4.28	4.30	4.32	4.34	4.36	4.38	4.40	4.42
23.0			10.0	10.1	10.1	10.2	10.2	10.3	10.4	10.4	10.5	10.5	10.6	10.7	10.7	10.8
24.0	10.7	10.8	10.9	10.9	11.0	11.1	11.1	11.2	11.2	11.3	11.4	11.4	11.5	11.6	11.6	11.7
25.0	11.6	11.7	11.8	11.8	11.9	12.0	12.0	12.1	12.2	12.2	12.3	12.4	12.5	12.5	12.6	12.7
26.0	12.5	12.6	12.7	12.8	12.8	12.9	13.0	13.1	13.1	13.2	13.3	13.4	13.4	13.5	13.6	13.7
27.0	13.5	13.6	13.7	13.7	13.8	13.9	14.0	14.1	14.1	14.2	14.3	14.4	14.5	14.5	14.6	14.7
28.0	14.5	14.6	14.7	14.7	14.8	14.9	15.0	15.1	15.2	15.3	15.4	15.4	15.5	15.6	15.7	15.8
29.0	15.5	15.6	15.7	15.8	15.9	16.0	16.1	16.2	16.3	16.3	16.4	16.5	16.6	16.7	16.8	16.9
30.0	16.6	16.7	16.8	16.9	17.0	17.1	17.2	17.3	17.4	17.5	17.6	17.7	17.8	17.9	18.0	18.1
31.0	17.7	17.8	17.9	18.0	18.1	18.2	18.3	18.4	18.5	18.6	18.7	18.8	18.9	19.0	19.1	19.3
32.0	18.8	18.9	19.0	19.1	19.2	19.3	19.5	19.6	19.7	19.8	19.9	20.0	20.1	20.3	20.4	20.5
33.0	19.9	20.1	20.2	20.3	20.4	20.5	20.7	20.8	20.9	21.0	21.1	21.3	21.4	21.5	21.6	21.7
34.0	21.1	21.3	21.4	21.5	21.6	21.8	21.9	22.0	22.2	22.3	22.4	22.5	22.7	22.8	22.9	23.0
35.0	22.4	22.5	22.6	22.8	22.9	23.0	23.2	23.3	23.3	23.6	23.7	23.8	24.0	24.1	24.2	24.4
36.0	23.6	23.8	23.9	24.1	24.2	24.3	24.5	24.6	24.8	24.9	25.0	25.2	25.3	25.5	25.6	25.8
37.0	24.9	25.1	25.2	25.4	25.5	25.7	25.8	26.0	26.1	26.3	26.4	26.6	26.7	26.9	27.0	27.2
38.0	26.3	26.4	26.6	26.7	26.9	27.0	27.2	27.4	27.5	27.7	27.8	28.0	28.1	28.3	28.5	28.6
39.0	27.6	27.8	28.0	28.1	28.3	28.4	28.6	28.8	28.9	29.1	29.3	29.4	29.6	29.8	29.9	30.1
40.0	29.0	29.2	29.4	29.5	29.7	29.9	30.1	30.2	30.4	30.6	30.8	30.9	31.1	31.3	31.5	31.6
41.0	30.4	30.6	30.8	31.0	31.2	31.4	31.5	31.7	31.9	32.1	32.3	32.5	32.6	32.8	33.0	33.2
42.0	31.9	32.1	32.3	32.5	32.7	32.9	33.1	33.2	33.4	33.6	33.8	34.0	34.2	34.4	34.6	34.8
43.0	33.4	33.6	33.8	34.0	34.2	34.4	34.6	34.8	35.0	35.2	35.4	35.6	35.8	36.0	36.2	36.4
44.0	34.9	35.2	35.4	35.6	35.8	36.0	36.2	36.4	36.6	36.8	37.0	37.2	37.5	37.7	37.9	38.1
45.0	36.5	36.7	36.9	37.2	37.4	37.6	37.8	38.0	38.3	38.5	38.7	38.9	39.1	39.4	39.6	39.8
46.0	38.1	38.3	38.6	38.8	39.0	39.2	39.5	39.7	39.9	40.2	40.4	40.6	40.8	41.1	41.3	41.5
47.0	39.7	40.0	40.2	40.4	40.7	40.9	41.2	41.4	41.6	41.9	42.1	42.4	42.6	42.8	43.1	43.3
48.0	41.1	41.7	41.9	42.1	42.4	42.6	42.9	43.1	43.4	43.6	43.9	44.1	44.4	44.6	44.9	45.1
49.0	43.1	43.4	43.6	43.9	44.1	44.4	44.6	44.9	45.2	45.4	45.7	45.9	46.3	46.5	46.7	47.0
50.0	44.8	45.1	45.4	45.6	45.9	46.2	46.4	46.7	47.0	47.2	47.5	47.8	48.1	48.3	48.6	48.9

续上表

	4.44	4.46	4.48	4.50	4.52	4.54	4.56	4.58	4.60	4.62	4.64	4.66	4.68	4.70	4.72	4.74
22.0		10.0	10.0	10.1	10.2	10.2	10.3	10.3	10.4	10.4	10.5	10.5	10.6	10.6	10.7	10.8
23.0	10.8	10.9	10.9	11.0	11.1	11.1	11.2	11.2	11.3	11.4	11.4	11.5	11.6	11.6	11.7	11.7
24.0	11.8	11.8	11.9	12.0	12.0	12.1	12.2	12.2	12.3	12.4	12.4	12.5	12.5	12.6	12.7	12.7
25.0	12.7	12.8	12.9	12.9	13.0	13.1	13.2	13.2	13.3	13.4	13.4	13.5	13.6	13.7	13.7	13.8
26.0	13.7	13.8	13.9	14.0	14.0	14.1	14.2	14.3	14.4	14.4	14.5	14.6	14.7	14.7	14.8	14.9
27.0	14.8	14.9	15.0	15.0	15.1	15.2	15.3	15.4	15.4	15.5	15.6	15.7	15.8	15.9	15.9	16.0
28.0	15.9	16.0	16.1	16.1	16.2	16.3	16.4	16.5	16.6	16.7	16.8	16.8	16.9	17.0	17.1	17.2
29.0	17.0	17.1	17.2	17.3	17.4	17.5	17.6	17.7	17.8	17.8	17.9	18.0	18.1	18.2	18.3	18.4
30.0	18.2	18.3	18.4	18.5	18.6	18.7	18.8	18.9	19.0	19.1	19.2	19.3	19.4	19.5	19.6	19.7
31.0	19.4	19.5	19.6	19.7	19.8	19.9	20.0	20.1	20.2	20.3	20.4	20.5	20.6	20.8	20.9	21.0
32.0	20.6	20.7	20.8	20.9	21.0	21.2	21.3	21.4	21.5	21.6	21.7	21.8	22.0	22.1	22.2	22.3
33.0	21.9	22.0	22.1	22.2	22.3	22.5	22.6	22.7	22.8	23.0	23.1	23.2	23.3	23.4	23.6	23.7
34.0	23.2	23.3	23.4	23.6	23.7	23.8	23.9	24.1	24.2	24.3	24.5	24.6	24.7	24.8	25.0	25.1
35.0	24.5	24.7	24.8	24.9	25.1	25.2	25.3	25.5	25.6	25.7	25.9	26.0	26.2	26.3	26.4	26.6
36.0	25.9	26.0	26.2	26.3	26.5	26.6	26.8	26.9	27.1	27.2	27.3	27.5	27.6	27.8	27.9	28.1
37.0	27.3	27.5	27.6	27.8	27.9	28.1	28.2	28.4	28.5	28.7	28.8	29.0	29.1	29.3	29.4	29.6
38.0	28.8	28.9	29.1	29.3	29.4	29.6	29.7	29.9	30.1	30.2	30.4	30.5	30.7	30.9	31.0	31.2
39.0	30.3	30.4	30.6	30.8	30.9	31.1	31.3	31.4	31.6	31.8	32.0	32.1	32.3	32.5	32.6	32.8
40.0	31.8	32.0	32.2	32.3	32.5	32.7	32.9	33.0	33.2	33.4	33.6	33.7	33.9	34.1	34.3	34.5
41.0	33.4	33.6	33.7	33.9	34.1	34.3	34.5	34.7	34.9	35.0	35.2	35.4	35.6	35.8	36.0	36.2
42.0	35.0	35.2	35.4	35.6	35.8	35.9	36.1	36.3	36.5	36.7	36.9	37.1	37.3	37.5	37.7	37.9
43.0	36.6	36.8	37.0	37.2	37.4	37.6	37.8	38.0	38.2	38.5	38.7	38.9	39.1	39.3	39.5	39.7
44.0	38.3	38.5	38.7	38.9	39.1	39.4	39.6	39.8	40.0	40.2	40.4	40.6	40.9	41.1	41.3	41.5
45.0	40.0	40.2	40.5	40.7	40.9	41.1	41.3	41.6	41.8	42.0	42.2	42.5	42.7	42.9	43.1	43.4
46.0	41.8	42.0	42.2	42.5	42.7	42.9	43.2	43.4	43.6	43.9	44.1	44.3	44.6	44.8	45.0	45.3
47.0	43.6	43.8	44.0	44.3	44.5	44.8	45.0	45.2	45.5	45.7	46.0	46.2	46.5	46.7	47.0	47.2
48.0	45.4	45.5	45.9	46.1	46.4	46.6	46.9	47.1	47.4	47.7	47.9	48.2	48.4	48.7	48.9	49.2
49.0	47.2	47.5	47.8	48.0	48.3	48.6	48.8	49.1	49.3	49.6	49.9					
50.0	49.1	49.4	49.7	50.0												

续上表

	4.76	4.78	4.80	4.82	4.84	4.86	4.88	4.90	4.92	4.94	4.96	4.98	5.00
21.0			10.0	10.0	10.1	10.1	10.2	10.2	10.3	10.3	10.4	10.4	10.5
22.0	10.8	10.9	10.9	11.0	11.0	11.1	11.2	11.2	11.3	11.3	11.4	11.4	11.5
23.0	11.8	11.9	11.9	12.0	12.0	12.1	12.2	12.2	12.3	12.3	12.4	12.5	12.5
24.0	12.8	12.9	12.9	13.0	13.1	13.1	13.2	13.2	13.3	13.4	13.5	13.5	13.6
25.0	13.9	13.9	14.0	14.1	14.2	14.2	14.3	14.3	14.4	14.5	14.6	14.7	14.7
26.0	15.0	15.0	15.1	15.2	15.3	15.4	15.4	15.5	15.6	15.7	15.7	15.8	15.9
27.0	16.1	16.2	16.3	16.4	16.4	16.5	16.6	16.7	16.8	16.9	16.9	17.0	17.1
28.0	17.3	17.4	17.5	17.6	17.6	17.7	17.8	17.9	18.0	18.1	18.2	18.3	18.4
29.0	18.5	18.6	18.7	18.8	18.9	19.0	19.1	19.2	19.3	19.4	19.5	19.6	19.7
30.0	19.8	19.9	20.0	20.1	20.2	20.3	20.4	20.5	20.6	20.7	20.8	20.9	21.0
31.0	21.1	21.2	21.3	21.4	21.5	21.6	21.7	21.8	22.0	22.1	22.2	22.3	22.4
32.0	22.4	22.5	22.7	22.8	22.9	23.0	23.1	23.2	23.4	23.5	23.6	23.7	23.8
33.0	23.8	23.9	24.1	24.2	24.3	24.4	24.5	24.7	24.8	24.9	25.0	25.2	25.3
34.0	25.2	25.4	25.5	25.6	25.8	25.9	26.0	26.1	26.3	26.4	26.5	26.7	26.8
35.0	26.7	26.8	27.0	27.1	27.3	27.4	27.5	27.7	27.8	27.9	28.1	28.2	28.4
36.0	28.2	28.4	28.5	28.6	28.8	28.9	29.1	29.2	29.4	29.5	29.7	29.8	30.0
37.0	29.8	29.9	30.1	30.2	30.4	30.5	30.7	30.8	31.0	31.1	31.3	31.5	31.6
38.0	31.3	31.5	31.7	31.8	32.0	32.2	32.3	32.5	32.6	32.8	33.0	33.1	33.3
39.0	33.0	33.1	33.3	33.5	33.7	33.8	34.0	34.2	34.3	34.5	34.7	34.8	35.0
40.0	34.6	34.8	35.0	35.2	35.4	35.5	35.7	35.9	36.1	36.3	36.4	36.6	36.8
41.0	36.3	36.5	36.7	36.9	37.1	37.3	37.5	37.7	37.9	38.0	38.2	38.4	38.6
42.0	38.1	38.3	38.5	38.7	38.9	39.1	39.3	39.5	39.7	39.9	40.1	40.3	40.5
43.0	39.9	40.1	40.3	40.5	40.7	40.9	41.1	41.3	41.5	41.7	42.0	42.2	42.4
44.0	41.7	41.9	42.1	42.4	42.6	42.8	43.0	43.2	43.4	43.7	43.9	44.1	44.3
45.0	43.6	43.8	44.0	44.3	44.5	44.7	44.9	45.2	45.4	45.6	45.8	46.1	46.3
46.0	45.5	45.7	46.0	46.2	46.4	46.7	46.9	47.1	47.4	47.6	47.8	48.1	48.3
47.0	47.4	47.7	47.9	48.2	48.4	48.7	48.9	49.2	49.4	49.6	49.9		
48.0	49.4	49.7	49.9										

注：表中 R_a 为修正后的测区回弹值；v_a 为修正后的超声声速值；f_{cu}^c 为测区混凝土强度换算值。

超声-回弹综合法测区混凝土强度换算表（碎石）　　　　附表 26-2

	3.80	3.82	3.84	3.86	3.88	3.90	3.92	3.94	3.96	3.98	4.00	4.02	4.04	4.06	4.08	4.10
20.0															10.0	10.0
21.0						10.0	10.0	10.1	10.2	10.3	10.4	10.5	10.6	10.7	10.8	10.8
22.0	10.2	10.3	10.4	10.5	10.6	10.7	10.8	10.9	11.0	11.1	11.2	11.3	11.4	11.5	11.6	11.7
23.0	11.0	11.1	11.2	11.3	11.4	11.5	11.6	11.7	11.8	11.9	12.0	12.1	12.2	12.3	12.4	12.5
24.0	11.7	11.8	11.9	12.0	12.4	12.3	12.4	12.5	12.6	12.7	12.8	12.9	13.0	13.1	13.2	13.4
25.0	12.5	12.6	12.7	12.8	12.9	13.1	13.2	13.3	13.4	13.5	13.6	13.8	13.9	14.0	14.1	14.2
26.0	13.3	13.4	13.5	13.6	13.8	13.9	14.0	14.1	14.3	14.4	14.5	14.6	14.8	14.9	15.0	15.1
27.0	14.1	14.2	14.3	14.5	14.6	14.7	14.9	15.0	15.1	15.3	15.4	15.5	15.7	15.8	15.9	16.1
28.0	14.9	15.1	15.2	15.3	15.5	15.6	15.7	15.9	16.0	16.2	16.3	16.4	16.6	16.7	16.9	17.0
29.0	15.8	15.9	16.0	16.2	16.3	16.5	16.6	16.8	16.9	17.1	17.2	17.4	17.5	17.7	17.8	18.0
30.0	16.6	16.8	16.9	17.1	17.2	17.4	17.5	17.7	17.8	18.0	18.1	18.3	18.5	18.6	18.8	18.9
31.0	17.5	17.6	17.8	18.0	18.1	18.3	18.4	18.6	18.8	18.9	19.1	19.3	19.4	19.6	19.8	19.9
32.0	18.4	18.5	18.7	18.9	19.0	19.2	19.4	19.6	19.7	19.9	20.1	20.2	20.4	20.6	20.8	20.9
33.0	19.3	19.5	19.6	19.8	20.0	20.2	20.3	20.5	20.7	20.9	21.1	21.2	21.4	21.6	21.8	22.0
34.0	20.2	20.4	20.6	20.8	20.9	21.1	21.3	21.5	21.7	21.9	22.1	22.3	22.5	22.6	22.8	23.0
35.0	21.1	21.3	21.5	21.7	21.9	22.1	22.3	22.5	22.7	22.9	23.1	23.3	23.5	23.7	23.9	24.1
36.0	22.1	22.3	22.5	22.7	22.9	23.1	23.3	23.5	23.7	23.9	24.1	24.3	24.6	24.8	25.0	25.2
37.0	23.1	23.3	23.5	23.7	23.9	24.1	24.3	24.5	24.8	25.0	25.2	25.4	25.6	25.8	26.1	26.3
38.0	24.1	24.3	24.5	24.7	24.9	25.1	25.4	25.6	25.8	26.0	26.3	26.5	26.7	27.0	27.2	27.4
39.0	25.0	25.3	25.5	25.7	26.0	26.2	26.4	26.7	26.9	27.1	27.4	27.6	27.8	28.1	28.3	28.5
40.0	26.1	26.3	26.5	26.8	27.0	27.3	27.5	27.7	28.0	28.2	28.5	28.7	29.0	29.2	29.5	29.7
41.0	27.1	27.3	27.6	27.8	28.1	28.3	28.6	28.8	29.1	29.3	29.6	29.8	30.1	30.4	30.6	30.9
42.0	28.1	28.4	28.6	28.9	29.2	29.4	29.7	29.9	30.2	30.5	30.7	31.0	31.3	31.5	31.8	32.1
43.0	29.2	29.5	29.7	30.0	30.3	30.5	30.8	31.1	31.3	31.6	31.9	32.2	32.4	32.7	33.0	33.3
44.0	30.3	30.5	30.8	31.1	31.4	31.6	31.9	32.2	32.5	32.8	33.0	33.3	33.6	33.9	34.2	34.5
45.0	31.3	31.6	31.9	32.2	32.5	32.8	33.1	33.4	33.6	33.9	34.2	34.5	34.8	35.1	35.4	35.7
46.0	32.4	32.7	33.0	33.3	33.6	33.9	34.2	34.5	34.8	35.1	35.4	35.7	36.0	36.3	36.7	37.0
47.0	33.5	33.9	34.2	34.5	34.8	35.1	35.4	35.7	36.0	36.3	36.6	37.0	37.3	37.6	37.9	38.2
48.0	34.7	35.0	35.3	35.6	35.9	36.3	36.6	36.9	37.2	37.5	37.9	38.2	38.5	38.9	39.2	39.5
49.0	35.8	36.1	36.5	36.8	37.1	37.4	37.8	38.1	38.4	38.8	39.1	39.5	39.8	40.1	40.5	40.8
50.0	37.0	37.3	37.6	38.0	38.3	38.7	39.0	39.3	39.7	40.0	40.4	40.7	41.1	41.4	41.8	42.1

续上表

	4.12	4.14	4.16	4.18	4.20	4.22	4.24	4.26	4.28	4.30	4.32	4.34	4.36	4.38	4.40	4.42
20.0	10.1	10.2	10.3	10.4	10.5	10.6	10.6	10.7	10.8	10.9	11.0	11.1	11.2	11.3	11.3	11.4
21.0	10.9	11.0	11.1	11.2	11.3	11.4	11.5	11.6	11.7	11.8	11.9	12.0	12.0	12.1	12.2	12.3
22.0	11.8	11.9	12.0	12.1	12.2	12.3	12.4	12.5	12.6	12.7	12.8	12.9	13.0	13.1	13.2	13.3
23.0	12.6	12.7	12.8	12.9	13.0	13.1	13.2	13.3	13.5	13.6	13.7	13.8	13.9	14.0	14.1	14.2
24.0	13.5	13.6	13.7	13.8	13.9	14.0	14.1	14.3	14.4	14.5	14.6	14.7	14.8	15.0	15.1	15.2
25.0	14.4	14.5	14.6	14.7	14.8	15.0	15.1	15.3	15.3	15.4	15.6	15.7	15.8	15.9	16.1	16.2
26.0	15.3	15.4	15.5	15.6	15.8	15.9	16.0	16.2	16.3	16.4	16.6	16.7	16.8	17.0	17.1	17.2
27.0	16.2	16.3	16.5	16.6	16.7	16.9	17.0	17.1	17.3	17.4	17.6	17.7	17.8	18.0	18.1	18.3
28.0	17.1	17.3	17.4	17.6	17.7	17.9	18.0	18.2	18.3	18.4	18.6	18.7	18.9	19.0	19.2	19.3
29.0	18.1	18.3	18.4	18.6	18.7	18.9	19.0	19.2	19.3	19.5	19.6	19.8	20.0	20.1	20.3	20.4
30.0	19.1	19.3	19.4	19.6	19.7	19.9	20.1	20.2	20.4	20.5	20.7	20.9	21.0	21.2	21.4	21.5
31.0	20.1	20.3	20.4	20.6	20.8	20.9	21.1	21.3	21.5	21.6	21.8	22.0	22.2	22.3	22.5	22.7
32.0	21.1	21.3	21.5	21.7	21.8	22.0	22.2	22.4	22.6	22.7	22.9	23.1	23.3	23.5	23.6	23.8
33.0	22.2	22.3	22.5	22.7	22.9	23.1	23.3	23.5	23.7	23.9	24.0	24.2	24.4	24.6	24.8	25.0
34.0	23.2	23.4	23.6	23.8	24.0	24.2	24.4	24.6	24.8	25.0	25.2	25.4	25.6	25.8	26.0	26.2
35.0	24.3	24.5	24.7	24.9	25.1	25.3	25.5	25.7	25.9	26.2	26.4	26.6	26.8	27.0	27.2	27.4
36.0	25.4	25.6	25.8	26.0	26.2	26.5	26.7	27.0	27.1	27.3	27.6	27.8	28.0	28.3	28.4	28.7
37.0	26.5	26.7	27.0	27.2	27.4	27.6	27.9	28.1	28.3	28.5	28.8	29.0	29.2	29.5	29.7	29.9
38.0	27.6	27.9	28.1	28.3	28.6	28.8	29.0	29.3	29.5	29.7	30.0	30.2	30.5	30.7	30.9	31.2
39.0	28.8	29.0	29.3	29.5	29.8	30.0	30.2	30.5	30.7	31.0	31.2	31.5	31.7	32.0	32.2	32.5
40.0	30.0	30.2	30.5	30.7	31.0	31.2	31.5	31.7	32.0	32.2	32.5	32.8	33.0	33.3	33.5	33.8
41.0	31.1	31.4	31.7	31.9	32.2	32.4	32.7	33.0	33.2	33.5	33.8	34.0	34.3	34.6	34.9	35.1
42.0	32.3	32.6	32.9	33.1	33.4	33.7	34.0	34.2	34.5	34.8	35.1	35.4	35.6	35.9	36.2	36.5
43.0	33.5	33.8	34.1	34.4	34.7	35.0	35.2	35.5	35.8	36.1	36.4	36.7	37.0	37.3	37.6	37.9
44.0	34.8	35.1	35.4	35.6	35.9	36.2	36.5	36.8	37.1	37.4	37.7	38.0	38.3	38.6	38.9	39.2
45.0	36.0	36.3	36.6	36.9	37.2	37.5	37.8	38.1	38.5	38.8	39.1	39.4	39.7	40.0	40.3	40.6
46.0	37.3	37.6	37.9	38.2	38.5	38.9	39.2	39.5	39.8	40.1	40.4	40.8	41.1	41.4	41.7	42.1
47.0	38.6	38.9	39.2	39.5	39.9	40.2	40.5	40.8	41.2	41.5	41.8	42.2	42.5	42.8	43.2	43.5
48.0	39.8	40.2	40.5	40.9	41.2	41.5	41.9	42.2	42.6	42.9	43.2	43.6	43.9	44.3	44.6	45.0
49.0	41.2	41.5	41.8	42.2	42.5	42.9	43.2	43.6	43.9	44.3	44.7	45.0	45.4	45.7	46.1	46.5
50.0	42.5	42.8	43.2	43.6	43.9	44.3	44.6	45.0	45.4	45.7	46.1	46.5	46.8	47.2	47.6	47.9

续上表

	4.44	4.46	4.48	4.50	4.52	4.54	4.56	4.58	4.60	4.62	4.64	4.66	4.68	4.70	4.72	4.74
20.0	11.5	11.6	11.7	11.8	11.9	12.0	12.1	12.1	12.2	12.3	12.4	12.5	12.6	12.7	12.8	12.9
21.0	12.4	12.5	12.6	12.7	12.8	12.9	13.0	13.1	13.2	13.3	13.4	13.5	13.6	13.7	13.8	13.9
22.0	13.4	13.5	13.6	13.7	13.8	13.9	14.0	14.1	14.2	14.3	14.4	14.5	14.6	14.7	14.8	15.0
23.0	14.3	14.4	14.6	14.7	14.8	14.9	15.0	15.1	14.2	15.6	15.6	15.6	15.7	15.8	15.9	16.0
24.0	15.3	15.4	15.6	15.7	15.8	15.9	16.0	16.2	16.3	16.4	16.5	16.6	16.8	16.9	17.0	17.1
25.0	16.3	16.5	16.6	16.7	16.8	17.0	17.1	17.2	17.3	17.5	17.6	17.7	17.9	18.0	18.1	18.3
26.0	17.4	17.5	17.8	17.8	17.9	18.0	18.2	18.3	18.4	18.6	18.7	18.9	19.0	19.1	19.3	19.4
27.0	18.4	18.6	18.7	18.8	19.0	19.1	19.3	19.4	19.6	19.7	19.9	20.0	20.2	20.3	20.5	20.6
28.0	19.5	19.6	19.8	19.9	20.1	20.3	20.4	20.6	20.7	20.9	21.0	21.2	21.3	21.5	21.7	21.8
29.0	20.6	20.7	20.9	21.1	21.2	21.4	21.6	21.7	21.9	22.0	22.2	22.4	22.5	22.7	22.9	23.0
30.0	21.7	21.9	22.0	22.2	22.4	22.6	22.7	22.9	23.1	23.2	23.4	23.6	23.8	23.9	24.1	24.3
31.0	22.9	23.0	23.2	23.4	23.6	23.7	23.9	24.1	24.3	24.5	24.7	24.8	25.0	25.2	25.4	25.6
32.0	24.0	24.2	24.4	24.6	24.8	25.0	25.1	25.3	25.5	25.7	25.9	26.1	26.3	26.5	26.7	26.9
33.0	25.2	25.4	25.6	25.8	26.0	26.2	26.4	26.6	26.8	27.0	27.2	27.4	27.6	27.8	28.0	28.2
34.0	26.4	26.6	26.8	27.0	27.2	27.4	27.7	27.9	28.1	28.3	28.5	28.7	28.9	29.1	29.3	29.6
35.0	27.6	27.9	28.1	28.3	28.5	28.7	28.9	29.2	29.4	29.6	29.8	30.0	30.3	30.5	30.7	30.9
36.0	28.9	29.1	29.3	29.6	29.8	30.0	30.2	30.5	30.7	30.9	31.2	31.4	31.6	31.9	32.1	32.3
37.0	30.1	30.4	30.6	30.9	31.1	31.3	31.6	31.8	32.0	32.3	32.5	32.8	33.0	33.3	33.5	33.7
38.0	31.4	31.7	31.9	32.2	32.4	32.7	32.9	33.2	33.4	33.7	33.9	34.2	34.4	34.7	34.9	35.2
39.0	32.7	33.0	33.2	33.5	33.8	34.0	34.3	34.5	34.8	35.1	35.3	35.6	35.8	36.1	36.4	36.6
40.0	34.1	34.3	34.6	34.9	35.1	35.4	35.7	35.9	36.2	36.5	36.7	37.0	37.3	37.6	37.8	38.1
41.0	35.4	35.7	36.0	36.2	36.5	36.8	37.1	37.4	37.6	37.9	38.2	38.5	38.8	39.1	39.3	39.6
42.0	36.8	37.1	37.3	37.6	37.9	38.2	38.5	38.8	39.1	39.4	39.7	40.0	40.3	40.6	40.9	41.2
43.0	38.2	38.4	38.7	39.0	39.3	39.6	39.9	40.2	40.5	40.9	41.2	41.5	41.8	42.1	42.4	42.7
44.0	39.5	39.9	40.2	40.5	40.8	41.1	41.4	41.7	42.0	42.3	42.7	43.0	43.3	43.6	43.9	44.3
45.0	41.0	41.3	41.6	41.9	42.2	42.6	42.9	43.2	43.5	43.9	44.2	44.5	44.9	45.2	45.5	45.8
46.0	42.4	42.7	43.1	43.4	43.7	44.1	44.4	44.7	45.1	45.4	45.7	46.1	46.4	46.8	47.1	47.5
47.0	43.9	44.2	44.5	44.9	45.2	45.6	45.9	46.3	46.6	47.0	47.3	47.7	48.0	48.4	48.7	49.1
48.0	45.3	45.7	46.0	46.4	46.7	47.1	47.5	47.8	48.2	48.5	48.9	49.3	49.6	50.0		
49.0	46.8	47.2	47.5	47.9	48.3	48.6	49.0	49.4	49.8							
50.0	48.3	48.7	49.1	49.4	49.8											

续上表

	4.76	4.78	4.80	4.82	4.84	4.86	4.88	4.90	4.92	4.94	4.96	4.98	5.00
20.0	13.0	13.1	13.2	13.3	13.4	13.5	13.5	13.6	13.7	13.8	13.9	14.0	14.1
21.0	14.0	14.1	14.2	14.3	14.4	14.5	14.6	14.7	14.8	14.9	15.0	15.1	15.2
22.0	15.1	15.2	15.3	15.4	15.5	15.6	15.7	15.8	15.9	16.1	16.2	16.3	16.4
23.0	16.1	16.3	16.4	16.5	16.6	16.7	16.9	17.0	17.1	17.2	17.3	17.5	17.6
24.0	17.3	17.4	17.5	17.6	17.8	17.9	18.0	18.1	18.3	18.4	18.5	18.7	18.8
25.0	18.4	18.5	18.7	18.8	18.9	19.1	19.2	19.3	19.5	19.6	19.7	19.9	20.0
26.0	19.6	19.7	19.8	20.0	20.1	20.3	20.4	20.6	20.7	20.9	21.0	21.1	21.3
27.0	20.8	20.9	21.1	21.2	21.4	21.5	21.7	21.8	22.0	22.1	22.3	22.4	22.6
28.0	22.0	22.1	22.3	22.4	22.6	22.8	22.9	23.1	23.3	23.4	23.6	23.7	23.9
29.0	23.2	23.4	23.5	23.7	23.9	24.1	24.2	24.4	24.6	24.7	24.9	25.1	25.3
30.0	24.5	24.6	24.8	25.0	25.2	25.4	25.5	25.7	25.9	26.1	26.3	26.5	26.6
31.0	25.8	25.9	26.1	26.3	26.5	26.7	26.9	27.1	27.3	27.5	27.7	27.8	28.0
32.0	27.1	27.3	27.5	27.7	27.9	28.1	28.3	28.5	28.7	28.9	29.1	29.3	29.5
33.0	28.4	28.6	28.8	29.0	29.2	29.4	29.7	29.9	30.1	30.3	30.5	30.7	30.9
34.0	29.8	30.0	30.2	30.4	30.6	30.9	31.1	31.3	31.5	31.7	32.0	32.2	32.4
35.0	31.2	31.4	31.6	31.8	32.1	32.3	32.5	32.7	33.0	33.2	33.4	33.7	33.9
36.0	32.6	32.8	33.0	33.3	33.5	33.7	34.0	34.2	34.5	34.7	34.9	35.2	35.4
37.0	34.0	34.2	34.5	34.7	35.0	35.2	35.5	35.7	36.0	36.2	36.5	36.7	37.0
38.0	35.4	35.7	35.9	36.2	36.5	36.7	37.0	37.2	37.5	37.8	38.0	38.3	38.6
39.0	36.9	37.2	37.4	37.7	38.0	38.3	38.5	38.8	39.1	39.3	39.6	39.9	40.2
40.0	38.4	38.7	39.0	39.2	39.5	39.8	40.1	40.4	40.6	40.9	41.2	41.5	41.8
41.0	39.9	40.2	40.5	40.8	41.1	41.4	41.7	42.0	42.3	42.5	42.8	43.1	43.4
42.0	41.4	41.7	42.1	42.4	42.7	43.0	43.3	43.6	43.9	44.2	44.5	44.8	45.1
43.0	43.0	43.3	43.6	43.9	44.3	44.6	44.9	45.2	45.5	45.8	46.2	46.5	46.8
44.0	44.6	44.9	45.2	45.6	45.9	46.2	46.5	46.9	47.2	47.5	47.9	48.2	48.5
45.0	46.2	46.5	46.9	47.2	47.5	47.9	48.2	48.5	48.9	49.2	49.6	49.9	
46.0	47.8	48.1	48.5	48.8	49.2	49.5	49.9						
47.0	49.4	49.8											

参考文献

[1] 中华人民共和国交通部部标准.公路桥涵设计标准.北京:人民交通出版社,1989.
[2] JTG H11—2004 公路桥涵养护规范.中华人民共和国交通部部标准.
[3] JTG D60—2004 公路桥梁设计通用规范.中华人民共和国交通部部标准.
[4] CJJ 99—2003 城市桥梁养护技术规范.中华人民共和国标建设部部标准.
[5] 姚玲森主编.桥梁工程.北京:人民交通出版社,2008.
[6] 刘夏平主编.桥梁工程.北京:科学出版社,2005.
[7] 张印阁等编.桥梁现场检测技术.哈尔滨:东北林业大学出版社,2003.
[8] 唐益群,叶为民主编.土木工程测试技术手册.上海:同济大学出版社,1999.
[9] 姚谦峰,陈平编著.土木工程结构试验.北京:中国建筑工业出版社,2001.
[10] 胡大琳主编.桥涵工程试验检测技术.北京:人民交通出版社,2000.
[11] 林维,张宏建,乐嘉华.过程检测技术及仪表.北京:化学工业出版社,1999.
[12] 徐君兰主编.桥梁施工控制.北京:人民交通出版社,2000.
[13] 国家建筑工程质量监督检验中心.混凝土无损检测技术.北京:中国建材工业出版社,1996.
[14] 余红发著.混凝土非破损测强技术研究.北京:中国建材工业出版社,1999.
[15] 中华人民共和国建设部部标准.JGJ/T23—2001 回弹法检测混凝土抗压强度技术规程.北京:中国建筑工业出版社,2001.
[16] 中国工程建设标准化协会标准.CECS 21:2000 超声法检测混凝土缺陷技术规程.北京:中国计划出版社,2000.
[17] 中华人民共和国标建设部部标准.CECS 02:2005 超声回弹综合法检测混凝土强度技术规程.北京:中国建筑工业出版社,2005.
[18] 中华人民共和国标建设部部标准.CECS 03:2007 钻芯法检测混凝土强度技术规程.北京:中国建筑工业出版社,2007.
[19] 中华人民共和国标建设部部标准.CECS 69:94 后装拔出法检测混凝土强度技术规程.北京:中国建筑工业出版社,1994.

[20] 交通部第二公路勘察设计院.公路旧桥承载能力鉴定方法.北京:人民交通出版社,1989.
[21] 蒙云.桥梁加固与改造.北京:人民交通出版社,2005.
[22] 徐启友.桥梁修理与技术改造.北京:人民交通出版社,1992.
[23] 王有志等.桥梁的可靠性评估与加固.北京:中国水利水电出版社,2002.
[24] 单成林.旧桥加固设计原理及计算示例.北京:人民交通出版社,2007.